개정판

# 일본군 성노예제

**개정판**

# 일본군 성노예제

일본군 위안부 문제의 실상과
그 해결을 위한 운동

초판 1쇄 인쇄 2016년 12월 25일
초판 1쇄 발행 2016년 12월 30일

지은이 정진성
펴낸이 성낙인
펴낸곳 서울대학교출판문화원

출판등록 제15-3호

주소 08826 서울 관악구 관악로 1
대표전화 02-880-5252 | 팩스 02-888-4148
전략기획팀(출판상담 및 홍보) 02-880-5217
출판관리팀(주문상담) 02-889-4424, 02-880-7995
이메일 snubook@snu.ac.kr
홈페이지 www.snupress.com

ISBN 978-89-521-1911-7 93910

개정판

**Military Sexual Slavery of Imperial Japan**

# 일본군 성노예제

## 일본군 위안부 문제의 실상과 그 해결을 위한 운동

정진성 지음

서울대학교출판문화원

# 개정판 머리말

2004년 『일본군 성노예제』를 출판했습니다. 일본군 위안부 문제가 세상에 널리 알려지고 피해자와 지원단체가 결성되어 일본과 아시아, 전 세계의 양심적 지지자들이 힘을 합친 지 10년도 더 지난 시점이었습니다. 역사적 사실 발굴의 긴 여정은 각오했지만, 피해자들에 대한 어느 정도의 심정적 위로는 곧 끝날 것이라고 믿었습니다. 그러나 2016년 현재, 자신이 역사의 피해자로서 정당한 대우를 받았다고 생각하지 못한 채 피해자들은 명을 달리하고 있습니다. 남은 우리들의 연구발굴의 길까지 어려움에 봉착해 있습니다.

많은 사람들이 이제 과거에 매달리지 말고 앞으로 나가자고 합니다. 화해는 피해자가 먼저 손을 내밀어야 성사된다고도 말합니다. 그 모든 담론들이 광장에서 건강하게 토론되는 것을 환영합니다. 그러나 비틀어진 과거 위에 현재와 미래가 바로 설 수는 없습니다. 화해는 진실 앞에서 가능합니다. 역사적 사실의 발굴이 쉼 없이 이루어져야 하는 이유입니다. 그래서 필자는 일본군 위안부 연구가 계속되는 동안, 다른 한편에서 정부와 시민사회가 한일관계를 잘 풀어가기를 기원했습니다. 그러나 그 바람과 달리, 연구와 시민운동과 한일관계는 서로 엉켜 결국 매듭을 찾지 못한 채 정지된 듯합니다.

이 개정판은 2004년 첫 출판 이후 지난 12년간 일본군 위안부 문제와 관련하여 나타난 일련의 과정들을 가능한 한 포괄하고자 했습니다. 진실을 찾는 데 관심을 가진 많은 분들께 도움이 되기를 바랍니다.

2016년 12월

정진성

# 머리말

이 책은 먼저 '일본군 위안부' 개념으로부터 시작하고 있다. 아직도 우리 사회에서 이 명칭에 대한 혼란이 존재하며, 또한 공식적인 제도명(名) 없이 이루어진 이 문제를 어떻게 명명(命名)하는가는, 곧 이 문제에 대한 우리 사회의 인식의 변화를 반영하기 때문이다. 1990년대 초에 이 문제는 오랜 침묵을 뚫고 '정신대' 문제로 우리 사회의 표면에 떠올랐다. 그러나 노동을 위해 동원된 '근로정신대'와 강제연행 노동자들의 노동생산성을 높이기 위해 동원된 '기업위안부(기업성노예)' 등이 '정신대'라는 용어 속에 함께 포괄되어 있다는 역사적 사실이 곧 밝혀졌다. 이 문제에 관심을 가진 사람들은 일제 말기에 우리 사회에서 엄청난 공포감을 동반하여 여성에 대한 강제연행의 대명사로 인식되었던 '정신대'로부터, 성적 착취를 당한 여성을 구별하여 지칭할 필요성에 대하여 일차적으로 공감한 바 있다. 그러나 '종군위안부'라고 하는 현재 일본에서 사용하고 있는 용어는 일본 사회에서 관습적으로 사용해 온 개념으로서, '종군'이 갖는 자발성의 함의와 '위안부'에 내포된 남성 위주 여성비하의 의미가 심각하게 문제시되었다. 국제적 장(場)에서 학자와 운동가들은 'Japanese Military Sexual Slavery(군대성노예제)'라는 용어를 정착시켰으나, 우리 사회에서는 북한, 일본, 중국을 포함한 한자권에서 이미 통용되기 시작한 '위안부'라는 용어를 바꿀 때 올 수 있는 혼란을 우려하고, 1940년대에 일본군 문서와 『매일신보』에 등장한 '군위안부' 용어의 역사성도 살린다는 취지에서 결국 '일본군 위안부'를 사용하기로 잠정 합의했다.

그러나 '일본군 위안부'가 연구와 운동 과정에서 정착되어 가는 중에도, '위안부'가 갖는 여성비하의 함의가 이 엄청난 피해의 역사적 사실을 심각하게 왜곡한다는 문제의식이 곳곳에서 제기되었다. '종군위안부'가 일본과 중국뿐 아니라 북한, 심지어는 우리 언론에서까지 그대로 사용되고 있는 상황도 간과할 수 없는 것이었다. 특히 최근 들어 새롭게 연구와 운동에 참여하기 시작한 학자와 활동가들 가운데 더 늦기 전에 '일본군 성노예'라는 용어를 우리부터 사용하기 시작하여 일본과 중국, 북한에도 정착시키자는 제안이 본격화되기 시작했다.

이 책에서는 그간에 집필한 논문 가운데 사용된 '일본군 위안부'를 그대로 놓아둔 채 책의 제목을 '일본군 성노예제'로 정하여, 이러한 논의의 과정과 최근의 문제의식을 표현하고자 했다.

이 책의 주요 부분은 일본군 성노예제의 역사적 실상과 그 문제의 해결을 위한 사회운동에 관한 것이다. 역사적 실상은 군위안부의 개념으로부터 군위안소 설립 과정, 군위안부 강제동원, 성노예 제도의 사회구조적 배경과 실상을 당시의 일본군 문서와 피해자 증언을 중심으로 구성한 것이다. 문서들은 현재 발굴 중이므로 군위안부의 전체 규모를 비롯하여 많은 부분이 아직도 밝혀지지 않은 채로 있다. 따라서 필자의 글들은 아직 미완이다. 사회운동 부분도 마찬가지다. 국내 여성운동으로부터 비롯된 운동이 일본과 아시아, 서구 시민단체로 확산되는 과정과 수요시위를 비롯하여 국내의 운동뿐 아니라 UN, ILO 등에서의 문제제기, 특히 북한과의 협력도 지금까지 계속되고 있는 활동이다. 이 운동들이 앞으로 어떻게 지속될 것인지는 아직 미지수이다.

제3부의 일본 정부와 시민사회의 대응 부분은 어디까지나 필자가 외국인으로서 본 피상적인 고찰이겠지만, 그간 필자가 가져 온 일본 정부와 시민사회의 지향과 행동기제에 관한 전반적인 관념을 재확인시키고 있는 점은 매우 흥미롭다. 즉 시민사회를 분열시키고 압도하는 강력한 정부 주도의 대응과 국제사회에 대한 민감한 반응, 아시아 국가들에 대한 경시 등이 그것이다. 그럼에도 불구하고 군위안부 문제를 둘러싸고 1990년대에 형성되기 시작한 진보적인 움직임은 일본 시민사회의 새로운 가능성을 보여 주고 있기도 하다.

일제강점기 한국에서 이루어진 대규모 여성 강제동원은, 한편으로 여성비하의 사회구조와 다른 한편으로 식민지 민족(성) 말살 및 전쟁에의 강제적 총동원의 맥락이 얽히면서 이루어진 것이다. 그중 어느 한 맥락을 빠트려도 이 문제를 적절히 설명할 수 없다. 그러므로 이 문제의 해결을 위한 운동은 페미니즘으로부터 민족주의의 입장을 가진 다양한 사람들을 포괄하며 진전되어 온 것이다. 따라서 이 문제를 둘러싼 페미니즘과 민족주의의 논쟁은 이 문제의 성격을 보다 명확하게 드러내 주지만, 실상 소모적이다. 오히려 이 문제가 국제연대활동에서 전시하 여성인권침해 문제로 초점이 맞춰지면서 식민지 동원의 맥락이 사상된 과정을 정확하게 주목하는 것이 필요한 작업이다. 제4부에서 필자는 이러한 작업을 시도했다.

마지막으로 일본군 성노예제와 같은 맥락에서 1930년대 말부터 1945년까지 일제가 시행한 기업성노예제(기업위안부 제도)와 근로정신대 제도의 전반적 실상을 덧붙였다. 기업성노예제는 전시에 일본이 노무자를 동원하면서 노동사기와 효율성을 높이기 위해 여성을 같이 동원한 제도이다. 이는 군인을 대상으로 한 군대성노예제와 정확히 같은 논리와 목적에서 시행된 제도로서, 정부 및 군대와 함께 일본의 기업도 전시 성노예 강제동원의 책임이 있다는 사실을 말하는 것이다. 여자근로정신대는 노동을 위한 여성 동원 제도로서, 1944년 천황 칙령으로 공식 정책화되었던 것이다.

앞서 언급한 대로, 일본군 성노예 문제는 발굴 도중에 있다. 미국립문서보관소에서 모래 속의 바늘을 찾아내듯 수작업으로 자료를 찾는 학자들이 있으며, 일본 각 지역에 흩어져 있는 정부 문서, 회사 자료를 찾아 헤매는 시민들이 있다. 숨어 있는 피해자를 수소문하여 증언을 채록하고 있기도 하다. 이 문제의 해결도 미완의 상태에 있다. 피해자에 대한 법적인 배상과 책임자 처벌, 일본 정부의 법적인 사죄 등 사실상 법적인 해결은 아무것도 된 것이 없다. 피해자의 명예와 존엄성의 회복은 시민사회의 노력에 의해 심리적·정신적인 차원에서 진전되어 온 셈이다. 따라서 이 책은 새로운 사실의 규명과 운동의 발전에 따라 끊임없이 보완·수정되어야만 하는 것이다. 그 수정 작업은 우리 역사의 상처가 치유되어 가는 과정과 함께 진행될 것임을 믿고 있다.

2004년 정진성

# 차례

보론

제1부

# 일본군 성노예 문제의 실상

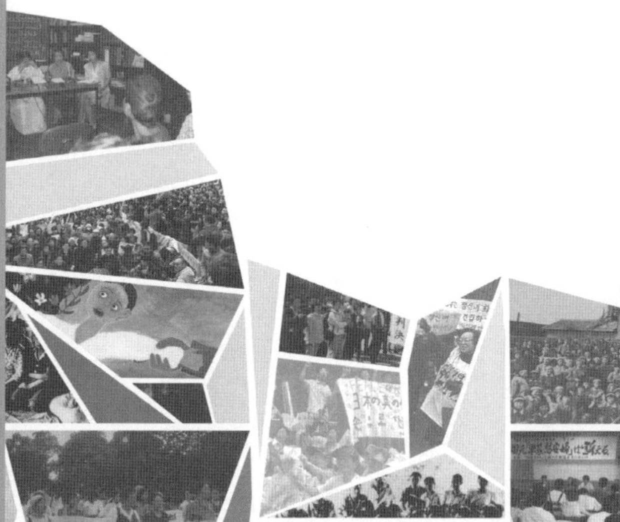

제1장
# 일본군 위안부의 개념

## 1. 일본군 위안부를 지칭하는 여러 명칭

1980년대 말 일본군 위안부 문제가 사회의 관심을 받기 시작하면서 '위안부(慰安婦)'라는 용어는 적지 않은 혼란을 일으켰다. 일제 강점기에 일제가 수많은 여성을 강제로 끌어갔다는 사실이 사회적으로 공론화되지는 않은 채 정신대(挺身隊)·처녀공출·보국대 등의 개념으로 우리의 인식 속에 혼재되어 있던 차에, 이 문제는 '정신대 문제'로서 갑자기 부각되었던 것이다. 신문을 비롯한 언론, 방송매체들은 물론, 이 문제 해결을 위해 조직된 단체들도 정신대라는 용어를 사용했다(한국정신대연구회, 한국정신대문제대책협의회 등). 그러나 같은 시기 일본에서는 이 문제를 '종군위안부(從軍慰安婦) 문제'로서 사회적으로 주목하기 시작했다. 1940년대 일본에서 미혼 여성을 군수공장 노동자로 동원한 여자근로정신대 제도와 군인들의 성적 노예로서 동원한 일본군 위안부 제도는 명확히 분리된 것이었으므로, 이 문제가 사회적 이슈가 되었을 때 일본인들은 한국에서 '무지하게도' 정신대와 종군위안부의 개념을 분별하지 못하고 있다고 비판했다. 그러나 오히려 그것은 당시 조선에서 실제로 일어났던 상황을 알지 못한 '무지한' 비판이었다. 그런데도 그 비판의 기세에 눌려 종군위안부라는 용어를 아마도 처음 접했을 것이 대부분인 한국 사회에서는, 이 문제 해결을 위해 조직된 단체들까지도 갑자기 정신대와 종군위안부 개념 사이를 오가다가 마침내 '일본군 위안부'라는 용어를 사용하는 것으로 정착했다.

일본군 위안부 제도를 둘러싼 용어가 혼란을 빚고 있는 것은 이 제도가 비밀리에 시행되어 공식적으로 거론되지 않고 음성적으로만 이야기되어 왔기 때문이다. 더욱이 일본군 위안부는 '여자정신근로령'처럼 공포된 법령에서 사용된 공식적인 용어가 아니라, 추업부(醜業婦)·종업부(從業婦)·작부(酌婦) 등 다른 용어들과 함께 군 문서에 산발적으로 사용된 것이었으므로 혼란이 가중되었다. 뿐만 아니라 공식적으로 공포된 법령에 근거했던 여자근로정신대도 실제로 식민지 조선에서는 법과 관계없이 임의로 동원이 이루어진 경우가 많았으므로, 노동 이외의 다른 목적에 대해서도 이 명칭이 널리 오용되었던 것이다. 더욱 혼란스러운 사실은, 한국인뿐 아니라 일본인을 포함하여 일본군 위안부 제도의 가해자, 경험자 및 피해자들의 기억 속에서는 정신대와 일본군 위안부가 제도적으로나 실제 운용상으로 명확히 구분되는 것이 아니었다는 점이다. 무엇보다 중요한 점은, 당시를 살았던 한국인 대부분이 여성에 대한 성적 피해를 정신대 제도로서 인식하고 있다는 사실이다. 따라서 이러한 모든 역사적 사실에도 불구하고 공식적 제도로서 정신대와 일본군 위안부를 단순히 구분하는 것은 또 다른 역사적 오류일 수 있다.

그러나 정신대연구회(후에 한국정신대연구소로 개칭, 이하 '정신대연구소'로 약칭)와 한국정신대문제대책협의회(이하 '정대협'으로 약칭)가 그 단체의 이름에도 불구하고 정신대와 구별하여 일본군 위안부라는 명칭을 사용하기로 결정한 것은 피해자들 가운데 공장에서 강제노동을 당한 사람과 일본 군인의 성노예로 착취당한 사람을 구별할 필요가 있어서였다. 1990년 정대협이 피해자 신고를 받기 시작하자, 많은 수의 강제노동 피해자와 성적 피해자가 모두 신고를 해 왔는데, 이는 바로 정신대가 우리 한국인들의 인식 속에서 이 양 피해 모두를 포괄하는 개념이라는 사실을 보여 주는 동시에 그 둘을 구별해 주어야 할 필요성도 제기하는 것이었다.

그러나 정신대연구소와 정대협에서 '일본군 위안부'라는 용어를 사용하기로 결정한 과정은 간단치 않았다. 먼저 일본에서 사용하기 시작하여 북한에서는 아직까지 사용하고 있는 '종군위안부'라는 용어를 그대로 받아들일 수 없다는 문제제기는 여러 측면에서 이루어졌다. 우선 위안부라는 용어 자체가 남성의 관점에서 만들어졌다는 비판으로, 이것은 한국뿐 아니라 일본에서도 일찍부터 제기되었다. 남성으로부터 당한 명백한 성적 피해를 남성에 대한 위안행위로 개념짓는 이 용어를 받아들일 수 없다는 것이다. 그에 대신하여 일본군 위안부의 노예적 상황을 표현하는 '성노예'[1]를 사용하는 것이 옳다는 주장이 제기되었으나, 이미 이 문제가 종군위안부 문제로 광범위하게 인식된 상황에서 혼란을 초래할지도 모른다는 우려 때문에

1 강만길, 「일본군 성노예문제의 역사학적 접근」, 1993년 12월 제2차 일본전쟁책임자료센터(日本の戰爭責任資料センタ－)·한국정신대문제대책협의회 공동 심포지엄에서 주장. 요시미 요시아키(吉見義明)는 1993년 8월에 열린 제1차 공동 심포지엄에서 '전쟁노예'가 올바른 개념이라고 주장했다.

더 이상 확산되지 못했다. 대신에 위안부라는 용어는 이제 돌이키기 어려우므로 그대로 사용하되 작은따옴표(' ') 표시를 하기로 결정했다. ' ' 표시는 번거로워 생략되기도 하지만, 대체로 일단 동의가 이루어졌다고 보인다. 그러나 '성노예'가 그 실제적 상황을 가장 적절하게 표현하는 용어라는 문제제기가 끊임없이 제기되었으며, 최근에는 혼란을 넘어서서 이 용어의 사용을 하나의 운동으로 확산시키자는 의견이 학자 및 운동가들 사이에서 강력히 제기되고 있다.

또 다른 문제제기는 '종군(從軍)'이라는 접두어에 대한 것이었다. 종군간호부, 종군기자 등에 준거하여 만들어 낸 것으로 추측되는 '종군위안부'라는 용어는, 간호부나 기자의 경우와 같이 자의에 의해 군대를 따라다닌다는 함의가 있으므로 받아들일 수 없다는 것이었다. 이 점은 일본에서도 동일하게 제기되었다(高木健一, 1992: 3). 1992년 8월에 열린 제1차 아시아연대회의[2]에서 아시아의 단체들은 종군의 의미를 한정하기 위해 '강제종군위안부'라는 개념을 만들어 냈다. 이 용어는 회의 후 잠시 쓰이다가 중단되었다. 한국에서는 강제와 종군이라는 반대 의미의 두 단어가 하나의 용어에 중첩되어 있는 것이 옳지 않다는 비판이 제기되었고, 또 일본에서는 종군위안부라는 용어가 이미 사회에 널리 정착되어 바꾸기 힘들었기 때문이었다. 이후 한국에서 몇 차례 더 용어 문제로 고심하는 가운데, 일본에서는 종군위안부라는 명칭이 이 문제 해결을 위해 일하는 학자,

2 일본과 한국, 대만 등 아시아 피해국들이 일본군 위안부 문제를 연대하여 해결하기 위해 만든 모임이다.

시민단체들에서도 별다른 변화 없이 사용되어 왔으며,[3] 북한에서도 마찬가지였다.

일본 정부가 일본군 위안부는 가난한 조선 여성들이 돈을 벌기 위해 자발적으로 지원하여 간 것이라고 주장하는 상황에서, 자발성을 함축하는 '종군'을 그대로 사용할 수 없다는 강한 문제의식하에, 한국 정부는 1992년 7월에 발표한 중간보고서에서 '군대위안부'라는 용어를 사용했다.[4] 이런 혼란 속에서 정신대연구소는 당시 일본군 문서에 '군위안소'라는 용어가 등장하고 있으며(日本陸軍省, 1943 등), 당시 간행되었던 신문인 『매일신보』[5]에 "군위안부 급모(急募)"라는 광고가 실려 있는 점에 주목하고, 당시 사용되었던 용어에 가장 가까운 '군위안부'라는 용어를 사용하는 것이 적절하다고 주장했다. 정신대연구소에서 1993년 초에 간행한 증언조사집과 1993년 6월에 피해자들의 지원을 위해 한국 정부가 제정한 법도 군위안부라는 용어를 사용하였다.[6] 이후 정대협에서도 일본군 위안부라는 용어를 사용하기로 결정하면서, 이것이 우리 사회에 정착되었던 것이다.

한편 UN(국제연합) 등 국제활동의 장에서는 군대성노예(military sex slave)와 군대성노예 제도(military sexual slavery)라는 용어가 사용되고 있다. 1992년 정대협과 일본의 시민단체가 처음으로 이 문제를

---

3 1993년에 '전쟁노예'를 사용할 것을 주장했던 요시미 교수는 1995년에 출판한 책의 제목을 여전히 『종군위안부』로 정했다.

4 한국 외무부 정신대문제실무대책반, 「일제하 군대위안부 실태조사 중간보고서」, 1992. 7. 31.

5 1944년 10월 27일과 11월 1일 자.

6 한국정신대문제대책협의회·정신대연구회 편, 1993; 일제하 일본군위안부에 대한 생활안정지원법.

UN에 제기했을 때, 일본군 위안부는 그 직역인 'comfort women' 이라는 용어로 번역되어 사용되었다. 후술할 바와 같이 제2차 세계대전 당시 연합군도 'comfort girls' 'comfort station' 혹은 'military brothel' 등의 용어로 위안부와 위안소를 표현했다.[7] 국제법률가협회(International Commission of Jurists, ICJ)가 남북한과 일본, 필리핀을 조사하여 발표한 일본군 위안부 문제에 관한 보고서도 'comfort women'을 사용했다.[8] 그러나 정대협이 UN에서 이 문제를 보다 체계적으로 조사하여 권고안을 만들도록 하기 위해 현대형 노예제 실무회의(Working Group on Contemporary Forms of Slavery)에 이 문제를 제기하고, 구체적으로 인권소위원회에서 '전시하 조직적 강간, 성적 노예제 및 유사노예제(systematic rape, sexual slavery and slavery-like practices during wartime, including internal conflict)'에 관한 특별보고관을 임명하도록 활동하는 가운데, 이 문제는 자연스럽게 '군대성노예제(military sexual slavery)'로 지칭되기 시작했다. 1996년에 인권위원회에 제출된 라디카 쿠마라스와미(Radhika Coomaraswamy)의 보고서[9]는 이 문제를 명확하게 '전시하 군대성노예제(military sexual slavery

7 예컨대 "The comfort girls have been found wherever it was necessary for the Japanese Army to fight." United States Offices of War Information, Psychological Warfare Team, 1944.

8 International Commission of Jurists, 1994.

9 Ms. Radhika Coomaraswamy, Report of the Special Rapporteur on Violence against Women, its Causes and Consequences, in accordance with Commission on Human Rights resolution 1994/45, "Report on the Mission to the Democratic People. Republic of Korea, the Republic of Korea and Japan on the Issue of Military Sexual Slavery in Wartime"(E/CN.4/1996/53/Add.1).

in wartime)'로 규정했다. 이와 더불어 인권소위원회의 게이 맥두걸(Gay McDougall) 보고관은 그의 보고서[10]에서 종래 군위안소(comfort station)로 불렸던 것을 '강간센터(rape center)'로 지칭했다. 이러한 국제적 상황을 주도한 정대협은 영어 명칭을 'The Korean Council for the Women Drafted for the Military Sexual Slavery by Japan'으로 일찍이 결정했다.

이렇게 공식적 제도의 명칭이 불명확한 가운데, 노동착취와 성착취를 구별하기 위해 근로정신대와 군위안부 용어를 구분하여 사용하기로 한 것이 당시 상황에 충실한 것인지는 명확히 말할 수 없다. 즉, 정신대와 군위안부가 과연 1930-1940년대 식민지 조선에서 실제로 확연히 구분되어 실시된 제도였는지에 대해서는 확신할 수 없다는 것이며, 오히려 그렇지 않았을 가능성이 있다는 것이다. 이 장에서는 정신대와 군위안부가 제도상, 실제 운용상 어떻게 구분되었으며 가해자, 피해자 및 군위안소 경험자들의 기억 속에는 어떻게 존재하고 있는가를 문서 및 증언을 통해 살펴볼 것이다. 그리고 당시를 살았던 한국 사람들이 일본군 위안부 문제를 어떠한 개념으로 이해하고 있는가의 사회적 인식상황을 고찰하기 위해 70세 이상의 사람들에 대한 설문조사의 분석을 덧붙였다.

이와 같이 필자가 주로 당시 일본의 문서와 관행에서 사용되었던 용어인 군위안부와 정신대의 관계에 주목하는 동안, 최근 이 제

10 Final report submitted by Ms. Gay J. McDougall, Special Rapporteur, "Systematic Rape, Sexual Slavery and Slavery-like Practices during Armed Conflict"(E/CN.4/Sub.2/1998/13).

도의 실제 내용을 나타내는 '성노예' 개념을 사용할 필요성이 강하게 제기되고 있다. 이 '성노예' 개념이 이미 영어 명칭으로는 정착되어 있으므로, 앞으로 우리 사회에서 하나의 운동으로 사용하기 시작하여 일본 및 북한, 중국에까지 확산시켜야 한다는 문제의식이 설득력 있게 논의되고 있는 것이다.

## 2. 공식 제도상의 용어

### 1) 여성에 대한 근로 동원: 근로보국대, 여자추진대, 여자정신대

1930-1940년대를 기억하는 가해자, 피해자 및 기타 경험자와 일반인들이 말하는 명칭으로 처녀공출, 여자애국봉사대, 근로대 등 여러 가지가 있으나, 공식 제도의 명칭으로 확인되는 것은 근로보국대, 여자추진대, 여자(근로)정신대 정도가 있다.

1931년 만주사변을 기점으로 일본은 준전시체제로 돌입하면서 여성을 포함한 조선인에 대하여 노동력 동원을 강화하기 시작했다. 농촌에서 여성에게 야외노동이나 부업을 하도록 강요했고, 만주 개척을 위해 조선 남부 지역에서 대대적으로 농가를 이주시키는 정책을 실시했다. 1937년 이후 국가총동원체제로 들어가면서 여성에 대한 노동력 동원도 더욱 적극화되어, 조선총독부는 여성의 근로강화책을 강구한다는 방침을 세웠다. 1941년에는 '여자광부갱내취업허가제' 특례를 공포하여 여성에게 갱내 노동을 금지해 왔던 법을 해제했고, '농촌노동력조정방침'을 결정하여 그 요강을 각 도지사에게 시달했다(보론 2 참조).

다른 한편, 구체적인 법령 및 관의 알선에 의해서 노동 동원이 여러 이름을 가지고 행해졌다. ‘근로보국대’는 남성과 여성이 모두 포함된 것이었는데, 조선총독부는 1938년 6월 근로보국대 조직 가능자 수를 3백만 명으로 계상하고 각 도에 학생, 청년, 부인, 농민 계층으로 나누어 노무조정을 통한 노동력 활용에 중점을 두었다(『매일신보』, 1938. 6. 29). 그리고 이에 따라 1938년 7월 ‘국민정신총동원 근로보국운동에 관한 건’을 제정하여 근로보국대를 동원하고 1941년 11월 ‘국민근로보국협력령’을 제정하면서 근로보국대의 법제화를 완성하였다(김윤미, 2008: 122). 이 과정에서 20-40세 사이의 여성이 근로보국대로 동원되기 시작하였고, 1941년 9월부터는 14세 이상 25세 미만의 미혼여성이 동원 대상이 되었다. 법령은 1943년 12월 ‘국민근로보국협력령 실시요강 제정에 관한 건’으로 한 차례 개정되어 14세 이상 25세 미만의 미혼여성에 대한 동원기간이 30일에서 50일로 늘었고, 1944년 11월 다시 개정되면서 14세부터 40세까지의 배우자 없는 여자로 동원대상 연령이 확대되었다. 1944년에만 근로보국대가 1,925,272명이라는 통계는(박경식, 1986: 361) 이 제도를 통해 많은 수의 여성이 동원되었다는 것을 보여 준다.

‘여자추진대’는 법령 없이 관청에서 알선하는 방식으로 이루어졌다. 주로 국민총력조선연맹[11]의 지방연맹에서 20-30세의 국민

11 1938년 일제는 국민정신총동원조선연맹을 결성하여 각 하부조직에 지부를 두고, 최말단 실천기구로서 10호를 단위로 하는 애국반(愛國班)을 만들었다. 1940년 국민정신총동원조선연맹을 국민총력조선연맹으로 재편성했고, 1943년에는 광산, 공장을 비롯한 직장연맹의 기저조직인 애국반을 고쳐서 사봉대(仕奉隊)라고

학교 졸업 이상 학력을 가진 여성을 뽑아 읍·면 단위로 여자추진대를 편성했는데, 이들은 여성의 노동을 장려하는 운동이나 황민화 정책을 시행하는 데 이용되었던 것으로 보인다(『매일신보』, 1942. 8. 2; 1944. 3. 9; 1944. 8. 29).

엄청난 위력을 가지고 1940년대에 조선에서 여성을 동원한 제도가 정신대였다. 정신대, 곧 데이신타이(挺身隊)란 자발적으로 몸을 바친다는 뜻으로 일제가 무상으로 노동력을 동원하기 위해 만든 제도인데, 식민지 조선에서도 시행했다. 지금까지 밝혀진 바에 의하면 정신대는 남자, 여자를 모두 포괄하고 보도, 의료, 근로 등 여러 분야에 걸쳐 동원한 것이었다. 기록상 확인할 수 있는 가장 처음의 정신대는 1939년 11월 함남 함흥에서 농촌정신대라는 이름으로 각 군에서 60-100명씩 뽑아 12월부터 2-3개월간 국책 공사에 동원한 것이다(『매일신보』, 1940. 11. 13; 여순주, 1994: 2). 비슷한 시기인 1940년 가을, 총독부와 상공성(商工省)이 의논하여 1941년 3월부터 시행한 내선일체(內鮮一體) 정신대가 있는데, 이것은 소학교 6학년을 졸업한 청소년 600명을 뽑아 조선에 지점 또는 지소를 가지고 있는 일본 공장 혹은 사업장에 보내 2-3년간 기술을 배우게 한 후 다시 조선의 지점이나 지소에서 근무하게 한 제도였다(『매일신보』, 1941. 2. 18; 여순주, 1994: 3). 1941년에는 『매일신보』에 정신대에 관한 기사가 자주 등장했는데, "53,000명을 동원 농촌정신대를 편성, 함남(咸南)서 각 군별로 훈련을 개시"(『매일신보』, 1941. 2. 12), "증산운동정신대로 1천만 학도의 원군, 소학생까지 근로보국"(『매일신보』, 1941. 2. 14),

---

했다(여순주, 1994: 32).

“부인농업정신대 각 군서 선발하야 내지 농촌견학”(『매일신보』, 1941. 3. 4), “의용봉공의 정신대”(『매일신보』, 1941. 9. 4), “열의에 찬 근로보국정신대는 마침내 정(町)연맹을 단위로 결성을 보게 되었다”(『매일신보』, 1941. 11. 23) 등이다(강만길, 1997: 13-14). 그 밖에 1941년 3월 학도정신대, 1943년 1월 보국정신대가 조직되었다고 하며(정재철, 1985: 415. 여순주, 1994: 3에서 재인용), 국어보급정신대, 보도정신대, 인술정신대 등 여러 종류의 정신대를 결성하여 조선에서 남녀를 동원했다. 여성만을 대상으로 한 특별여자청년정신대는 1944년 1월 취사를 위해 조직한 것이었고, 1944년 12월에 구호활동을 위해 여자구호정신대를 조직했다는 기록이 있다.[12] 이 시기의 거의 유일한 기록인 『매일신보』에서 보도한 것만 이 정도이므로, 사실상 정신대가 강제동원의 대명사처럼 쓰였다는 점은 쉽게 짐작할 수 있다.

여성을 동원하는 데 여자정신대 또는 여자근로정신대라는 이름이 광범위하게 사용되었다. 그것은 주로 군수공장에서의 노동을 위해 동원된 것으로서 1944년 8월 23일 일왕 서명의 칙령으로 공포된 여자정신근로령에 의해 공식화되었으며, 여자정신근로령의 제1조에서 명기하고 있는 바와 같이 여자정신대로 약칭되기도 했다.[13] 이 법령에 따르면, 여자정신대는 지원에 의해 갈 수 있다고 했으나(제3조), 기본적으로 국민등록의 요(要)신고자를 대상으로 했다. 그것은

---

12 1944년 1월 17일 용산경찰서에서 관내 요리영업 관계 고녀(雇女, 만 16세 이상) 150명으로, 황국 여성으로 본분을 체득하고 유사시 취사와 구호로 봉공에 정신(挺身)하려는 목적으로 특별여자청년정신대를 결성했고, 1944년 12월에 서구 대신정 각 애국반에서 한 명을 선발하여 유사시 구호활동을 위해 여자구호정신대를 조직했던 것이다(『매일신보』, 1944. 1. 18; 12. 18. 여순주, 1994: 3에서 재인용).

13 “이하 여자정신대로 칭함”이라고 명기하고 있다. 昭和19年8月 官報目錄.

중등학교 정도의 광공업계 졸업자 등으로서 조선에서는 대상자가 극히 한정되어 있었다.[14] 후술할 바와 같이 조선에서 여자정신대는 이 법령이 공포되기 수 년 전부터 이 법령이 한정하고 있는 대상에 관계없이 여러 방법으로 광범위하게 동원되었으므로, 일본에서와는 달리 당시 조선에서 여자근로정신대는 명확한 공식적 제도로 시행된 것은 아니었다.

『매일신보』는 이미 1943년 9월에 일본에서 여자근로정신대 제도가 결성되었다고 소개하고, 조선에서는 이것을 조선 실정을 충분히 참작하여 시행하겠다는 조선총독부의 방침을 보도했다(『매일신보』, 1943. 9. 21). 1943년 11월에는 잡지 『조광』에 여자정신근로대에 관한 글이 실렸다. 1944년 3월부터는 평양, 포항, 대구, 여수, 목포 등지에서 일본의 공장으로 여자정신대가 집단 동원되었다는 기사가 『매일신보』에 등장하며, 6월부터는 더욱 적극적으로 여자정신근로대를 선전하는 기사가 다수 실리기 시작했다(정진성, 1996: 173-174). 여자정신근로령은 이처럼 이미 여자정신대의 동원이 이루어진 후에 공포된 것이었다.

---

14 여성으로 국민등록을 한 사람은 "12세 이상 40세 미만의 기능자로서 중등학교 정도의 광공업계 졸업자 또는 실력과 경험에 의하여 광산기술자, 전기기술자, 전기통신기술자, 기계기술자, 항공기술자, 조선기술자, 화학기술자, 요업기술자, 목공기술자, 토목기술자, 건축기술자, 기상기술자 등으로서 현직에 취업하고 있는 자, 또는 일찍이 일한 적이 있던 자만이다"(國民總力朝鮮聯盟, 1944: 66; 『매일신보』, 1944. 8. 26).

### 2) 여성의 성 동원: 작부, 추업부, 종업부 등 및 위안부

근로 동원이 이와 같이 여러 공식적 제도에서 확인되는 데 비해, 성 동원의 경우는 군 문서에서 산발적으로 발견되고 있을 뿐이다. 1932년 상하이 주재 일본 총영사관에서 발행한 문서에서 해군 '위안소'라는 용어가 쓰이고 있고(在上海總領事館, 1932), 최근 북한의 『노동신문』은 나남 지역에 주둔했던 일본 육군 제19사단이 1928년에 '군인위안소'를 설치했다고 밝히고 있어서, '위안소'는 일찍부터 널리 사용되었던 용어였던 것을 알 수 있다(연합뉴스, 2001. 3. 12). 그러나 위안소가 모든 곳에서 일률적으로 사용된 공식적인 명칭은 아니었다. 발견된 당시의 일본군 문서에는 간혹 '구락부(俱樂部)', '군인회관' 등의 용어도 발견된다.[15]

이 위안소에서 성노예로 일한 여성을 부르는 명칭은 보다 다양했다. '작부'라는 용어가 가장 많이 발견되며, 그 밖에 '위안소 종업부', '위안소 추업부', '위안소 부녀', '예기', '창기', '특종부녀', '접객부녀' 등도 사용되었다. 1939년경부터 위안부라는 용어가 자주 쓰이기 시작하여 이후 거의 이 용어로 정착되어 간 것을 볼 수 있으며, 그와 함께 '군위안부'도 간혹 발견된다. 앞서 언급한 대로 당시 신문에 '군위안부' 모집광고가 등장한 것도 전쟁 말기이다.

공식문서에서 이렇게 용어가 사용된 것은 위안부가 일본 정부가 극비리에 시행한 군위안소 정책의 공식적 명칭은 아니었기 때문으로 보이며, 더욱이 '종군위안부'가 이 시기에 사용된 흔적은 찾기

---

15 吉見義明, 1992b 참조.

힘들다.

## 3. 정신대/일본군 위안부 제도의 실제 운용 문제

공식 제도상의 용어가 그다지 명확하지 않다 해도 대체로 정신대가 근로 동원, 위안부가 성 동원을 위한 것이었다는 것은 이해할 수 있다. 그러나 이 제도들의 실제 운용상황은 이미 이 두 제도가 서로 혼합될 가능성을 충분히 내포하고 있었다.

### 1) 여자근로정신대 동원방법의 문제점

조선에서의 여자정신대 동원은 대상과 방법으로 보아 여자정신근로령과는 명확한 관련 없이 이루어졌으며, 동원이 행해진 시기도 이 영의 발포 이전부터였다. 우선 동원의 대상은 전술한 이 법령의 제한적 범위를 넘어 적용되었다. 『매일신보』의 기사에 의하면, 모집하는 곳에 따라 연령이 16-22세, 13-21세, 16-20세 등 일률적이지 않았으며, 학력도 고학력이 선호되었으나 국민학교 재학, 졸업 등 일정치 않았다. 동원의 방법도 모집 및 지원보다는 학교나 애국반, 부인단체 등을 통한 동원과 관 알선이 중요했다. 1943년 10월 총독부는 여자근로정신대의 동원을 위해 학교 교장에게 적극 알선을 도모하도록 위탁할 것이며, 애국반, 부인단체 기타 국민총력조선연맹과 관계 깊은 단체를 활용할 것이라고 발표했다(『매일신보』, 1943. 10.

7). 또한 총독부는 관 알선이란 "행정조치에 의해 노무에 적합하다고 인정되는 사람에 대하여 지도를 행해 노무에 출동할 것을 권장하는 것"이라고 설명하고, 조선에서 여자정신대는 '여자정신근로령'이 공포되기 이전부터 관 알선에 의해 동원했으며, 앞으로도 그럴 것이라고 밝혔다.[16]

이와 같이 당시 국민총동원을 위해 총독부가 설립한 국민총력조선연맹이 동원에 중요한 주체가 되었던 것이나, 관 알선이 중요한 동원방법이었던 점은, 여자정신대 동원이 법에 따른 것이었다기보다 총독부의 강제력에 의해 다분히 임의적으로 행해졌음을 보여준다. 따라서 여자정신근로대를 일본에서와 같이 명확한 합법적 동원체계에 의한 법적 범주로 구분하는 것에는 많은 문제점이 있다. 더욱이 공식적인 제도로서의 성격을 은폐한 채 취업사기와 폭력을 통해 여성을 동원한 일본군 위안부 제도와의 경계짓기에는 석연치 않은 점이 많은 것이 사실이다.

### 2) 전시 및 전쟁 후 기록: 일본군 위안부 동원의 명목이 되었던 정신대

정신대 동원이 확산되면서 이 임의적인 공간에 일본군 위안부 동원이 끼어들었을 가능성은 다분히 높다. 조선총독부의 기관지였

16 당시 조선총독부 노무과 사무관 다하라 마코토(田原實)는 다음과 같이 말했다. "…지금까지 조선의 여자정신대는 모두 관의 지도알선에 의한 것이었으며… 금후에도 관의 지도알선을 계속해 나갈 심산이다"(國民總力朝鮮聯盟, 1944: 12, 66).

던 『매일신보』는 "…여자를 공출한다고 하는… 근거업고 터문이 업는 악질의 별별 랑설이 항간에 떠돌아…"(1944. 3. 7), "조혼하지 마라. 여자는 징용은 안는다"(1944. 5. 16), "여자정신대에 대한 이해가 부족한 이도 업지 안흔 모양이다"(1944. 6. 15)라며 여자근로정신대에 대하여 조선 사람들이 걱정하는 것은 잘못된 이해라는 점을 누누이 강조하고 있는데, 이는 오히려 당시에 실제로 그러한 혼란이 일어나고 있었다는 것을 반증한다고 볼 수 있다. 그와 함께 일본군 위안부에 대한 무차별적인 사기와 폭력적 동원이 심해진 1944년 말에 행선 부대명과 나이제한까지 첨기한 '군위안부 급모' 광고가 단 몇 차례 『매일신보』에 실린 것은(1944. 10. 27; 11. 1) 여자정신대와 일본군 위안부의 구분을 드러내기 위한 의도적인 기사였다고 해석할 수 있다.

전쟁 직후 비로소 자유롭게 증언할 수 있게 되었을 때 나온 다수의 기록들은 전시에 정신대 동원이 무엇이었나를 확실히 보여 주고 있다. "여자정신대라는 미명하에 강제로 끌리어 현해탄을 건너와… 군수공장에 처박히게 되었다.… 합숙소를 탈출하야… 도중에서… 붙들려… 술집 작부로 팔린 몸이 되고 말았다"(엄광섭, 1946: 2). "이 땅의 딸들을 여자정신대 혹은 위안부대라는 미명으로 일본은 물론 멀리 중국 남양 등지에 강제로 혹은 기만하야 보낸 사실을 지적할 수 있을 것이다"(『서울신문』, 1946. 5. 12).

일본군 위안부 문제가 아직 사회적으로 공론화되지 않았을 때인 1970년대에 전시체제기를 회고한 다음의 글에서도 군위안부가 여자정신대 명목으로 동원되었다는 사실을 볼 수 있다. "일제는 여자정신대라는 이름으로 숱한 부녀자들을 동원, 군수공장의 직공이나 전방부대의 위안부로 희생시켰다”(『서울신문』, 1970. 8. 14). “나는 조선에서 정신대 제도가 생겨 동포여성들이 강제로 끌려오고 있는 것은 미처 몰랐지만, 위안소의 그 보지 못한 동포에 대해서 한없이 동정심이 일어났다”(박두석, 1977). “여자정신대라는 이름으로 끌려 나가 그중 상당수가 일본 군대의 위안부로 만들어진 인원이었다”(김대상, 1978).

1970년대 일본에서 나온 문서에서도 이러한 사실을 볼 수 있다. 요시다 세이지(吉田清治, 1977)는 “식민지 조선에서 정신대를 끌어다가 위안소로 보내 위안부로 사용했다”고 명기하고 있다. 이것은 일본에 거주하고 있는 한국인의 저술에서도 마찬가지였다. 1976년에 일본어로 『천황의 군대와 조선인 위안부(天皇の軍隊と朝鮮人慰安婦)』[17] 라는 책을 쓴 김일면은 “한국 처녀들이 정신대로서 본격적으로 징발되기 시작한 것은 1942년 1월 이후이지만 누구도 그녀들이 일본 군대의 위안부가 되리란 것을 상상도 못했다”(임종국, 1981: 196). 그는 이러한 혼란을 다음과 같이 설명했다. “식민지에서는 정신대란 말이 범람했다”(임종국, 1981: 200). “한국에서는 사실 위안부라는 말조차 알지 못하고 있다. …그들은 결코 군대위안부라는 명목으로 모집을 하지 않았던 것이다”(임종국, 1981: 301). 즉, 정신대가 일본군 위안부 동원의 명목이 되었던 사실을 말하고 있는 것이다.

17 이 책은 임종국이 한국어로 번역하여 1981년과 1992년에 한국에서 출판하였다.

## 4. 피해자, 가해자 및 조사자의 증언에서 본 제도상의 혼란

일본군 위안부 문제를 포함하여 과거의 역사적 사실을 구명하는 데 있어서는 공식문서만이 자료적 가치를 인정받는 분위기가 지배적이다. 그러나 역사가 기록된 문서로서만 구성되는 것이 아니라는 점은 이미 역사학에서 널리 받아들여지고 있다. '역사란… 당시의 사람들을 얼마나 가까이 접근하여 파악할 수 있는가를 가늠하는 시험대'라고 볼 때, 매우 한정될 수밖에 없는 문서자료에만 기초한 역사는 심각하게 왜곡되기 쉬우므로, 당시를 살았던 사람들의 생활상, 주택양식, 무덤, 그림, 남겨진 일기, 편지 등이 중요한 자료가 된다. 어떤 사실을 경험한 사람들이 직접 토로해 내는 이야기를 모을 수 있는 것은 역사를 밝혀 가는 데 매우 유리한 입장에 서게 되는 것이다(홉스, 1995).

일본군 위안부 문제와 같이 의도적으로 문서가 파괴된 경우, 문서자료에만 의존하여 역사를 재구성하는 것은 위험하기 짝이 없는 일이다. "제48사단 자료는 정전 시 그 대부분을 상사의 지령에 의해 처분하고, 또 나머지도 호주군에 제출하였으므로, 정확한 자료 대부분이 없다. 그러므로 장병들의 기억을 종합해서…"라고 명기된 일본군 문서가 있다(「第48師團戰史資料竝終戰狀況」, 1946. 7). 일본군 위안부 문제에서 문자기록의 한계와 증언의 중요성을 시사하는 것이다.

다음에서는 일본군 위안부 개념에 관하여 동원에 가담했던 사람, 일본군 위안부 피해자 및 군위안소를 경험했던 당시 군인의 증언을 차례로 살펴볼 것이며, 당시를 살았던 한국인들의 인식도 별도의 장에서 설문조사자료를 토대로 논의할 것이다.

### 1) 가해자(동원자)의 증언

조선에서와는 달리 위안부라는 개념이 일찍부터 널리 쓰였고 근로정신대와 군위안부 제도가 명확히 구분되었던 일본에서는, 최근 이 문제가 이슈화된 후 '군위안부'와 '정신대'를 개념적으로 혼동하고 있지는 않는 것 같다. 그러나 당시 일본군 위안부 동원 제도에 공식적으로 정신대라는 용어가 등장하고 있다는 사실에 대해 주의를 기울이지 않는 것은 놀랍다.

일본에서 요시다 세이지는 1977년에 출판한 그의 책 『조선인 위안부와 일본인(朝鮮人慰安婦と日本人)』에서, 자신이 야마구치(山口) 현 노무보국회 노무 동원부장이었던 1944년, 제주도에서 '황군위문 조선인 여자정신대'를 강제로 끌고 갔다고 고백했다. 이 증언은 일본에서 큰 파문을 일으켰고, 그 진위에 대한 설왕설래가 있었다. 그의 증언을 실었던 『아사히 신문』은 2014년 그 보도 자체를 철회하는 해프닝을 벌였다(제9장 참조). 그의 증언의 진위 문제는 별도로 하고, 여기서는 그의 증언에 나타난 '여자정신대'라는 용어에 주목하고자 한다. 그의 증언에 의하면 동원명령서에는 '황군위문 조선인 여자정신대'로 되어 있으며, 실제 내용은 군의 위안소에 보내기 위한 징용이었다(吉田清治, 1977: 151-156). 책 제목에 '조선인 위안부'라는 용어를 사용하고, 내용에서 정신대를 끌고 갔다고 한 것은, 정신대가 일본군 위안부 동원의 명목으로 사용되었다는 사실을 말하는 것이다. 설사 그의 개인적 증언의 신빙성에 문제가 있다 하더라도, 그것은 정신대 개념과 제도에 대하여 중요한 시사를 하고 있는 것임에는 틀림없다.

### 2) 군위안소 경험자(일본 군인)의 증언

한국의 정대협이 피해자 신고를 받은 것과 같이, 일본에서도 '종군위안부 문제를 생각하는 회(從軍慰安婦問題を考える會)' 등 몇 단체가 모여 1992년 1월부터 '종군위안부 110번(從軍慰安婦110番)(hot line)'을 개설하여 군위안소 경험자들의 신고를 받고 있는데, 여기에 위안소를 경험한 군인들이 다수 신고하여 위안소와 위안부, 특히 조선인 위안부들에 관해 여러 증언을 하였다. 군속(軍屬)이 일본군 위안부 동원 명목으로 사용되었다는 증언도 다수 있었다(從軍慰安婦110番編輯委員會 編, 1992).

몇 사람의 군인이 1944년에 관동군으로 보내진 일본군 위안부 모집에 관한 증언을 하고 있는 것이 흥미롭다. 이들의 증언에 의하면, 관동군 후방부대 3100부대의 위생부가 관할하여 학력 높은 조선인 여성 2,000명을 모집해 경성역에서 열차로 만주의 신징(新京, 현재의 창춘長春)까지 수송한 후 각지에 배치했다고 한다. 관동군특종연습(관특연)과 관련된 조선인 위안부 동원에 관해서는 몇 가지 연구가 있는데(제3장 참조), 여기서는 위안부와 정신대 용어가 혼용되고 있었다는 점에 주목하고자 한다. 위안부 관리지침이 『관동군여자특수군속복무규정』이라는 두꺼운 책에 쓰여 있는데, 여기서 '여자특수군속'이란 조선인 위안부를 지칭하는 것이라고 증언한 군인이 있으며, 또 다른 군인은 이 여자들이 '관동군전시특별여자정신대'라는 이름으로 모집되어 왔으나 실제로 와 보니 위안부였다고 울며 말했다고 증언하고 있다(從軍慰安婦110番編輯委員會 編, 1992: 23, 43). 이는 '정신대'가 일본군 위안부 동원의 명목으로 사용되었다는 사실을 보여주는 것이다.

### 3) 일본군 위안부 피해자의 증언

일본군 위안부 피해자 중 대부분이 자신을 정신대라고 지칭했다. 1990년부터 정대협에서 '정신대' 신고를 받기 시작했을 때, 근로정신대와 일본군 위안부 피해자들이 모두 신고했는데, 이것은 일본군 위안부 피해자들이 자신이 정신대라는 이름으로 끌려갔다고 생각했다는 사실을 보여 주는 것이다.

여기서 논의할 것은 실제로 여성들을 근로정신대라는 명목으로 동원하여 군위안소로 보낸 '제도상의 혼란'이 일본군 위안부 피해자들의 증언에서 확인되고 있는 점이다. 한국 정부는 1993년 6월 '일제하 일본군위안부에 대한 생활안정지원법'[18]을 제정하고 보건복지부에서 피해자 신고를 받기 시작했는데,[19] 1993년 12월 시점에서 보건복지부에 신고된 175명의 조사자료 중 명백하게 '근로정신대'로 동원되었다가 일본군 위안부가 되었다고 증언한 사람이 8명 확인되었다.[20] 이 8명의 증언은 사람에 따라 명료함과 신뢰성에서

---

18 이 법은 2002년 12월 '일제하 일본군위안부피해자에 대한 생활안정지원 및 기념사업 등에 관한 법률'로 개정되었다.

19 2001년 여성부가 신설되면서 이 업무는 여성부 권익기회과로 이관되었다.

20 필자가 심의위원으로 참가하면서 기초사항을 정리한 것이다. 이 신고자료는 외

차이가 있지만, 식민지 조선에서 근로정신대와 일본군 위안부 동원이 제도적으로도 명백히 구분되는 것은 아니었다는 사실을 암시하기에는 충분하다.

한국정신대연구소는 이 8명에 대하여 비상한 관심을 가지고 더욱 심도 있는 조사를 시도했다. 그중 두 사람은 연락이 되지 않아 조사가 불가능했으며, 세 사람은 조사가 진척이 되어 상황에 대한 이해가 상당히 이루어졌고 그 진실성에 대해서도 신뢰가 있었으나, 미진한 점을 보충하는 데 시간이 걸려 출판된 증언집에 포함시키지 못하는 상태이다. 먼저 연구소에서 출판한 증언집에 실린 나머지 세 사람의 경우를 보자.

한 사람은 일단 근로정신대로 동원되어 공장에서 일하던 중 배가 고프고 힘이 들어 도망치다가 붙잡힌 후 군위안소로 끌려갔다.[21] 따라서 이 경우는 근로정신대 제도와는 직접 관련이 없는 일종의 납치에 의한 동원이다. 그러나 근로정신대의 열악한 조건으로 인해 이와 같이 도망한 사람들이 다수 있었다는 사실을 감안하면, 그것도 일본군 위안부 동원의 간접적인 경로였다고 생각할 수 있다.

다른 한 사람은 공장에서 일하다가 공장이 폭격당해 그 후 살아남은 여자들 모두와 함께 군위안소로 끌려갔다.[22] 일본 도야마 현(富

---

부공개가 엄격히 금지되어 있으므로, 자신의 신분을 공개한 사람을 제외한 대부분의 피해자들에 관해서는 이름, 주소 등의 인적사항은 제외한 채 신고내용만을 분석했다.

21 『강제로 끌려간 조선인 군위안부들 1』의 강덕경 할머니. 국민학교 고등과 1학년 때 근로정신대로 동원되어 도야마 현의 공장에서 일하다가 도망쳤는데, 헌병에게 붙잡혀 군부대의 위안소로 끌려갔다.

22 『강제로 끌려간 조선인 군위안부들 2』의 김은진 할머니. 정신대연구소는 해당 국

山縣)에 근로정신대가 동원되었던 공장들이 군과 밀접한 관련을 갖고 있던 것은 주지의 사실이며, 도야마 현에 군부대가 있었고 폭격도 있었던 것이 사실이므로, 이러한 경우도 다수 있었을 것으로 추측할 수 있다.

또 다른 한 사람은 소학교 6학년 때 근로정신대로 동원되어 도야마 현에서 보름간 간단한 군사훈련과 체조를 배운 후, 공장에는 가 보지도 않고 그곳 부대의 위안소로 배치되었으며, 이후 히로시마와 규슈의 군위안소로 이동되었다.[23] 이렇게 소학교를 통한 공식적 근로정신대의 동원이 군위안소로 직결되었다는 증언은 정신대연구소에서 진행 중인 다른 두 명의 경우에서도 나타났다. 이들도 근로정신대로 동원되었다가 공장이 아니라 군위안소로 직접 보내졌다고 말했다.

나머지 한 사람도 근로정신대로 동원되어 공장에서 일하면서 반복적으로 강간을 당한 경우이다. 정신대연구소는 수차례의 면접을 통하여 이 사람을 위안부 피해자로 판단내리고 보건복지부에서 지원할 것을 제안했다. 근로정신대로 동원된 사람들에게 모두 해당하는 사례는 아니지만, 그들 중 이러한 성적 피해자가 다수 있을 것으로 생각할 수 있다.

이러한 조사결과는 일본군 위안부와 정신대가 인식상 혼란되었을 뿐 아니라, 근로정신대라는 제도 자체가 일본군 위안부 피해에

---

민학교에 가서 학적부를 검토하여 실제로 근로정신대로 갔다고 하는 문서자료를 확보했고, 같은 학교에서 함께 정신대에 갔던 사람도 조사했다.

23 『강제로 끌려간 조선인 군위안부들 2』의 박순이 할머니. 이 할머니의 경우도 근로정신대에 갔다는 기록이 있는 학적부를 확인했다.

직간접적으로 연관되었다는 사실을 보여 주는 것이다.

### 4) 연합군의 인식

제2차 세계대전 중 연합군이 작성한 일본군에 대한 조사 보고서에는 위안부를 대체로 'comfort girls', 'comfort women'(연합군 번역통역부 ATIS, 동남아번역심문센터 SEATIC)으로 쓰고 있으며, 'enforced prostitute'로 쓴 곳도 있다(네덜란드령 동인도군 정보부 NEFIS). 이 여성들에게 가해진 행위를 'forced prostitution'(「NEFIS尋問報告」 409號, 1944. 10. 23)이라고 했으며, 위안소는 'brothel'(ATIS), 'houses of prostitution'(SEATIC Psychological Warfare Bulletin No. 186, 1945. 7. 12), 'comfort house'(SEATIC Topographical Bulletin No. 197, 1945. 7. 26), 'comfort stations'(SEATIC Psychological Warfare Bulletin No. 116, 1945. 3. 31) 등으로 불렀다. 일본군은 일본군 관계문서상의 위안부 위안소를 'licensed prostitute', 'army brothel'이라고 번역하라는 지침을 만들기도 하였다(강성현, 2016: 314).

흥미로운 점은 1944년 8월 3일 일본군 점령지였던 버마의 미치나가 함락되었을 때 포로 심문을 했던 연합군(중국계 미군) 원-로이 챈(Won-Roy Chan) 중위가 1986년에 출판한 책 『버마(*Burma*)』에서 '여자근로정신대'(Women's Volunteer Labor Corps)'라는 용어를 쓰고 있다는 것이다. 그는 "조선에서 1935년에서 1945년 사이에 20만이 넘게 추산되는 여성들이 헌병대에게 모집되어 왔는데, 이들은 여자근로정신대라고 불리는 것으로 조직되었다", "여자정신대(Women's Volunteer Corps)로서 요금과 팁을 받았다"고 말했다. 그는 또한 "일본인은 제국군의 역사에서 이 부분에 관한 모든 기록을 파괴했다" 고 지적했다(Chan, 1986: 93-96).

## 5. 일제강점기를 경험한 한국인의 인식: 설문조사결과

'정신대'로 끌려가는 것을 피하기 위하여 아무렇게나 서둘러 결혼했다거나, 어느 친척집에 숨어 있었다거나 하는 이야기를 우리는 주위에서 많이 들었으며, 면사무소 직원이나 순사가 연행에 앞장섰다는 것은 상식으로 되어 있다. 당시를 살았던 일반 사람들에게 있어서 위안부라는 어휘는 최근에 일본에서 말하기 시작하여 알게 되었지, 그전에는 들어 보지도 못한 것이었다는 점은 너무도 명확한 사실이다. 이 상식적인 사실을 확인하기 위해서, 필자는 2000년에 당시 70세 이상의 남녀 50명을 대상으로 정신대와 일본군 위안부에 대하여 어떠한 관념을 가지고 있는가에 대한 면접조사를 실시했다.

### 1) 증언자의 성격

이 조사에서는 70대 이상(1930년생 이전)의 남성 30명, 여성 20명이라는 틀을 가지고 학력과 거주지(도시/농촌 지역)를 다양하게 한다는 방침만 정한 후, 접근이 용이한 사람들을 면접대상으로 하였다(표 1-1 참조).

〈표 1-1〉 면접대상자의 성격

(단위: 명)

| 구분 | 시골(농촌) | | | | 도시 | | | | 합계 |
|---|---|---|---|---|---|---|---|---|---|
| | 무학 | 보통 | 중등 | 대학 | 무학 | 보통 | 중등 | 대학 | |
| 남자 | 5 | 11 | 6 | 2 | 1 | | 3 | 2 | 30 |
| 여자 | 12 | 4 | 1 | | 1 | | 1 | 1 | 20 |
| 합계 | 41 | | | | 9 | | | | 50 |

## 2) 증언자들의 위안부/정신대에 대한 관념

증언자들이 처한 위치는 그것을 규정하는 여러 범주의 요인들이 복합적으로 작용하고 있다. 조사결과 성별, 학력, 일본인과의 친분 정도에 따라 응답의 질이나 내용에 유의미한 차이가 있음을 볼 수 있다. 거주지나 계층은 별다른 차이를 초래하지 않았다.

### (1) 성별에 따른 관념의 차이

여성 증언자들의 응답은 남성 증언자들에 비하면 당시의 사정을 제대로 잘 이해하지 못하는 경향을 보여 준다. 정신대라는 용어 자체를 들어 본 사람이 소수(전체 여성 증언자 20명 가운데 3명)였으며, 정신대라는 말을 들어 보았다는 사람 중에는 "끌려가는 사람이 아니라 끌고가는 사람을 정신대라고 불렀다"고 증언하는 경우조차 있었다. 정신대라는 말을 들어 본 경우에라도 그들이 어떤 경로로 동원되고, 동원되어 가서 무슨 일에 종사했는가를 분명히 알고 있었던 사람은 여성 증언자 전체 20명 가운데 단 한 사람뿐이었는데, 그 증언자는 일본 유학생활까지 하고 사회생활 경험이 있었던 사람으로서 당시로서는 이례적인 경력의 소유자였다.

이렇게 여성 증언자들이 정신대 동원에 대해 막연하게 이해하고 있는 데 반해, 남성 증언자들은 상대적으로 정신대라는 용어를 들어 본 적이 있는 사람이 많았으며(전체 남성 증언자 30명 가운데 18명), 그들 중 그 여성들이 일본군 위안부로서 생활한 사실까지 당시에 이미 알고 있었던 사람들도 여성 증언자들보다 많았다(전체 남성 증언자 30명 가운데 6명).

이러한 사실은 한편으로는 여성들의 생활반경이 집안에 제한되었던 사정을 반영하는 것이지만, 다른 한편으로는 여성들의 평균 학력이 남성들의 그것보다 낮은 점과도 연관이 있어 보인다.

### (2) 학력에 따른 관념의 차이

학력의 차이는 이 문제를 이해하는 방식에서의 차이를 더욱 확연히 드러내고 있다. 무학인 사람들은 거의 대부분 정신대 여성들의 존재를 단지 '여자공출'로 기억하고 있었으며(전체 무학 증언자 19명 가운데 10명), 그들이 공출되어 가서 하는 일도 근로 동원인 줄 알고 있었다고 응답하였다. 그들 중 일부 남성들은 당시 인력 동원이 남성에게 한정되는 경험인 줄 알고 있는 사람들도 있었다. 무학이면서 정신대, 군위안부의 용어를 모두 알고 있었고, 그들이 무슨 일에 동원되는지도 알았다는 이례적인 증언자가 있었는데, 그 사람은 증언 중에 일본인과 특수한 관계가 있었음을 비추는 말을 하였다.[24]

학력이 높아질수록 정신대 또는 데이신타이(정신대의 일본어 발음)

---

**24** "서울에서는 보국대로 많이 끌려갔어. 나도 일본 사람 대리로 가서 일했는데…."

를 들어 보았으며 일본군 위안부로서의 생활까지 알고 있었다는 사람들이 나왔다. 특히 고등교육을 받은 응답자(고등학교 이상 중퇴 이상)들은 예외 없이 정신대라는 용어를 알고 있었다고 응답하였다. 그러나 이들 계층에서도 정신대 여성들이 무슨 일을 했는가에 대해서는 당시에는 모르고 있었다는 응답이 주로 많았으며, 비교적 내용을 잘 알고 있는 두 사람은 일본인과 특별한 친분 관계를 가졌던 사람들이다.

### (3) 일본인과의 친분 관계

일본인과 친분이 있었던 것으로 보이는 증언자들은 정신대 동원에 대한 이해의 깊이에 있어서 다른 국내인들과는 큰 차이를 보여 주었다. 그들은 군위안부라는 표현을 들어 보았으며, 그들이 하는 일이 어떤 일인가에 대해서도 알고 있었다는 증언을 하는 경우가 대부분이었다. 예를 들면 한 남성 증언자(고등학교 학력)는 자신이 군수의 친구였고 그 사정으로 세상 돌아가는 일을 알 수 있는 입장이어서 유학생들을 통해 위안부의 존재를 알고 있었지만, 당시로서는 쉬쉬할 수밖에 없었다고 증언하였다. 다른 남성 증언자(고등학교 졸업 학력)는 "내가 중국에서 일본 군대와 친하게 지내면서 실제로 여자들이 일본 군인을 상대하는 것도 봤다"는 증언을 하였다.

### (4) 계층별 · 지역별 차이

성별, 학력 및 일본인과의 친분 관계에 따라 정신대에 대한 지식에 있어서 차이를 드러내는 데 비해, 계층 및 도시/농촌의 차이는 별로 유의미하지 않다. 이것은 당시의 낮은 사회발전 정도 때문에 계층분화와 도시화가 진전되지 않았던 때문이기도 하지만, 일본군 위안부 동원이 계층과 지역을 막론하고 무차별하게 이루어졌던 점(제3장 참조)과도 관련 있다고 볼 수 있다.

### 3) 정신대/일본군 위안부에 대한 당시인들의 인식

증언자들의 이야기를 종합해 볼 때 당시 사람들의 정신대 문제에 대한 이해 정도는 몇 단계로 분류가 가능한 것으로 보인다. 첫 번째 단계는 여성들의 동원 자체를 모르고 있거나 부인하는 사람들로서 이들은 대부분 무학의 남성들이었고, 이 집단에 속한 사람들이 숫적으로는 제일 적었다. 그다음 단계의 사람들은 당시의 여성 동원을 단지 여자공출이라는 표현, 심지어 단순히 "여자들이 끌려갔다"고 기억하는 사람들로, 이들은 정신대라는 용어 자체를 근래 들어 보았다고 이야기하였다. 이들 가운데 일부는 일본군 위안부로서의 생활을 알고 있었던 사람들도 있지만, 대부분은 단순히 근로 동원으로 이해하고 있었으며, 대부분의 여성 응답자들과 저학력의 남성들이 이 집단에 속한다. 다음 단계의 사람들은 정신대라는 용어를 알고 있었던 사람들이다. 그러나 이 단계의 사람들도 동원되는 여성들이 하는 일에 대해서는 명확한 개념이 없었다. 공장노동, 군인들의 뒷바라지, 그리고 군위안부 등의 일 전체를 정신대라는 용어로 포괄하여 기억하고 있었다. 어느 정도의 학력이 있거나 학식이 있는 사람들의 주변에서 살았던 사람들이 여기에 속한다. 다음은 정신대, 군위안부라는 용어를 모두 알고 있었던 사람들로서, 이들은 일본인과 친분이 있거나 일본이나 만주에서의 생활경험이 있었던 사람들

〈표 1-2〉 식민지 시기 정신대/일본군 위안부에 대한 인식 (남녀/학력별)

(단위: 명)

| 구분 | 남자 | | | | 여자 | | | | 합계 |
|---|---|---|---|---|---|---|---|---|---|
| | 무학 | 보통 | 중등 | 대학 | 무학 | 보통 | 중등 | 대학 | |
| 여성 동원 자체를 모르는 경우 | 3 | | | | 3 | | | | 6 |
| 정신대라는 용어는 모르지만 동원을 알고 있는 경우(처녀공출 등으로 기억) | 2 | 9 | 1 | | 8 | 4 | 2 | | 26 |
| 정신대는 알고 군위안부는 모르는 경우 | | 1 | 5 | 4 | 2 | | | | 12 |
| 정신대와 군위안부라는 용어를 모두 아는 경우 | 1 | 1 | 3 | | | | | 1 | 6 |
| 합계 | 6 | 11 | 9 | 4 | 13 | 4 | 2 | 1 | 50 |

주) 보통: 보통학교 중퇴, 졸업
중등: 보통학교 이상의 상급 교육기관 중퇴, 졸업
대학: 대학 중퇴와 졸업, 일본 유학

이 대부분이고 학력도 대체로 높았다. 일본군 위안부라는 용어까지 알고 있었던 이 집단의 사람들은 당연히 일본군이 군위안소를 운영하기 위해 여성들을 강제로 동원했다는 사실을 알고 있었다(표 1-2 참조).

이 면접조사의 자료를 토대로 당시 사람들의 정신대 문제에 대한 용어 사용과 이해를 재구성해 보면, 당시 서민적인 표현은 '여자공출'이었으며 학력이 높아질수록 정신대, 데이신타이라는 용어를 정확하게 기억하고 있는데, 이들에게 이 용어는 근로와 군위안부 동원 전부를 포괄하는 내용이었다. 군위안부라는 용어는 일본과 직접 관련 있는 제한된 집단에서 사용되었고, 당시 조선의 일반인들에게는 매우 생소한 용어였다.

## 6. 맺음말

이상의 논의에서 정신대와 일본군 위안부의 동원이 식민지 조선에서 어떻게 이루어졌는가에 대한 대체적인 윤곽이 드러나고 있다. 정신대는 1930년대 말부터 공장노동뿐 아니라 농업노동, 보도(報道), 의료 등의 분야에서 광범위하게 동원되었으며 법령으로 제도화되었던 것으로서, 당시 사람들에게 여성 동원의 대명사처럼 인식되었던 것이다. 그에 비해 일본군 위안부는 극비 정책으로 이루어져 명확한 법적 근거를 찾기 힘들다. 그로 인한 혼란은 개념상에 그치지 않는다. 근로정신대는 조선에서 임의적 성격이 농후한 관 알선 방식에 의존했는데, 이 틈새에서 일본군 위안부 동원이 정신대 명목을 이용한 경우가 많았던 것이다. 보다 직접적으로 정신대 동원이 일본군 위안부로 이어진 경우를 피해자 증언에서 볼 수 있는데, 이것은 보다 치밀한 조사를 요하는 부분이다. 이 문제가 사회적으로 이슈화되기 전인 전쟁 직후부터 1980년대까지의 신문자료나 회고록은 예외 없이 '정신대로 동원하여 일본군 위안부로 사용했다'고 기술했다. 일본인 중에도 정신대가 위안부 동원에 사용된 제도의 한 이름으로 기억하는 사람이 있다. 한국의 70세 이상의 일반인들에 대한 조사결과는 놀랍게도 정신대조차도 모르는 사람이 적지 않다는 사실을 보여 주었고, 일본군 위안부라는 용어를 식민지 당시에 들어 보았다고 말한 사람은 거의 없었다.

정신대와 일본군 위안부가 확연히 구별되는 제도가 아니었다는 점은 분명하다. 그렇다면 강제동원되어 당한 착취의 내용에 따라 근로정신대와 일본군 위안부를 구분하여 부르되, 그것을 엄격히 구분하여 시행된 제도였던 것으로 인정해서는 절대 안 된다는 사실도 함께 인식해야 한다. 그리고 이제, 우리 사회에서 성노예제로 이 제도의 명칭을 정착시켜 나가는 과정에 주목할 필요가 있다.

제2장

# 군위안소의 설립 과정

## 1. 일본군 위안부 제도 전개의 시기구분

1930-1940년대에 저질러진 일본군 위안부 강제연행의 범죄는 1990년대 들어서야 비로소 세상에 노출되었다. 그러나 아직도 이 문제의 많은 부분은 명확히 알려지지 않은 채 여러 논쟁점을 만들고 있다. 그중 하나가 위안소의 설립시기에 관한 것이다. 대체로 일본군 위안소가 본격적으로 설립된 것은 1937년 난징(南京) 대학살 사건이 계기가 되었다고 말해지나, 1930년대 초에 만주와 상하이에서 군위안소가 운영되었다는 자료가 발견되었고, 그 이전 시기에도 위안소가 존재했다는 것을 보여 주는 문서가 발견되었다. 문서자료 및 피해자와 기타 경험자들의 증언이 이어지면서 일본군 위안소 정책이 확립되어 위안소 설립이 확대되어 간 과정에 관한 연구도 다수 이루어졌다. 이 연구들은 위안부의 수나 역사적 사건 등을 기준으로 몇 단계의 시기구분을 하고 있는데, 그것은 위안소 형태의 변화를 파악하는 데 중요한 시사점을 준다.

도쿄 지방법원에 피해보상청구 소송을 제기한 변호사 그룹은

1932년 상하이 사변 때 강간사건이 다수 발생하여 상하이 주둔 일본군이 본국에 위안부를 요청함으로써 군위안소가 설립되기 시작했으며, 1937년 12월 난징(南京) 점령 후 본격적인 일본군 위안부 정책이 실시되었다고 고소장에서 주장하고 있다. 이 소장에 의하면 초기에는 위안부 모집을 유곽 업자에게 의존했지만, 1938년 초부터 전선이 확대됨에 따라 그러한 모집방식만으로는 위안부 수요를 충당할 수 없었으므로, 군대가 주체가 되어 조선인을 강제연행하게 된 것이다. 이 변호사 그룹은 일본군 위안소의 설립과 확대에 있어서 중요한 계기를 일본군의 전쟁의 확대와 조선인 연행이라고 인식하고 있음을 볼 수 있다.[1]

일찍이 일본군 위안부 관계 자료집을 펴낸 재일한국인 학자 금병동(琴秉洞)은 이 두 가지 요소를 더욱 명확히 부각시키고 있다. 그는 먼저 일본이 군위안소를 설립하게 된 계기가 1918년에서 1922년에 걸쳐 이루어진 시베리아 출병 시에 많은 일본 군인들이 성병에 걸려 병력이 심히 약화되었던 경험이라고 지적한다. 본격적인 군위안소의 설립 시기는 1937년 말-1938년 초인데, 그것은 1937년 12월의 난징 점령과 1938년의 국가총동원법의 발포가 이루어진 시기이다. 난징 점령 시기에 다수 발생한 강간사건을 예방한다는 명분으로 위안소를 설치함으로써 일어난 일본군 위안부의 수요와, 식민지 조선에서 국가총동원법이 시행됨으로써 인력 동원의 기초가 이루어진 공급의 조건이 만난 지점에서 군위안소가 본격적으로 설립되기 시작했다는 것이다(琴秉洞, 1992: 3-4).

1 アジア太平洋戰爭韓國人犧牲者補償請求事件, 1992: 24-27 참조.

일본군 위안소 문제에 관해 가장 적극적으로 연구해 온 학자 중 한 사람인 요시미 요시아키(吉見義明) 교수와 그를 중심으로 이루어진 연구그룹은, 1932년 초에 상하이에 파견된 일본 육해군에 의해 군위안소가 창설되었다고 보고, 이후에는 대체로 점령지 확대를 가져온 역사적 사건에 따라 군위안소 설립이 전개되었다고 설명하고 있다. 일본은 1937년 7월 중국과의 전면전쟁이 개시된 후 1937년 말에 이르는 시기에 중국 점령지에 군위안소를 설치하기 시작했으며, 1941년 12월 미·영·네덜란드 등에 대해 전쟁을 일으켜 동남아시아, 태평양 지역을 점령한 후에는 일본군이 직접 나서서 점령한 이들 지역에 위안소를 차례로 설치했다는 것이다(吉見義明·林博史 編著, 1995: 3-4, 71-142). 앞의 변호사 그룹과 금병동의 연구가 1932년의 초기형태와 1937-1938년 이후의 체계적 확대를 명확히 구분한 데 비해, 보다 면밀한 실증작업을 수행한 이 공동 연구그룹은 1932년 이후에 이루어진 군위안소 설립과 전개를, 특정한 시기구분 없이 역사적 사건에 따라 전반적으로 정리하고 있다. 이들은 조선인 위안부가 압도적 비중을 점했다고 하는 통념에 대해 기본적으로 의문을 제기하고 있으며,[2] 따라서 조선에서의 인력 동원을 포함한 전시의 전체적인 일본 정부의 인력 동원을 군위안소 제도의 수립 과정에서 중요한 요소로 주목하고 있지 않다. 그 밖에도 위안부 수나 군 개입의 정도 또는 위안부 모집형태 등이 위안소 설립 과정에 어떠한 영향을 주었는가에 대해서도 그 관점을 명확히 보이고 있지 않다.

2 "일본군 위안부 중 조선인이 압도적이라는 주장은 재검토를 요한다"(吉見義明·林博史 編著, 1995: 89 등).

일본의 사창 및 공창에 관한 사회사적 연구에 기초한 최근의 한 연구는, 일본군 위안소의 발전 과정을 설립 및 경영의 주체와 위안부 모집형태를 기준으로 하여 민간 주도형과 군 주도형, 매춘형과 성적 노예형으로 명백히 구분하고 있다. 이 연구에 의하면 1894년부터 군인들을 위한 위안소가 설립되기 시작했으나, 이것은 민간 주도형으로 이루어졌다. 1918-1922년경부터 1932-1933년의 기간에 이루어진 과도기적 형태를 거쳐서 1931-1933년 이후 시기부터는 '종군위안부'의 원초적 형성을 이루며 여기에 조선인이 참가하기 시작했다. 1937-1938년 이후의 시기에는 위안소가 양적으로 크게 확대되면서 조선인이 압도적인 비율을 점하게 되며, 1940년부터는 성적 노예로서의 위안부 강제연행이 주를 이루게 된다는 것이다(倉橋正直, 1994). 매우 실증적이지만 특별한 관점이 드러나지 않은 요시미 교수팀의 연구와 반대로, 이것은 실증적 자료가 뒷받침되지 않는 가운데 무리한 추상화를 시도하고 있다.

한국 정부가 1992년에 발표한 보고서에서도 별다른 논의 없이, 1918년 시베리아 출병 시 일본 군인들 사이에 성병이 만연했던 사실이 이후 일본 정부가 군위안소를 설립하게 된 주 요인이었다고 주장한다. 또한 1932년 상하이 사변 때 처음으로 군위안소가 설립되었고, 1937년 중일전쟁 후 본격적인 군위안소 정책이 채택되었다고 정리하고 있다(한국정신대문제실무대책반, 1992. 7: 21-24).

한국정신대문제대책협의회(이하 '정대협'으로 약칭)와 정신대연구회(1997년 한국정신대연구소로 개칭)에서 19명의 위안부 피해자를 심층면접한 결과, 그중 1명이 1936년에, 나머지 18명이 1937년 이후에 연행되었다는 사실이 밝혀졌다.[3] 또한 1994년 시점에서 한국 보건복지부에 신고한 175명의 위안부 피해자 전원이 1932년 이후에 연행되었고, 그중 93%가 1937년 이후에 연행된 것으로 나타났다.[4] 이러한 피해자 상황은 조선인에 관한 한, 1932년에 군위안소로의 연행이 시작되었고, 1937년에 하나의 질적인 전기를 맞았다는 사실을 보여 주고 있다. 이 밖에도 다른 많은 연구들이 군위안소 전개 과정을 정리하고 있지만, 대체로 1931년 만주사변, 1932년 상하이 사변 및 1937년 중일전쟁을 변화의 주요 시점으로 보는 데 일치하고 있다.

이러한 연구들을 참고로 하면서, 이 장에서는 문서자료와 경험자들의 증언을 더욱 면밀하게 고찰하여 일본군 위안소의 설립이 어떠한 과정을 거쳐 왔는지를 검토하고자 한다. 결론부터 말하자면, 이 장에서는 다음과 같은 점들을 확인할 것이다. 첫째, 일본군이 위안소를 설립하기 시작한 것은 1905년경으로 보이며, 둘째, 현재 논의되고 있는 군위안소의 형태가 설립되기 시작한 것은 1932년경으로 보인다. 셋째, 1937년 말에 더욱 체계적이고 조직적인 군위안소 설립 정책이 형성되었는데, 이때의 군위안소는 이전의 위안소와는 다른 중요한 본질적인 변화를 보였다. 그것은 군 중앙의 정책에 의해 군의 체계적인 지휘에 따라 일본군 주둔 지역 전체에 군위안소가 세워졌다는 점과, 기본적으로 식민지 조선에서의 여성 동원을 통하여 위안부 공급이 이루어졌다는 점이다. 넷째, 1937년 말 이후의

3 한국정신대문제대책협의회·정신대연구회 편, 1993 참조.

4 1994년 12월 현재 한국 보건복지부에 신고한 피해자 집계. 이 중 169명만이 정부지원금을 받기로 결정되었다.

시기에도 군위안소 정책과 위안소 형태 및 위안부 동원방식에서 변화를 보이지만, 그것은 대체로 점령지 확대에 따른 양적인 변화이며, 본질적으로는 1937년에 이루어진 정책의 연속인 것으로 볼 수 있다. 마지막으로, 같은 시기라도 지역에 따라, 점령 후 어느 정도 시간이 지났는가에 따라, 다소 다른 양태를 보이기도 한다는 점이다.

## 2. 군위안소의 원초적 형태: 1905년경

일본에서는 국가가 성매매를 관리하고 창기에 대한 체계적인 정기검진을 실시한 공창 제도가 일찍이 수립되어 있었으며, 무사(武士), 후에는 군인들이 공창의 중요한 사용자였다. 따라서 일본 군대가 전쟁터로 출병했을 때, 군대 주변에 군인들을 주요 상대로 하는 위안소가 세워졌다는 것은 충분히 짐작할 수 있다. 1894년 청일전쟁부터 민간이 주도하는 군위안소 형태를 발견할 수 있고(倉橋正直, 1994: 52-54), 이후 1932년 상하이에 파견된 일본 육해군이 군위안소를 설치하기 전까지는 이러한 민간 주도의 위안소가 존재했을 뿐이라는 것이 대체적인 주장이다.

그러나 1905년 러일전쟁 때 이미 군이 위안소를 설치했다는 병사들의 회고를 찾을 수 있다. "음부매매옥(淫婦賣買屋)을 설치해서… 대부분 중국 여성이라 말이 통하지 않았다", "군 공인(公認)의 집이었으나, 창기집(娼妓屋)에 발을 들여놓는 일 같은 것은 병사의 경제 상태에서 불가능에 가까웠다", "2년간 그곳에서 일할 계약 아래 월 30엔(円)의 보수였다고 하니 중국인 창기였다고 생각하기 어렵다"

등의 증언을 보면, 이 시기에 중국 전지에서 중국·일본 여성을 위안부로 동원해서 군이 위안소를 설치했거나 기존의 위안소를 군 전용으로 공인하여 군인들이 사용하도록 했다는 것을 알 수 있다(大江志乃夫 編, 1998).

이러한 군위안소가 그 후 전쟁에도 체계적으로 지속되어 설립된 것 같지는 않다. 1918-1922년의 시베리아 출병 시 72,000명의 군인 중 중증의 성병환자가 2,012명에 이르렀고, 경증 환자까지 합하면 그 수의 5-6배에 달했을 것이라는 보고만이 있을 뿐(琴秉洞, 1992: 3), 성병을 예방하기 위해 군위안소가 설립되었다는 기록은 찾을 수 없다.

## 3. 군위안소의 형성: 1932년경

1932년 초 상하이 사변 때 병사들에 의한 강간사건이 빈발하자, 상하이 파견군 참모 부장 오카무라 야스지(岡村寧次)는 나가사키 현(長崎縣) 지사에게 군위안부를 보내 달라고 요청했다. 후에 오카무라는 위안부가 송출되어 온 후로 강간죄가 없어졌으므로 기쁘다고 회고하고 있다. 오카무라가 위안부 요청을 동 지역인 상하이의 해군을 모방해서 했다고 한 것을 보면,[5] 해군위안소 설치는 이보다 빨랐

5 稻葉正夫 編,『岡村寧次大將資料』上卷 戰地回想篇, 原書房, 1970. アジア太平洋戰爭韓國人犧牲者補償請求事件, 1992: 24-25에서 재인용.

음을 알 수 있다.[6] 오카베 나오사부로(岡部直三郎) 대장도 1932년 초에 상하이에 파견된 일본 육해군은 군위안소를 설치했다고 기록하고 있다(岡部直三郎, 1982: 23). 1932년 12월 주 상하이 일본 총영사관은 해군위안소가 17개소 있다고 기록하고 있는데, 더욱이 이 수치는 이미 위안소들이 개업과 폐업을 수차례 거친 후의 통계라는 점을 명기해, 해군위안소 설립이 보다 이른 시기에 시작되었음을 시사하고 있다(在上海總領事館, 1932). 1935년과 1936년의 동 영사관 자료에서도 해군위안소가 존재했음을 보이고 있다. 군위안소의 위안부들은 군인 이외의 다른 손님을 받지 못했고, 그들에 대한 전문의의 건강진단이 육전대원 및 당관 경찰관리 입회하에 주 2회 실시되고 있으며, 해군 측과 협조단속이 엄격히 이루어지고 있다고 기록되어 있다. 또한 이 자료들은 군 외의 일반인이 영업에 참여했다는 사실을 보여 주고 있다.[7]

한편, 1933년 관동군 핑취안(平泉) 주둔부대의 기록에는 군인들의 성병예방을 위해 예창기·작부에 대한 주 1회 이상의 검진, 기루(妓樓)의 위생시설 및 군인들의 성병예방 지시 등에 관한 자세하고 엄격한 사항이 기재되어 있다. 또한 이곳에서 이미 조선인 위안부가 압도적 다수를 점하고 있는 것을 볼 수 있다(混成第14旅團司令

---

6 만주사변 발발 당시 일본 해군은 제1파견함대를 화중(華中), 화난(華南)에, 제2파견함대를 화베이(華北)에 배치했고, 1931년 10월과 1932년 1월에 증파했다. 1932년 1월 상하이 해군특별육전대와 중국군 간에 전투가 개시되었고, 같은 해 2월에 육군 제9사단과 제12사단에서 혼성 1개 여단을 상하이로 파견했다(藤原彰, 1994: 209-210).

7 在上海總領事館, 「昭和10年在上海總領事館警察事務狀況」, 1935; 「昭和11年在上海總領事館警察事務狀況」, 1936.

部, 1933: 3-8). 이 위안소들은 군대가 설치하거나 군 전용의 위안소로 세워졌다고 보기는 힘드나, 군인을 상대하는 예창기·작부를 군이 적극적으로 통제하고 있다는 점에서 군위안소의 초기형태라고 말할 수 있다.

## 4. 본격적인 군위안소 정책의 수립과 시행, 확대: 1937년 말 이후

지역에 따라 산발적으로 시행되던 군위안소 설립이 육군성 주도하에 하나의 정책으로서 본격적으로 일본군 전체에 체계적으로 시행된 것은 1937년 말경부터로 추정된다. 이때부터 위안소의 설치, 경영, 위안부의 모집, 수송에 이르는 전 과정을 군이 주도적으로 이끌어 가고 여기에 내무성, 외무성 등 일본 정부의 기관들과 조선총독부, 대만총독부도 적극 협력하는 체제를 갖추게 되었다.

이러한 변화의 직접적인 배경은 무엇보다도 전쟁의 확대와 장기화이며, 그러한 배경에서 일본뿐 아니라 식민지 전역에 대해 이루어진 총체적 인력 동원 정책이 이를 뒷받침한 것이다. 일본은 1937년 7월 중국에 대한 전면적인 전쟁을 시작했고, 같은 해 12월에는 난징을 점령했다. 중일전쟁은 예상외로 확대·장기화되었고, 일본은 본격적인 전쟁체제로 돌입하여 국내와 식민지에서 전쟁수행을 위해 산업구조를 재편하고, 물자와 인력에 대한 총동원의 구조를 정비해 갔다.

### 1) 육군성의 군위안소 정책, 기획과 시행

1937년 말부터의 군위안소에 관한 명확한 기록들이 다수 발견되고 있다. 이 시기 이후 종전까지 일본의 위안소 정책은 그전까지와는 본질적으로 다른, 국가주도의 체계적인 대규모의 위안소 설립과 위안부 동원의 시스템으로 전개된 것을 알 수 있다. 일본의 나가이(永井和, 2005) 교수는 2005년에 발굴한 육군성 문서[8]를 통하여 일본 육군이 1937년 9월 야전주보(酒保)를 개정하여 위안소를 군의 병참시설로 설치할 근거를 마련했다고 주장했다. 이에 따르면 1937년 9월 육군성은 야전주보규정을 개정하여 일본군 위안소를 군의 후방시설로 만든 것이다(한혜인, 2015: 4). 이후 다음의 양상들을 확인할 수 있다.

#### (1) 각 파견군에서 설치 지시

1937년 12월 중지나(中支那) 방면군은 군위안소 설치를 지시했다. 참모 제2과가 안을 만들어서 참모인 조 이사무(長勇) 중좌에게 난징에서의 군위안소 설치를 의뢰했던 것이다. 같은 시기에 제10군 참모는 헌병을 지휘해서 후저우(湖州)에 군위안소를 설치했다.[9]

---

8 日本陸軍省, 「野戰酒保規程改正ニ關スル件」, 1937. 9. 18.

9 南京戰史編輯委員會 編, 『南京戰史資料集』, 皆行社, 1989: 211, 220, 280, 411. 吉見義明·林博史 編, 1994: 16-17에서 재인용.

### (2) 육군성의 직접 지시

1938년 3월부터는 육군성으로부터의 직접적인 지시사항에 관한 기록이 자주 나타난다. 1938년 3월, 육군성 병무국 병무과에서 북지(北支) 방면군 및 중지(中支) 파견군 참모장에게 "위안부 모집은 파견군에서 통제하여 인물선정을 주도적절하게 하고, 헌병과 경찰 당국과의 연계를 밀접히 할 것"을 지시했다.[10] 1938년 4월의 난징에서 열린 육군성, 해군성, 외무성의 3성 관계자회의의 결정사항에는 육해군에 전속된 위안소는 육해군이 직접 경영·감독하므로 영사관은 관여할 바 없다고 되어 있고,[11] 같은 해 7월에 주 상하이 총영사는 이를 다시 확인했다.[12] 이는 육군성과 해군성이 위안소에 대한 직접적인 지휘자임을 명시하는 것이다.

1938년 5월 일본 교육총감부에서 편찬한 「전시복무제요(戰時服務提要)」에서는 "성병에 대한 적극적 예방법을 강구하고 위안소 위생시설을 완비함과 동시에, 군이 지정한 이외의 매춘부 및 지역의 사람들과의 접촉은 엄격히 금한다"고 명기하고 있다.[13] 1939년 4월 육군성 의무국 과장회보에서 제21군의 마츠무라(松村) 군의부장은 "성병예방을 위해 군인 100명당 1명꼴로 위안부를 수입한다.… 치료비용은 영업주가 부담한다. 검진은 주 2회"라고 보고했다.[14] 1940

---

10 陸軍省兵務局兵務課起案, 「軍慰安所從業婦等募集に關する件」, 1938. 3. 4.

11 在南京總領事館, 「在留邦人の各種營業許可及取締に關する陸海外三省關係者會同決定事項」, 1938. 4. 16.

12 在上海總領事發信, 「昭和13年7月5日附在上海總領事發信在南京總領事宛通報要旨」, 1938. 7. 5.

13 教育總監部, 「戰時服務提要」, 1938. 5. 25.

14 「金原節三業務日誌摘錄」 前篇その1のイ, 1939. 4. 15.

년 9월에도 육군성은 군기풍속에 관한 지도단속에 각별히 유의할 것을 지시하고 있다.[15] 이러한 기록들은 육군성이 군위안소 관계를 중앙 통제하고 있었다는 사실을 명확하게 보여 주고 있다.

이렇게 육군성 중앙에서의 통제가 이루어진 시기에도 방면군, 군 및 대대, 연대 등의 수준에서 군위안소 설치, 위안소 규정의 제정, 위안소 업무상황의 보고 등의 업무가 이루어지고 있었다. 예컨대 1938년 6월에 북지나 방면군 참모장은 가능한 한 조속히 성적 위안설비를 정비하는 것이 긴요하다고 말했으며,[16] 연대본부에서 각 대장에게 위안소에 관해 구두로 지시한다는 기록[17] 등, 군위안소에 각 수준의 군이 다각적으로 참여하고 있는 사실을 보여 주는 다수의 군 문서가 있다. 이들 각 군부대가 결국 육군성 중앙의 통제와 지휘를 받았다고 보아야 할 것이다.

### (3) 육군성의 군위안소 사전 계획

1941년 7월경부터 육군성이 일본군 주둔지에 군위안소 설치를 미리 계획한 기록이 발견된다. 1941년 일본이 미국, 영국, 네덜란드 등에 대해 본격적으로 전쟁을 준비하면서, 육군성은 일본군 주둔지에 군위안소를 설치할 것을 미리 계획한 것으로 나타났다. 이것은 중국에서의 경험을 바탕으로 한 것으로서, 이러한 계획에 바탕하여 실제로 동남아 지역에서 일본은 군인이 주둔할 경우 시간을 끌지

15 日本陸軍省副官送達, 「支那事變の經驗より觀たる軍紀振作對策」, 1940. 9. 19.
16 北支那方面軍參謀長 岡部直三郎, 「軍人軍隊の對住民行爲に關する注意の件通牒」, 1938. 6. 27.
17 獨立山砲兵第3聯隊本部, 「各隊長に與ふる指示等」, 1939. 6.

않고 지체 없이 군위안소를 설치했다.[18] 1941년 7월의 「후카다 군의 소좌 네덜란드령 인도 위생상황시찰보고(深田軍醫小佐蘭印衛生狀況視察報告)」에는, 난인(蘭印) 작전에 따른 위생상의 문제로서 엄중한 검진하에 위안소를 설치할 것이 필요하다는 내용이 있다.[19]

한편 같은 시기에 관동군이 대규모의 군위안소 설치를 계획하고, 이를 위해 엄청난 수의 조선인 여성을 일본군 위안부로 연행하려는 계획을 세우고 실행한 사실이 밝혀졌다. 일본군은 이미 소련의 극동군비 증강에 대응하여 육군의 대대적인 증강을 추진해 왔고, 1941년 7월경에는 관동군특종연습(관특연)을 실시했다. 이때 병참을 담당한 관동군 참모 하라요시(原善西郎) 중좌는 중일전쟁의 경험에서 산출하여 일본군 위안부 2만여 명이 필요하다고 계산하고 조선총독부에 의뢰해 이를 징집하려 했으나, 실적은 8,000명에 그쳤다고 증언했다. 이러한 사실은 일본의 시민단체 '종군위안부 110번'에 보고한 경험자들의 증언에서도 뒷받침되고 있다. 조선에서 여성들은 일본군 위안부로 사역당할 것을 알지 못한 채 '관동군전시특별정신대'라는 이름으로 연행되었다고 하는 증언도 있다(千田夏光, 1978: 104; 從軍慰安婦110番編輯委員會 編, 1992; 吉見義明·林博史 編, 1995: 89-90). 이 사실은 공문서의 기록도 발견되지 않은 채 증언으로 가까스로 이어져 알려지다가, 최근 중국 헤이룽장 성 기록물보관소(당안관)에서 공개한 자료에서 확인되었다. 1941년 10월 20일 쑤이

18 南西太平洋地域聯合軍飜譯通譯課, 「南西太平洋地域ATIS審問報告」 通號 第40號, 1943. 1. 30; 吉見義明 編, 1992: 465-487.

19 「金原節三業務日誌摘錄」 その3のハ, 1941. 7. 26.

양(綏陽) 국경경찰대 한충허(寒葱河) 대장은 난티엔먼(南天門) 대장의 보고에 근거하여 쑤이양 국경경찰대 쑤이펀허(綏芬河) 대장에게 다음과 같이 보고했다. "일본군대륙파견부대 전용위안부로 조선에서 모집한 2,000명 중에서 약 10명이 난티엔먼에 왔다." 또 특무대 경보 다카야마(高山明根)는 1941년 10월 30일 쑤이펀허 대장에게 "최근 군 측에서 조선 각지의 경찰서와 헌병대를 통해 만주에서 군대 전문 접대 요리점 경영희망자를 모집"했다는 보고도 올렸다.[20]

1941년 12월 아시아태평양전쟁이 일어났고, 일본군은 남방·남양 지역을 차례로 점령해 갔다. 육군성은 군인들의 성병예방을 위한 위안소시설을 충분하고 철저하게 할 것을 계속 강조했다.[21] 이 시기에 중국에도 군위안소가 계속 증가하는 한편, 홍콩, 말레이시아, 싱가포르, 인도네시아, 필리핀 등지에 위안소가 속속 설립되었다. 1942년 3월 12일에 대만군 사령관은 육군대신에게 남방총군으로부터 보르네오 행 위안 토인(土人) 50명을 파견해 달라는 요청이 있어 헌병이 조사·선정한 경영자 3명을 도항하도록 했으니 인가해 달라고 요청했고, 육군성은 16일에 이를 인가했다는 기록[22]이 있으며, 그 후 6월 육군성은 대만군 참모장에게 소수의 인원보충교대는 적

---

20 「綏國警綏寒秘第890號」(헤이룽장 성 당안관 소장); 特務隊警補 高山明根, 「日本軍部隊指定料理店開設二關スル件」, 1941. 10. 30(헤이룽장 성 당안관 소장). 서현주, 2015: 247에서 재인용.

21 日本陸軍省醫務局衛生課起案, 「大東亞戰爭關係將兵の性病處置に關する件」, 1942. 6; 「金原節三業務日誌摘錄」 後篇その4のロ, 『昭和17年7月30日局長會報』, 1942. 7. 30.

22 臺灣軍起案, 「南方派遣渡航者に關する件」, 1942. 3.

절히 처리하라고 지시했다.[23] 이러한 자료들은 육군성이 위안부 도항까지 총체적 지휘를 했음을 보이고 있다.

### (4) 육군성의 총체적 기획

남방과 남양의 각 지역에 일본의 점령지가 확대되고 있던 1942년 9월, 육군성에서는 보다 전체적인 시각을 가지고 일본군 주둔지 전체에 군위안소 설치의 안을 내놓고 있다. 1942년 9월 3일 과장회보에서 육군성 인사국 은상과장(銀賞課長)은 장교 이하의 위안소시설을 북지 100, 중지 140, 남지 40, 남방 100, 남해 10, 사할린 10, 도합 400개소를 설치하고 싶다고 발언했다.[24] 육군성은 또한 각 군위안소를 위해 체계적으로 콘돔을 보내고,[25] 위안부 수입을 위해 자금을 지원했다.[26]

이렇게 육군성에서 군위안소의 구체적인 설치에 대한 전체상을 가지고 통제하는 가운데에도, 점령지 각 지역에서는 각 수준의 군대조직에서 위안소에 대한 지휘·감독을 적극적으로 수행하고 있던 것을 볼 수 있다. 중국파견군 총사령부에서 콘돔의 지급 문제를 통제했고,[27] 필리핀에서 군정감부가 군위안소 지휘·감독을 관장하였

23 臺灣軍參謀長,「臺電第935號」, 1942. 6. 13.

24「金原節三業務日誌摘錄」後篇その5のイ, 1942. 9. 3.

25 陸軍省經理局建築課,「陸亞密大日記」, 1942; 日本の戰爭責任資料センタ-, 1993: 25-28.

26 미국 국공립문서자료, 1944-1945; 日本の戰爭責任資料センタ-, 1993: 34-36.

27 支那派遣軍總司令部,「昭和17年9月副官(庶務將校)會同席上意見, 質疑及回答(追加)」.

으며,[28] 버마 만달레이에서는 주둔사령관이,[29] 말레이시아에서는 군정감이 위안소 설치 및 규정의 재정을 관장하였고,[30] 네덜란드령 인도네시아에서는 민정부장관이 위안소시설 설치·감독을 책임졌다.[31] 1943년의 NEFIS 보고서는 일본 군대가 정주하면 곧바로 위안소가 설립되었다고 기술했다.[32]

1944년에서 45년에 이르는 시기에 NEFIS가 인도네시아 지역에서 수집한 정보에 의하면, 일본군은 이전에 호텔로 사용했던 건물과 유럽인이 살던 주택을 점거하여 그곳에 위안소를 설치·운영했다.[33] 1944년 5월부터 1945년 2월에 걸쳐 오키나와에 남지구사령부, 사단, 대대 및 중대 수준에서 군이 직접 위안소를 건축했고, 기타 제반 위안소 문제에 대해 논의한 기록이 다수 발견되어 있다.[34] 이러한 자료들에서 일본군의 군위안소 정책은 점점 체계화되고, 군의 직접적인 개입이 강화되어 갔다는 것을 알 수 있다.

---

28 比島軍政監部ビサヤ支部イロイロ出張所, 「慰安所(亞細亞會館, 第1慰安所)規程送付の件」, 1942. 11. 22.

29 第5野戰輸送司令部, 「第5野戰輸送司令部駐屯地業務規定」, 1943. 10. 31.

30 馬來軍政監制定, 「慰安施設及旅館營業取締規定」, 1943. 11; 林博史, 1993: 73.

31 セレベス民政部第2復原班長(海軍司政官), 「セレベス民政部第2復員班員復員に關する件報告」, 1946. 6. 20.

32 여기에 예를 하나 든다. "Whenever troops were stationed in a locality in number, brothels were immediately established by both the Army and Navy." "ATIS Interrogation Report No. 37 Kumagae, S."(1943. 2. 23).

33 NEFIS 심문보고서, No. 295, 330, 334 합병호 등. 백재예, 2016: 56-57에서 재인용.

34 南地區駐屯地司令部, 「軍竝に旅團に於ける副官會同會報事項」, 1945. 1. 13 등.

### 2) 여타 일본 정부기관의 참여

일본 정부의 기관에서 육군성 외에 군위안소에 깊이 개입한 기관은 외무성과 내무성이다. 군위안소가 기본적으로 해외의 일본군 주둔지에 세워진 것이므로, 영사관 등 해외의 일본인을 관리하는 외무성의 부처가 위안소 관리에 개입하지 않을 수 없었다. 군위안소 자체는 군의 책임하에 놓여 있었지만, 위안부나 위안소 경영자들의 출입국 관리에는 외무성의 협조가 필요했다. 예컨대 1940년 9월 대만총독부 외사부장은 외무성 아메리카국 제3과장에게 "도항자는 도항 사유증명서가 필요하겠지만 위안소 종업원의 도항은 시급하므로 특별히 허가토록 했으니 양지하라"는 통보를 하고 있다.[35] 이밖에 영사관에서 외무대신에게 여자들의 입국에 대해 보고하거나, 영사관에서 일본인 및 조선인, 대만인들의 직업, 특히 위안소 경영자 및 위안부 상황이나 위안소 관계를 조사·보고하는 등 군위안소에 직·간접으로 외무성이 개입한 사실을 볼 수 있다.

내무성의 개입도 주로 위안부 및 경영자들의 출국 관계에서 나타난다. 1938년 2월 내무성 경보국장은 '추업(醜業)'을 목적으로 하는 부녀자의 도항은 현지의 실정으로 볼 때 필요불가결한 것이라고 보고, 이들의 중국으로의 출국은 당분간 묵인하기로 하며, 부녀자의 모집주선의 상황을 잘 단속할 것을 지시하고 있다.[36] 1940년의 자

---

35 「渡支事由證明書等の取奇不能と認められるる對岸地域への渡航者の取扱に關する件」, 1940.

36 內務省警報局長, 「支那渡航婦女の取扱に關する件」, 1938. 2. 23.

료에서도 내무성은 특수부녀의 도항목적을 "정주(定住)하기 위해" 라고 기재하라고 조치했던 것을 보여 준다.[37]

### 3) 조선총독부, 대만총독부의 협조

일본군 위안부의 대다수가 조선인이었다는 사실은 많은 자료가 보여 주고 있다. 당시 조선에서의 출국은 반드시 거주지 관할 경찰서의 허가서를 받아야 했는데, 그 자격은 입국 지역에서 확실한 직업을 보장한다는 증거가 있어야 했고, 어느 정도의 돈을 가지고 있어야 하는 것이었다.[38] 1920년대부터 시행되기 시작한 이 출국허가 제도는 점차 그 요건이 까다로워졌고, 1938년 이후 인력 동원 정책이 극심하게 시행되면서 더욱 엄격해졌다. 따라서 조선총독부의 개입 없이 조선인 여성의 동원이 이루어졌다는 것은 생각할 수 없다.

조선총독부 관계 자료들은 1938년 초부터 중국으로 건너간 위안부 및 위안소 관계자들의 도항상황을 파악하고 있었다는 것을 보여 주고 있다(吉見義明, 1944: 32-35). 앞서 1941년 7월 관동군이 조선총독부의 도움을 받아 8,000명의 위안부를 사용하게 되었다고 말한 바 있다. 1942년에도 조선총독부 경무국장이 일본 척무성 조선부장과 각 도 경찰부장 및 재중 각 파견원에게 예창기를 포함한 직업별 도항 상황을 보고하는 자료가 있다.[39] 한국인 위안부 피해자들

---

37 日本內務省, 「渡支那邦人暫定處理の件打合事項」, 1940.

38 日本內務省警報局, 「朝鮮人勞動者募集に關する件通牒」; 朴慶植, 1975.

39 朝鮮總督府警務局長, 「渡支邦人の取締に關する件」, 1942. 3. 19; 1942. 8. 29.

의 증언은 경찰, 반장, 면장, 면사무소 직원 등, 총독부 관리들이 위안부 동원에 관여한 경우가 적지 않다는 것을 보여 준다. 1994년 12월 현재, 한국 보건복지부에 신고한 전 위안부들 중에서 주 동원자를 밝힌 157명 중 51명(32.4%)이 경찰 또는 관리에 의해 연행되었다고 증언했다.

조선총독부가 학교를 이용하거나, 관청 자체가 나서서 모집한 근로정신대의 일부가 일본군 위안부로 보내졌다는 인식이 당시를 살았던 한국인들 사이에 넓게 퍼져 있다. 최근 실제로 근로정신대로 동원되었다가 일본군 위안부로 착취되었다고 증언한 사람도 나오고 있어서, 이 점에 대한 연구가 보다 면밀하게 이루어져야 할 것으로 생각된다.

대만총독부의 개입을 보여 주는 자료도 눈에 띈다. 대만총독부의 역할도 대체로 도항과 관련되어 있으며, 특히 대만의 경우 남양 방면에 위안소를 개설할 위안소업자의 처우에 관한 사항이 많다.[40] 앞서 언급한 대만군 사령관의 보르네오 행 위안소업자에 관한 보고 사항에서도 볼 수 있는 대로, 대만에서 남양 방면으로의 도항을 책임진 경우가 많았던 것으로 생각된다.

앞서 언급한 1937년 야전주보규정 개정 내용에 '주보(酒保) 물품의 충족은 보급기관으로부터 행한다'는 것이 포함되어 있는데, 이것은 이러한 위안부 동원과 수송에서의 행정기관들의 협력체계를 구축하기 위한 법적 기반이 되었다고 볼 수 있다(한혜인, 2015: 4).

---

40 臺灣總督府, 「南洋方面占領地に於ける慰安所開設に關する件」, 1942. 1. 10.

## 5. 군위안소 설립과 경영형태의 변화

초기에 다소 산발적으로 군위안소가 설치되던 것이, 1937년 말 이후 일본군과 정부가 본격적으로 개입하면서부터는 일정한 형태를 띠면서 안정적으로 설립되기 시작했다. 군위안소 정책의 형성 및 점령지에의 정착 과정에 따라 위안소 설립과 경영형태도 일정한 변화를 보였다.

### 1) 군위안소의 성격

일정한 체계를 갖추면서 군위안소는 다음의 특성을 나타냈다. 첫째, 군위안소는 극히 드문 예외[41]를 제외하고는 기존의 공창 제도에 따른 유곽과는 별도의 체계로 군인들만을 위해 만들어진 것이다. 둘째, 따라서 군위안소는 극히 드문 경우를 제외하고는 군인·군속만이 이용할 수 있도록 되어 있었으며, 군인들은 군위안소 외의 다른 위안소를 이용할 수 없었다. 셋째, 일본군 위안부는 군이 지정한 의사에게 정기적으로 성병검사를 받았다. 넷째, 위안부의 이동을 포함한 위안소의 제반 상황은 군의 엄격한 통제하에 놓여 있었다.

41 1940년 한커우(漢口), 난창(南昌) 지역에는 공창 지역을 설정하고, 기존의 창기 단속 규칙을 적용하고 영업세 납부도 공창의 제도 안에서 이루어지며, 이것이 군인들의 위안을 돕는 기관을 대신하고 있음을 볼 수 있다. 이는 지금까지 발견된 자료에서 볼 때 거의 유일한 경우이다. 第2軍特務部, 『呂集團特務月報』 通卷 第17號, 1940. 4.

### 2) 군위안소의 설립과 경영

이와 같이 공통된 성격을 가진 군위안소가 그 설치와 경영에 있어서는 다소 다른 형태를 보이기도 했다. 군이 직접 설치하고 경영한 경우, 군이 설치했으나 민간에 경영을 위탁한 경우, 군이 위탁하여 민간이 설치·경영하고 군이 이를 허가·감독한 경우, 기존의 사창을 군위안소로 편입시킨 경우, 위안소가 설립되지 못한 주로 오지의 주둔지에 위안부만을 파견하는 경우 등, 그 형태는 여러 가지로 분류할 수 있다. 군이 직접 설립·경영한 경우와 민간에게 의존한 경우로 양극화시켜 본다면, 군위안소 정책의 형성과 점령지 정착의 과정에 따라 하나의 흐름을 잡아 볼 수 있다.

#### (1) 시작단계: 군에서 직접 설립·경영

처음 중국에서 군위안소가 설립되기 시작한 단계에서는 대부분 군에서 직접 설립·경영하는 형태가 나타났다. 1938년 1월의 한 보고는 "위안설비는 병참에서 경영하는 것과 군부대가 직접 경영하는 두 곳이 있다"고 기록하고 있다.[42] 동년 3월의 창저우(常州) 주둔지 내무규정의 "위안소 설비를 …에 마련하고… 유곽주인은…"라는 내용은 경영은 민간이 했지만, 설립은 군이 했다는 점을 추측하게 한다.[43] 앞서 인용한 1938년 4월의 난징 총영사관 자료에서도, 육해군에 전속된 위안소는 육해군이 직접 경영·감독한다고 기록되어 있

42 獨立攻城重砲兵第2大隊長, 「狀況報告」, 1938. 1. 20.

43 獨立攻城重砲兵第2大隊, 「常州駐屯間內規規定」, 1938. 3.

다. 이 시기에도 위안부 모집은 민간에 위탁했던 것으로 보인다. 일본군은 위안부를 모집하는 사람들의 인선에 유의할 것을 지시하기도 했다.[44] 초기의 위안부 모집은 주로 일본과 조선에서 이루어진 것으로 보인다.[45] 여러 자료들은 위안부로 조선인이 압도적이고, 일본인도 있었다고 기록하고 있다.[46] 그러나 지역에 따라서는 중국인이 다수 있었다는 기록도 있으며,[47] 1930년대 말, 1940년에 걸쳐 전선이 확대된 동남아시아 및 남양군도 등의 지역에서는 '현지에 있는 자'를 이용하는 경우도 있다고 하는 기록도 볼 수 있다.[48]

### (2) 민간의 대대적 진출

군이 체계적으로 개입하기 시작한 짧은 초기의 시기를 지난 후, 곧 민간의 대대적인 진출이 이루어졌다. 대체로 1939년 말경부터 위안소 개설을 희망하는 자, 위안소 개설의 신청 등에 관한 기록이 다수 등장하기 시작한다.[49] 앞서 언급한 1937년 9월 개정된 야전주보규정은 이전에는 운영을 원칙적으로 군대에서 직접 행하는 것으로 했던 것을, 경영은 자영으로 하되 어쩔 수 없는 경우에 소관장관(군사령관, 사단장, 병참감, 병단의 장)의 허가를 받은 청부업자가 할 수

44 陸軍省兵務局兵務課起案, 「軍慰安所從業婦等募集に關する件」, 1938. 3. 4.

45 1938년 초부터 위안부 도항과 위안부 모집을 위해 '귀국'하는 자에 관한 기록이 많이 발견된다.

46 馬生徹男, 「花柳病ノ積極的豫防法」, 1939. 6. 26 참조.

47 예컨대 臺北州知事戶水昇, 「渡支取締方の建」, 1939. 3. 2.

48 第21軍司令部, 「戰時旬報」, 1939. 4. 11-20.

49 野村吉三郞 外務大臣/花輪義敬在漢口總領事, 「漢口陸軍天谷部隊慰安所婦女渡支の件」, 1939. 12. 23-27 등.

있도록 하여 민간의 진출을 훨씬 더 용이하게 했다. 그러나 이 경우에도 수송비용은 관비로 하고, 경영과 금전 및 물품의 출납정리는 경리부장의 감독을 받았다(한혜인, 2015: 4-5). 이러한 상황은 1940년대 들어서도 지속되었다. 중국에서 처음에 군이 직접 설립을 시작한 것에 비해 태평양 섬들, 동남아시아 등지에서는 중국에서의 경험에 따라 처음부터 민간의 진출에 의해 위안소가 설립되기 시작한 것으로 보인다. 민간이 군에 신청하여 허가를 받아 위안소를 경영한 경우가 많고,[50] 이러한 경우에도 군이 건물을 대여한다든가, 여러 면에서 도움을 주었던 것으로 보인다. 이 시기에 위안부 모집은 대체로 조선인을 대상으로 가장 많이 이루어진 것으로 보인다.

군위안소가 크게 확장되었던 시기였으므로, 이 시기에 대체로 민간이 위안소 개설에 다수 참가하였으나, 그러한 중에 예외적인 위안소 형태도 적지 않았다. 1941년 7월 관동군이 대규모로 위안부를 동원한 경우가 있었고, 군위안소가 설립되지 않은 곳에 군의 명령에 따라 부정기적으로 위안부 또는 위안소 전체를 출장시키는 경우도 있었다.[51]

### (3) 후기: 다시 군이 직접 설립

1943년 후반경에는 군이 다시 직접 위안소 설립에 나서는 경향을 볼 수 있다. 1943년 후반의 인도네시아(吉見義明, 1994: 49-53),

50 比島軍政監部ビサヤ支部イロイロ出張所, 「慰安所規定送付の件」, 1942. 11. 22.

51 セブ憲兵分隊長/タクロバン憲兵分隊長, 「軍慰安竝娯樂設備狀況調査の件」, 1943. 8. 전 위안부 피해자 김복동 할머니의 경우.

1944년 오키나와의 경우가 특히 명백하게 군의 위안소 설립상황을 보여 준다.[52] 이러한 군의 직접적인 위안소 설립은 군의 개입이 체계화된 이유도 있겠지만, 점차 물자 및 인력 동원이 힘들어지면서 민간에 맡겨 위안소를 설립·경영하는 것이 힘들게 된 때문으로 보인다. 위안부 동원에 강제성이 강화된 것도 이와 맥을 같이한다. 위안부 강제동원이 조선에서뿐 아니라 점령 현지에서도 광범하게 이루어진 것이 이 시기이다. 인도네시아에서 인도네시아 여성뿐 아니라 네덜란드 여성이 동원된 것도 대부분 이 시기의 일이다.[53]

#### (4) 패전 직전의 시기: 혼란

패전을 앞두고 군위안소는 지역에 따라 다른 혼란한 모습을 보인다. 오키나와에서는 지속적으로 군이 위안소를 설립하고 있던 데 비해, 남아시아에서는 조선으로부터 위안부의 수송이 어려워지면서 현지의 위안업자에게 위안부 모집을 비롯한 군위안소 제반 업무를 의존하는 경우를 보였다(林博史, 1994: 42; 吉見義明, 1944: 54). 버마와 같은 지역에는 조선에서 일본군의 위탁을 받은 업자들이 여성들을 대대적으로 동원하여 군의 도움으로 전장 깊숙이까지 진출하여 위

---

52 要塞建築勤務第6中隊, 「陣中日誌」, 1944. 5-6.

53 이 시기에 조선에서는 일본군 위안부 모집광고가 『매일신보』와 『경성일보』에 한두 번씩 등장했다. 민간이 모집주인 것으로 되어 있었으나, 이것이 민간의 모집이라고 보기는 힘들다. 이보다 빨리 1942년 3월에 남아시아에서 이루어진 모집광고도 모집주는 민간인의 이름으로 되어 있었으나 사실상 군이 한 것이라는 사실을 하야시 히로부미는 밝힌 바 있다(林博史, 1994: 34-35). 한국에서 광고가 단 한두 번으로 끝난 것도 납득이 안 되는 부분이다. 오히려 강제동원의 실상을 호도하려는 목적에서 시도된 것이 아닌가 생각된다.

안소를 경영한 경우들이 다수 보인다.[54]

## 6. 맺음말

지금까지 주로 일본군 문서와 피해자 증언을 바탕으로 군위안소 정책의 형성과 전개 과정을 살펴보았다. 1905년부터 산발적으로 나타나다가 1932년경부터 일본군 점령지에 설립되기 시작한 일본군 위안소는 1937년 말에 질적인 전환을 맞아 종전까지 지속되었다. 점령지의 확대와 전쟁의 장기화에 따라 위안부 수요가 많아지면서 일본군 및 육군성의 체계적 정책이 시행되었다. 그것은 파견군 수준에서의 지시로부터 육군성의 직접 지시로, 나아가 육군성의 총체적 기획으로까지 그 체계화의 수준이 높아졌다. 일본군과 육군성 외에도 외무성, 내무성 등 타 정부기관 및 조선총독부, 대만총독부 등이 군위안소 정책 수행에 협력했다.

군위안소는 지역에 따라, 점령 초기와 후기의 시기에 따라 위안부 모집, 위안소의 설립과 경영에서 성격의 차이가 드러났지만, 대체로 시작단계에서는 군이나 정부의 중앙에 의뢰하거나 군이 직접 설립·경영하는 비중이 높았다가, 곧 민간의 대대적인 진출이 이루어졌다. 후기에 오면 다시 군의 직접 개입의 정도가 높아졌다가, 전쟁 말기에는 매우 혼란한 모습을 보이는 변화의 흐름을 포착할 수 있다. 초기 군이 주도한 시기에는 일본인 위안부와 조선인 위안부

54 안병직 번역·해제, 2013 참조.

가 동원되었으나, 민간의 대대적인 진출과 함께 압도적으로 많은 수의 조선인 위안부가 연행되었다. 사기와 인신매매를 통한 위안부 모집이 이루어졌던 시기인 것이다. 다시 군의 개입이 강해진 후기에는 조선에서의 연행에 강제성과 폭력성이 더해졌고, 현지 여성들이 다수 도입되었다. 말기의 혼란 속에서 조선에서의 위안부 수송이 곤란해지면서 현지 여성의 사용이 더욱 증가했던 것이다.

# 제3장
# 일본군 위안부 강제동원

## 1. 강제동원을 둘러싼 논쟁

일본군 위안부의 강제동원은 일본군 위안부 문제에서 가장 논쟁이 많은 사항이다. 일본군 위안부 피해자들이 강제연행 당했다는 것은 우리의 인식 속에 당연한 사실로 자리 잡고 있으나, 일본 우파 측에서는 '강제동원'은 한국의 피해자들이 꾸며 낸 이야기라고 주장한다. 또한 1993년 일본 정부가 발표한 보고서는 강제동원이 일부 있었으나, 이는 민간이 한 일이지 정부와는 상관이 없는 일이었다고 명기하고 있다(日本內閣官房內閣外政審議室, 1993). 일본 측의 이러한 주장은 위안부 강제동원에 관한 문서자료가 없다는 점과, 피해자들의 증언이 거짓이라고 하는 전제에서 지속되고 있다. 그러나 일본 우파 및 정부의 그러한 전제는 많은 문제점을 내포하고 있다. 우선 문서자료가 없으므로 강제동원은 없었다는 주장은, 전후 체계적인 문서 말살을 명령하고 이후 관련 문서 공개를 거부해 온 일본 정부가 할 수 있는 주장이 아니다. 실제로 후술할 바와 같이 중국과 동남아 지역에서 일본 정부나 군이 폭력을 동원하여 위안부를 동원한 사실이 기록된 문서가 다수 발견되었으며, 식민지 조선의 경우 정부가 간접적으로 민간의 강제동원을 묵인한 것을 보여 주는 자료[1]도 발견되었다. 또한 각기 격리되어 있어 서로의 증언에 영향을 미칠 수 없는 여러 나라의 수많은 피해자들이 공통적으로 폭력적인 강제에 의해 연행되었다고 말하고 있다. 피해자뿐 아니라 가해자, 경험자 및 연합군 등 조사자들까지도 위안부 강제연행을 증언하고 있다.

이 장에서는 강제연행을 크게 두 가지로 분석한다. 첫째, 그간에 발굴된 자료와 연구 성과들을 폭넓게 참고하면서, 정신대연구소에서 행한 심층면접결과[2]와 생활지원금의 수혜를 위해 보건복지부에 신고한 피해자 170여 명의 증언내용에 대한 통계자료[3]를 중심으로 하여 위안부 동원의 양상을 분석한다. 둘째, 일본군에 의해 이루어

---

1 예컨대 일본 정부는 위안부가 출국할 때 '정주를 위해'로 기재하도록 조치해 주었다든가(內務省, 1940), 부녀자의 모집·주선을 잘 단속하라고 지시한 문서(內務省警報局長, 1938) 등에서 그러한 사실을 추론할 수 있다.

2 한국정신대문제대책협의회와 한국정신대연구소는 19명의 증언을 실은 『강제로 끌려간 조선인 일본군 위안부들 1』(1993)을 비롯하여 계속해서 위안부 증언집을 출판하여, 2016년 현재 모두 6집의 증언집과 2집의 중국 거주 위안부 피해자 증언집을 발간하였다.

3 한국 정부는 1993년 6월 일제하 일본군위안부에 대한 생활안정지원법을 제정하고 피해자 신고를 받기 시작했다. 이 장에 사용된 통계자료는 1993년 12월 시점에서 보건복지부에 신고된 175명의 조사자료의 심의에 필자가 심의위원으로 참가하면서 기초사항을 정리한 것이다. 175명의 신고를 분석하면서 분석 사항에 따라 내용이 부족한 피해자는 제외하여 분석 총수가 줄어들기도 했다. 위의 법이 발표된 직후 피해자 신고가 쏟아져 들어왔으며, 차츰 그 수가 줄어들었다. 2016년 현재 모두 238명이 피해자 신고와 정부 심의를 거쳐 한국 정부에 위안부 피해자로 등록되었다는 사실을 생각하면, 이 중 약 73.5%에 해당하는 피해자가 1993년에 피해신고를 한 셈이다. 따라서 초기 신고자 175명이 전체 피해자의 상황을 무리 없이 반영한다고 할 수 있다. 이 신고자료는 외부공개가 엄격히 금지되어 있으므로 피해자의 이름, 주소 등의 인적사항은 제외한 채 신고내용만을 정리했다. 통계분석에 도움을 준 한국정신대연구소의 이상화 연구원에게 감사를 드린다.

진 폭력적인 강제동원을 보여주는 다른 여러 국내외 증언과 문서들을 분석한다.

### 1) 일본군 위안부 제도의 강제성

분석에 들어가기 전에 강제동원의 개념에 대해 잠시 언급해야 할 것 같다. 강제동원은 좁은 의미에서 물리적 폭력에 의한 연행으로 국한되기도 하며, 넓게는 본인의 의사에 반하여 끌려가고 강제적 통제에 의해 본인의 의사에 따라 돌아올 수 없는 상황에 처하게 된 상황 전체를 의미하기도 한다. 그러나 물리적 폭력에 의해 동원된 여성뿐 아니라 인신매매, 유괴, 취업사기 등으로 위안부가 된 사람들이 모두 자신이 위안부가 될 것이라는 사실을 모른 채 연행되었으며, 연행 도중 엄격한 감시를 받았고, 위안소에서 도저히 탈출할 수 없도록 감시를 받았다는 점에서 일본군 위안부 제도는 모두 넓은 의미의 강제였다고 규정해야 할 것이다.

일본군 위안부 제도를 일본군 성노예제라고 부르는 이유도 이 제도의 강제성에 있다. UN 인권소위원회에 1998년 일본군 성노예제 관련 보고서를 제출한 맥두걸은 "세계 최초의 가장 포괄적이고 지금까지 가장 넓게 받아들여지고 있는 1926년의 노예제 조약(Slavery Convention)은 노예제를 어떠한 힘이 가해져 자신의 뜻대로 할 수 없는 상황으로 규정한다"고 지적했다. 즉 자율성, 이동의 자유, 자신의 성적 활동과 관련된 것을 결정할 자유가 제한된 것을 말

하며, 강간이나 다른 형태의 성적 폭력 등의 상황도 포함한다.[4]

또한 UN의 1956년 노예제 철폐에 관한 보충협약은 "…여성이 그의 부모, 후견인, 가족이나 기타의 사람이나 단체에게 금전 또는 현물의 대가를 지급함으로 해서… 행해진 모든 제도 또는 관행"을 철폐되어야 할 노예제 관행으로 규정했다.[5] 일본 정부와 우파가 가족에 전차금을 지급하였으므로 여성 동원이 합법적이었다거나 자발적이었다고 하는 주장은 이미 이 협약에서 부정된 것이었다.

여기서 '군위안부(성노예) 제도'라고 하는 것은 일본군이 일본과 아시아 여러 지역에서 행한 위안부 동원과 착취를 전체적으로 일컫는 것이다. 다시 말하면 다음의 한국인 피해자 분석에서 볼 수 있는 대로 연행지에서 여성을 강제동원하여 군에 의해 장거리 이송이 이루어졌고, 장기간 위안소에서 감금생활을 하면서 군과 함께, 경우에 따라서는 국경을 넘어 위안소 전체가 이동한 전형적인 위안소에 동원되었던 여성 외에도, 여러 다른 형태의 위안부가 존재했던 것이다.[6] 조선 여성의 경우에도 위안소에서뿐 아니라 위안소가 세워지지 않은 오지에 간헐적으로 출장 위안을 간 경우도 있었다(김복동 할

---

4 이러한 노예제의 폐지는 국제관습법에서 '강제규범(jus cogens)'이라고 기술하고 있다(McDougall, 1998: paras.27-29).

5 이 협약의 (c)(i) Supplementary Convention on the Abolition of Slavery, the Slave Trade, and Institutions and Practices Similar to Slavery, Adopted by a Conference of Plenipotentiaries convened by Economic and Social Council resolution 608(XXI) of 30 April 1956, and done at Geneva on 7 September 1956; Entry into force 30 April 1957.

6 위안소의 위안부, 전시체제기 유곽의 창기, 점령지의 성폭력 피해자(일정기간, 일정 지역에서 일본군에게 성폭력을 겪은 경우)를 둘러싸고 어느 범주까지 일본군 위안부로 볼 수 있는가에 관한 논쟁이 있다(박정애, 2015).

머니 경우). 중국, 필리핀, 동남아시아, 남양군도 등 점령지의 여성에 대해서는 대체로 위안부 착취의 기간이 짧았고, 위안소 형태뿐 아니라 집단강간소와 같은 일시적 위안부 착취의 형태도 존재했다. 예컨대 필리핀에서 호텔에 여성들을 감금하고 몇 주일간 군인들이 집단강간을 자행한 경우가 다수 보고되었다. 여기에 동원 규모가 적고 폭력적 강제연행도 거의 없이 기존 공창에서 동원된 경우가 많았으며 주로 장교를 상대했다고 보고되는 일본 여성의 동원까지 포함하면, 이러한 여러 형태의 여성 착취를 일본군 위안부 제도라는 큰 틀에서 이해할 수 있을 것이다. 이것은 일본군의 권력에 의하여 이루어진 강제적 성격의 성노예 제도인 것이다.

이렇게 볼 때, 전쟁 중에 이루어진 수많은 일회성 강간도 전쟁과 일본군의 강제라는 맥락에서 일본군 위안부 제도의 연장선상에서 이해해야 할 것이다. 대부분의 전쟁에서 여성은 심각한 성적 피해를 입지만, 일본군 위안부 제도를 광범위하게 시행했던 일본군의 경우 그 규모와 정도에서 특수성을 보였다고 볼 수 있기 때문이다. 앞서 언급한 보고서에서 맥두걸 특별보고관은 제목에는 위안소를 'comfort women station'이라고 했지만, 본문에서는 'rape center'와 'rape camp'라고 기술했다(McDougall, 1998, Appendix: para.7, 63). 결국 위안소란 매일의 강간이 지속되는 곳이며, 그런 의미에서 일회성 또는 몇 차례의 강간도 위안부 제도와 같은 맥락에서 해석할 수 있다.

### 2) '협의의 강제성'의 허구

2007년 미국 하원에서 일본군 위안부 관련 결의안(HR121)이 논의되고 통과되는 과정에서[7] 아베 신조(安倍晋三) 당시 일본 총리는 '협의의 강제성'은 없었다는 주장을 강력히 했다. 그는 이미 1997년부터 협의의 강제성은 없었다는 입장을 표명해 왔다(『朝鮮新報』, 2007. 3. 20).[8]

이것은 2007년 6월 14일, 60명의 일본 국회의원, 교수, 평론가들이 『워싱턴포스트(*Washington Post*)』지에 "사실(The Facts)"이라는 제목으로 낸 광고에서도 되풀이되었다. 관헌에 의한 물리력을 사용한 강제동원은 없었다는 것이다. 이 소위 '협의의 강제성'에 대한 집착은 일본의 보수집단 전반에서 나타난다. 『요미우리 신문(讀賣新聞)』은 "종군위안부 문제의 핵심은 관헌에 의한 강제연행이 있었는가 여부다"라고 주장했다(2007. 3. 5; 8. 1).

뒤에서 언급하고 있는 바와 같이, 한국 피해자의 대부분이 사기와 폭력에 의해 연행되었다. 다시 말해서 본인의 의사에 반해서 위

---

7 제9장에서 논의하였으나, 여기서 간단히 요약하면 다음과 같다. 미국 일리노이 주의 하원의원인 윌리엄 리핀스키가 1997년 처음으로 일본군 위안부 관련 결의안을 하원 외교위원회에 제출한 이래, 2000년부터 다섯 차례에 걸쳐 같은 일리노이 주의 레인 에번스 의원이 결의안을 제출했으나 번번히 좌절되었다. 2007년 1월에 캘리포니아 주의 하원의원인 마이클 혼다가 다시 시도하여 2월에 미 의회 사상 처음으로 위안부 피해자의 증언을 포함한 공청회가 열렸고, 6월에는 하원 외교위원회를 통과했다. 그리고 마침내 7월 30일에 하원에서 만장일치로 일본 정부에 공식 사죄를 요구하는 결의안이 통과되었다.

8 1997년 5월 27일 중의원 결산위원회 분과회; 1997년 12월 '일본의 전도와 역사교육을 생각하는 의원모임'에의 기고문; 2006년 10월 6일 중의원 예산위원회 등.

안소에 가게 되었다는 것이다. 사기에 의한 연행의 경우에도 본인이 위안소로 가게 된 것을 알고 집으로 돌아가려 했을 때, 선박, 기차 등에 의한 이동 중의 통제나 위안소에서의 감금이 군인이나 헌병에 의해 이루어진 경우가 대부분이다. 다시 말해 취업사기에 의한 연행도 군대의 폭력적 연행이라는 큰 범주의 시작단계에 불과했다는 것이다. 이와 같이 위안부 수송과 위안소의 통제 상황을 포함한 일본군 위안부 제도의 전체적 강제성과, 위안소 제도의 기획 및 위안소의 설립, 운영을 포함한 일본 정부의 체계적 개입에 대해 수많은 문서들이 발견되었으며, 아시아 여러 지역에서 폭력적 연행이 이루어졌다는 기록이 발견되었다.

더욱 주목할 만한 점은 소위 '협의의 강제성'이 아니라, 사기에 의한 위안부 동원도 일본 형법에서 처벌 대상이 된 위법적인 것으로 인정되었다는 사실이다. 1932년 상하이 사변 당시 나가사키에서 일본 여성을 속여서 해군지정 위안소로 납치한 사건에 관해 1936년 나가사키 지방재판소 공소원에서 당시의 형법을 적용하여 업자를 처벌했다. 피고인들이 상고했지만 1937년 대심원은 이를 기각하고 원심 유죄 판결을 확정했다. 이 형사판결 원본이 2004년 일본 학자 도츠카 에츠로(戸塚悦郎)에 의해 발견되었다. 2014년 후지타 유키히사(藤田幸久) 참의원 의원이 세 번에 걸쳐 제출한 「위안부 문제에 관한 질문주의서」에 대해 내각회의 결정 후 나온 아베 총리의 답변서는, 당시의 형법규정이 (폭력뿐 아니라) 피해자를 속여서 내지에서 국외로 이송했을 경우에도 납치범죄라고 규정했다는 사실, 일본 국외(예를 들면 한반도)에서 범해졌을 경우에도 적용할 수 있는 규정이었

다는 사실을 인정했다.[9] 수많은 위안부 피해자들에 대한 취업사기도 납치범죄에 해당한 것이었다.[10]

## 2. 한국인 피해자 증언 분석

앞서 언급한 대로 일본 우익은 피해자 증언의 신빙성에 대하여 문제를 제기하고 있으며, 양심적 학자들조차도 증언을 문서자료의 보충자료 정도로 생각하는 경향을 보이고 있다. 증언의 사회사적 가치에 대하여는 이미 새로운 역사학에서 충분한 동의가 이루어지고 있다.[11] 여기서는 소수의 심층면접결과에 더해 170여 명의 피해자의 증언내용에 대한 통계적 분석을 하고 있으므로 대체적인 경향을 판단하는 데는 매우 유효할 것으로 판단된다. 이 많은 수의 피해자들 중 피해자운동에 열심이거나 정대협과 연락을 취하고 있는 50명 정도의 피해자를 제외한 대부분의 피해자는 운동단체나 다른 피해자들과의 접촉이 전혀 없이 각자의 생활공간에 격리되어 있었으므로, 50여 년 전의 경험을 동일한 내용으로 위증할 가능성은 매우 낮

---

9 이에 대한 자세한 내용이 실린 신문기사, 국회 질문서 및 정부 답변서, 그리고 연구논문들은 도츠카 에츠로, 2015: 30-32 참조.

10 일본에서도 민간인에 의한 감언이설 납치 피해를 '가해국에 의한 납치'로 이해하고 있는 사례가 있다. 일본 경찰청은 1978년 음식점 종업원이었던 다나카 미노루(田中實)가 음식점 주인의 감언에 의해 북한에 보내진 사건을 '북한에 의한 납치' 사건으로 규정하고 발표하였다(요시미 요시아키, 2013: 29-30).

11 "역사란… 당시의 사람들에 얼마나 가까이 접근하여 파악할 수 있는가를 가늠하는 시험대"라고 하면서 증언의 중요성을 강조한 제임스 홉스(1995)의 저서는 그 한 예다.

다고 보아야 할 것이다. 다음에 제시한 통계분석에서는 신고자료에서 얻을 수 있는 정보의 차이 때문에 각 분석대상의 총수가 차이를 보이고 있음을 밝혀 둔다.

### 1) 연행시기 및 피해자의 특성

식민지 조선에서 여성들은 취업사기, 인신매매, 유괴, 협박 및 폭력 등의 방식으로 연행되어 갔으며, 이 연행방식은 시기에 따라 그 분포가 다소 달라졌다. 이러한 범죄적인 방식의 연행이 일으킬 사회적 물의를 최소화하기 위해서 연행대상은 하층일 수밖에 없었다는 생각이 일반적이나, 이 절에서 제시한 증언분석에 나타난 피해자의 특성을 당시 전반적인 사회상황과 비교해 볼 때 연행은 특정 계층을 대상으로 한 것이 아니라 전 조선의 여성에 대해 무차별적으로 행해졌던 것으로 보인다. 연행방식에 앞서 연행시기와 피해자의 특성을 살펴보기로 한다.

#### (1) 연행시기

군위안소의 설립은 일본이 만주를 침략하고 상하이 등지에 주둔군을 두기 시작한 1932년경부터 시작되었으며, 일본이 중국 대륙을 침략한 1937년부터 본격화되어 전쟁이 끝날 때까지 계속되었다. 피해자들의 연행시기는 이러한 군위안소 설립 추이를 그대로 반영하고 있다. 즉 1932년부터 1945년까지의 전 시기에 걸쳐 연행이 이루어졌으며, 1937년부터 그 수가 급격히 늘어났다. 1937년부터 1945년까지의 시기에는 일본의 군위안소 정책이나 위안소 설립주체의 상황에 다소의 변화가 있었으나(제2장 참조), 일본군 위안부의

〈표 3-1〉 연행시기별 피해자 수

| 연도 | 피해자 수 | 연행시기 | 피해자 수 |
|---|---|---|---|
| 1932 | 1 | 1932–1936 | 16 |
| 1933 | 2 | | |
| 1934 | 1 | | |
| 1935 | 5 | | |
| 1936 | 7 | | |
| 1937 | 16 | 1937–1939 | 45 |
| 1938 | 14 | | |
| 1939 | 15 | | |
| 1940 | 24 | 1940–1941 | 45 |
| 1941 | 21 | | |
| 1942 | 27 | 1942–1943 | 43 |
| 1943 | 16 | | |
| 1944 | 23 | 1944–1945 | 26 |
| 1945 | 3 | | |
| 계 | 175 | 계 | 175 |

연행은 지속적으로 늘어났다(표 3-1 참조). 이 절에서는 전쟁이 긴박하게 확대되고 일본군 위안부 수가 급격히 늘어난 1937년 이후 시기의 변화를 보다 자세히 살펴보기 위해 편의상 1937-1939년, 1940-1941년, 1942-1943년, 1944-1945년의 시기로 구분해 보았다.

### (2) 가정배경 및 학력

피해자들의 가정배경은 거의 예외 없이 빈곤한 농가였으며, 학력수준도 매우 낮다. 그러나 이러한 출신배경이 일본군 위안부 연행이 식민지 조선의 최하층에 집중되어 이루어졌음을 말하는 것은 아니다. 피해자들의 상황이 당시 조선 전체의 평균적인 경제 및 교육

〈표 3-2〉 연행 시 피해자 학력

| 학력 | 무학 | 야학 | 소학교 중퇴 | 소학교 졸 | 중학교 이상 | 계 |
|---|---|---|---|---|---|---|
| 피해자 수 | 11 | 5 | 18 | 4 | 3 | 41 |

수준에서 그다지 떨어져 있지 않은 것이기 때문이다. 당시 조선 인구의 80% 이상이 농어업인구였으며(1933년 조선인의 80.5%가 농업자, 1.5%가 어업자였다. 李如星 외, 1933: 62), 농업인구도 빈곤한 소작·반소작농이거나 영세한 자작농이 대부분이었다.[12] 이렇게 극소수를 제외한 거의 전 인구가 빈곤층이었다고 볼 때 일본군 위안부 연행이 어느 한 계층에 쏠려 있었다고 볼 수는 없는 것이다. 학력의 경우도 마찬가지다. 1931년 학령아동의 19.9%가 보통학교에 취학하고 있었으므로(李如星 외, 1931: 82-83), 피해자들의 학력은 조선 전체로 보아 거의 평균에 가깝다(표 3-2 참조).

요컨대 피해자들은 극히 빈곤한 가정에서 거의 교육을 받지 못한 층이지만 하층계급에 몰려 있던 것은 아니며, 따라서 일본군 위안부 연행은 조선에서 최하층을 대상으로 조심스럽게 이루어졌다기보다는 극소수의 상층만을 피하면서 전 조선 여성을 상대로 무차별적으로 행해졌다고 보아야 할 것이다.

12 당시 조선의 빈곤에 관해서는 많은 연구가 있다. 예컨대 1930년 전 농가의 48%가 춘궁농가였다(박경식, 1986).

### (3) 연령

공창제도하에서 창기가 될 수 있는 연령은 일본에서는 18세 이상, 조선에서는 만 17세 이상이었으나(야마시타 영애, 1992), 일본군 위안부의 경우에는 나이제한이 일률적으로 규정되어 있던 것은 아니었던 것으로 보인다. 1938년 취업을 목적으로 하는 부녀의 중국 도항은 만 21세 이상부터라고 한 문서(吉澤淸次郎, 1938)와, 1940년의 중국 군대에서 창기는 16세 이상이어야 한다고 한 규정(呂集團特務部, 1940) 정도가 발견되며, 대부분의 군 문서에 나타나는 위안소 규정에 위안부의 연령에 대한 언급은 없다. 앞 1938년의 문서에는 나이규정도 지켜지지 않았다고 기록되어 있다(吉見義明, 1998: 106-107).

이러한 상황에서 피해자들의 연행 시 연령은 11세의 어린 나이에서부터 시작된다. 신고한 175명 중 27세에 연행된 사람도 한 사람 있으나, 가장 많은 사람들이 14세로부터 19세, 그중에서도 16세와 17세에 집중되어 있다. 1993년 정신대연구소에서 심층면접한 19명의 피해자 조사에서도 같은 결과를 보이고 있다(한국정신대문제대책협의회·정신대연구회 편, 1993: 18-19).

한 가지 흥미로운 사실은 아직 위안소가 크게 확대되지 않았던 1932년부터 1936년의 시기에는 14세부터 19세로 피해자의 나이가 집중되었던 것이, 이후 위안부의 수요가 크게 늘어나면서 나이의 상한과 하한이 넓게 늘어났다는 것이다(표 3-3 참조).

### (4) 연행된 곳

피해자들은 대체로 농촌 지역에서 연행되었지만 서울, 부산, 광주, 대구 등 도시 지역에서도 광범위하게 연행이 이루어졌다. 도시

〈표 3-3〉 연행시기 및 피해자 연령

(단위: 명)

| 연행시기 / 연령 | 1932–1936 | 1937–1939 | 1940–1941 | 1942–1943 | 1944–1945 | 계 |
|---|---|---|---|---|---|---|
| 11 | | 1 | | 2 | | 3 |
| 12 | | 3 | 1 | 1 | | 5 |
| 13 | | 1 | 1 | 3 | 1 | 6 |
| 14 | 6 | 2 | | 2 | 7 | 17 |
| 15 | 2 | 8 | 3 | 4 | 3 | 20 |
| 16 | 4 | 7 | 13 | 9 | 5 | 38 |
| 17 | 1 | 11 | 10 | 7 | 3 | 32 |
| 18 | 2 | 3 | 6 | 6 | 2 | 19 |
| 19 | 1 | 3 | 4 | 1 | 1 | 10 |
| 20 | | 1 | 3 | 1 | 1 | 6 |
| 21 | | 1 | 1 | 4 | 1 | 7 |
| 22 | | | 1 | 2 | 1 | 4 |
| 23 | | 1 | 1 | | | 2 |
| 24 | | 2 | 1 | 1 | 1 | 5 |
| 27 | | 1 | | | | 1 |
| 계 | 16 | 45 | 45 | 43 | 26 | 175 |

지역에서는 1920년대 이후 노동력 동원을 위해 설립되기 시작했던 직업소개소 및 일제강점기에 지속적으로 증가한 음식점, 기생 권번 등이 통로가 된 것이 간혹 눈에 띄지만, 대체로 연행의 형태는 뒤에 논의할 민간인, 경찰, 군인, 관리 등이 행한 사기, 유괴, 폭력 등의 방식으로 농촌 지역에서 행해진 연행형태와 크게 다르지 않았다. 다만 여기서 직업소개소를 통한 동원을 잠시 보자. 1930년대에 직업소개소는 조선 내 노동자를 조선 및 일본에 이동·배치하는 말단

기관으로 기능했다. 1940년에는 직업소개소령의 공포로 종래 부영(府營)에서 국영(國營)으로 되어 국가통제가 한층 강화되었다(김민영, 1995: 58-63). 도시에서 다수의 일본군 위안부 피해자들이 직업소개소를 통해 연행되었다는 사실은 군위안부 동원에의 국가개입을 더욱 확실하게 하는 것이다.

지역별로는 경남·경북 지역이 압도적으로 많고, 전남·전북 지역이 그다음으로 많다. 신고자들이 남한 거주자들이므로 고향이 남부 지역일 가능성이 높을 것이라는 사실을 감안하더라도 경상도 지역의 비율은 타 지역에 비해 월등히 높다. 그리고 경상도 지역의 높은 비율은 남성을 포함한 일본 내 전 조선인의 경우에도 마찬가지였다(표 3-4 참조).[13] 연행대상이 지역별로 차별적으로 배정되었다는 기록은 찾을 수 없다. 앞서 언급한 대로 연행이 대상의 구별 없이 무차별적으로 이루어졌다고 생각할 때, 지역에 따라 차별적으로 연행이 계획되었다고 보기는 어렵다.

계획된 것이 아니었더라도, 경상도 지역, 특히 경남 지역에서 연행이 다수 이루어졌던 것은 무엇보다 먼저 지리적 이유 때문이라고 생각할 수 있다. 노동력 동원이나 이주는 일본으로 향한 것이었으므로, 경남은 그 경로의 인접 지역으로서 많은 연행자와 이주자가 생겼다고 볼 수 있다. 그러나 일본군 위안부 피해자의 경우는 일본뿐 아니라 중국, 남양 지역으로 끌려간 사람이 많았으므로, 일본과의 인접 지역이라는 사실 외에 또 다른 이유를 들 수 있다. 그것은

13 1942년 일본 내 조선인 수의 도별 비율은 경남 34.4%, 경북 23.8%, 전남 17.3%의 순으로 많았다(日本內務省警報局, 1942).

〈표 3-4〉 연행된 곳

| 연행된 곳 | 서울 | 부산 | 광주 | 대구 | 경남 | 경북 | 전남 | 전북 | 충남북 |
|---|---|---|---|---|---|---|---|---|---|
| 피해자 수 | 14 | 10 | 1 | 8 | 43 | 36 | 13 | 13 | 10 |
| 연행된 곳 | 강원 | 경기 | 함남북 | 평남북 | 황해 | 만주 | 중국 | 계 | |
| 피해자 수 | 2 | 4 | 5 | 5 | 1 | 3 | 2 | 170 | |

부산이 위안소로 배치되는 데 중간지점 역할을 한 경우가 많았다는 점이다. 피해자들이 부산에서 일단 집합되어 선박을 이용하여 다른 지역으로 수송된 경우가 많았기 때문에 부산과 가까운 경남북 지역은 손쉬운 연행지가 되었던 것이다. 물론 경상도 지역의 절대인구수와 인구밀도가 타 지역에 비해 높았던 점[14]도 중요한 이유라고 볼 수 있다.

### (5) 연행되어 간 곳

피해자들이 연행되어 간 곳은 조선과 일본을 포함하여 만주, 대만과 중국, 남아시아, 남양군도 등 일본군의 점령지 구석구석에까지 퍼져 있었다(표 3-5 참조). '일본군이 주둔했던 모든 곳'[15]에 식민지 조선의 여성들이 끌려갔던 것이다. 뒤에 논의하겠지만, 이는 일본군이 수송을 담당해 주었기 때문에 가능했다. 위안부 동원의 직접

---

14 1940년 전 조선에서 인구가 가장 많았던 곳은 경기 2,864,389명, 전남 2,638,969명, 경북 2,472,211명, 경남 2,241,902명 순이었고, 인구밀도는 경기 223, 충남 195, 전남 190, 전북 186, 경남 182, 경북 130 순이었다(朝鮮總督府, 1940b: 20-21). 농업인구는 다소 달라서 1930년에 경북 1,946,324명, 전남 1,826,923명, 경남 1,547,044명 순이었다(Lee, 1936: 50).

15 "The Comfort girls have been found wherever it was necessary for the Japanese Army to fight." Psychological Warfare Team, 1944.

〈표 3-5〉 연행되어 간 곳

| 연행되어 간 곳 | 조선 | 일본 | 대만 | 만주 | 중국 | 남아시아 | 남양군도 | 계 |
|---|---|---|---|---|---|---|---|---|
| 피해자 수 | 1 | 20 | 12 | 15 | 27 | 8 | 6 | 89 |

적 목적이 일본군의 해외주둔이 장기화되면서 일어나는 군의 사기 문제, 양민에 대한 강간 등의 문제라고 알려진 데 비해[16] 일본 내의 위안소에도 상당수의 위안부가 배치되었던 사실은 기본적으로 일본군이 여성을 필요로 했다고 하는, 보다 본질적인 데 군위안소 설립의 동기가 있었다는 것을 말해 준다. 일본 내의 위안소에 일본 여성이 아니라 조선에서 여성을 끌어가 사용했던 사실은 1930-1940년대에 이루어진 일본 여성의 모성보호 정책(제4장 참조)과 대비되는 조선 여성의 모성말살 기조가 일본군 위안소 정책을 수립한 배경 중 하나였다는 것과, 조선에서 군위안부 동원이 노동력 동원, 병력 동원과 함께 이루어진 총동원체제의 맥락에서 이루어졌던 점을 잘 나타내 주는 것이다.

### 2) 연행방식

한국 정부에의 신고자료를 보면 취업사기에 의한 연행이 가장 많고, 다음이 폭력, 협박에 의한 것이다. 이것은 일본군 위안부 연행이 가난을 배경으로 관과 군의 적극적인 활동에 의해 이루어졌다는

16 砲銃隊本部, 「支那事變の經驗より觀たる軍氣振作對策」, 1940. 9; 歩兵第九族團, 「陳中日誌」, 1938. 7. 1-31 등의 자료에 이러한 직접적 목적이 명기되어 있다.

〈표 3-6〉 시기별 연행방식

(단위: 명)

| 연행시기 / 연행방식 | 1932–1936 | 1937–1939 | 1940–1941 | 1942–1943 | 1944–1945 | 계 |
|---|---|---|---|---|---|---|
| 취업사기 | 9 | 24 | 21 | 16 | 12 | 82 |
| 협박 및 폭력 | 7 | 12 | 20 | 20 | 3 | 62 |
| 인신매매 |  | 4 |  |  |  | 4 |
| 유괴 · 납치 |  | 2 | 1 | 2 |  | 5 |
| 근로정신대 |  |  |  |  | 6 | 6 |
| 근로정신대 도망 |  |  |  |  | 2 | 2 |
| 공출, 봉사대, 근로대, 기타 |  | 3 | 3 | 5 | 3 | 14 |

것을 말해 준다. 앞서 언급한 대로 인신매매와 유괴 등의 방식은 취업사기와 결합되었을 가능성을 감안하더라도 예상외로 적다. 공출, 봉사대, 근로대 등의 명목을 기억해 내어 진술한 피해자들도 다소 있는데, 이 역시 그 명목의 정확성을 의심했더라도 결국 관의 강압에 의해 가게 되었다는 것을 말하는 것이다. 근로정신대 제도를 통하여 군위안소로 간 경우도 발견되었다(표 3-6 참조).

### (1) 취업사기

좋은 곳에 취직을 시켜 주겠다는 약속을 받고 따라나섰다가 군위안소로 가게 된 피해자들이 증언하는 '좋은 곳'의 종류는 다양했다. 가장 많이 등장하는 것은 일본의 공장이었다. 몇 년간 잘 일하고 있으면 돈도 벌 수 있고 언제든 희망하면 돌아올 수 있다는 것이었다. 조금 더 사실에 가까운 것으로서 병원에 있는 부상병을 위해 일을 하는 것, 종군간호부의 일을 하는 것 등의 취업약속이 피해자들

의 마음을 끌었다.[17]

가족도 모르게 가난을 벗어나기 위해 나선 피해자들이 대부분이지만, 가족에게 준비금 또는 전도금이라는 명목으로 얼마간의 돈을 지급했다고 증언한 피해자가 간혹 있다. 그것이 얼마나 일반적인 경우였는지는 알 수 없으며, 그 액수도 일률적이지 않다. 1944년 버마에서 연합군이 수행한 포로심문에 의하면, 여성들이 부상병 치료 등의 일을 할 것이라는 업자들의 사기에 넘어가 200, 300엔의 전차금을 받고 집을 나섰다고 보고한다. 연합군 심문자는 이들이 대부분 무지하고 가난하여 가족의 부채변제를 충당하기 위해 전차금을 받았고, 이 전차금은 6개월에서 1년에 걸쳐 그들을 군의 규칙과 업주들에게 묶어 놓았다고 보고했다.[18]

이러한 전도금 지급은 노동력 동원 시 관 알선이라고는 하지만 실제로는 최하부 행정단위인 면에서 몰이꾼처럼 아무렇게나 붙잡아 가는 방법으로 노동력을 동원하면서 준비금을 지급하는 경우가 많았던 것이나, 면사무소 노무계가 직업계에 공출을 의뢰하고 이때 전도금으로 50-100엔 정도를 지급하는 것이 관례였던 것(김민영, 1995: 88)을 상기하게 한다. 노동력 동원의 경우 관의 개입이 명확히 드러나는 데 비해, 군위안부 동원의 경우는 대체로 민간인만이 전면에 드러난 경우가 대부분이다. 그러나 군인, 경찰, 관리가 취업사

---

17 일본군을 조사한 미군도 다수의 한국 여자들을 발견하고 다음과 같은 내용을 보고한 바 있다. "…일본 업자들은 한국으로 가서 돈을 많이 주고… 일이 쉽다…고 하는 꼬임으로 많은 여자들을 동원했다"(Psychological Warfare Team, 1944).

18 미국 전시정보국심리작전반, 「일본인포로심문보고」 제49호. 안병직, 2013: 408에서 재인용.

기를 직접 주도했다고 증언한 사람도 상당수에 이른다. 그러나 이렇게 관 알선방식의 노동력 동원과 여러 가지 유사한 점을 보이며, 전도금 지급을 위한 거액의 조달이 민간인으로서는 힘들었을 것이라는 점 등은, 말단에서 취업사기를 행한 사람이 대부분 민간인이었다 해도 결국은 그것이 일본군과 정부의 지도하에 이루어졌으며, 조선총독부도 관여했다는 점을 명백히 말해 주고 있다. 그 하나의 증거가 될 만한 문서가 있다. 1945년 5월 1일 '군이 위안부 수입을 위한 자금' 76,000엔을 장자커우(張家口)의 멩지앙(蒙疆) 은행에서 서울의 내국은행(內國銀行)으로 송금했다는 기록이 있다. 6월 15일 군은 이 돈을 반환해 달라고 요청했고, 이에 대해 조선총독부 재무국장이 대장성 규정상 다시 보내는 것은 곤란하나 노력 중이라고 하는 답변을 보낸 것이다.[19] 그야말로 일본군과 정부, 조선총독부, 은행, 업자가 총동원되어 위안부 제도가 실행되었다는 사실을 보여주는 문서이다.

#### (2) 협박 및 폭력

글자 그대로의 폭력적 연행도 취업사기에 버금가게 많다. 많은 피해자들이 강제로 트럭에 태워졌다고 증언했다. 길을 가다가 강제로 경찰서로 끌려갔다고 증언한 사람도 있다. 뒤에 논의하겠지만, 폭력적 연행을 한 사람으로는 군인과 경찰이 대부분이며, 특히 경찰이 많다. 이에 비해 민간인이 폭력을 사용한 경우는 매우 적다. 강제

19 미국 국가기록보존소(NARA)에 있는 미국이 해독한 일본 육해군 문서. S-Series(SJM)의 S-11414(1945. 6. 15) WS 13674 1945. 6. 4/S-12382(1945. 6. 29) WS 15211 1945. 6. 13. "TOP SECRET ULTRA"라고 찍혀 있다. 방선주, 1992: 237-238에서 재인용.

연행이 일부 있었으나 이는 민간이 한 일이지 정부와는 상관이 없는 일이었다고 한 일본 정부의 보고는 피해자들의 증언과 정면으로 배치된다. 폭력적 연행은 조선총독부와 일본군이 직접적으로 행했으며, 민간인도 간혹 이러한 방식을 사용했다는 증언이 상당수 나온다는 점에 주목해야 할 것이다.

#### (3) 인신매매 및 유괴

전차금 없이 사람을 사고파는 절차로 이루어진 경우도 많지는 않으나 눈에 띈다. 가난 때문에 어느 곳의 수양딸로 보내졌다가 그 집에서 팔아 버린 경우, 일하던 식당이나 가게의 주인이 판 경우, 가장 비참한 것으로 친아버지가 판 경우 등이 있다. 그러나 175명 중 인신매매로 인해 군위안소에 간 경우는 단 4건에 불과하다. 이것은 여러 오차를 감안하더라도 매우 적은 수이다. 이렇게 매매의 경우가 적었던 이유로 무엇보다 먼저 조선에서는 다른 어느 나라들에 비해 부모가 딸을 파는 관습이 거의 없었던 점을 들 수 있다. 극히 빈곤한 농촌에서도 딸을 팔았던 경우는 단 1건만이 발견되며, 대부분의 경우가 취업사기나 폭력으로 딸을 빼앗기며 절규하는 부모의 모습을 증언하고 있다. 만약 부모에 의한 매매관습이 있었다면, 조선에서 군위안부 동원은 훨씬 쉬웠을 것이고 동원의 수도 더욱 늘어났을 것이다. 식민지 조선에서 성매매의 확산 정도가 그다지 높지 않았던 점도 매매의 경우가 적었던 배경이라고 말할 수 있다. 이 점은 당시 성매매의 많은 부분이 유괴에 의해 이루어졌던 데 비해 유괴에 의한 군위안부 연행의 수가 매우 적었던 사실도 설명해 준다. 1943년 상반기 인도네시아의 솔로(Solo) 지역에서도 일본군이 현지

의 어린 여자 5명을 강제로 유괴(forced abduction)했다는 기록이 있다.[20]

### (4) 근로정신대 제도를 통한 동원

정신대라는 개념이 노동력 동원과 군위안부 동원을 포괄적으로 지칭한다는 것이 당시를 살았던 사람들의 일반적 인식이다.[21] 정신대는 글자 그대로 나라를 위해 몸을 바친다는 것으로서 의료, 보도 등 여러 분야에서 인력 동원에 쓰인 개념이었으므로, 일본군 위안부를 동원할 때도 연행자들이 정신대의 명목을 도용했을지 모른다. 그러나 실제로 정신대라는 제도가 여러 목적의 동원과 함께 군위안부 동원까지 포함했을 가능성도 적지 않다. 요시다 세이지(吉田清治, 1989)는 일본에서 증언 내용의 신빙성을 의심받고 있기는 하지만, '황국위문 조선인 여자정신대'라는 용어를 사용하고 있다는 데 주목할 필요가 있다. 1944년 헤이룽장 성(黑龍江省) 푸진(富錦)에서 통신교육대로 있던 한 일본 군인은 '관동군 전시특별여자정신대'로 연행되어 온 위안부를 만났다고 증언했다(從軍慰安婦110番編輯委員會, 1992: 44-45).

보다 구체적으로, 이미 그 이전부터 관 알선으로 행해졌으나 1944년 '천황'의 칙령(勅令)으로 공식화까지 되었던 근로정신대 제도가 군위안부 동원의 방편으로도 사용되었다고 하는 생각도 당시

20 「NEFIS尋問報告」 418-425合併號, 1944. 10. 23.

21 당시 조선총독부 기관지였던 『매일신보』(1944. 3. 7 등)에 정신대를 징용이나 또는 인신매매로 인식하는 경향을 안타까워했던 기사들이 자주 실렸던 것은, 그러한 식민지 조선인들의 정신대 인식을 역설적으로 말해 주고 있다.

를 경험한 사람들 사이에 광범위하게 퍼져 있다. 당시 조선의 소학교에 근무했던 일본인 교사 가와오카 씨는 자신이 권유하여 근로정신대로 갔던 학생 8명이 모두 일본군 위안부가 되었다고 증언했으며(『한국일보』, 1992. 1. 17), 이케다(池田正支)라는 교사도 자신의 학교에서 근로정신대로 나갔던 학생 수와 일본의 공장에서 일하게 된 수가 일치하지 않았다고 하여(『동아일보』, 1992. 1. 15) 그 차이만큼의 수가 군위안소로 갔을 것이라는 암시를 했다.

한국 보건복지부에 신고한 170여 명의 피해자 중 6명이 근로정신대로 동원되었다가 군위안소로 끌려가게 되었다고 증언했다.[22] 이들은 학교에서 선생님의 권유로 근로정신대에 동원되었다가 공장에서 훈련만 받고 군위안소로 갔거나 일정 기간 일을 하다가 군위안소로 끌려가게 되었다고 증언했다. 그중 한 사람은 공장에서 일하던 중 공장건물이 파괴되어 공장에서 일하던 수 명의 다른 여자들과 함께 군위안소로 수송되어 갔다고 증언했다.

한편, 2명의 피해자가 근로정신대로 일본의 공장에서 일하던 중 힘든 노동의 상황을 견디지 못해 도망을 가다가 붙잡혀 군위안소로 끌려갔다고 증언했다. 이 증언은 물론 근로정신대라는 제도 자체를 통해 일본군 위안부가 되었다고 말하는 것은 아니다. 그러나 어떤 연유로든 근로정신대로 동원되어 일본에 있다가 일본군 위안부가 된 경우가 많다면, 군위안부 동원과 관련하여 근로정신대 제도는 하나의 통로로서의 역할을 했다고 말할 수 있을 것이다(제1장 참조).

---

22 이 연구에서 사용한 1993년 12월 현재 통계자료의 6명 외에, 후에 2명이 더 발견되었다.

### (5) 기타: 공출, 봉사대, 근로대 등의 명목으로

적지 않은 수의 피해자들이 공출, 봉사대 또는 근로대 등의 명목으로 끌려갔다가 군위안소로 가게 되었다고 증언했다. 총동원체제에서 여성의 노동력 동원을 위한 여러 제도들이 만들어졌다. 근로보국대, 여자추진대, 학도 동원 등이 그것이다. 근로보국대는 1941년 '국민근로보국협력령'에 의해, 학도 동원은 1944년 '학도근로령'에 의해 수립된 제도였으며, 여자추진대는 관청에서 알선·장려하는 형태로 이루어졌다. 한편 당시 식민지 조선에는 처녀공출이라는 말이 널리 퍼져 있었으며, 봉사대나 근로대라는 말도 여성 동원에 쓰였던 것으로 보인다. 피해자들은 위의 공식적 제도를 통해 징집되었으나 그 이름을 명확히 기억하지 못하고 있거나, 연행자들이 공출 등의 임의적 용어를 사용하면서 여성들을 연행했을 것으로 짐작할 수 있다. 또는 앞서의 피해자들처럼 취업사기나 폭력적 연행에 의해 일본군 위안부로 끌려갔으나, 피해자들이 당시 세간에 많이 나돌았던 공출 등으로 스스로 자신의 기억에 각인시킨 경우도 적지 않을 것이다. 예컨대 1990년대 중반 보건복지부에 신고한 한 피해자는 1944년으로 추정되는 시기에 경찰에 의해 일본의 군부대로 끌려가 부대와 함께 이동하면서 성폭력을 당한 전형적 일본군 위안부 피해자인데, 현재 피해자와 가족들은 이 피해자가 "처녀보국대로 가서 일본놈에게 당했다"고 진술하고 있다.

어떠한 경우라도 피해자들이 이러한 명목을 기억한다는 사실과, 뒤에 논의할 것이지만 이런 명목의 연행이 주로 경찰과 관리에 의해 이루어졌다는 사실은, 이것이 관의 개입에 의한 연행이었다는 것을 확실히 말해 주는 것이다.

### 3) 연행자

군위안소 정책의 입안 및 위안소 경영에 관하여 그 명확한 지휘 명령계통은 당시 일본의 군과 정부의 구조와 관련하여 추정할 수 있을 뿐이나, 부분적으로 발견된 문서자료가 일본군과 정부 및 총독부의 주체적인 역할을 의심의 여지없이 보여 준다(吉見義明·林博史 編, 1995: 16-19). 더욱이 누구의 명령을 받아서 위와 같은 사기와 폭력의 방법을 동원했는가의 문제와 관계없이 말단 연행자의 면면은 일본군과 정부 및 총독부의 중심적 역할을 분명히 보여 주고 있다. 피해자들의 증언은 역시 민간인, 특히 조선인이 연행자의 가장 많은 비중을 점했음을 확인해 주었으나, 경찰과 군인, 관리도 매우 중요한 직접연행자였다는 사실을 보여 주고 있다. 민간인들이 대체로 취업사기의 방식으로 피해자를 연행한 데 비해, 군인과 경찰은 폭력적으로 연행을 했으며, 관리는 공출 등의 명목을 내세워 연행했다는 조사결과는 대체의 예측을 확인하는 것으로서, 피해자 진술의 신빙성을 크게 높이고 있다(표 3-7 참조).

#### (1) 민간인

"모집 과정에서의 소요를 막기 위해 모집을 맡을 자의 선정(人選)에 신중을 기할 것"(陸軍省兵務局兵務課, 1938. 3. 4)이라고 명기한 군 문서에서 볼 수 있는 대로, 일본군의 계획에서 일본군 위안부 모집의 주요 말단 연행자는 민간인이었다. 이 군 문서에 따르면 민간인 연행자는 군에서 선정한, 모집만을 담당하는 사람이다. 실제로 많은 피해자들은 자신들을 연행해 간 민간인이 어느 지점에서 다른

〈표 3-7〉 연행자 및 연행방식

(단위: 명)

| 연행방식 / 연행자 | 취업사기 | 폭력 | 협박 | 인신매매 | 유괴 | 근로정신대 | 공출, 봉사대, 근로대, 기타 | 계 |
|---|---|---|---|---|---|---|---|---|
| 조선 민간인 | 38 | 3 | 1 | 1 | 2 | | 2 | 47 |
| 일본 민간인 | 17 | 6 | | 1 | | 3 | | 27 |
| 군인 | 4 | 18 | | | | | 2 | 24 |
| 군속 | 1 | | | | | | 1 | 2 |
| 헌병 | 2 | 3 | | | | | | 5 |
| 경찰 | 6 | 26 | 1 | | 3 | | 3 | 39 |
| 관리 | 4 | 2 | | | | 2 | 4 | 12 |
| 기타 | | 1 | | | | | | 1 |

민간인 혹은 군인에게 자신들을 넘긴 후 없어졌다고 증언했다. 다음 절에서 논의할 바와 같이 위안부의 수송은 일본군이 담당했는데, 위안소 관리자 중에도 민간인이 상당수 있었던 것을 볼 때[23] 모집담당과 위안소 경영의 민간인은 별개로서, 모집담당자의 선정과 위안소 관리자의 선정은 물론 위안부의 모집과 배치의 모든 과정을 군대가 총괄했다는 것을 알 수 있다.

그러나 센다 가코(千田夏光, 1978)의 조사에서 볼 수 있는 대로, 위안소 업자가 위안부를 모집해 간 경우도 적지 않다. 정신대연구소

23 군위안소의 설립과 관리와 관련하여 그 형태를 구분해 보면, 보건복지부에 신고한 사람 중 90명의 자료에서 위안소 관리자에 관한 정보가 있는데, 30명의 피해자가 민간인이 위안소를 관리했다고 증언했고, 나머지 60명은 군인이 위안소 관리자였다고 증언했다.

〈표 3-8〉 연행자/위안소 관리자의 관계

(단위: 명)

| 연행자 / 관리자 | 조선 민간인 | 일본 민간인 | 군인 | 군속 | 헌병 | 경찰 | 관리 | 계 |
|---|---|---|---|---|---|---|---|---|
| 민간인 | 17 | 7 | 1 | 1 | 2 | 2 | | 30 |
| 군인 | 10 | 11 | 12 | 1 | 1 | 13 | 6 | 54 |

의 조사에서도 조선에서의 연행부터 위안소로의 이동, 그리고 위안소 관리까지 같은 사람이 했던 경우를 볼 수 있다. 〈표 3-8〉에서 보는 바와 같이 위안소 관리자가 민간인이거나 군인이거나 간에 연행자의 다수는 민간인이다. 그러나 군인과 경찰이 연행한 경우 대부분 군인이 관리자인 위안소로 갔던 점이나, 민간인이 연행한 경우 민간인이 관리자인 위안소로 더 많이 갔던 점은, 같은 사람이 위안부를 연행하고 위안소를 관리한 경우도 적지 않았을 것을 말해 준다.

위안부 연행 및 위안소 관리에 가담한 민간인 중 일본인보다 조선인이 많았던 사실은 피해자들에게 미묘한 마음의 상처를 남겼다. 조선인이 많았던 것은 조선에서 여성을 연행하는 것이 조선인에게 보다 용이했을 것이라는 점 외에도, 조선인을 포로수용소 간수 등 가장 말단의 직접적 전쟁범죄자의 자리에 위치시킨 당시 일본군의 일관된 정책의 일환이기도 했다는 점을 간파할 수 있다.

### (2) 군인, 군속, 헌병

군인, 군속, 헌병 등 일본군 소속의 사람들에 의해 연행된 경우도 상당하다. 많은 피해자들은 군인이 강제로 트럭에 태워 어디론가 데리고 갔으며, 중간에 다른 여자들도 여러 명을 태웠다고 증언했다. 〈표 3-6〉에서 볼 수 있는 대로 폭력적 연행은 후기에 올수록 심해졌는데, 이는 위안부 수요가 급증함에 따라 민간업자에게 주로 맡겼던 위안부 모집에 군인이 직접 폭력적 방법으로 나섰던 것이라고 해석된다. 앞서 논의한 대로 군인이 연행한 경우 군인 관리의 위안소로 갔는데, 이 역시 후기에 일본군 위안부 수요가 늘어나면서 군인이 위안소를 설립하고 여기에 직접 위안부를 조달해 왔던 사실을 말해 준다.[24]

### (3) 경찰 및 관리

역시 상당 부분을 점하는 경찰과 관리의 연행은 조선총독부의 일본군 위안부 연행 개입을 확인해 주고 있다. 앞서 논의한 여러 부분에서 직접 연행자가 누구인가에 관계없이 관과 군의 관여는 처음부터 확실했다는 점이 드러났다. 경찰과 관리가 직접연행자로 나선 것은 〈표 3-6〉에서 볼 수 있는 대로 폭력적 방식과 마찬가지로 위안부 수요가 증가한 후반에 많았다고 볼 수 있다. 또한 군인이 연행한 경우와 마찬가지로 경찰과 관리가 직접 연행한 경우 군인이 관리한 위안소와 연결되었음을 볼 수 있다.

---

24 군위안소는 시작단계에서 군이 직접 설립·경영하던 경향이 민간의 대대적 진출로 바뀌다가, 1943-1944년경부터 다시 군 주도의 흐름을 보인다(제2장 참조).

### 4) 수송 및 배치

군인에 의해 연행된 피해자들은 물론이고, 그 외 대부분의 피해자들도 기차나 트럭 또는 배를 이용한 장거리 이동이 시작되었을 때 군인에게 인계되었다고 증언하고 있다. 이후 이들은 군인들의 엄격한 감시를 받으며 목적지까지 수송되었던 것이다. 기차를 타고 만주로 끌려갔던 한 피해자는 기차 한 칸마다 앞뒤에서 군인이 지켰으며, 수송 도중 어떤 지역에서는 창문이 내려져 밖을 볼 수 없도록 통제하기도 했다고 증언했다.

이렇게 수송 당시 감독을 군인이 했다는 것과 함께 주목할 점은 트럭, 기차 및 배 등 수송수단을 군에서 제공했다는 사실이다. 트럭의 경우는 물론 군용트럭이었고, 배를 이용한 경우 대부분 매우 큰 군함을 탔다고 증언하고 있다. 실제로 위안부를 배로 실어 전지로 보낼 때 일본 육군이 관리하는 일본 선적의 징용선을 사용했다고 한다. 기차의 경우는 더욱 뚜렷하게 일본군이 제공했다는 사실이 드러난다. 특히 중국 대륙의 철도는 일본군이 사실상 관리하는 것이었다(吉見義明, 1998: 51-12). 1944년 연합군이 심문한 일본인 위안소 경영자는 1942년 7월 10일 조선 여성 22명을 데리고 부산항을 출항하여 군함 7척의 호위를 받으면서 4,000톤급 여객선을 타고 대만을 거쳐 싱가포르로 향했다고 진술했다. 군사령부가 무료도항권을 제공했다.[25]

---

25 ATIS, "Research Report No. 120-Amenities in the Japanese Armed Forces", 1945. 11. 15.

조선의 연행지에서 위안소까지의 수송뿐 아니라 한 위안소에서 다른 위안소로 옮기는 경우에도 군에서 위안부 수송을 담당했다. 신고한 피해자 중 반 정도만이 한 장소에 있었으며, 3회 이상을 이동한 경우도 적지 않았다.[26] 이동은 위안소가 소속되어 있던 군부대와 함께 한 경우와 위안부 전원 혹은 일부만이 이동한 경우가 있었는데, 어느 경우나 군에서 수송을 담당했다. 위안소 이동은 군대의 필요에 따라 군의 교통수단으로 이루어졌던 것이다. 호주 군인 맥두걸은 태평양 전쟁 초기에 일본군에 잡혀서 싱가포르 창이(Changi) 전쟁 포로수용소에 있다가 화물운반트럭에 실려 태국의 반퐁(Banpong) 수용소로 보내졌는데, 그때 어린 소녀들도 그들과 똑같이 일본 경비병들과 같이 이송되었다고 증언했다. 그 여정은 지옥과 같았다고 그는 말했다(Morris-Suzuki, 2015).

위안소가 설립되기 힘든 오지에는 군 트럭으로 정기적으로 가까운 위안소에서 위안부를 수송하여 일정 기간 이용한 후 본 위안소로 돌려보내기도 했다. 위안부 피해자 김복동 할머니는 이렇게 출장 위안을 할 때는 너무 많은 군인들이 달려들어서 자신이 마치 개구리 같았다고 증언했다(한국정신대문제대책협의회·정신대연구회 편, 1997: 93). 동남아시아의 전쟁포로였던 영연방 군인들은 위안부들이 정기적으로 경비병들의 부대로 실려갔다고 증언했다. 해당 지역 일본군 기지들을 순회하는 이동식 위안소 체제였다고 한다(Morris-Suzuki, 2015).

26 170명 중 동일 장소에 있던 사람이 96명, 1회 이동이 33명, 2회 이동이 12명, 3회 이상 이동한 경우가 29명이었다(보건복지부 신고자료).

이 모든 증언은 일본군이 위안부의 수송과 배치를 지휘·감독했다는 사실을 말해 주는 것이다.

## 3. 다른 피해자/경험자의 증언과 문서들

### 1) 여러 나라 피해자 및 경험자의 다중적 증언

문서자료를 밝히기 전에 증언에 관해 논의할 필요가 있다. 앞서 언급한 일본 우파들의 주장에는 강제연행에 관한 증언만이 있을 뿐 문서자료가 없으므로 인정할 수 없다는 것인데, 이는 증언은 믿을 수 없다는 생각에 바탕하고 있는 것이다. 길에서, 집에서, 마을에서 관리나 군인, 경찰에 의해 위안소로 끌려갔다고 한 한국의 수많은 피해자의 증언이 거짓이라고 한다면, 그 사람들의 증언이 서로 영향을 미치면서 동일한 내용으로 만들어졌다는 말이 된다.

그렇다면 여러 다른 나라 피해자들이 같은 증언을 하고 있는 것은 어떻게 이해해야 할 것인가. 이미 2000년 일본군 성노예 전범 여성국제법정(제8장 참조)에서 11개국의 피해자들이 강제연행의 피해를 증언했는데, 특히 필자가 인도네시아에서 행한 조사에서 직접 청취한 증언을 밝히고자 한다. 필자를 포함한 연구팀은 2004년 1월 31일부터 2월 6일에 인도네시아의 발릭파판(Balikpapan)[27]에서 인도

27 나카소네 전 일본 총리가 전쟁 중에 해군주계대위(海軍主計大尉)로 일하면서 부하장병들을 위해 위안소를 세웠다고 회고한 곳이다(中曽根康弘, 1978: 90-98).

네시아 위안부 피해자 두 사람을 만날 수 있었다. 한 사람은 "인도네시아 연극단 주인이 연극배우를 시켜 준다고 속여 따라갔는데 위안소였다"고 말했으며, 다른 한 사람은 "길에서 강제로 머리채를 잡혀 조그만 트럭에 태워졌는데, 그 트럭에는 이미 네 사람의 어린 여성들이 타고 있었다"고 증언했다. 앞서 논의한 170여 명의 한국 피해자 증언에서 나타난 강제연행의 형태와 거의 일치하는 증언이었다. 이후 위안소로의 수송 과정, 성병검사, 위안소 사정 등에 관한 증언의 내용도 한국 피해자들의 증언내용과 거의 흡사한 사실에 연구팀은 놀라움을 금치 못했다.

일본 군인들의 증언도 적지 않다. 1992년 일본에서 일본군 위안부 문제가 사회적으로 환기되기 시작했을 때, 일본 군인들의 증언을 받아 책으로 묶은 『종군위안부 110번(従軍慰安婦110番)』에는 강제연행을 포함한 다양한 증언이 포함되어 있다. 그러나 그보다도 1960년대 이후에 출판된 일본 군인들의 회고록에서 강제연행을 말하는 부분들을 발견하는 것은 어렵지 않다. 버마에서 위안소에 갔던 경험을 말하는 한 군인은 "도쿄 군수공장에 간다는 이야기로 모집이 있었습니다.… 인천에서 배를 탔는데 남쪽으로, 남쪽으로 와서… 버마로 왔습니다. 걸어서 돌아가지도 못하고 도망갈 수도 없어서, 포기했습니다"라고 말한 위안부의 목소리를 전하고 있다(小俣行男, 1967: 56). 버마 경험을 말하는 또 한 군인은 "…19세에서 20세 정도의 조선 여성들이 타이피스트나 여급, 사무원 명목으로 몇백 명이나 사냥되었고, 어용선에 실려 왔더니… 어떤 여성은 고등교육을 받은 좋은 집안의 처녀인데… 집단적으로 끌려왔다고 한다"고 말했다(浜村幾三郎, 1987: 102). 파푸아뉴기니에서 참전했던 한 일본 군인은 "라바울에는 장병을 위해 세 개의 위안소가 있었는데, 본인의 의지와 상관없이 완전히 강제적으로 조선에서 젊은 여성들을 배에 태워 끌고 왔다고 한다"고 증언하고 있다(市川靖人, 1989: 46).

중국 동안성(東安省) 미산현(密山縣) 핑양전(平陽鎭)에서 위안소를 경험한 한 일본 군인의 증언은 보다 생생하다. "내가 익숙한 위안부는 직업용 일본명을 마사오라고 불렀다. 집안은 강원도의 가장 가난한 농가였는데, 어느 날 갑자기 촌장이 와서 '군의 명령이다. 나라에 대한 봉공으로 딸을 내놓아라'고 했다. 봉공의 뜻을 금방 이해했기 때문에 부모는 손을 밀며 큰 소리로 '아이고'를 거듭했으나, 촌장은 듣지도 않았다. 이 면에는 8명의 할당이 왔는데 면에는 처녀가 5명밖에 없으니까 한 사람도 놓치면 안 된다고 했다. 촌장 뒤에는 칼을 가진 일본인 순사가 있었다. 5명의 마을 처녀가 돌과 같이 트럭에 실려서 마을 경계인 다리를 건너간 것이 고향과의 이별이었다.… '매일 15명 손님으로 받아요. 몸이 안 되겠어요. 살아 있는 것이 불가사의해요'라고 그녀는 말했다"(眞鍋元之, 1981: 129-130).

### 2) 연합군 조사보고서

연합군이 동아시아 여러 나라에 진주했을 때, 군인들 속에 섞여 있는 여성들을 보고 의아해 했다는 것은 연합군의 전쟁포로 관련 여러 보고서에 기록되어 있다. 이후 미국 연방 정부 기록보존소를 비롯한 서유럽의 정부기록물보존소에서 전후에 연합군이 작성한 보고서가 속속 발견되었는데, 그중 소위 '협의의 강제성'을 밝히는 보고서도 다수 발견되었다. 이 보고서는 연합군에서 일본 군인 및 위안부 심문, 관련자 조사 등을 포함한 다층적인 조사를 수행한 결과로서, 그중 많은 것이 전쟁 직후에 이루어진 바타비아 법정, 도쿄 극동전범법정 등에 자료로 제출된 공신력 있는 문서이다.

2002년 미국 정부기록물보존소(National Archives and Records Administration, NARA)에서 발견된 문서 「쿤밍의 한국인, 일본인 전쟁포로(Korean and Japanese prisoners of war in Kunming)」는 중국 쿤밍 지역에서 1945년에 미군에 의해 작성된 것으로서 "생포된 한국인 여성 23명이 모두 위안부였는데, 이들은 모두 강제(compulsion)와 사기(misrepresentation)에 의해 위안부가 되었다"고 기록하고 있다.[28] 1944년 버마에서 한국인 위안부를 심문한 연합군 챈 중위는 "저 멀리 한국에 있던 가족의 논밭과 집에서 대부분 강제적으로 끌려"왔다고 보고했다.[29]

1993년에 오무라 데쓰오(大村哲夫)가 잡지 『세카이(世界)』에 일부 소개했으나 2007년 네덜란드 정부기록물보존소에서 한국의 연구팀이 발굴하여 전면공개된 「일본 해군 점령기 동안 네덜란드령 동인도 서(西)보르네오에서 발생한 강제 매춘에 대한 보고서(Report on enforced prostitution in Western Borneo, N.E.I. during Japanese Naval Occupation)」(문서번호: AS5309)는 네덜란드어와 영어로 동시에 작성

28 "…all of the 23 women became 'comfort girls', apparently under compulsion and misrepresentation." RG 226, Entry 154, Box 185. Records of the Office of Strategic Services. Field Station Files, Kunming-REG-OP-3. April 28, 1945.

29 이들은 오직 제국일본군의 쾌락일 뿐이었다. "Taken forcibly for the most part from their families farms and homes in far-off Korea, they were there only for the pleasure of the Imperial Japanese troops"(Chan, 1986: 97).

된 네덜란드 정보부대(Netherlands Forces Intelligence Service, NEFIS) 문서로서, 일본군에 의한 무차별한 강제연행이 매우 명확하게 기록되어 있다. 인도네시아의 서보르네오 지역에서 일본 해군의 특경대(特磬隊)가 위안소의 설립과 위안부 조달의 책임을 맡고, 거리에서 마구잡이로 여성들을 체포하여 신체검사를 받게 한 후 위안소에 넣었으며, 위안소에서 탈출할 경우 그 여성의 가족이 체포되어 가혹한 대우를 받게 되고, 심한 경우 죽임까지 당했다고 기록하고 있다.[30]

1944-1945년 NEFIS의 여러 심문 보고서에는 위안부 관련 언급이 자주 등장하는데, 강제매춘(enforced prostitution), 어린 소녀들의 강제유괴(forced abduction of young girls)와 같은 기술이 그것이다.[31] 동원방식에 관한 보고에는 폭력적 강제가 압도적으로 많았다. 동원방식이 기술된 NEFIS 보고서 8개를 분석한 백재예(2016: 64-65)에 의하면 그중 1개가 사기, 6개가 강제였다. "촌장의 명령에 따라 모집되어… 일본인에 의해 강제로 끌려갔다"(No. 418-425 합병호), "집에서 강제로 끌려 나와 위안소에 배치되었다"(No. 455-469 합병호), "일본인들은 소녀와 미혼여성들을 체계적으로 집에서 끌어냈

30 "The Special Naval Police (Tokei Tai) had orders to keep the brothels supplied with women: to this end they arrested women on the streets, enforced medical examination, and placed them in the brothels… During the first half of 1943 the Naval garrison Commander of Pontianak, Lt. Cdr. xxxxxx… issued the order for the establishment of official brothels… Women did not dare to escape from the brothels as members of their family were then immediately arrested and maltreated by the Tokei Tai. In one case it is known that this caused the death of the mother of the girl concerned." 이 문서는 1946년 7월 5일, 바타비아에서 NEFIS의 헤이브록(J. N. Heijbrok) 대위에 의해 작성된 것이다.

31 NEFIS 심문보고서 No. 409(1944. 10. 23), No. 418-425 합병호(1944. 10. 23) 등. 백재예, 2015: 50에서 재인용.

다"(No. 554), "비윤리적 목적을 위해 폰티아낙으로 끌려갔다"(No. 661-669 합병호), "미혼의 어린 현지 소녀들이 마을에서 색출되어 호텔로 끌려갔다"(No. 103, 106-138, 141, 159, 161-178, 193-194 합병호), "현지 소녀들이 강제로 징집되었다"(No. 1590-1630 합병호) 등의 언급이 있었다.

1943년 라바울(Rabaul)에서 작성된 연합군 보고서는 "위안소는 민간인에 의해 시작되었지만 군 관리하에 있었다"며, 여기서 "소녀들은 모든 방법을 통해 구했다"고 기술했다.[32]

2007년 일본 학자들이 도쿄 대학 도서관에서 찾아내 공개한 도쿄 극동국제군사재판에 각국의 검찰이 제출한 연합군 문서들도 중국과 인도네시아, 베트남을 포함한 동아시아에서 일본 군대가 행한 위안부 강제연행을 생생하게 기록하고 있다.[33] NEFIS가 바타비아(Batavia)에서 작성한 문서인 「오하라 세다이 진술서(Statement by Lt. Ohara Seidai, 1946. 1. 13)」에 의하면, "1944년 9월 인도네시아의 모아섬에서 내가 군인들을 위해 위안소를 조직했다.… 여기에 5명의 여성을 강제동원했는데, 그것은 그들의 아버지가 폭동을 일으킨 것에 대한 처벌이었다".[34] NEFIS의 또 다른 문서, 「폰티아낙 학살사건

---

32 "The girls were procured from all sources." RG 3, Box 111. Records of Headquarters Southwest Pacific Area, 1942-1945. SWPA, "ATIS Interrogation Report #47" (Serial No. 79). 1943. 4. 1.

33 이 7개 문서의 일본어 전문은 「資料紹介: 東京裁判で裁かれた日本軍慰安婦制度」, 『季刊 戰爭責任硏究』 第56號(2007年 夏季號)에 수록되어 있다.

34 "I organized a brothel for the soldiers… They were daughters of the men who attacked the KEM PEI TAI. Then these women were forced into the brothels as a punishment for the deeds of their fathers."

에 관한 하야시 심문조서(Report, 1946. 3. 13)」에는 "그 여자들을 체포한 것은 위안소에 넣기 위해서였다"[35]는 증언이 나온다. NEFIS 문서에는 성노예 피해자의 진술도 있다. 「심문진술서: 빌먼·발레구엔의 조사요약(Affidavit of Interrogation: Summary of Examination of J. Beelman-v. Ballegooyen, 1946. 5. 16.)」 문서는 1944년 1월에 문틸란(Moentilan) 수용소에 억류되어 있던 여성들이 위안소로 끌려가서 성노예가 된 상황을 보여 준다. 여성들이 저항했을 때 남편에게 책임을 물을 것이라고 협박했으며, 옷을 찢고 팔을 비틀어 성폭력을 했다고 진술하고 있다.[36]

「로드리게스 조사요약(Summary of Examination of Lois Antonio Nunes Rodrigues, 1946. 6. 26)」은 마을 유지를 이용한 일본군의 위안부 강제연행 만행을 보여준다. "포르투갈령 티모르(동티모르)의 딜리(Dilli)에서 1942년 2월 일본인들은 촌장에게 여성들을 위안소에 보내도록 강제했다. 만약에 그러지 않으면 촌장의 친척들을 위안소로 데려가겠다고 협박했다"고 포르투갈인 로드리게스는 진술했다.[37] 또 다른 조서는 베트남에서의 위안부 강제연행을 보여준다. 「통의

35 "…their arrest…was only a pretext in order to put them in a brothel."

36 "…I was told… to appear at the Japanese Camp Office… We were medically examined by the Japanese doctors… a KEMPEI-official… told me that we had to receive the Japs, for if we were not willing, our husbands… would be held responsible… he tore my clothes from my body and twisted my arms on my back… whereafter he compelled me to have sexual intercourse with him."

37 "I know of a lot of places where Japanese forced the chiefs to send native girls to Japanese brothels, by threatening the native chiefs by telling them that if they did not send the girls, they, the Japanese, would go to the chiefs houses and take away their near female relatives for this purpose."

진술서(Affidavit: Nguyen-Thi-Thong, 1946. 9. 6)」에서는 일본인들이 프랑스 군인과 살고 있는 베트남 여성들을 티엔옌(Tien Yen)에 세운 위안소로 강제로 데려갔다고 말한다.[38]

### 3) 연합군 재판기록

현재까지 알려진 일본군 위안부 관련 재판은 바타비아 법정과 괌 법정 두 건에 불과하다. 바타비아 임시군법회의는 1946년 인도네시아의 바타비아에서 열린 군사법정인데, 그중 한 부분이 위안부 관련 건으로 1948년에 판결을 내렸다. 1944년 2월 인도네시아 스마랑에서 수용소에 억류되어 있던 네덜란드 여성 35명을 강제로 위안소로 데려와 성노예로 사용한 것에 책임을 물어 12명이 재판을 받았는데, 그중 직급이 가장 높은 장교 한 명에 대해서는 사형이 집행되었다.[39] 일본은 1952년 샌프란시스코 조약에서 여러 전쟁범죄법정의 판결을 수락했다. 일본 군대의 위안부 강제연행을 연합국과 동시에 일본 정부도 인정한 것이다. 네덜란드 여성에 대해 이러한 강제가 이루어졌을 때, 아시아 여성에 대해서는 더욱 잔혹한 강제연행이 이루어졌을 것을 짐작하기는 어렵지 않다.

1941년 12월에 일본에 점령되었던 괌을 다시 찾은 미국은 1945

---

38 "…the Japanese forced several of my fellow-countrywomen who were living with French soldiers, to follow them to a brothel which they had st up at Tien Yen."

39 판결문은 「オランダ女性慰安婦强制事件に關するバタビア臨時軍法會議判決」, 日本の戰爭責任資料センター『季刊 戰爭責任硏究』 3, 1994. 3에 자세히 설명되어 있다.

년 7월에 군사위원회를 열었다. 미국 정부기록물보존소에서 발견된 방대한 미 해군 괌 재판기록, 「사무엘 시노하라: 아가나 군사위원회 재판(Samuel T. Shinohara: Trial by military commission at Agana, Guam, 1945. 7. 28)」에 의하면, 1942년 2월 일본군 장교인 사카이는 검을 차고 일본 거류민 회장이었던 시노하라를 앞세워 플로레스(Alfonsina Flores)라는 17세 여성의 집에 와서 가족을 협박하여 그녀를 커너(Mercedes Kerner)라는 사람의 집에 데려다 놓고 성노예로 사용했다.[40] 플로레스는 이와 같이 무력에 의해 강제연행된 후 지속적으로 폭력에 의해(예컨대 "목을 베어 버리겠다"는 협박) 성적 서비스를 강요당했다. 6개월 동안 지속되었던 성노예 생활은 사카이가 일본으로 떠나면서 종료되었다. 이 사건은 1945년 7월 28일에 재판에 회부되었다가 8월 27일에 판결이 내려졌는데, 사카이는 이미 일본에 돌아간 후였으므로, 시노하라만이 사형선고를 받았다. 시노하라는 같은 시기에 멘디올라(Nicholasa P. Mendiola)라는 여성을 강제로 데려가 성노예로 사용하도록 한 죄가 추가되었다.[41]

이것은 재판기록이 남아 있는 몇 안 되는 사례로서, 민간인이 처벌된 사건이지만, 사안의 내용은 일본군 장교가 무력으로 여성을 동원하여 성노예로 사용했으므로 소위 '협의의 강제성'을 보여 주는

40 커너의 남편은 일본군의 포로가 되어 일본으로 이송되어 없었으며, 플로레스가 이 집으로 온 후 사카이뿐 아니라 괌 지사인 하야시도 가끔 들렀다고 한다.

41 이때 죄목(Nature of Offense)은 "Did unlawfully take Alfonsina Flores, a female person, for the purpose of prostitution, procuring her consent thereto by misrepresentation"과 "Did unlawfully take Nicholasa P. Mendiola, a female person, against her will and without her consent, for the purpose of prostitution"이었다.

증거라고 볼 수 있다. 또한 피해자가 미국인이라는 점에서 이후 새롭게 주목받을 것으로 생각된다. 2007년 5월 2일 괌 의회는 일본 군대에 점령당한 유일한 미국 영토인 괌에서 여성들을 성노예로 끌고 간 일본 정부에 공식사죄를 요구하는 결의안을 발의했다(『미주한국일보』, 2007. 7. 4).

2014년 하야시 히로부미(林博史)는 더욱 강력한 위안부 강제연행 자료를 발굴 공개했다.[42] 1947년 바타비아 법정에 선 일본 해군 특별경찰대원에 관한 것으로, 그는 당시 38세였고 위안부 및 일본 장교의 성적 상대로 여성을 강제동원한 혐의로 기소되어 12년 징역을 구형받았다. 흥미롭게도 1962년에 작성된 「오사카·고베 지방출장보고서(전쟁재판관계)(大阪·神戶地方出張報告書(戰爭裁判關係))」라는 문서에 그 사건의 내용과 피고 자신의 증언 및 피해자 증언을 포함한 여러 자료들이 들어 있다. 심문조서에는 8명의 피해자 증언이 등장하는데, 위안부와 성적으로 강제당한 여성들(20세, 15세, 19세, 18세, 23세)과 피해자 아버지 2명, 위안소 경영을 일본군에게서 명령받은 자 1명이 그들이다. 여성들은 피고의 폭행과 협박(권총으로), 사기에 의해 끌려왔으며, 위안소 경영자도 이것을 시인했다. 1962년 법무성 담당자가 피고를 만나 조사했을 때, 일본 군인이었던 그는 직접 위안부를 강제동원했고, 이 범죄를 일본군이 자금을 동원해 은폐하여 전범 추급을 면했다고 말했다. 이 자료는 법무성이 소장하고 있으나, 1993년 일본 정부 제2차 보고서에는 빠졌다(林博史, 2014a: 17-29).

42 林博史, 2014b.

하야시는 이어 위와 유사한 자료를 또다시 공개했다. 네덜란드가 바타비아에서 행한 전범재판기록으로, 자바 섬 동부의 존벨(John Bell)에 주둔하고 있던 헌병대의 와다(和田都重) 헌병대장 등이 1942년 4월부터 1945년 9월까지 네덜란드 국적의 여성들을 강제매춘한 행위에 대한 것이다. 10명의 피해자 심문조서에서 일본 헌병들이 여성들을 강제로 연행하여 위안부로 착취한 상황이 그려져 있다. 한 여성은 여동생과 함께 포로가 되었는데 여동생은 폭행당하며 성관계를 강요받았고 "일본인 한 사람과 동거할 것인지 일본인 전부가 그녀를 처로 이용하게 할 것인지 선택하도록 협박당했다"고 한다. 또 다른 여성은 "일본인 경찰서장에 의해 호텔로 연행되어 갔는데 그 호텔은 후에 위안소가 되었다.… 나는 일본인의 자식을 낳았다"고 증언했다(林博史, 2014b: 44-50).

### 4) 네덜란드 정부 보고서

네덜란드 정부가 정부공문서보관소에 보관되어 있는 문서들을 정리하여 1994년에 발표한 「일본점령하 네덜란드령 동인도에 있어서 네덜란드 여성에 대한 강제매춘에 관한 네덜란드 정부 소장 문서 조사보고(Report of a study of Dutch governments on the forced prostitution of Dutch women in the Dutch East Indies during the Japanese occupation, 1994. 1. 24)」에서도 위안부 강제연행 사실을 여러 곳에서 확인할 수 있다.[43] 내용 중 일부를 발췌하면 다음과 같다.

1942년 3월 일본군이 자바 섬에 상륙, 1주일 후에는 네덜란드령 동인도를 점령했다. 일본군은 위안소는 당연히 설치하는 것이라고 생각하고 있었으며, 병참 담당 장교가 위안소 면허의 발행과 면허 조건을 감독하는 책임자였다. 그 후 각지에서 강간사건이 다발했다. 자바 섬의 스마랑(Semalang) 가까운 곳의 블로라(Blora)에서 발생한 강간사건은 20여 명의 유럽인 여성을 두 채의 집에 감금하고 감행한 악질적인 것이었다. 3주간 여러 명의 모녀를 포함하여 적어도 15명의 여성이 여러 연대가 통과할 때마다 일본 군인에 의해 하루에도 수차례 강간을 당했다. 1943년 9월 보르네오의 해군이 위안소를 직접 관리하고, 특경대(해군의 군경찰, 육군의 헌병대에 상당한다)는 여성을 모집하는 책임을 맡았다.

자바 섬에서는, 침략 초기에는 네덜란드령 동인도 정부관리가 적당한 여성을 찾도록 압력을 가했다. 1943년 후반에는 육군과 헌병대가 억류소와 그밖의 장소에서 여성을 잡아오기 위해 실력행사를 했다. 자바 여성과 소수의 유럽 여성을 주위의 여러 섬의 위안소에 보내기 위해 직접 모집에 나섰던 것이다.

마겔랑(Magelang)에서는, 일본군은 가까운 문틸란 억류소로부터 유럽 여성을 마겔랑의 위안소에 연행하려고 결정했다. 1944년 1월, 13명의 여성이 마겔랑으로 끌려가 난폭하게 검사를 받고 강간당하며 위안부로 일하도록 강제당했다.

스마랑에서는, 1944년 2월 대규모의 여성사냥을 위해 스마랑 근처 7개의 여성 억류소를 방문했으나, 3개의 억류소에서는 저항이

---

43 1994년의 네덜란드 정부 보고서는「日本占領下蘭領東インドにおけるオランダ人女性に對する强制賣春に關するオランダ政府報告書」, 日本の戰爭責任資料センター『季刊 戰爭責任硏究』4, 1994. 6에 요시미 요시아키의 해설과 함께 일본어 번역이 되어 있다. 이 부분은 이 일본어 번역을 참조했다.

심해서 포기했고, 나머지 4개의 억류소에서 저항에도 불구하고 적어도 24명을 연행해 위안부로 사용했다(여성을 선택한 기준은 알 수 없다). 그 여성들은 난폭하게 검사당하고, 강간 및 구타를 당했다.

스마랑/플로레스(Flores)에서는, 1944년 4월 경찰과 헌병이 스마랑의 억류소 밖에서 생활하고 있던 유럽인과 인도네시아 여성 수백 명을 체포해서 스마랑 클럽 위안소에 끌고가 20여 명을 뽑아 난폭하게 검사한 후 다음 날 기차를 태워 스라바야(Surabaya)로 이송했다. 2개월 후 그중 17명(그중 7명은 유럽 여성)이 플로레스 섬의 위안소에서 위안부로 강제당했다.

본도오소(Bondowoso)에서는, 몇 명의 유럽 여성에 의해서 작성된 리스트에 따라 경찰과 헌병대가 현지 체류 여성을 1943년 초 수 개월간 한 호텔에서 위안부로 일하도록 강제했다. 1943년 8월 경관과 헌병장교가 4명의 유럽 여성에게 술집에서 일하도록 협박했으며, 호텔로 끌고가 이틀간 강간했다. 그중 2명은 자살했다. 10월 말 헌병장교는 나머지 2명의 자매와 다른 2명의 자매, 그리고 다른 2명의 사촌자매를 호텔로 연행했다. 그 밖에 적어도 8명의 유럽 여성이 끌려갔다. 1943년 8월 하순부터 1944년 1월까지 적어도 10명의 여성이 호텔에서 일했다. 그중 1명이 "헌병장교에게 강간당했으며 1943년 11월 한 달간 위안부로 일했다"고 증언했다. 어떤 여성의 증언에 의하면, 말랑(Malang)의 헌병장교 여러 명이 3명의 유럽 여성을 헌병대 본부 가까운 집에 감금하고 강간하며 매춘을 강요했다.

중앙 자바에서 1943년 12월 일본 군인이 솔로(Solo)의 민간인 억류소에서 여성을 연행하려고 했으나 용감한 리더들이 저지했다.

파당(Padang)에서는 사카리오 레스토랑(위안소)에서 유럽 여성약 20명이 매춘을 강제당하고 있었다.

### 5) 일본 법원 판결[44]

일본에서 이루어지고 있는 위안부재판은 거의 모두 패소했지만, 피해의 사실이 인정된 사례는 적지 않다. 중국인 위안부 손해배상 청구사건 제1차 소송의 도쿄 고등법원 판결(2004. 7. 28)에서는 "1942년 (이른바 삼광작전에서) 일본국 구성원에 의해 주둔지 근처에 사는 중국인 여성을 강제적으로 납치·연행해 강간하고, 감금상태에서 연일 강간을 반복하는 행위, 이른바 위안부 상태로 하는 사건이 있었다"고 명확하게 인정했다.

중국인 위안부 손해배상 청구사건 제2차 소송의 도쿄 지방법원 판결(2003. 3. 29), 도쿄 고등법원 판결(2005. 3. 18)에서는 "1942년 산시 성에서 일본군이 원고 2명의 여성을 납치·감금·윤간했다"는 사실을 인정했다. 산시 성 성폭력 피해배상 등 청구사건의 도쿄 지방법원 판결(2003. 4. 24)과 도쿄 고등법원 판결(2005. 3. 31)에서도 산시 성의 원고인 10여 명의 여성이 주장한 피해사실을 그대로 인정했다. 하이난 섬 전시 성폭력피해 배상청구사건의 도쿄 지방법원 판결(2005. 8. 30)에서는 8명의 여성이 일본군에게 강간당한 후 납치·감금·강간당했다고 인정했다.

44 이 부분은 吉見義明, 2007에서 발췌했다.

### 6) 전쟁 중 조선총독부 법원 판결문

1938년 일본 군대가 중국을 점령하고 위안소를 체계적으로 확장하기 시작했을 때, 조선반도에서 대대적인 위안부 강제동원이 이루어졌다는 사실을 간접적으로 말해 주는 또 다른 문서자료가 있다. 당시의 조선총독부 법원 판결문이 그것이다. 대구복심법원, 대구지방법원, 부산지방법원 밀양지청, 대전지방법원 강경지청 외 여러 지청, 광주지방법원 장흥지청, 전주지방법원, 광주지방법원 등 여러 법원에서는 1938년부터 1944년에 걸쳐 수많은 사람들을 유언비어, 조언비어(造言飛語) 유포죄로 처벌했는데, 그 유언비어의 내용은 관헌이 어린 여성들을 잡아 중국의 위안소로 보낸다는 것이었다. 다음은 그 예들이다.

"순창경찰서에서 순창의 통안(通安)에 사는 양 모의 딸(17, 18세)을 전지에 연행하기 위해 조사하여 同女는 걱정하여 3개월 동안 음식도 먹지 못하고 울기만 한다"(전주지방법원, 판결번호: 소화13년형공제998호, 전학순(全學順, 38, 일용직, 금고4월 구형)). "이번 지나사변에 출정하는 군인을 위안하기 위해 16세 이상 20세에 이르는 처녀 및 16세 이상 30세에 이르는 과부를 강제적으로 수집하여 전지에 보내 낮에는 취사 및 세탁을 시키고 밤에는 군인과 성적 관계를 하게 한다"(부산지방법원 밀양지청, 판결번호: 소화13년형공제376호, 장인식(張仁植, 무직, 금고4월 구형)). "최근 당국에서 17, 18세의 미혼 처녀를 모집하여 북만주에 연행하여 목하 전쟁 중인 일본군 장병을 위해 취사 또는 위안을 하려고 계획 중이므로 빨리 딸 석순(16세)을 결혼시키라"(대구복심법원, 판결번호: 소화16년형공제240호, 하차기(河且琦, 주류판매업, 금고4월 구형)). "시국 관계로 최근 미혼처녀의 공출이 있어 우리 이웃 최 노인의 막내딸도 행선지도 모르게 공출되었다. 결혼도 못하고 공출되어 애석하다"(대구지방법원, 판결번호: 소화18년형공제377호, 박복례(朴福禮, 농업, 벌금 70원 구형)). "우리 이웃 마을에는 처녀 세 명이 공출되어 만주로 가게 되었다.… 당신 딸이 있으면 시집보내라"(대구지방법원 김천지청, 판결번호: 소화18년형공제209호, 요시모토(吉本加佑, 농업, 징역4월 구형)). "전남 광주와 정읍에서는 처녀공출이 성행하고 있고 칠보면에도 처녀 두 명이 공출되었다. 그 관계로 처녀의 결혼이 많아 칠보면에 살고 있는 내 동생도 일찍 결혼했다"(전주지방법원, 판결번호: 소화19년형공제171호, 한규철(韓圭喆, 벌금 50원 구형)). "전주에 가서 보니 처녀는 전부 공출되었고 김제에도 근일 중에 처녀는 전부 공출된다 하니, 너희들도 빨리 고향으로 돌아가서 시집가는 것이 좋다"(전주지방법원, 판결번호: 소화19년형공제214호, 이진규(李軫奎, 음식점 주방장, 벌금 50원 구형)).

여기에 든 예는 육군형법 제99조, 해군형법 제100조, 조선임시보안령 등에 의해 처벌된 것으로서, 이 밖에도 다수의 판결문을 찾을 수 있다. 1938년부터 이러한 판결이 나와 확산되었고, 여러 지역에서 동일한 내용이 말해진 것으로 보아, 1938년부터 급격히 증가한 위안부 강제동원이 실제로 이루어진 상황을 나타내는 것이라고 볼 수 있다.

## 4. 맺음말

앞에서 언급한 자료 외에도 위안부 강제연행을 보여 주는 자료들이 계속 발굴되고 있다. 일본 정부와 우파의 강제연행 부정은 이제 비상식적인 말이 되고 있다. 그보다는 앞서 논의한 대로 '(협의의) 강제연행'이라는 담론틀을 벗어나 일본군 위안부 제도 자체의 강제성이라는 보다 본질적인 논의를 전개해야 한다. 한국과 일본, 중국에서 피해자의 증언뿐 아니라 위안소 경영자, 일본 군인, 연합군 포로들의 증언을 포함하여, 증언의 가치를 인정하고, 여기에 당시의 행정절차, 군대와 전쟁의 상황 등을 엮어 역사적 사실을 입체적으로 조명하는 노력이 지속되고 있다. 1990년 초 이 문제가 부각되기 시작했을 때 곧바로 시작된 일본의 전쟁책임센터와 한국의 역사학자, 법학자, 여성학자들의 외로운 성과, 최근 연합군 자료 발굴에 큰 힘을 기울이고 있는 국사편찬위원회와 서울대학교 인권센터 연구팀 등의 성과에 따라 위안부 강제동원의 진상은 더욱 명확하게 밝혀질 것을 기대할 수 있다. 뿐만 아니라 미국과 유럽, 호주 등 전 세계의 학자들이 군위안부 제도라는 충격적인 역사적 사실을 규명하고자 기울이기 시작한 노력도 점차 더 중요해질 것이다.

제4장

# 일본군 성노예제의 사회구조적 조건과 그 실상

## 1. 일본군 성노예제의 형성배경과 식민지성

일본군이 일찍이 청일전쟁과 러일전쟁, 그리고 시베리아 출병 시 가라유키 상(唐行きさん)이라고 불린 창기들과 함께 전장에 나아갔다고 하는 사실은 널리 알려져 있다(琴秉洞, 1992: 2). 제1차 세계대전기에 영국군이 여성들을 데리고 다녔다는 기록도 있다(井下田純, 1992). 세계적으로 군대가 있는 주변에 매춘업이 성황인 것도 사실이다. 그러나 소위 아시아태평양전쟁 기간 중 일본 군대가 행한 위안소 정책은 정부 기획하에 주로 식민지 및 점령지 여성을 강제연행하여 조직적·체계적으로 시행한 엄청난 규모의 범죄라는 점에서 세계사에서 유례를 찾기 힘든 독특성을 지니고 있다. 2015년 그간의 연구업적을 폭넓게 섭렵하고 호주전쟁기념관(Australian War Memorial)과 제국전쟁박물관(Imperial War Museum)의 증언기록을 검토한 테사 모리스-스즈키(Tessa Morris-Suzuki)는 전쟁 중 미군을 포함한 많은 군대가 성매매업과 밀접한 관련을 갖고 있으며, 한국의 기지촌도 여성을 착취하고 있는 것이 사실이지만, 일본군 위안

부 제도에서 볼 수 있는 위안부의 대량 강제동원, 엄청난 장거리 이송, 전쟁 후 전장에의 방치 등은 일어나지 않았다고 결론 맺고 있다(Morris-Suzuki, 2015). 확실히 일본군 위안부 문제는 여성 억압과 민족차별 및 전시하 국가의 폭력이라는 보편적인 사회적 조건이 상호 교차하여 이루어진 것이기도 하지만, 당시 일본의 독특한 사회구조적 맥락과 여성 동원의 넓은 장이라는 식민지 조선의 특수성도 간과할 수 없다. 이러한 보편성과 특수성의 입체적 조합이 일본군 위안부 제도라는 세계 유례가 없는 제도를 만든 것이다.

### 1) 일본의 천황제와 군국주의 강화

메이지(明治) 정부는 1889년 '대일본제국헌법'을 반포함으로써 명실공히 절대주의 천황제를 확립했다.[1] 이 헌법에서 '천황'은 모든 통치권의 총괄자, 육해군의 최고 지위에 있는 대원수폐하로서 전쟁을 선포하고 계엄을 선고할 수 있게 되었다. 또한 모든 일본 국민은

1 일본의 천황제는 고대부터 존재했지만, 대부분의 경우 직접정치에서는 배제되었다. 그러나 난립한 세력들을 통일하여 시작된 에도(江戶) 시대에 들어 이전까지 무시·방기되었던 '천황'은 통일된 권력의 상징으로서 이용되기 시작했고, 막말(幕末)에는 천황 중심주의에 이르게 되었다. 그것은 자본주의적 발전으로 인한 중세 신분질서의 혼란 및 농민들의 반란으로 인해 지배계급이었던 무사들이 통치를 정당화하는 이데올로기를 요구하게 되었고, 여기서 민속종교적인 신화세계의 정통성을 갖고 있던 천황을 전면에 내세운 절대주의적 정권을 확립할 필요성이 대두되었던 때문이다. 이러한 과정에서 성립된 메이지 정부는 위로부터의 근대화 정책을 보다 강력하고 신속하게 수행하기 위해 경제적·군사적인 추진력으로서 천황제 이데올로기를 확립했고, 이를 보다 철저히 전 국민에게 침투시킬 것을 도모하기에 이르렀다. 현재 한국에서 '천황'은 공식적으로 '일왕'으로 표기한다. 이 책에서는 역사성을 보여주는 용어로서 천황과 일왕을 문맥에 따라 혼용한다.

천황의 신하이고 천황에 대해 절대적 충성을 강요당했으며, 공교육은 이러한 황국사관을 교육했다(鈴木裕子, 1989: 7-16). 천황을 중심으로 한 일본 정부는 근대화(자본주의화)를 주도하여, 자본주의가 발달하는 과정에서도 '국가'는 지속적으로 시민사회(계급상황)에 대해 절대적인 우위를 점했다. 이렇게 성립된 천황제는 천황을 정점으로 한 매우 엄격한 계급사회로 극심한 차별을 중요한 특징으로 하고 있다. 여성에 대한 차별과 식민지 민족에 대한 차별은 천황제하의 대표적인 질서화된 차별의 형태이다. 군국주의화 과정에서 이러한 천황제 체제는 쉽게 파시즘의 형태를 띠게 되었으며, 서구의 파시즘과는 달리 가부장제적 성향(가족주의 국가사상)과 지역주의(대아시아주의) 사상을 드러내게 되었다(丸山眞男, 1964: 29-87).

전시에 일본은 국가를 가족의 확대로 보는 인식과 함께, 실제로 본가(本家)로서의 천황가와 방계가족으로서의 국민들의 가족으로 구성된 가족국가의 성향을 드러냈는데, 이것은 메이지 시대 이래 발전되어 온 천황제의 가부장제적 성격이 확대된 것이었다. 일본 군국주의는 또한 아시아 여러 나라에 있는 서구 제국주의 세력을 축출한다는 명목으로 대(大)아시아주의를 내세웠으며, 이것을 보다 구체적으로 일본 중심의 대동아공영권 구축이라는 구상으로 발전시켰다. 이러한 구상은 전쟁의 직접적 동기가 되었고, 식민지의 민족 말살 정책을 야기한 것이다(丸山眞男, 1964: 29-87). 주지하는 대로 1930년대 후반부터 일본은 한국에 궁극적으로 민족 말살을 꾀한 황민화 정책을 강력히 추진하여 내선일체 일선동인(一視同仁)의 이름으로 일본어 사용, 창씨개명, 신사참배 등을 강요하였다(鈴木裕子, 1991a: 19).

메이지 시기 이후 지속적으로 진행된 군국주의 체제는 안으로는 자유민권운동을 탄압하고, 밖으로는 전쟁을 확대해 갔다. 만주사변(1931)을 기점으로 준전시체제에 들어가고, 중일전쟁(1937)으로 본격적인 전쟁기로 돌입했다. 이 과정에서 일본 정부는 천황의 통수권을 확대하는 한편, 메이지 헌법에서 고려하고 있던 내각, 의회, 추밀원 등의 체제가 아닌 고도국방국가를 구상하여 구조를 정비하였다. 또한 신권적·군사적 천황, 대원수적 천황의 이데올로기를 국민 구석구석까지 침투시켰고(宮地正人, 1988: 98-100), 부락회(部落會), 정내회(町內會) 등의 주민자치조직을 행정에 편입시켰다(倉澤進·秋元律郎, 1990).

일본 정부는 1938년 국가총동원법을 비롯하여 일련의 경제통제 정책, 노무 동원 정책 및 병력 동원 정책을 실시했다. 전쟁이 진행됨에 따라 동원의 범위는 점점 확대되어 종전 시 병력 동원 수는 7,193,000명에 달했고, 노무 동원 수는 13,104,269명에 이르렀다(齊藤泰明, 1964: 23-26). 조선인과 중국인도 포함된 강제동원 군인 및 노동자들의 전투력과 생산성을 높이기 위해 위안시설의 필요성이 제기되었다.

### 2) 일본의 가부장제와 전시하 여성 동원

천황제는 천황을 정점으로 한 거대한 가부장 제도였다고 볼 수 있다. 이 가부장적 체제를 떠받치고 있던 것은 개별 가정에 가부장적 질서를 구조화시킨 이에(家) 제도와, 남성의 일탈적 성행위를 흡수하고 이로부터 이에(家) 제도를 보호·유지하는 기능을 한 공창 제도였다.

처자에 대한 가장권이 절대시되고 권위와 순종이 기본원리였던 이에 제도는 에도(江戶) 중기부터 발달하기 시작하여 에도 말에 이르기까지 지속적으로 확립되어 온 제도로서, 메이지 시기에는 헌법과 민법에서 그 내용을 규정하기에 이르렀다(中根千技, 1983: 7). 이 법에서 처(妻)의 지위에 있는 여자는 법률상의 무능력자로 되어 경제활동을 하는 것도, 법률상의 의미 있는 의사결정을 하는 것도 허용되지 않았으며, 남편의 소유물이므로 그의 승낙 없이 행동하지 못했다(角田由紀子, 1989: 197).[2]

가부장제적 사회체제는 이러한 이에 제도로 구성되었던 한편, 이것을 보완하는 것으로 공창 제도를 발전시켰다. 공창 제도는 국가가 업자와 창기에게 허가(鑑札)를 주고 그 대신에 세금을 받는 국가 공인의 성매매 제도로서, 도쿠가와(德川) 시기에 확립되어 메이지 시기에는 전국에 확산되었다. 성매매는 이전 시기부터의 자본주의적 발전에 따른 성의 상품화로 인하여 이루어진 것이지만,[3] 이것을 유곽을 중심으로 한 공창 제도를 확립함으로써 확산시킨 것은 전란이 계속되어 불안에 떠는 무사들의 성적 욕구를 풀 공식적 장을 마련해 주어 이로 인해 생길 수 있는 이에 제도의 혼란을 방지하고, 무사들의 심리적 안정을 이룸으로써 반항적 성향을 다스리려는 데 그 직접적인 동기가 있었다(深江誠子, 1989: 202-205). 이는 남성의 일

---

2 이러한 가족 제도는 계급별로 다소 차별적으로 이루어져서, 이러한 엄격한 제도는 주로 귀족, 대지주, 대정인(大町人), 사족층에서 나타났다. 법으로서의 이에 제도는 1947년 민법 개정으로 폐지되었다(川島武宣, 1950: 7-23).

3 가마쿠라(鎌倉) 시대에 생기기 시작했다고 말해지는 매춘숙(賣春宿)은 무로마치(室町) 시대에 상품경제가 활성화되면서 시장(市), 역참마을(宿場町)을 발전시키기 위해 장려되었다(林千代, 1992: 124).

탈적 욕구를 자연적인 것으로 보고, 가정을 보호하기 위하여 성매매는 필요악이라고 여기는 인식에서 비롯된 것이다(林千代, 1992: 125). 메이지 정부는 창기에 대하여 성병 검사를 실시하였는데(야마시타 영애, 1992: 6-7), 이것은 창기의 건강에 대한 배려보다는 상대 남성의 성병 감염을 예방하기 위한 것이었다. 가부장적 가정, 특히 무사계급과 그 가정의 보호에 목적이 있었던 것이다. 결국 공창 제도는 메이지 정부가 천황제를 확립하는 과정에서 에도 시대의 유녀 제도를 재편한 것이었다.

군국주의화 과정에서 일본 정부는 여성 교육에 주목하였는데, 여기서 교육의 틀은 家와 國과 母의 결합이었다. 1931년에는 '대일본연합부인회'가 이 목적을 위해 발족되고, 다음 해에는 '대일본국방부인회'가 만들어졌다(鈴木裕子, 1989a: 22-23). 중일전쟁 후 국민정신총동원운동이 일어나는 가운데 일본 정부는 모성을 통해서 여성의 사상 동원을 도모하여 『일본의 母』, 『군국의 母』, 『야스쿠니(靖國)의 母』, 『건아(健兒)의 母』, 『건민(健民)의 母』, 『흥아(興亞)의 母』, 『母를 찬양함』 등의 책을 출판하기도 했다(鈴木裕子, 1989b: 21-23). 1940년에는 파시즘적 전시체제를 뒷받침하기 위한 일본의 관제 국민조직인 '대정익찬회(大政翼贊會)'에 부인들이 참가했고(鈴木裕子, 1988: 53-73), 여러 부인단체와 이들의 연맹체를 설립하여 여성 입장에서의 총동원체제를 만들었으며, 이 단체는 황민으로서의 자녀양육을 강조하였다.[4]

---

4 1942년 만들어진 대일본부인회는 '가정보국 3강령(家庭保國三綱領)'과 이에 기초한 '실천 14요목(實踐十四要目)'을 발표하였는데, 황민으로서의 자녀양육이

이와 같은 역할의 지위에서 소외된 하층 여성, 그 가운데 창기들이 황군위무의 역할을 떠맡았다. 전시체제에서 군인들의 전의를 고양하고 불평불만의 폭발을 예방하며 강간예방을 위해서 '황군 장병들에게 주어진 선물'로 만들어진 군위안부 정책은(麻生徹男, 1939), 전국시기 말 무사들을 위해 만들어지기 시작한 공창 제도와 동일한 가부장제의 논리에 바탕한 것으로서 공창 제도의 한 변형으로 볼 수 있다(鈴木裕子, 1991a: 18).

그러나 전쟁으로 군인의 수가 엄청나게 증대하여, 사실상 일본의 창기만으로 군위안부 정책을 수행하는 것은 기획 당시부터 불가능했다. 여기서 식민지 조선의 여성은 위안부의 무진장한 공급원으로 인식되었고, 이러한 바탕 위에서 비로소 군위안부 정책이 성립된 것이다. 이것은 중일전쟁 후 조선에서 급격히 진전된 민족 말살 정책과도 맞닿아 있다.

### 3) 식민지 정책과 총동원체제

1854년에 미국에 의해 개국한 후발국 일본은 다른 아시아 나라들에 비해 생산력의 수준이 비교적 높았지만, 여전히 이 나라들과 마찬가지로 서구 제국의 식민지로 전락할 위험에 처해 있었다. 그러나 외국자본의 위험성을 민감하게 인지한 일본 정부의 정책과, 서구 제국의 관심이 인도, 중국, 베트남 등에 기울어 있던 세계상황 등으로 인해 그 위험에서 벗어날 수 있었다(Norman, 1940:

---

그중 하나의 강령으로 되어 있었다(鈴木裕子, 1989b: 53-60).

116-127; Halliday, 1975: 17-55). 오히려 일본은 오랜 팽창야욕의 실현(Hatada, 1969: 75)과 농민·무사들의 불만해소 방안으로(Cohen, 1949: 33; Conroy, 1960: 53) 주변 약소국을 침략하고 식민지화했다. 서구 제국주의와는 달리 일본 제국주의는 자본주의 발달의 정도가 낮은 단계에서 이루어진 것이었다. 따라서 일본에게 식민지는 서구 나라들의 경우와는 달리 자본축적의 지름길로 인식되었다(Kiernan, 1975: 44). 일본의 식민지 정책이 보다 약탈적·폭력적이었음을 짐작할 수 있다.

일본은 식민지 조선과 대만에 새로운 토지 제도, 법, 화폐체계를 수립하여 일본을 중심으로 한 블록경제를 형성했다(Johnston, 1953: 50-51). 한국의 경우 일본 상품의 침투와 일본인들의 토지침탈로 인해 농촌경제가 파탄되어 많은 수의 농민들이 경작지를 잃고, 도시에서도 광범한 층의 빈민계급이 형성되었다. 한편 경찰을 비롯한 국가기관의 통제가 강력히 시행되어 식민지 국민들은 엄격한 통제하에 놓이게 되었다.

특히 당시 한국은 일본에게 대륙침략의 발판으로 인식되어(Nelson, 1945: 296; Crowley, 1966: 4-8), 정치적으로 별개의 부분으로 취급되었던 대만과는 달리 매우 강한 일체화(integration) 정책이 병합 초기부터 시행되었다. 병합은 조선의 일본에의 완전한 흡수를 목적으로 하는 것(Chen, 1968: 71-90)이었고, 군국주의화 과정에서 폭력적인 조선 민족 말살 정책으로 이어지게 된다. 1938년 일본은 내선일체의 강화를 위한 시설계획을 발표하고, 이에 따라 조선민족의 완전한 황국신민화를 도모하여, 학교교육에 천황 이데올로기를 도입하였다. 조선인들에게 신사참배를 강요하고, 조선의 말과 풍습을 억압하며 일본의 것을 주입했고, 1939년에는 조선민사령을 개정하여 창씨개명을 강제했다. 한편 이전부터 실시해 온, 조선 영토에서 조선인을 쫓아내고 일본인을 이주시키는 정책을 전시에 더욱 강화하였다. 1938년 내선일체의 시설계획에도 "내지인의 증가를 도모하고 그 정착을 장려할 방도를 강구할 것"이라는 내용이 포함되어 있었다.

민족 말살의 극단적 정책으로서 일본 정부는 조선인과 일본인과의 혼혈 정책을 시행했다. 1930년 조선민사령을 개정하여 일본식의 이성(異性)양자제와 서양자 제도를 수립했는데, 이것은 일본인 남자로서 조선인 가족에의 입양을 가능하게 하여 소위 내선혈 혼합을 시도한 것이었다. 1937년에는 내선인 통혼 정책을 적극적으로 시행하기 시작했으며, 1938년 9월에 개최된 조선총독부 시국대책조사회에서는 내선일체를 강화하고, 철저히 시행하기 위한 시책으로 "내선인의 통혼을 장려할 적당한 조치를 강구할 것" 등을 의결하였다.[5] 조선총독부는 내선결혼을 정신적·문화적 동화뿐 아니라 혈연적 동화를 가져와 내선일체를 일상에 구현할 궁극적인 수단으로 주목한 것이었다(이정선, 2015: 261). 1938년 내선일체 실시계획에도 '내선인의 통혼을 장려할 적당한 조치를 강구할 것'의 내용이 포함되어 있었다. 이 정책의 결과는 곧바로 나타나서 1937년에서 1942년의 5년간 내선인의 통혼은 거의 100%의 증가를 이루었다.

1938년 총동원법으로부터 비롯된 조선인에 대한 병력 동원, 노

5 朝鮮總督府, 『朝鮮總督府時局對策調査會諮問答申書』, 1938(민속원 복간, 1998): 3.

무 동원은 한편으로 전시 상황에서의 필요성 때문에 이루어진 것이지만, 이러한 조선 민족 말살 정책의 궤와 맞물려 매우 혹독한 상황을 초래했다. 병력 동원은 징병제 이전의 지원단계(1938 육군특별지원령, 1943 육군특별지원령임시채용규칙, 1944 징병제)부터 사실상 강제연행이었으며,[6] 이들은 소모품으로서 대체로 최전방으로 보내졌다. 이미 패전이 확정된 곳으로 보내진 경우도 허다했다(宮田節子, 1990). 노무 동원의 경우도 마찬가지로, 자유모집의 단계(1939 모집, 1942 관 알선, 1944 징용)에서부터 사실상 관이 개입한 강제에 의한 것이었다(市原博, 1992). 탄광노동의 경우 일본인에 비해 조선인은 압도적인 다수가 갱내 노동에 투입되었고, 위험한 토목공사에 동원되어 수많은 사상자가 생겼다(白戶仁康, 1992). 또한 엄청난 수의 조선 여성이 일본군 위안부로 동원되어 그중 대부분이 전장에서 죽임을 당하고, 살았어도 불임화되었던 것은 민족 말살 정책의 당연한 귀결이라고 볼 수 있다.

노동력 동원과 병력 동원 모두에서, 징용·징병에서는 물론이고 모집 또는 자원이나 관 알선에서도 관의 개입에 의한 강제력 행사가 명백했다. 협박과 폭력이 종종 사용되었다.[7] 이러한 관의 강제력 행사는 애국반이라는 최말단 기저조직으로부터 정동리(町洞里)부락연맹, 읍면연맹, 부군도(府郡道)연맹, 도연맹을 통해 중앙에 이르는 물샐틈없는 전 조선의 조직망을 따라 가동되었다(이만열, 1997: 86-89). 1940년 발족한 국민총력조선연맹은 이렇게 조선인을 전면적으

6 金原節三業務日誌摘錄, 1941. 3. 1-4. 27.

7 노동력 동원에서 모집과 관 알선의 실상에 관해서는 김민영, 1995 참조.

로 조직화했는데, 전국을 치밀하게 조직화한 상황에서 지역의 말단 관리를 포함한 조선총독부의 개입 없이 그렇게 많은 여성을 동원하는 것은 불가능한 일이었다고 볼 수 있다.

더욱이 해외로 나가는 모든 경우에 관할 경찰서가 발행하는 도항증명서가 필요했다. 1925년에 일본 내무성의 명령에 따라 조선총독부는 경상남도에서부터 시작하여 조선인의 일본으로의 출국을 통제하기 시작했다.[8] 이렇게 시작된 규제 정책은 1939년 강제동원기까지 계속 새로운 규제조항을 덧붙이며 강화되었다.[9] 이러한 상황에서 조선 내에서 신청자의 반수 이상이 출국허가를 받지 못했고,[10] 조선의 각 항구에서 많은 수의 불법출국자들이 저지당했다.

---

8 출국허가서는 다음과 같은 자격이 있는 사람에게만 발급되었다. ① 직업이 확실히 보장되어야 함, ② 여행비 외에 10엔 이상을 소지할 것, ③ 알코올 중독이 아니어야 함, ④ 일본어를 해독할 수 있어야 함, ⑤ 노동 브로커에 의해 충원된 자는 안 됨. 신청자들은 자기가 살고 있는 지역 경찰서에 신청해야 했다(朴慶植, 1975: 12).

9 1927년 식민 정부는 신청자들에게 호적사본과 그들이 사는 구역의 경찰로부터 받은 서명을 제출토록 하였고, 1929년 일본 정부는 조선으로 일시 귀국하는 사람들에게 재입항증명서를 발부하기 시작했다. 1932년에는 일본 군대와 도쿄 경찰이 동원되어 입항이 규제되었고, 이주자들은 그들이 사는 조선의 시나 읍의 경찰로부터 특별서한을 받도록 되었다. 조선의 경찰은 이주자들이 일하기로 된 일본의 경찰서에 확인을 한 후, 이주자들의 호적사본의 뒤에 이들의 신상에 관하여 자세히 명기해야 했다. 일본의 조선인 유학생이 조선으로 일시 귀국할 때는 학교에서 재학증명서를 받아야 하고, 경찰은 그 뒷면에 학생의 신상에 대한 묘사를 해야 했다(日本內務省警報局, 1932). 일본 정부는 또한 조선인 노동자를 모집하는 일본인들에 대하여도 엄격한 규정을 내렸고, 그것을 어기는 사람은 체포하였다(日本內務省警報局, 1926).

10 조선총독부경무국(1939)에 의하면 1933년 신청자 수는 300,052명이었고, 그 중 출국허가를 받지 못한 사람의 수는 169,121명이었다. 1934년에는 294,947명, 188,600명, 1935년 200,650명, 135,528명, 1936년 161,477명, 87,070명, 1937년 130,430명, 71,559명, 1938년 129,205명, 75,216명이었다.

일본으로 가는 해상에서, 그리고 일본의 항구에서도 불법이주자들이 속속 검거되었다(朝鮮總督府警務局, 1931-1939). 일본군 위안부의 해외 도항은 도항증명서 없이 도항이 묵인되었거나, 경찰서에서 도항증명서를 받아서 이루어졌을 것이며, 어느 경우에나 경찰을 비롯한 관의 개입 없이는 불가능한 것이었다.

### 4) 식민지 조선의 궁핍화와 공창 제도 수립

토지조사사업과 일본 자본주의의 침투로 조선의 농촌은 몰락하여 일본인 지주가 늘어나고 조선인 자영농의 비율은 크게 낮아졌다. 1920년 조선인 농가 중 자영농 23%, 반자작 37%, 소작농 40%였던 것이, 1940년이 되면서 각각 18%, 23%, 59%로 바뀌었다(東洋經濟新報社, 1980). 이렇게 몰락한 농민들은 농촌에서 과잉인구로 집적되어 더욱 치열하게 소작경쟁을 하는 악순환을 이루었다. 이러한 과정에서 광범한 농민층의 전 가구 혹은 그중 일가족원이 생계를 위하여 농촌을 떠났다. 식산은행 조사부의 추계에 따르면 1925-1930년 사이에 해마다 약 4만 명, 1930-1935년 사이에 6만 명, 1935-1940년에 22만 명이 이농하였다(『植銀調査月報』, 1947. 3).[11] 이러한 이농현상도 군위안부 동원의 한 배경을 이루었다. 농촌에서 연행된 사람뿐 아니라 도시에서 연행된 피해자들도 거의 대부분 빈곤한 농촌 출신

11 도시 지역에서 15-49세 이상의 노동인구층의 비율이 농촌에서보다 훨씬 높은 것으로 보아, 가족 전체가 이주하기도 했으나 취업을 위한 단신 이주도 많았을 것으로 짐작할 수 있다(Chang, 1967: 139).

으로, 농촌에서 단신 이촌하여 남의 집 식모살이를 하거나 공장, 요리집 등을 전전하던 중 연행되었던 것이다. 특히 하층 농가일수록 이농이 심했고(朝鮮農村社會衛生調査會, 1949: 134-135), 나이 어린 여성의 이농이 많았다.[12] 피해자들은 빈곤한 가정에서 입을 덜기 위해, 아무런 희망도 없는 곳을 벗어나기 위해, 아버지 약값을 위해 혹은 가족의 빚을 갚기 위해 '돈을 벌 수 있는 좋은 직장'을 꿈꾸며 연행자를 따라나섰던 것이다.

1876년 개항과 더불어 일본인 집중거주 지역을 중심으로 공창제도가 설립되기 시작했으며, 이에 따라 공창뿐 아니라 사창도 발달하게 되어 성매매는 조선 전역에 광범위하게 퍼지게 되었다(야마시타 영애, 1992; 송연옥, 1998). 성매매를 둘러싸고 사기와 인신매매, 유괴가 조선에서 중요한 사회 문제가 되고 있었다(강만길, 1997; 박정애, 2010), 이러한 사회적 조건이 일본군 위안부 연행의 유리한 토양이 되었던 것은 확실하다. 그러나 조선 전체로 보아 아직 그 규모는 그다지 컸다고 말할 수 없으며, 조선인 창기가 점차 늘어났지만 초기부터 어느 정도의 시기까지는 일본인 창기가 주를 이루었다. 1927년 『동아일보』는 조선 전역에 일본인 창기의 수가 2,178명, 조선인 창기는 1,034명이라고 보도했다(『동아일보』, 1927. 9. 28). 일본군 위안

12 당시 한 신문기사는 "묘령녀(妙齡女), 이향(離鄕), 공장으로 화류가(花巷)로, 농촌에 남는 것, 홀아비와 총각"이라고 다소 과장되게 여성의 이농현상을 묘사하고 있다(『동아일보』, 1936. 12. 23). 배우자가 없는 여성의 비율이 농촌에서보다 도시 지역에서 월등히 높았던 것도 이러한 취업을 위한 이주를 설명해 주고 있다. 1930년 배우자가 없는 여성의 비율은 15-19세 여성의 경우 도시에서 64.18%, 농촌에서는 31.22%, 20-24세의 경우 각각 15.61%, 1.39%였다(Chang, 1967: 257).

부 연행에서 매매나 유괴, 납치 등 성매매를 둘러싸고 일어난 연행의 비중은 그리 높지 않았던 것도 그러한 상황을 반영한다. 또한 기존의 유곽에 있다가 연행된 경우도 거의 발견되지 않는다. 이것은 일본군 위안부 연행이 보다 광범위하게 빈곤을 배경으로 이루어지는 과정에서, 성매매의 환경은 그 일부를 이루는 데 지나지 않았다는 사실을 말해 주는 것이다.

### 5) 대량 강제동원을 가능하게 한 식민지 제도

더욱 중요한 사실은 식민지의 여러 제도들이 여성들을 위안부로 연행하기 용이한 구조를 만들었다는 것이다. 앞 장에서도 고찰한 바와 같이 경찰과 관리가 여성을 직접 동원했다고 증언한 위안부 피해자도 많았으며(제3장 참조), 조선총독부의 개입에 관해서도 살펴보았다(제2장 참조). 보다 구체적으로 여성들을 취업사기로 불러 모아 군위안소로 보낸 소개업자에 관한 식민지의 법령에 관한 최근 연구들이 있다. 일본과 식민지 조선에서 동일하게 음식점, 요리옥, 대좌부, 권번 등의 영업자는 소개업을 할 수 없도록 규정되어 있다.[13] 그러나 일본에서는 이 규정의 위반에 대한 처벌규정도 같이 제정되어 있는 데 비해, 식민지 조선에서는 처벌규정이 없었던 것이다.[14] 조선에서 여성을 위안부로 동원하는 것이 이러한 허술한 법적

13 「조선총독부 전라남도령 제39호 紹介營業取締規則」, 『조선총독부 관보』, 1940. 6. 11 등. 서현주, 2015: 249에서 재인용.

14 한혜인, 2013; 서현주, 2015: 248-251.

규제하에서 훨씬 더 용이했다고 볼 수 있다.

또한 일본에서는 "추업을 목적으로 하는 부녀의 도항은 현재 내지에서 창기, 그 밖의 사실상 추업을 운영하는 만 21세 이상… 외무차관 통첩에 의한 신분증을 발급할 것… 추업을 목적으로 하여 도항하려고 하는 부녀는 반드시 본인 스스로 경찰서에 출두해 신분증 발급을 신청할 것, 추업을 목적으로 하는 부녀의 도항에 있어 신분증 발급을 신청할 때는 반드시 동일 호적 내에 있는 가장 가까운 존족친, 존족친이 없을 때는 호주의 승인을 얻어야 하는 것…"의 내용이 담긴 통달(通達)[15]이 있었던 데 반해, 조선인에 대해서는 이러한 제한이 없었다. 따라서 조선에서 어린이 및 공창 미경험자들이 본인의 동의가 없는 상태에서 대량으로 위안부로 동원되었던 것이다.

이와 같은 식민지 조선에서의 위안부 대량 강제동원은 조선에서 사회적 혼란의 요인이 될 정도였다. 이미 미국에서는 이러한 상황을 인지하고 있었다는 사실을 보여 주는 문서들이 발견되었다. 1942년 조선에 근무했던 미국 총영사, 부영사 및 선교사들이 보고한 미 국무부 문서에는 "수많은 조선인 처녀들을 다양한 방법으로 조달하여 중국과 만주의 유곽으로 보내고 있는 데 대하여 심대한 원한을 품게 하고 있다. 많은 경우 당한 가족들은 이를 알리기 꺼려하며, 당하지 않은 가족들은 이에 대하여 아무것도 모르고 있다. 그러나 이러한 상황은 전국적으로 일어나고 있으며 대일 증오심의 비

15 内務省 發警 第5號, 昭和十三年二月二十三日, 内務省發警局長(各廳府縣長官宛て),「支那渡航婦女の取締に關する件」. 도츠카 에츠로, 2015: 33에서 재인용.

옥한 토양을 제공하고 있다"는 내용이 기록되어 있다.[16]

중요한 포로를 이송하여 수용했던 미국 캘리포니아 트레이시 캠프(Tracy camp)에서 1945년에 행한 조선인 포로 심문은 이름(창씨개명 이전의 이름 포함), 조선의 지방행정체계, 징용, 만주 등지에의 집단이주, 징병, 친일/반일 성향, 일본에의 저항, 친일파에 대한 조선인의 태도 등등 매우 상세하게 조선의 상황을 인지한 위에 이루어진 30개 항목의 질문으로 구성되었다. 매우 놀랍게도 18번째 질문은 군위안부 동원에 관한 것으로, "일본군이 위안부로 사역시키기 위해 조선 소녀들을 모집하고 있다는 사실을 조선인들은 대체로 알고 있는가? 이에 대해 보통의 조선인들의 태도는 어떠한가? 이로 인해 일어난 어떤 소란이나 저항을 알고 있는가?" 등이었다.[17] 이미 미국이 조선에서 일본군의 위안부 동원 사실에 대해 알고 있으며, 이것이 조선 사회에 혼란을 야기할 정도라는 판단을 갖고 있었다는 사실을 알 수 있다. 일본 기업도 노무자 동원과 함께 대규모의 기업위안부를 동원했다는 사실(보론 1 참조)은 반영되지 않았지만, 군위안부 동원만으로도 미국은 그 심각성을 감지했던 것이다.

---

16 미 국무부 문서 895.01/162 PS/ET "Survey of Current Political Thought and Temper of the Korean People", 11d. 방선주, 1992: 218-219에서 재인용.

17 "Do Koreans generally know about the recruitment of Korean girls by the Japanese Army to serve as prostitutes? What is the attitude of the average Koreans toward this program? Does POW know of any disturbance or friction which has grown out of this program?" "Special Questions for Korean PWs", War Department MIS, 1945. 4. 4.

### 6) 위안소 설립의 직접적 목적

위안소를 설립하면서 그 필요성을 논의한 여러 군 문서자료를 보면, 군위안소 설립의 직접적 목적은 다음의 세 가지 정도로 요약할 수 있다. 첫째, 군인들의 사기 진작을 위해서였다. 전쟁이 계속되는 가운데 군인들의 사기가 저하되고 그 정신적 영향은 매우 심각하여 특히 점령지에서 이로 인해 많은 문제가 발생하고 있었으므로, 이를 다스리는 방법의 하나로 성적 위안시설의 확충이 중요하다고 보았다.[18] 이것은 도쿠가와 시기에 전란이 계속되어 불안에 떠는 무사들의 심리적 안정을 도모하려는 목적으로 공창 제도를 확립한 것(深江誠子, 1989)과 동일한 발상이라고 볼 수 있다. 즉 남성들의 성적 욕구, 특히 불안한 상황에서의 욕구는 자연스러운 것이고, 성매매는 필요악(上坂冬子, 1992)이라고 보는 사고방식이다.

둘째, 군인의 외부 위안시설 사용을 금지하고, 군인들만이 사용할 수 있는 군위안소를 따로 만들어 이것을 이용하도록 한 제도의 설립에는 군인들의 성병을 예방하기 위한 목적이 중요했다. 일본 군대가 시베리아에 출병했을 때(1918-1922) 군인들의 성병이 매우 커다란 문제가 되었다는 사실은 널리 알려진 바와 같으며, 이 경험이 군위안소 설립의 중요한 동기가 되었다는 주장은 설득력 있다(琴秉洞, 1992). 군위안소에 대한 군대의 통제와 감독 중 위안부에 대한 정기 성병검사가 매우 중요했다는 점도 이와 관련된다. 메이지 정부가 창기에 대하여 정기적인 매독검사를 실시했던 것과 같은 맥락이다

18 砲銃隊本部, 「支那事變の經驗より觀たる軍氣振作對策」, 1940. 9.

(야마시타 영애, 1992: 7).

셋째, 전쟁기에 군위안소의 설립이 확대되었던 가장 직접적인 요인은 점령지에서 일본 군인들이 저지른 강간사건이다. 일본 군인들은 점령 지역에서 약탈, 강간, 방화, 포로참살 등으로 문제를 일으켰으며, 특히 강간은 점령지 주민들로부터 예상외의 심각한 반일 감정을 폭발시켰다.[19] 이로 인해 점령지의 통치에 곤란을 겪음에 따라, 일본군은 "군인 개인의 행위를 엄중히 취체(取締)함과 동시에 속히 성적 위안의 설비를 정비할"[20] 것을 지시한 것이다.

또한 군대가 직접 설립·경영하지 않고 민간인에 의해 영업이 이루어진 군위안소에 대해서는 영업세 또는 특별전매세라는 명목으로 세금을 부과했던 사실[21]로 보아, 군의 독자적 재원을 확보하기 위해 군위안소 설치에 보다 적극적이었다는 지적도 있다.[22]

이상의 논의에서 볼 수 있는 대로, 천황제 국가와 이에 제도 및 공창 제도 그리고 식민지 상황과 자본주의 발달은 서로 밀접히 연결되면서 일본군 위안부 정책이 형성된 사회구조적 배경을 이루고 있었으며, 이와 같은 사회구조하에서 군국주의의 강화와 전쟁상황으로 일본군 위안부 정책 수립의 구체적인 조건이 형성되었고, 군인들의 사기저하, 강간사건 등의 직접적 동기가 군위안소 설립을 실현시킨 것이다(그림 4-1 참조).

19 砲銃隊本部, 「支那事變の經驗より觀たる軍氣振作對策」, 1940. 9; 步兵第九旅團, 「陣中日誌」, 1938. 7. 1-31 등.

20 步兵第九旅團, 「陳中日誌」, 1938. 7. 1-31.

21 呂集團特務部, 「呂集團特務部月報」, 1940. 4.

22 「參議院豫算委員會議錄」, 1992. 4. 8.

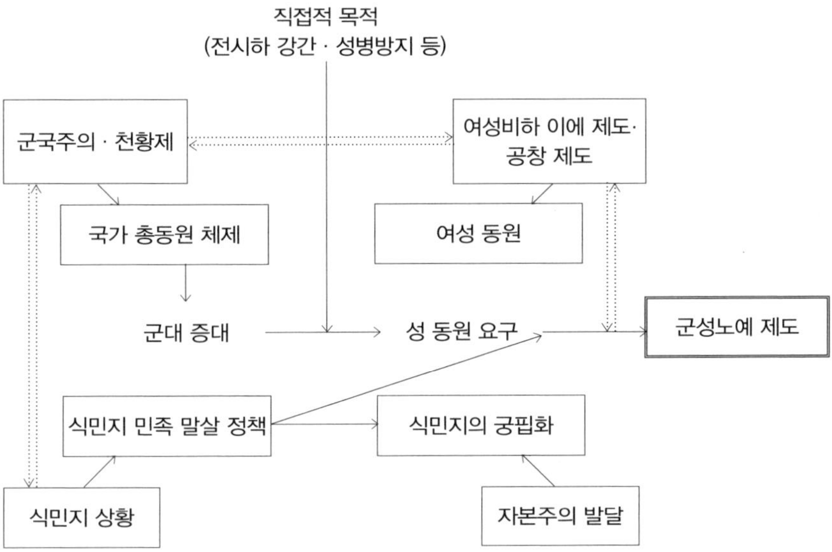


**〈그림 4-1〉 일본군 위안부 제도의 사회구조적 배경**

## 2. 일본군 성노예제의 실상

일본군 위안부 관계 자료는 아직 발굴 도중이므로 그 실상도 여전히 밝혀지는 중이다. 우선 군위안부라는 용어 자체가 과연 정확하고 적합한 것인가에 대해 합의가 이루어지지 않고 있으며, 군위안부의 전체 규모 및 국적상황, 위안부 연행, 정책수행의 명령계통 등을 명확히 나타내는 자료도 발견되지 않고 있다. 군위안부 용어, 군위안소의 설립 및 강제동원에 관해서는 별도의 장에서 논의했으므로 (제1-3장), 이 절에서는 위안소에서의 상황을 중심으로 실상을 검토하기로 한다.

### 1) 일본군 위안부의 국적과 연령

위안부의 국적은 정확한 정보를 얻기 힘들면서 매우 비상한 관심을 모으고 있는 사항 중 하나이다. 전쟁 기간 중 조선인 위안부는 전체 위안부의 상당수를 차지하며 일본인이 있는 곳 어디에서나 발견되었다. 그것은 군위안소 자료로서 가장 초기에 발견된 것 중 하나인 군의관 아소 데츠오(麻生徹男)의 상하이 위안소 상황에 관한 증언[23]과 일본군 위안부에 대한 선구적 연구자인 센다 가코(千田夏光)의 조사(센다 가코오, 1991)에서 밝혀진 사실이다. 조선인 위안부의 비율이 90%를 넘어서는 압도적인 것이었다는 사실은 1993년 7월 일본 정부가 공개한 군 문서[24]와 조선인강제연행진상조사단이 1992년 12월 6일에 발견·공개한 만주군 자료[25]에서도 밝혀지고 있다. 또한 일본의 민간단체에서 개설했던 신고전화 '종군위안부 110번'에 신고한 전 일본 군인들도 남아시아, 남양군도, 필리핀 오지의 위안소에 있던 위안부가 거의 대부분 조선인이었다고 증언했다. 중국의 난징, 우후(蕪湖) 등지에서 검진을 받은 위안부 중 조선인에 비해 일본인과 중국인의 수가 더 많았다는 사실을 밝히는 자료도 간혹 있으며,[26] 여러 일본군 점령지에서 본토인도 다수 위안부로 강제되었던 사실이 많은 자료에서 나타나고 있다.[27] 그럼에도 불구하고, 대

---

23 麻生徹男, 「花柳病ノ積極的豫防法」, 1939. 6. 26.

24 外敎省, 「在留邦人人口統計職業別報告の件」, 1939. 4-9.

25 건강검진결과에는 "38명 중 조선인이 35명"이었다. 混成第14旅團司令部, 「藝娼妓酌婦健康診斷實施要領」. 『朝日新聞』, 1992. 12. 6에서 재인용.

26 第15師團軍醫部, 「衛生業務要報」, 1942. 12-1943. 2.

27 タクロバン憲兵分隊バギオ分隊, 「第14軍憲兵隊軍事警察月報」, 1943.

부분의 자료가 점령지 곳곳에서 본토인과 함께 한국인 위안부의 존재를 언급하고 있다. 연합군 번역통역부(ATIS)의 많은 심문보고서들은 위안부 국적을 언급하고 있는데, 조선인(No. 34, 46, 67), 조선인과 일본인(No. 24, 25, 27, 48), 조선인, 중국인, 필리핀인(No. 28), 조선인, 대만인, 현지여성(No. 31) 등 거의 대부분 조선인이 등장하며, 일본인만으로 이루어진 위안소는 극소수에 불과했다.[28] 2015년 1월 한국 조사팀이 미국 국립문서기록보관청(NARA)에서 발견한 연합군 문서들은 각기 그곳에 조선인의 존재를 보고하고 있다. "일본인, 중국인, 조선인(라바울)", "일본인, 조선인(라바울)", "중국인, 조선인(광둥, 싱가포르)", "조선인, 인도네시아인(말랑)", "조선인과 대만인(말랑)", "조선인, 일본인(쑹산)", "조선인(미치나)", "조선인, 중국인, 말레이시아인(싱가포르)", "조선인, 대만인, 일본인, 필리핀인(마닐라)" 등과 같은 식이다.[29] 조선인이 빠진 곳은 거의 없는 지경이었다. 이러한 상황은 전시정보국(OWI), 동남아시아 번역심문센터(SEATIC) 등의 자료에서도 동일하게 볼 수 있다. 보다 자세하게, 앞서 언급한 쿤밍에서의 연합군보고서에서 23명의 여성 전원이 한국인이었다고 밝힌 바 있으며,[30] 1942년 버마의 미치나로 간 위안부들의 절대 다수가 한국인이었다는 문서도 있다.[31] OWI가 1944년에 아삼(Assam)

28 NEFIS는 일본인과 조선인, 대만인을 구분하지 않고 모두 일본인으로 분류하여 일견 일본인 다수로 보이나 실제로 조선인이 많았던 것이 사실이다(백재예, 2015: 58-63).

29 서울대학교 인권센터, 2016.

30 RG 226, Entry 154, Box 185. "Record of the Office of Strategic Services". Field Station Files, Kunming-REG-OP-3, April 28, 1945.

31 RG 407, Entry A1-427, Box 913. ATIS, "Research Reports No. 120-Amenities

에서 작성한 포로심문보고서에는 위안부 전원이 한국인이라고 기술되어 있다.[32] 일본 오키나와의 미야코지마라는 작은 섬에는 전쟁 말기에 4만 명의 주민 중 1만 명을 가까운 대만으로 소개시키고 남은 주민과 같은 수의 군인 3만 명이 진주했는데, 그때 조선인 위안부를 함께 데리고 왔다고 한다. 지금까지 이 섬에서 발견된 위안소의 수가 17개이니 위안부의 수가 정확치는 않지만 꽤 될 터인데, 주민들은 전원이 조선 여성이었다고 한다.[33]

한편 일본인 위안부는 장교용이고 조선인은 병사용이었다든가, 일본인은 장교용, 조선인은 병사용, 대만인은 군속용이었다는 증언도 전 일본 군인들에 의해 이루어지고 있다(從軍慰安婦110番編輯委員會 編, 1992). 그러나 대부분의 군 문서자료에 나타난 위안소 규정에서는 같은 위안부들을 장교와 병사가 시간만 달리하여 이용하도록 하고 있었으므로,[34] 이러한 위안부의 국적에 따른 규정은 일본군 위안소에서 일반적으로 시행되었던 제도는 아닌 것으로 보인다.

일본에서 공창의 창기연령은 18세 이상이었고, 조선에서는 17세 이상으로 규정되어 있었다(야마시타 영애, 1992: 50). 그러나 일본군 위안부의 경우에 일률적으로 규정된 나이제한은 없었던 것으로 보

---

in the Japanese Armed Forces", 1945. 11. 15.

32 RG 165, Entry 177, Box 915. OWI Outpost Report No. WDC406. "Interrogation Reports, Directives and Other Records Relating to Captured Personnel and Materials, 1940-1946", 1944. 4. 18.

33 洪玧伸, 2016 참조. 2015년 9월 필자는 일본 오키나와의 미야코지마라는 작은 섬에서 열린 '아리랑비' 설립 7주년 기념식에 다녀왔다. 지금도 '아리랑' 노래를 기억하는 일본인들이 7년 전 조선인 위안부를 기억하며 아리랑비를 세운 것이다.

34 獨立山砲兵第3聯隊, 「陣中日誌」, 1941. 4. 1-6, 4. 30; 獨立守備步兵第35大隊, 「陣中日誌」, 1942. 4. 1-1942. 6. 30 등 다수.

인다. 1940년 중국 주둔 군대의 한 자료에는 창기는 16세 이상이어야 한다고 규정하고 있으나,[35] 대체로 위안소 규정에는 위안부의 나이에 대한 언급이 없다. 한국 정부에 신고한 피해자들의 경우에는 11-13세, 20세 이상에 연행된 사람도 다소 있으나, 14-19세에 연행된 사람이 대부분이다. 이것은 나이제한의 규정이 일부 지역에서만 지켜졌을 뿐, 전반적으로 나이를 상관치 않고 어린 여성을 강제 연행했다는 사실을 알 수 있다.

### 2) 위안소의 설립과 운영

**설립:** 1930년대 초부터 종전에 이르는 기간 동안 일본 군대의 위안소가 세워졌던 지역은 "일본군이 주둔했던 모든 곳"[36]이라고 해도 과언이 아니다. 최근 자신의 경험을 밝힌 전 일본 군인들의 증언도 군위안소가 광범한 지역에 존재했음을 보여 주고 있다(從軍慰安婦110番編輯委員會 編, 1992). 중국, 만주 등 일본군의 점령 지역은 물론, 대만과 한국 등의 식민지와 일본 내지에까지 위안소가 있었다. 현재 인도네시아 최남단에 위치하고 있는 숨바와(Sumbawa) 섬에까지 조선인 위안부 및 관계자 50인이 있었다는 기록[37]은 조선인 위안부가 얼마나 광범한 지역에 걸쳐 동원되었는가를 짐작케 한다. 한국 정부에 신고한 피해자들의 경우에도 연행되어 간 곳이 일본의 점령

35 呂集團特務部, 「呂集團特務部月報」, 1940.

36 "The Comfort girls have been found wherever it was necessary for the Japanese Army to fight", Psychological Warfare Team, 1944.

37 第48師團, 「戰史資料竝終戰狀況」, 1946. 7.

지 구석구석과 일본 및 대만, 한국 내에까지 퍼져 있다. 이들 중 많은 수가 한 지역에서만 있었던 것이 아니라, 군대의 이동에 따라 여러 지역으로 이동되었다.

**군인만 사용:** 만주사변으로부터 제2차 세계대전으로 이어진 전쟁기에 존재했던 일본군의 군위안소는 군대의 강제적 규정에 의하여 군인과 군속만이 사용하도록 되어 있던 곳[38]이다. 이 군위안소는 지방관민의 사용이 일절 불가능했고,[39] 다른 한편 군인, 군속은 군위안소 외 다른 위안소의 이용 및 매음부, 토착민과의 접촉이 엄격히 금해졌다.[40]

**운영:** 군위안소는 설립, 경영, 위안부 모집에 있어서 군이 직접 하거나 민간에 위임하여 시기와 장소에 따라 다양한 형태를 나타냈으나, 어느 경우에나 군대의 보호, 감독 및 엄격한 통제를 받았다. 위안소의 설립은 군대가 한 경우, 민간이 설립하여 군의 허가를 받은 경우,[41] 그리고 기존의 민간 위안소를 군이 지정하여 군위안소로 편입·정리한 경우[42] 등으로 나뉜다. 위안소를 군대가 직접 건축한

---

38 "위안소 사용은 제복 차림의 군인, 군속에 한함." 軍政監部ビサヤ支部イロイロ出張所, 「慰安所規定送付の件」, 1942. 11.

39 "…절대 지방객은 접할 수 없음." 在上海總領事館, 「外務省警察史, 支那の部: 昭和13年中ニ於ケル在邦人ノ特種婦女ノ狀況及其ノ取締竝ニ租界當局ノ私娼取締狀況」; "…지방관민은 일절 이용불가." 山第3475部隊, 「軍人俱樂部に關する規定」, 1944. 12.

40 "…군인, 군속은 다른 위안소의 이용을 엄금함." 山第3475部隊, 「軍人俱樂部に關する規定」, 1944. 12; "…군 지정 이외의 매음부, 토민(土民) 등과의 접촉은 엄히 근절할 것." 教育總監部 編修, 「戰時服務要綱」, 1938.

41 "개설 희망자는 본처 의무과에 와서 신청할 것." 呂集團特務部, 「呂集團特務部月報」, 1940. 5. 4.

42 "해군당국이 유곽을 시찰·점검해 위생상황이 양호한 6개소를 지정해 병사(兵員)

사실을 보여주는 여러 군 문서가 있으며,[43] 포로들에게 위안소를 짓거나 수리하는 일을 시켰다는 증언도 있다.[44]

여기서 군위안소를 경영하고자 하는 민간인업자는 일본군에 신청서, 계획서, 서약서와 종업원의 신상서를 제출해야 했다.[45] 민간이 설립한 위안소를 군위안소로 경영하기 위해서는 반드시 군의 허가를 받고, 군으로부터 면허증을 교부받아야 했다.[46] 민간 영업자는 매월 일정 금액을 영업세로 납부했다.[47]

경영은 군대가 위안소를 설립한 경우에는 군이 직접 한 형태[48]와 군이 민간인에게 위임한 형태로 나뉜다. 민간인이 설립한 경우는 대부분이 민간인이 경영했던 것으로 보인다. 민간이 설립·경영한

---

의 위안소로서… 위생강화(講話)를 행함." 第3魚雷艇隊, 「第3魚雷艇隊戰時日誌」, 1944. 7; "…병사(既設)의 위안소에 대해서는… 일반 거류민의 편리도 고려하면서 그 일부를 특종위안소에 편입·정리할 것…." 在南京總領事館, 「外務省警察史, 支那の部」, 1938. 4. 16.

43 "각 부대는 위안소 개설에 있어서 다음의 사항을 속히 보고할 것." 第62師團會報綴, 「石兵團會報」 56號, 1944. 9. 17; "명령: 중대는 내일 5일 소명의 가옥에 임시 위안소설비를 급조할 것." 要塞建築勤務第6中隊, 「陣中日誌」, 1944. 6. 1-30; "관리반 야마구치(山口) 군조(軍曹) 이하 5명은 위안소 설비작업을 실시한다." 第62師團副官部, 「陣中日誌」, 1945. 1-2.

44 영국군 포로의 증언. Morris-Suzuki, 2015.

45 일본군이 만든 양식(forms)에 기입했다. RG 165, Entry 79, Box 342. "Amenities in the Japanese Armed Force", Central Headquarters Supreme Commander for the Allied Powers November 15, 1845.

46 "영업자는 3개월마다 면허증을 갱신할 것." 呂集團特務部, 「呂集團特務部月報」, 1940. 4.

47 "면허비 50전, 매월 영업세 7원." 위의 자료.

48 "부대 부관(副官)은 군인구락부의 업무를 통활·감독·지도하고 원활, 확실히 운영할 것… 부대 부의관(附醫官)은 위생시설… 부대 주계관(主計官)은 경리에 관한 업무를 담임…." 中山警備隊, 「軍人俱樂部利用規定」, 山第3475部隊軍人俱樂部業務分擔表, 1944. 5 참조; 「軍人俱樂部に關する規定」, 1944. 12.

군위안소의 경우에도 위생도구와 위안부에 대한 군의의 정기검진을 군으로부터 제공받았으며, 군이 정한 위생·청결사항을 엄수해야 했고, 이 밖에도 군에서 정한 위안소 규정의 여러 내용에 따르지 않으면 안 되었다. 정기적으로 군대에 업무보고를 하게 되어 있었고,[49] 위안부의 이동까지도 군의 명령에 의해서 이루어졌다.[50] 필리핀에서 작성된 연합군 보고서에 따르면, 민간영업자는 매일 보고서(daily report)와 월말 경영보고서(monthly business report)를 제출해야 했으며, 임시로 영업 중지나 폐쇄를 할 경우에도 일본군의 허락을 받아야 했다.[51] 버마의 미치나에서 조선인 여성들을 데리고 위안소를 경영한 일본인 경영자가 일본군 제114 보병연대의 감독과 규제하에 운영되었다는 구체적인 보고도 있다.[52]

**위안소 규정:** 군위안소들은 각기 군이 정한 위안소 규정에 따라 운영되었다. 위안소 규정에는 계급별 사용시간, 요금, 성병검진 및 기타 위생사항 등이 명기되어 있었다. 구체적인 내용은 위안소에 따라 달랐으나 대체로 위 사항에 대한 명문화된 규정이 있었던 것으로 보인다. 이 규정은 "엄히 이행하도록"[53] 되어 있었으나, 실제로

---

49 "…위안소 경영자는… 영업상태를 군정감부에 보고할 것." 軍政監部ビサヤ支部イロイロ出張所, 「慰安所規定送付の件」, 1942. 11.

50 "…특종부인은 군의 명령에 의해 이동하고 있는 상태임." 在九江領事館, 「外務省警察史, 支那の部」, 1938. 12. 1.

51 보고서 양식도 일본군이 만들었다. RG 407, Entry A1-427, Box 913. ATIS, "Research Reports No. 120-Amenities in the Japanese Armed Forces", 1945. 11. 15 참조.

52 RG 407, Entry A1-427, Box 913. ATIS, "Research Reports No. 120-Amenities in the Japanese Armed Forces", 1945. 11. 15.

53 "주둔지 군위안소 사용규정은 엄히 이행할 것." 獨立混成第15聯隊本部, 「陣中日誌」, 1945. 10. 1-31.

어느 정도 그 규정이 실행되었는지는 알 수 없다.

**사용시간:** 위안소의 사용시간이 규정되고 이를 엄수하도록 했다.[54] 여러 부대가 하나의 위안소를 사용한 경우, 요일별로 각 부대의 사용요일이 지정되었다.[55] 위안소에 따라 시간은 다르나 병사, 하사관, 장교 등 계급별로 사용시간대가 제한되어 있기도 했다.[56] 1인당 사용한도시간도 제한되어 있었다.[57] 그러나 많은 전 일본 군인들이 대부분의 경우 너무나 많은 군인들이 위안소에 몰려서 사용시간제한이 필요없었다고 증언했으며,[58] 피해자들 중 반 정도가 위안소에 시간규정이 있었으나 대부분은 이 규정이 제대로 지켜지지 않았다고 말했다.

**요금:** 위안소의 규정에는 군인들의 계급별로 사용시간에 따라 요금이 명기되어 있었다.[59] 규정된 요금의 액수는 장소에 따라, 시

54 獨立混成第15聯隊本部, 「陣中日誌」, 1945. 1. 1-31.

55 獨立攻城重砲兵第2大隊, 「慰安所使用規定」, 1938. 3을 보면, "호시(星) 부대는 일요일, 쿠리이와(栗岩) 부대는 월요일, 마츠무라(松村) 부대는 수요일… 기타 임시 주둔부대의 사용에 관해서는 별도로 지시함" 등의 내용이 기록되어 있다.

56 예컨대 병사 오전 10시-오후 5시, 1.50엔, 20-30분/하사관 오후 5시-오후 9시, 3.00엔, 30-40분/장교 오후 9시-오전 10시, 5.00엔, 30-40분. 미국 전시정보국 심리작전반, 「일본인포로심문보고」 제49호, 1944. 안병직, 2013: 410에서 재인용. 장교 외에는 1박이 허용되지 않았다. 獨立山砲兵第3聯隊, 「陣中日誌」, 1941. 4. 1-1941. 4. 30 등.

57 1인당 30분 또는 1시간으로 사용시간이 제한되어 있었으며, 정규 사용시간 후 밤에 자고 가는 것도 별도의 요금으로 허가되었다. 獨立守備步兵第35大隊, 「陣中日誌」, 1942. 4. 1-1942. 6. 30 등.

58 너무 사람이 많아서 한 사람이 2-3분 정도밖에 위안소를 사용할 수 없었으며, 20-30명이 문 밖에서 줄을 서서 기다렸다는 것이다(從軍慰安婦110番編輯委員會 編, 1992).

59 예컨대 1942년의 한 군위안소 규정을 보면, 병사는 30분에 1엔, 1시간에 2엔이고, 하사관은 각각 1.5엔, 2.5엔, 그리고 장교는 3엔, 4엔이었으며, 일박은 8엔이었다.

기에 따라 달랐고, 혼잡을 방지하기 위하여 요금은 대부분 표(切符)로 지불하도록 되어 있었다.[60] 이러한 규정에도 불구하고 위안부에 대한 급료의 지불은 거의 대부분 제대로 이루어지지 않은 것으로 보인다. 피해자들의 대부분은 보수를 전혀 받지 못했거나 군인들로부터 표는 받았지만 관리인에게 그것을 주고 돈으로 정산해 받지는 못했다.[61] 1944년 8월 3일 일본군 점령지였던 버마의 미치나가 함락되었을 때 20여 명의 한국인 위안부를 심문했던 연합군 챈(Won-Roy Chan) 중위는 "이 소녀들이 쓸모없는 군표들을 벌기 위해 버텼던 것을 생각하며 마음이 아팠다"고 1986년에 출판한 그의 책에 기술했다(Chan, 1986: 97).

많은 위안소 규정들은 위안부의 국적에 따라 요금을 달리 규정했다.[62] '종군위안부 110번'에 신고한 전 일본 군인 중에도 일본인, 조선인, 중국인 순으로 위안부의 요금이 비쌌다고 증언한 사람이 있다. 그러나 이러한 위안부 국적별 차별요금 제도에 따라 요금을 받았다는 경우는 한국 정부에 신고한 피해자 중에 한 명도 나타나지 않았다.

**성병검사:** 위안부에 대한 정기 성병검사는 군위안소 제도에 있어서 매우 중요한 사항이었다. 위안부들은 일주일에 한 번 또는 2

---

獨立守備步兵第35大隊,「陣中日誌」, 1942. 4. 1-6. 30.

60 "티켓(切符) 제도에 의해 혼잡을 방지할 것." 2A司令部,「第2軍狀況槪要」, 1938. 12. 10 등.

61 극소수가 군인들로부터 받은 표를 한 달 또는 두세 달에 한 번씩 돈으로 정산해 받았거나 팁을 받았다고 증언했다.

62 예컨대 하사관의 경우 일본인은 2엔, 조선인은 1.5엔, 중국인 1엔이었다. 獨立攻城重砲兵第2大隊第2中隊,「陣中日誌」, 1938. 1. 1-1938, 4. 30.

주, 한 달에 한 번씩 군의관에게 성병검사를 받도록 명기한 위안소 규정이 많은 군 문서와 연구자료에서[63] 발견된다. 또한 위안부 성병검사의 결과를 보고한 자료가 다수 나타나고 있다.[64] 성병검사를 진행한 군의는 검사 결과를 매번 지휘관에게 보고하도록 되어 있었다.[65] 피해자들도 대부분 매주 또는 매달 병원에 가서, 혹은 위안소로 온 군의에게 성병검사를 받았다고 증언했다. 일본군은 군인들 사이에 성병이 퍼지는 것을 막기 위하여 군인들에게 또는 위안소[66]에 피임구를 공급하고 반드시 이것을 사용할 것을 지시했다. 피해자들의 증언에 의하면, 피임구가 부족하여 세탁해서 중복 사용한 경우도 많았다. 이 밖에 소독을 포함한 위생관리를 철저히 할 것을 강조하는 군 문서들[67]이 발견된다. 이러한 모든 위생규정에도 불구하고

---

63 獨立攻城重砲兵第2大隊, 「慰安所規定」, 1938. 3; 獨立守備步兵第35大隊, 「情報旬報」(第19號), 1942. 12 등.

64 特設部隊, 特設艦船, 「支那事變第8回功績概見表綴, 海軍武功調査」, 1940. 4-11 등.

65 보고서 양식도 제시되어 있었다. RG 165, Entry 79, Box 404. SOPAC Trans Cap Doc#1033 Combat Intelligence Center South Pacific Forces "Translation of Captured Japanese Document: Regulation Governing the Use of the Special South Sector Brothel and Regulation Governing the Operation thereof" (Source: Taken at TOROKINA, BOUGAINVILLE, No. 1943 Extract trabs from binder of various regulations belonging to DOKYU TAI, 23rd INF Regt).

66 "위생삿쿠는 후방시설 담임부대에 일괄 교부하고…." 第62師團會報綴, 「石兵團會報」 第64號, 1944. 10. 2; "현재 군에서는 한 명당 2개월에 1회의 위생삿쿠를 교부했으나, 다음의 이유에서 각 위안소 경영자에 불하할 것… 군인 각자가 삿쿠를 지참하지 않는 경우, 군위안소 이외의 장소에서 사용하는 경우, 군위안소 이외의 장소에 가서 사고를 발생시킬 위험이 있음." 陸軍省, 「陸支密大日記」 第38號, 1942. 10. 2.

67 軍政監部ビサヤ支部イロイロ出張所, 「慰安所規定送付ノ件」, 1942. 11; 山第3475部隊, 「軍人倶樂部ニ關スル內務規定」, 1944. 12 등.

위안부들 사이에 성병이 적지 않았다. 위안부들의 성병검진을 보고한 기록에는 다수의 위안부들이 성병에 걸린 사실과,[68] 성병으로 입원치료를 받고 있음[69]이 나타나고 있다. 이러한 상황 속에서 검진무용론이 주장되기도 했다.[70] 성병에 걸렸다고 판정이 날 경우 치료가 될 때까지 군인을 받지 못하도록 했다.[71] NEFIS의 보고서들은 성병에 걸린 소녀는 즉시 해고되고 교체되었다고 보고했다.[72] 피해자들의 증언에 의하면, 성병에 걸렸을 때는 '606호'라는 주사[73]를 맞았으며, 심할 때는 격리치료를 받았다. 동료들 중에 성병이 심하여 격리치료를 받다가 위안소로 다시 돌아오지 못한 사람도 있었다고 증언한 사람이 있다.

이 밖에 위안소의 규정에는 위안소 내의 음주를 금한다거나, 술에 취한 자는 출입을 금지한다는 내용도 있다. 또한 영업자에 대해 포악한 행위를 하면 안 된다는 규정도 발견된다.[74] 그러나 이러한 규정은 단지 형식이었을 뿐으로, 피해자 및 경험자들은 군인과 관리자가 위안부들에게 매우 잔혹한 행위를 거침없이 했다고 예외 없이

---

68 波集團司令部, 「戰時旬報」, 1939. 4. 10-20; 南京第15師團軍醫部, 「極秘昭和18年2月衛生業務要報」, 1938. 2 등.

69 特設部隊, 特設艦船, 「支那事變第8回功績概見表綴, 海軍武功調査」, 1940. 4-11.

70 麻生徹男軍醫少尉, 「花柳病ノ積極的豫防法」, 1939. 6. 26.

71 山第3475部隊, 「軍人倶樂部に關する內務規定」, 1944. 12.

72 NEFIS No. 103, 106-138, 141, 159, 161-171, 173, 175-178, 193-194 합병호, 1944. 8. 28; No. 534, 552, 568, 579, 586, 587, 592 합병호, 1944. 12. 6.

73 이 주사는 현재 동물들에게만 사용하는 매우 독한 주사로, 당시 위안부들에게 성병치료와 함께 임신 시에는 낙태의 효과도 나타냈으며, 계속적인 투하로 불임의 결과를 가져왔다.

74 獨立攻城重砲兵第2大隊, 「慰安所使用規定」, 1938. 3.

증언하고 있다.

### 3) 위안부의 유기

연합군의 포로심문기록에 따르면 위안부들이 전차금을 다 갚으면 자유로워질 수 있도록 되어 있었으나 그 누구도 위안소를 떠나는 것이 허용되지 않았다고 한다.[75] 전쟁이 끝나기 전에 집으로 돌아온 여성은 매우 예외적인 경우이다. 정신대연구소가 면담한 피해자 중 김순덕 할머니는 이 할머니를 자신의 개인용 위안부로 데리고 있던 장교의 도움으로 돌아온 경우이며, 만주의 동안으로 동원됐던 문옥주 할머니도 자신을 좋아했던 물품 관리 담당 장교에게 조선에 다녀온 후 같이 살겠다고 약속하고 증명서를 받아 집으로 돌아올 수 있었다.

패전 시 군대가 위안부들을 데리고 귀향한 경우는 드물었다. 전 일본 군인들의 여러 증언에 의하면, 위안부들을 위안소에 유기한 경우, 일본 군인들과 함께 자살을 강요한 경우, 굴에 넣거나 잠수함에 실어서 죽인 경우 등(윤정옥, 1991)이 드러나며, 패전 시 일본군이 위안부들을 전장에 방치하거나 참혹한 처리를 행한 것은 강제동원과 위안소에서의 강제적인 처우 이상으로 심각한 책임을 물어야 할 사항이다.

많은 피해자들이 어느 날부터 갑자기 군인들이 위안소에 오지

---

75 RG 407, Entry A1-427, Box 913. ATIS, "Research Reports No. 120-Amenities in the Japanese Armed Forces", 1945. 11. 15.

않았다고 증언했다. 이들은 대부분 혹심한 어려움을 겪으면서 스스로 귀국했거나 연합군 수용소에 있다가 귀국하였다. 위안부 피해자들의 증언뿐 아니라 연합군들의 조사와 증언도 있다. 버마 미치나의 위안소에 있던 여성들이 일본군이 떠난 후, 그 뒤를 함께 좇아가다가 연합군에 의해 발견되었다는 보고가 있다.[76] 칼 요네다라는 일본인 2세 연합군 정보병은 1944년 8월 초 미치나를 함락한 후, "제114연대장 마루야마 대좌가 어젯밤 몰래 건강한 부하만을 데리고 도망갔고 부상병과 위안부는 버려졌다"고 일기에 썼다(カール ヨネだ, 1989). 버마 전선에 파병된 호주의 왕립포병대 군인은 버마 정글에서 퇴각한 일본군에 의해 사살된 위안부에 대한 증언을 했으며, 1945년 일본군이 퇴주하는 사이 위안소를 도망쳐 나온 5명의 조선인 위안부들이 태국과 버마 국경에서 영국군 기지로 들어갔다는 증언도 있다. 태국 우본의 위안소와 버마 시리암(현재의 탄린)에서 도망쳐 영국군에 도움을 요청한 조선인 위안부들에 대한 기록도 있다.

연합군에 의해 발견된 위안부들 중에는 간호부로 위장된 경우도 많았다. 동티모르 쿠팡에 도착한 연합군은 26명의 여성들을 발견했는데, 그들에게 일본군은 항복하기 전날 밤 적십자 완장을 교부했다고 한다(Morris-Suzuki, 2015). 1945년 5월 19일 미군에게 생포된 5명의 조선인 여성은 일본군에게 버려져서 지난 10일간 풀만 먹고 연명하여 매우 허약한 상태였다고 보고되었다.[77]

---

76 RG 407, Entry A1-427, Box 913. ATIS, "Research Reports No. 120-Amenities in the Japanese Armed Forces", 1945. 11. 15.

77 RG 338, Box 443. Headquarters I Corps. Office of the Assistant Chief of Staff, G-2 163d Language Detachment APO 301, May 21, 1945. 장태한,

전쟁 말기에 '버마로드'의 요충지였던 미치나, 버마 변경의 쑹산(松山)과 텅충(騰衝)에서 일본군이 패하면서 수많은 위안부들[78]의 시체가 발견되었는데, 그중에는 갓난아기들의 시체도 섞여 있었다. 방선주 박사가 발굴하여 한국 언론에 제공한 자료에 따르면, 1944년 9월 7일 쑹산을 점령하고 9월 14일 텅충을 함락한 중국 운남원정군은 9월 15일 자 작전일지(G-3 Daily Diary)에 "13일 밤 일본군은 성안에 있는 조선인 여성 30명을 총살했다"고 기록했다.[79] 방 박사는 또한 필리핀과 태평양, 인도양에서의 위안부 귀환에 대해서도 선구적인 연구를 했으며, 이 연구는 위안부들의 비참한 상황을 보여준다(방선주, 1997: 236-244).

귀향 후 위안부들은 위안부를 했다는 자격지심, 위안부 생활에서 얻은 병, 주위의 편견 등으로 인하여 정상적인 생활을 하지 못했다. 대부분이 현재 혼자 살고 있으며, 경제적으로 또 건강 면에서 매우 곤란한 생활을 하고 있다.

## 3. 은폐

이러한 엄청난 사실은 전후 역사 속에 거의 묻혀 있다가 1990년대 들어 비로소 공론화되기 시작했다. 한국에서 시작된 논의는 곧바

---

2003에서 재인용.

78 이 지역 위안부 수는 1,500명으로 추산되었다.

79 MBC 뉴스데스크, 1997년 8월 15일 보도.

로 일본 및 아시아 피해국으로 확대되었고, UN 등을 통해 국제사회에서도 심각하게 논의되기 시작했다.

왜 그동안 은폐되어 있었는가? 그에 대한 대답은 곧 어떻게 50년이 지난 1990년대 들어서 사회적 이슈가 되었는가의 해답도 될 것이다. 그것은 무엇보다도 일차적으로 일본 정부와 군의 자료은폐 때문이었다. 일본군은 극비리에 위안부 정책을 수행했을 뿐 아니라,[80] 종전 직후 담당 군인들에게 자료폐기의 명령을 내렸다는 사실[81]이 군 문서에서 발견되고 있다. 1990년대 들어 이 문제가 제기되자 학자들은 본격적으로 자료를 찾기 시작했고, 그에 따라 일본 방위청 도서관을 비롯한 정부기관에서 당시의 군 문서가 발견되기 시작했으나, 기본적으로 대부분의 관계 문서는 파괴되었다고 볼 수 있으며, 이러한 절대적 자료은폐는 이 역사적 사실의 은폐로 이어졌던 것이다.

둘째, 독일과 달리 일본의 경우 진상을 밝히는 작업과 배상·처벌을 포함한 전후처리가 거의 이루어지지 않은 것도 이 일에 대한 문제제기의 길을 막았다. 그것은 일본 정부의 아시아 국가들에 대한 경시의 태도와, 독일의 경우와는 달리 주변국들이 취약한 경제적·정치적 조건 및 사회운동의 상황 때문에 일본에 올바른 전후처리를 강하게 요구할 수 없었다는 점 때문이라고 볼 수 있다. 일본이 아시아 여성에 대해 행한 범죄에 대해서는 전후에 전혀 처벌이 이

80 전쟁 중의 군위안소에 관한 문서는 전부 '극비(極秘)'문서로 되어 있다.

81 최근 발견된 자료 중 하나는 "제48사단 자료는 정전 시 그 대부분을 상사의 지령에 의해 처분하고, 또 나머지도 호주군에 제출하였으므로 정확한 자료 대부분이 없다. 그러므로 장병들의 기억을 종합해서…"라고 명기하고 있다. 「第48師團戰史資料竝終戰狀況」, 1946. 7.

루어지지 않은 데 비해, 1946년에 네덜란드 정부가 인도네시아 바타비아 시의 임시군사법원에서 행한 재판에서 인도네시아에서 거주하던 네덜란드 여성들을 일본군 위안부로 강제동원한 혐의로 9명의 일본군에게 형벌을 집행한 사실(McDougall, 1998: 92)은 이러한 아시아 피해국의 취약한 상황을 극명하게 보여 준다.

이와 아울러 아시아에 자본주의를 정착시키는 데 있어서 일본의 역할을 고려한 미국의 일본에 대한 대응에도 크게 기인했다고 볼 수 있다. 미국은 미소 냉전에서 일본을 미국 편으로 만드는 것을 최우선 요소로 고려하여 일본의 부정의를 단죄하는 일을 소홀히 했으며, 아시아 국가에 대한 일본의 지배권을 다시금 보장하는 데 일조를 했던 것이다(다카기 겐이치, 1992: 56-57). 오스트레일리아의 전쟁범죄수사원으로서 도쿄 연합군총사령부(General Head Quarters, GHQ)에서 수사를 했던 고드윈(James Gowing Godwin) 대위는 일본군 위안부라는 심각한 문제에 대해서 수사원 간에 논의가 있었으나 GHQ 상부로부터의 압력 때문에 수사를 중단했다고 기록했다.[82]

무엇보다 중요한 요인은 가부장적 사회 분위기이다. 가해자와 피해자를 포함한 실제 경험자들이 죄책감 또는 수치심 때문에 침묵한 상황은 이 사실이 표면화되는 것을 막았다. 더욱이 이러한 엄청난 여성인권의 유린 문제에 있어서 가해자의 폭력을 비판하기보다 오히려 피해자에게 사회적 낙인을 찍는 가부장제의 사회 분위기는 일본군 위안부 문제를 은폐시켜 온 가장 치명적인 온상이 되었다고

82 James MacKay, *Betrayal in High Places*, Stockport, U.K.: A Lane Publishing, 1996. 林博史, 2005: 147에서 재인용.

볼 수 있다.[83]

이 밖에 일본의 지식인과 사회운동이 아시아에 대한 일본의 전후책임에 눈을 돌리지 못했다는 점(다카기 겐이치, 1992: 56-58) 및 일제강점기 피해사, 특히 이 시기의 여성사 분야의 연구가 부진했던 것도 이 사실의 발굴을 지연시킨 주 요인이다.

이 모든 장애요소들을 딛고 일어난 크고 작은 변화들이 50년 후 이 문제를 침묵으로부터 끌어낼 수 있었다. 한국 사회의 경제적 발전과 가부장제 사회의 변화를 위한 여성운동의 성장은 일본군 위안부 문제의 공론화에 무엇보다 중요한 기반이 되었다. 경제발전과 민주화가 급진전한 1980년대 말에 독립적인 목소리를 높이기 시작한 여성운동은 그동안 묻혀 있던 일본군 위안부 문제에 눈을 돌리고, 그것을 한국 여성운동의 중요한 과제로서 다루기 시작한 것이다. 1991년 말과 1992년 초에 미국과 일본에서의 위안부 관계 군 문서가 발굴된 것과, 1991년 한국에서 위안부 피해자들이 자신의 경험을 공개적으로 증언한 것이 사회적 관심을 크게 일으킨 계기가 되었다. 경제대국으로 가공할 힘을 뻗치기 시작한 일본에 대하여 미국을 비롯한 서방세계에서 일정한 경계심이 일기 시작한 점, 한국뿐 아니라 대만 등 아시아 나라들이 어느 정도 경제적으로 회복되면서 배상촉구운동을 비롯한 새로운 사회운동에 관심을 갖기 시작한 점, 그리

---

83 유교 문화의 영향은 필리핀의 전 위안부들과 한국 및 대만의 전 위안부들의 귀국 후 삶에서 여실히 나타난다. 국제법률가협회에서 2002년 5월에 행한 조사에 의하면, 필리핀의 전 위안부들은 귀국 후 대체로 평범한 결혼생활을 해 온 데 비해, 한국과 대만의 전 위안부들은 거의 대부분이 매우 비참한 생활을 하고 있다 (International Commission of Jurists, 1994).

일본군 '위안부' 피해생존자들은 망각과 침묵을 넘어 자신들이 겪은 피해를 고발하고, 전 세계에 인권과 평화가 정착할 수 있도록 목소리를 높여 왔다.

고 일본에서도 이미 자리 잡은 시민운동세력들이 이 문제에 가세한 점 등이 중요하게 작용했다.

제2부

# 일본군 성노예 문제 해결을 위한 사회운동

제5장

# 일본군 성노예 문제 해결을 위한 운동

일본군 위안부 문제는 전쟁이 끝나고 50여 년이 지난 1980년대 말에야 사회의 관심을 받기 시작했고, 국내외 사회운동의 중요한 이슈로서 부각되었다. 극비 정책으로 이루어진 일본군 위안부 문제는 전후 일본군이 관련 문서를 소각했으므로, 관련 자료 자체가 극히 드물었다. 그뿐만 아니라 미국의 전후 아시아 정책에 의해 일본에 대한 전쟁책임 추궁은 최소한으로 이루어져 1946-1948년의 도쿄 전범재판에서 일본군 위안부 문제는 거론되지 않았다. 이후 경험자와 피해자들도 가부장제 사회에서 굳게 입을 다물었다. 그러나 수많은 사람들의 인권을 유린한 이 문제가 그동안 완전한 공백상태로 덮여 있던 것만은 아니었다.

이 장에서는 일본군 위안부 문제 해결 운동 이전의 위안부 관련 논의와 1980년대 후반 운동의 형성과 이후 전개, 그리고 2000년 이후 최근까지의 운동을 정리하는 한편, 운동의 전개 과정에서 다양한 주체들이 어떻게 협력해 갔는가를 함께 분석해 보고자 한다. 전체적인 운동의 맥락 속에서 이루어진 UN에서의 활동, ILO(국제노동기구)에서의 활동 및 2000년 일본군 성노예 전범 여성국제법정(이하

'2000년 법정'으로 약칭) 운동은 별도의 장(제6-8장)에서 자세히 논의할 것이다. 이 장의 마지막 부분에 한일 양 정부의 입장변화를 운동의 흐름에 따라 요약한 내용을 덧붙였다.

이 장은 각 단체들에서 발행한 팸플릿 및 국제기구 문서 등 1차 자료를 참고하면서 정리했다. 보다 중요하게는 여러 운동단체 성원과의 심층면담과, 또한 운동에 관계해 온 필자 자신의 참여관찰이 폭넓게 이용되었다.

## 1. 사회운동 이전의 일본군 성노예 문제

전후로부터 1980년대에 이르기까지 일본군 위안부 문제는 한국과 일본에서 신문기사, 소설, 영화 및 연구서 등의 형태로 산발적으로 문제제기가 이루어져 왔다. 그러나 이 연구 및 문화 활동은 경제발전에 사회적 관심이 집중되었던 한국과 일본에서 모두 사회적 관심을 받지 못한 채, 압도적인 가부장제 사회의 분위기 속에 묻혀 버렸다.

일본군 위안부 문제가 한국 여성운동의 제기로 1980년대 말에 크게 사회 문제화된 바탕에는 이전부터 끊임없이 이어져 온 연구와 운동이 있었다는 점을 지적해야 할 것이다. 제2차 세계대전 직후 한국에서만도 일본군 위안부에 관한 기록을 여러 건 발견할 수 있으며(『서울신문』, 1946. 5. 12; 엄광섭, 1946), 일본에서는 영화와 소설로도 이미 이 문제가 공론화되어 있었다. 1947년에 출판된 소설 『춘부전(春婦傳)』(田村泰次郎)은 중일전쟁 중의 조선인 일본군 위안부에 관한

것인데, 이것이 1950년 〈새벽의 탈주(曉の脫走)〉라는 영화로 만들어졌다가 1965년 다시 일본인 위안부의 이야기로 개작한 〈춘부전(春婦傳)〉으로 영화화된 것이 그 한 예다. 흥미로운 것은 미국의 일본 교포사회에서도 위안부를 언급한 기록들이 돌아다녔다는 것이다. 예컨대 『주간대중(週刊大衆)』이라는 주간지에 「극한에서의 리포트: 4만 인의 위안부를 공급한 서울의 미도파 수용소-콩비지를 주식으로 콘크리트 속에서 굶주렸던 여자들(極限からのレポ-ト: 四萬人の慰安婦を供給したソウルの美都波收容所-豆カスを主食にこんくり-トの中で飢えていた女たち)」(1971. 12. 27)과 같은 기사들이 종종 실렸다고 한다.[1]

1970년대와 1980년대에도 한국과 일본에서 이 문제에 관한 저술이 간혹 이루어졌는데(『서울신문』, 1970. 8. 14; 박두석, 1977; 千田夏光, 1978; 김대상, 1978; 임종국, 1981), 그중에는 매우 심도 있는 것도 포함되어 있었다. 윤정옥 교수 등이 일본군 위안부에 대해 꾸준히 문제 제기를 해 왔으며, 1960년대 초부터 원폭피해자 문제가, 1970년대는 징용·징병 문제가 제기되어 현재까지 계속되어 온 것 역시 이 문제의 사회운동화에 기반이 되었다.

1 미국 정부기록물보존소(NARA)에서 위안부 관련 자료를 다수 발굴한 방선주 박사는 미국 유학 당시 1960년대에 일본 주간지에 한국인 위안부 이야기들이 가끔 나왔다고 말하고 있다(방선주, 1992: 2).

## 2. 운동의 전개 및 시기구분

한국에서 일본군 위안부 문제를 하나의 사회운동으로 접근하기 시작한 것은 1980년대 말 교회여성연합회와 윤정옥 교수 등의 연구자가 한국여성단체연합을 매개로 협력하기 시작한 데서 비롯되었다. 이 운동은 1990년 11월 한국의 주요 여성단체가 거의 망라된 한국정신대문제대책협의회(이하 '정대협'으로 약칭함)의 발족으로 보다 체계화되고 적극적으로 전개되었다. 이후 한국에서 이 운동은 정대협을 중심으로 이루어졌으며, 한국정신대연구소, 불교 조계종에서 운영하는 나눔의 집, 대구의 정신대 할머니와 함께 하는 시민모임, 정신대문제대책부산협의회, 일본군 위안부 할머니와 함께하는 통영거제시민모임, 일본군 위안부 할머니와 함께하는 마창진 시민모임 및 미국과 일본, 독일, 호주 등지의 교포들도 서로 연대하면서 일본군 위안부 문제 해결을 위한 활동을 활발하게 전개하고 있다.

『한국정신대문제대책협의회 20년사』(한울아카데미, 2014)의 내용을 기초로 하고 그 후의 변화를 고려하여 일본군 위안부 운동을 다음의 몇 단계로 구분해 볼 수 있겠다. (1) 1980년대 말-1990년 준비기, (2) 1991-1995년 확립기, (3) 1996-1998년 UN 권고발표와 국민기금 반대, (4) 1999-2000년 2000년 법정 운동기, (5) 2001-2007년 기념사업 발전기, (6) 2007-2011년 미 하원 결의 이후 운동의 재활성화, (7) 2011-2014년 헌재 판결 후 새로운 국면, 그리고 (8) 2015년 12월 28일 한일 외교장관 합의 후 현재까지의 시기이다.

운동의 형성과 전개를 간략히 개괄하면 다음과 같다. (1) 1980년대 말 한국의 민주화가 여성운동의 폭발을 이끌면서 일본군 위안부 문제는 우리 사회의 큰 관심을 받게 되었다. 1990년 7월에 정신대연구회(현재 한국정신대연구소)가, 11월에 정대협이 설립되어 연구와 운동이 본격화되었다. 한일 정부에 대하여 진상규명과 사죄, 책임자 처벌, 피해자 지원 및 배상, 교육과 기념비 설립 등을 요구했다. (2) 1991년 8월 김학순 할머니가 세상에 자신을 공개했고, 1992년 1월에 위안부 제도의 내용이 있는 일본군 문서가 발굴되었으며, 1992년 정대협이 UN에 위안부 문제를 제기했다. 1993년 한국 정부가 특별법을 만들어 피해자 지원을 시작했으며, 1995년 정대협이 노동조합들과 함께 ILO에 위안부 문제를 제기했다. 일본의 여러 지방법원에 일본 정부를 고소했으며, 국제상설중재재판소(PCA)에 제소했고, 일본 검찰에 고소·고발장을 제출했다. 이 고소·고발들은 비록 모두 일본 정부의 거부로 인하여 결실을 보지는 못했지만 운동을 크게 확산시켰으며, 한국과 일본 정부에서 자체 조사결과를 발표했다. (3) UN과 ILO에서 일본 정부에 사죄와 배상 등에 관해 권고하는 내용이 포함된 중요한 보고서들이 나오고, 일본에서 중학교 역사교과서에 위안부 문제가 실리는 등, 해결의 기대가 무르익는 가운데, 일본 정부가 민간모금에 기초한 '여성을 위한 아시아평화국민기금'(이하 '국민기금'으로 약칭) 설립을 발표하여 정부 차원의 법적 해결의 전망을 막아 버렸다. 이후 운동은 국민기금 반대에 집중되었다. 국민기금은 운동단체 간에 여러 갈등을 유발했을 뿐만 아니라, 피해자들 사이에 불신을 일으키는 중대한 혼란을 초래했다. (4) 1998년 아시아연대회의에서 민간법정 제안이 이루어졌고, 2000년 법정이 개최될 때까지 법정 준비에 힘을 모았다. (5) 그간에 축적한 피해자들의 기록, 법적 판단, 국제연대 등이 총망라된 2000년 법정의 결과가 정리된 후, 한국과 일본을 중심으로 잠시 기념사업으로 방향이 전환되는 듯했다. 한일 양국 학자들이 공동작업하여 일본군 위안부 제도가 포함된 젠더 관점의 근현대사를 정리한 책이 출판되고 기념관이 설립되었다. (6) 이전부터 노력해 왔던 미국 국회 위안부 관련 결의 촉구 노력이 2007년 미 하원에서 전격적으로 이루어졌다. 이것은 엄청난 정치적 파급력을 발휘하여 유럽 여러 나라들과 호주, 캐나다 등지의 의회에서도 결의 통과를 성취했으며, 해외동포들과 유수 국제 NGO의 참여가 활성화되는 계기가 되었다. (7) 이러한 가운데 정대협을 중심으로 한국 정부의 적극적 참여를 촉구하기 위하여 헌법재판소에 헌법소원을 제기하여 2011년 헌재로부터 한국 정부 부작위 위헌 판결을 이끌어냈다. 이로 인해 지금까지의 한국 정부의 태도가 불가피하게 변화되어 한일 정부 간 관계에 변화가 일어나고 사회적 관심이 크게 고조되었으며 연구의 활성화도 눈에 띄게 이루어졌다. 일본 대사관 앞의 소녀상 설립도 2011년에 이루어졌다. (8) 한국 정부의 움직임이 가시화되고 운동과 연구가 활성화되어 사회적 기대가 고조된 가운데 2015년 12월 28일 한일 정부가 정치적 타결을 발표했다. 일본 정부 출자로 재단을 설립하는 것으로 이 문제를 최종적·불가역적으로 종결한다는 내용이다. 이에 대해 지난 25년간 학습된 우리 시민사회의 엄청난 반발이 현재의 상황이다.

## 3. 한국 여성운동의 문제제기와 정대협의 설립

### 1) 일본군 위안부 문제 해결 운동의 형성과 전개

반세기 이상 침묵 속에 묻혀 있던 일본군 위안부 문제를 사회적 이슈로 끌어낸 것은 1980년대 후반 크게 성장한 한국의 여성운동이었다. 일제강점기에 근대를 경험하기 시작한 한국에서 여성운동은 처음부터 민족해방이라는 짐을 함께 지면서 나가야 했고, 해방 후에도 상당 기간 지속된 독재체제하에서 민주화와 경제발전이라는 문제의식이 여성운동에서 분리되기는 쉽지 않았다.[2] 이렇게 전체 사회운동의 흐름 속에서 한 부분을 담당하면서 성장한 여성운동은 1980년대 후반 우리 사회 전반에 민주화가 진전되면서 차츰 여성 독자적인 문제에 눈을 돌릴 수 있는 여유를 갖기 시작했고, 1990년대 들면서 독자적 여성운동은 자신의 중심을 가지고 문제를 풀어갈 수 있게 되었다(이효재, 1989; 이승희, 1990; 정진성, 1996 등). 일본군

2 한국의 근대적 여성운동은 개화기에 계몽주의적 사고의 확산과 더불어 시작되었다고 말해진다. 주로 교육의 보급을 중심으로 시작된 개화기 여성운동은 일제시기에 더욱 다각화되었다. 민족주의와 사회주의, 노동운동 등 전체 사회변혁운동의 한 부문으로서, 그리고 신여성운동과 같이 독자적 운동으로서 발전한 여성운동은 해방 후 다소 침체했다. 격심한 변동의 사회에서 노동운동이나 학생운동 틈에서 자란 여성운동은 그러한 사회운동으로부터 독립하여 여권신장을 위해 노력했으나, 사회변혁운동의 흐름에서 벗어나면서 정부 편에 서는 경우도 생기게 되어 여성운동의 위상을 제대로 세우지 못했다는 평가를 받기도 했다. 1970년대 들어 여성 노동자운동, 기지촌 여성 문제, 매춘관광 반대 등 민주화운동과 궤를 같이하는 여성운동이 착실히 발전하기 시작했으며, 1980년대에 이러한 운동은 더욱 발전하였다.

위안부 문제는 이러한 과정에서 한국 여성운동의 중요한 과제로 부각되었던 것이다.

더욱 구체적으로 말하자면, 일본군 위안부 문제를 위한 운동은 세 개의 다소 다른 갈래의 접점에서 탄생했다.[3] 자신이 '정신대'[4]로 끌려갈 위기를 넘겼다고 기억한 후 지속적으로 이 문제를 위해 자료를 모으고 있던 한 여성 연구자(윤정옥 교수)와, 1970년대 이후 지속적으로 매춘관광 문제(이른바 '기생관광' 문제) 해결을 위해 활동하던 교회여성연합회, 그리고 1980년대 후반 전국연합체를 만든 여성운동(한국여성단체연합)의 만남으로 이 운동이 시작된 것이다. 윤 교수는 이미 혼자 오키나와의 한국인 위안부 피해자인 배봉기 할머니를 방문하고 『한국일보』(1981. 9. 3)에 「끌려간 사람들」이라는 기사를 썼다. 그러나 별다른 사회적 반응이 없는 가운데 윤 교수가 교회여성연합회를 만났다. 일본군 위안부 문제는 현재 진행되고 있는 매춘관광의 역사적 뿌리이며, 따라서 단지 과거의 문제가 아니라 바로 이제 우리가 해결을 서둘러야 할 현재의 문제라는 것을 한국의 여성운동이 발견하고 사회운동화한 것이다. 1988년 윤 교수와 교회여성연합회의 위원들은 일본 곳곳을 답사하고 국제세미나를 개최하면서 교회여성연합회 내에 정신대연구위원회를 조직했다. 1990년 1월에는 『한겨레』에 「정신대 원혼 서린 발자취」라는 제목으로 4회에 걸쳐

3 정대협 형성까지의 과정은 한국정신대문제대책협의회, 2014: 제1장에 매우 상세하게 기록되어 있다.

4 '일본군 위안부'로 이 문제를 지칭하기로 합의하기까지 다소 복잡한 과정을 거쳤다. 일제강점기 당시의 사람들은 이러한 여성에 대한 강제동원을 '정신대'로 기억하고 있었던 것이다. 이 개념 문제에 대해서는 이 책의 제1장 참조.

연재했는데, 이에 대해 큰 사회적 반향이 일어났다. 1990년 5월에는 노태우 대통령의 일본 방문에 즈음하여 교회여성연합회, 여성단체연합 및 여대생대표자협의회가 기자회견을 열고 한국과 일본 정부에 대하여 일본군 위안부 문제를 제기했다. 한편 1990년 7월에 윤정옥 교수는 이화여대 여성학과 학생을 중심으로 정신대연구회를 만들어 연구를 도모했다. 연구회는 후에 정대협과 함께 여러 권의 위안부 피해자 증언집을 만들었다.

1990년 6월 일본 참의원 예산위원회에서 사회당의 모토오카 쇼지(本岡昭次) 의원이 '종군위안부'에 대한 조사를 요청한 데 대해서 노동성 직업안정국장 시미즈 쓰타오(清水傳雄)가 "종군위안부는 민간업자가 데리고 있던 것 같고 실태 조사는 할 수 없다"고 답변하였다(1990. 6. 6). 이에 대해 1990년 10월, 37개의 여성단체들이 기자회견을 열고 일본 정부에 대해 위안부 강제연행 인정, 공식적 사죄, 진상규명, 위령비 설립, 보상, 역사교육 등의 요구를 발표했다. 한국 정부에 대해서도 일본으로부터 사죄를 받을 것, 진상규명, 추모비 건립, 일본과의 자주평등 외교, 일본에 역사왜곡 정정을 요구할 것과 한국도 역사에 명기할 것 등의 요구를 했다. 정신대연구회와 한국여성단체연합(이하 '여연'으로 약칭) 및 교회여성연합회를 포함한 이 37개의 여성단체들이 1990년 11월 16일에 정대협을 출범시킨 것이다.

피해자를 찾기 위한 정대협의 노력이 결실을 맺어, 1991년 8월 14일 김학순 할머니(당시 67세)가 기자회견을 열어 첫 생존자 증언을 했는데, 이것은 한국 사회에 엄청난 충격을 가져왔다. 이어 9월 18일에 정신대 신고전화가 개설되어 문옥주, 김복선 등의 피해자가 신고하기 시작했다. 1992년 1월 적십자사가 신고를 접수한 데 이어

1993년 6월 한국 정부가 '일제하 일본군위안부에 대한 생활안정지원법'을 만들어 1993년 8월부터 피해자 신고와 심의를 하기 시작하면서, 정대협의 신고전화는 문을 닫았다. 정부는 심의를 거친 피해자들에게 지원을 하고 있는데,[5] 2016년 8월 15일 현재까지 정부에 등록한 피해자는 238명이며 그중 생존자는 40명이다.[6] 일본에서도 피해자 및 가해자의 신고를 접수하기 위하여 1992년 1월 '종군위안부 110번'을 개설했다.

1991년 말과 1992년 초에 걸쳐 미국과 일본에서 군 문서가 다수 발견되면서 운동뿐 아니라 연구도 급진전되기 시작했다. 1991년 11월에 미군이 조사한 일본군 위안부 관련 문서[7]가 공개되었으며, 1992년 1월에는 일본 주오(中央) 대학의 요시미 요시아키(吉見義明) 교수가 일본 방위청 도서관에 보관되어 있는 일본군 위안부 관련 문서를 다수 발굴했다. 피해자 증언을 공문서가 뒷받침하여 일본군 위안부의 역사적 사실을 밝히게 되면서 운동에 힘을 더했다.

정대협의 핵심적인 활동으로 자리 잡은 수요시위가 1992년 1월

5 처음 보건복지부에서 신고접수가 시작되었다가 2001년 설립된 여성부로 업무 이관되었다. 2004년 11월 10일 '일제강점하강제동원진상규명위원회'가 설립되어(2010년 3월 22일 대일항쟁기강제동원피해조사및국외강제동원희생자등지원위원회로 변경) 2012년 말 위원회가 종료될 때까지 잠시 이 위원회에서 위안부 피해자 신고를 받다가, 다시 여성가족부(2005년 여성부에서 명칭 변경)로 돌아갔다.

6 2016년 5월에만 두 분이 돌아가셨다. 두 분 다 95세 이상의 고령이었다. 1991년 김학순, 문옥주 할머니가 처음 신고했을 때의 연세가 두 분 다 67세였다. 현재 생존하고 있는 분들 대부분이 90대이다.

7 Headquarters, U.S. Naval Military Government, Okinawa, 1945. 11이 발견되었고, 12월에는 United States Offices of War Information, Psychological Warfare Team, 1944. 8·9·10이 발견되었다.

제1차 수요시위(1992. 1. 8)

제1,000차 수요시위(2011. 12. 14)

8일 수요일 정오, 미야자와 기이치(宮沢喜一) 일본 총리의 방한을 계기로 일본 대사관 앞에서 시작되었다. 수요시위는 1995년 고베 대지진이 일어났을 때 추모의 뜻을 표하며 한 주 거른 것을 제외하고 현재까지 빠짐없이 지속되고 있으며, 2016년 8월 10일에 1,243차를 맞았다. 일본 대사관 앞의 수요시위 장소에 2011년 12월 14일 1,000차 수요시위를 맞아 정대협이 위안부 소녀상(평화비)을 설치한 것은 운동에 새로운 기폭제가 되었다. 2015년 12월 28일 한일 외교장관 합의 중 소녀상 철거가 논의되었다는 것[8]은 운동에서 소녀상의 상징적 역할을 나타내는 것이다. 한일합의 후 한국 시민사회의 합의 반대운동에서 소녀상 보호·철거 반대에 수많은 시민들이 참여했다.

### 2) 일본군 위안부 문제 해결 운동의 지향

정대협이 중심이 되어 시작된 이 운동은 1990년대의 한국 여성운동이 명확하게 표방하기 시작한 페미니즘 의식과 함께 구한말, 일제강점기의 여성 문제를 이해하는 대부분의 방식에서 볼 수 있는 대로 제국주의·식민주의에 대한 강한 문제의식을 가지고 출발했다. 정대협이 1992년 처음으로 UN 인권소위원회에 제기한 문건은 다음과 같은 문장으로 시작되고 있는데, 이것은 일본군 위안부 문제를 전쟁과 식민주의라는 사회적 맥락에서 일어난 여성인권침해의 문제로 이해하고 있음을 명확히 보여 준다.

> 1910년 일본에 합병된 한국은 제2차 세계대전이 끝나는 1945년까지 혹독하고 억압적인 일본의 지배 아래 고통을 받았다. 이 기간 동안 한국 민족에게 갖은 수탈과 억압이 가해졌지만, 한국의 여성들이 아시아-태평양 지역에 걸쳐 있던 일본 군대의 성노예로서 강제동원된 일이야말로

---

8 한일 외교장관 회담 공동기자회견문에 따르면, 일본 측 표명사항은 (1) 아베 총리의 사죄와 반성, (2) 재단 설립, (3) 최종적·불가역적 해결, 상호비판 자제 등이며, 한국 측 표명사항은 (1) 최종적·불가역적 해결, (2) 소녀상에 대한 우려, 적절한 해결 방안 모색, (3) 상호비난 자제 등이다(『동아일보』 인터넷판, 2015. 12. 28).

그중에서도 가장 중대하고 잔혹한 것이었다(한국정신대문제대책협의회, 1992: 16).

이 밖에 정대협에서 발행한 성명서를 비롯한 여러 문건들[9]을 볼 때 이 운동은 무엇보다도 먼저 여성의 피해에 대한 인식에서 출발한 것을 볼 수 있다. 초창기 정대협 조직에서 남성 회원들의 참여에 매우 조심스럽게 대처한 것[10]은 이 문제를 해석하고 풀어가는 데 페미니즘 관점을 훼손시키지 않으려고 하는 한국 여성단체들의 의지의 표현이라고 볼 수 있다.[11] 이후 곧바로 이어진 일본의 여성단체 및 아시아 피해국 단체들과의 연대는 이러한 페미니즘이 기반이 된 것이었다.

실제로 일본군에 의해 피해를 입은 여성은 성격이 다른 세 집단으로 나뉜다. 첫째는 가장 다수를 점하는 식민지 조선과 대만의 여성, 둘째는 필리핀, 중국, 인도네시아 등 일본군 점령지의 여성, 그리고 셋째는 일본 여성이다. 일본 여성이 일본 '국가'에 의한 피해자이며, 점령지 여성이 '전시하 적국(敵國)'에 의한 피해자라고 한다면, 식민지 조선의 여성은 제국주의·식민주의의 피해자이다. 따라서 여성피해라는 공통분모를 가진 이 세 집단에 대하여 매우 다른 사회적 변수들이 개입하면서 서로 성격이 다소 다른 극심한 피해를 형

---

9 한국정신대문제대책협의회 편, 1991-1997 참조.

10 몇 개의 예외를 제외하고는 대부분 여성단체로 회원단체를 제한하고 있으며, 공동 대표를 비롯하여 실행위원, 실무자 전원이 여성으로 구성되어 있다.

11 남성 참여가 곧바로 페미니즘의 훼손이라고 하는 인식은 물론 심각한 문제점을 내포하는 것이다. 이를 둘러싸고 정대협 내에 많은 논쟁이 있었으나, 그러한 결정은 어느 정도 여성운동의 경험으로부터 이루어진 것이라고 보인다.

성했다.[12] 서로 다른 사회적 변수들 때문에 이 세 집단의 여성 피해자들의 지향은 각기 달라지는 데도 불구하고, 기본적으로 페미니즘은 이들을 묶어 주는 가장 강력한 기반이 되고 있는 것이다.

다른 한편, 한국의 피해 문제는 제국주의·식민주의의 맥락에서 이해할 때 비로소 더욱 실체에 가까워질 수 있게 된다는 점에 이 운동의 참여자들이 동의하고 있다. 즉 일본군 위안부 동원은 1938년 총동원체제 구축 이후 일제의 국민총동원령에 의해 이루어진 병력동원, 노동력 동원과 같은 맥락에서 이루어진 성(性) 동원이었으며, 신사참배, 창씨개명 등과 함께 이루어진 민족(민족성) 말살의 일환이었다는 사실에 주목하는 것이다. 연구차원에서 이 문제는 비교적 객관적으로 성-민족 변수의 결합에 의한 이중 피해로서 접근되고 있으며,[13] 식민주의와 여성 차별이 결합되는 방식에 대한 이론적 논의의 필요성이 제기되었다. 운동의 차원에서는 민족주의의 지향이 드러나기도 하는데, 그것은 민족갈등과 결합되어 일어나기 쉬운 다른 여러 여성피해, 특히 전시하 여성피해 문제에서와 같이 매우 자연스럽게 페미니즘과 결합되어 왔다.

한국의 여성운동이 페미니즘과 함께 식민주의에 대한 비판의식을 지닐 수 있던 것은, 구한말과 일제강점기 이래 1980년대 중반까지 한국의 여성운동이 다른 어깨에 사회변혁의 짐을 짊어지고 왔다

12 이런 점에서 당시 법적으로 피해여성은 일본·조선인과 점령지 여성으로 나뉜다고 본 일본 여성학자 우에노 지즈코(上野千鶴子, 1998)의 지적은 이 문제를 보는 예민한 시각이 결여된 분석이라고 할 수 있다.

13 그러나 성-민족 변수의 '결합' 자체를 페미니즘적 입장의 약화로 보고, 민족·식민주의·제국주의 등을 가부장제, 여성비하의 하위변수로 접근해야 한다는 주장도 있다.

는 점과 무관하지 않다. 그리고 바로 그 점에서 일본군 위안부 문제를 바깥으로는 국제여성운동으로, 안으로는 범시민운동으로 확산시킬 수 있었던 것이다. 페미니즘은 국제연대의 기반이 되었고, 민족주의는 국내 운동의 기반이 되었다고 말할 수 있는데, 물론 이 두 지향이 연대의 대상에 따라 교차되어 나타난 것은 아니다. 오히려 이 두 지향이 무리 없이 결합되어 문제를 더욱 종합적으로 이해한 점이 초기 한국의 일본군 위안부 문제 해결 운동의 강점이었다고 볼 수 있다. 구체적으로 그것은 운동의 목표를 희생자에 대한 원조, 왜곡된 역사의 구명, 궁극적으로 강대국이 약소국 여성에 가하는 폭력의 방지에 두었고, 그러한 목표 아래 여러 단체들과 연대를 넓히게 된 것이다.

## 4. 한국의 시민단체, 북한 및 해외동포의 참여

1980년대 말 일본군 위안부 문제에 대한 사회운동은 먼저 한국 여성운동의 성장에서 비롯되었으나, 곧바로 일본의 여성운동과 연대하게 되었으며, 일본 단체들과의 연대는 지금까지도 매우 중요하다. 이어 국내 여러 시민과 단체들의 협력을 확보했고, 해외동포들의 활동도 활발하며, 북한의 참여는 이 운동의 또 다른 중요한 국면을 이루고 있다. 일본의 시민단체와 아시아 피해국 여성단체 및 시민단체들이 운동에 가담했으며, 곧 세계의 여러 시민단체들이 지원하면서 운동이 확대되었다. 이렇게 운동의 참가자들이 늘어나는 동안, 이 운동은 피해자 지원에 중심을 두면서 일본군 위안부 문제의 법적 해결을 위해 국내와 일본, 미국 및 UN, ILO 등 국제사회로 활동의 반경을 확대하였다.

### 1) 한국 내 타 시민단체로의 확산

정대협은 여성 중심의 조직운영방식을 고수하면서 남성 국제법학자, 역사학자를 법률전문위원회, 진상조사연구위원회 등의 외곽 조직을 만들어 포함시켰고, 모금과 같은 범국민적 호소가 필요할 때는 남성을 포함한 명망가들로 특별위원회 조직을 만들었다. 요시미 요시아키 등의 일본 역사학자들과 교류한 진상조사연구위원회에는 국내 유수의 남성 역사학자들이[14] 포함되었으며, UN 활동 등에 도움을 준 법률전문위원회는 국내의 국제법학자 및 변호사들이 대거 참여하였다.[15] 진상조사연구위원회는 1993년 8월과 12월 두 차례에 걸쳐 일본 학자들과 합동 심포지엄을 가진 후 1997년에 『일본군 '위안부' 문제의 진상』이라는 책을 묶어 내고 실질적으로 해체되었으며, 법률전문위원회도 부정기적으로 자문을 위해 모이다가 이 책의 법률 부분을 집필하고 자연 소멸되었다. 모금을 위해서는 정대협과 별도로 1992년에 '정신대 할머니 생활기금모금 국민운동본부'를 설립하고 공동의장, 운영위원장을 비롯한 주요 위원으로 남성을 위촉했다.[16] 이렇게 남성 전문가들의 협력을 얻어 낸 방식은 이후에

---

14 강만길, 이만열, 조동걸 등.

15 이장희, 김찬규, 박원순, 김창록, 장완익, 정인섭, 조시현 등.

16 공동의장은 서영훈, 윤정옥, 운영위원장은 이수성, 그 밖에 강원룡, 송월주 등 많은 남성이 참가했다(이효재, 1997: 342-343).

도 계속되어, 1996년 10월에 국민기금에 대항하여 모금활동을 벌인 '일본 국민기금을 반대하는 강제연행당한 일본군 위안부 문제 해결을 위한 시민연대'와 2000년 법정[17]을 위한 여러 활동에 남성들이 한시적으로 참가했다.

한편, 한국 내에서 여성단체 이외의 여러 시민단체들로 이 문제가 파급되었다. 1970년대에 설립되어 징용·징병 문제에 전념해 온 '아시아태평양전쟁희생자유족회'가 일본군 위안부 문제를 다루기 시작했으며, '민주사회를 위한 변호사모임'이 UN 활동과 청문회 등을 정대협과 같이했다. '불교인권위원회'는 희생자를 위한 공동주택인 '나눔의 집'을 설립했고, 불교 지식인과 역사학자가 '과거청산국민운동본부'를 만들어 이 문제를 한 부분으로 다루었다. 중앙병원, 대구 곽병원 등에서 피해자에 대한 무료진료를 행하고, 기타 여러 민간인들로부터 크고 작은 도움이 이루어지기 시작했다.

국내에서 이러한 운동의 확산은 이 문제를 보는 시각이 여성의 인권 문제라고 보는 시각으로부터 더욱 일반적인 인권의 관점으로 시야가 넓어진 것이며, 민족주의의 정서가 이를 묶어 주고 있다고 볼 수 있다. 1980년대 말부터 확산되기 시작한 민족수난의 희생자

17 2000년 12월 7일 저녁의 개막식을 시작으로 8-10일 사흘간의 본 법정 및 11일 국제공청회, 12일의 판결로 폐막된 '2000년 일본군 성노예 전범 여성국제법정(Women's International War Crimes Tribunal on Japan's Military Sexual Slavery in 2000)'은 일본 내의 재판에서 패소하고 UN, ILO 등의 국제기구의 권고가 일본 정부에 의해 이행되지 않자 한국, 일본 및 아시아 단체들이 국제 NGO의 도움을 받아 개최한 민간법정이다. 이 법정에서 판사로 위촉된 세계 유수의 법률가들은 천황을 비롯한 일본 제국주의 최고 전범들에 대해 유죄판결을 내렸으며, 일본 정부에 배상 및 책임자 처벌의 의무가 있음을 명백히 했다(제8장 참조).

에 대한 관심과 왜곡된 역사를 바로잡는 운동이 자연스럽게 이 운동과 합류된 것도 그러한 기반 위에서이다. 간혹 반페미니즘 성향이 있는 민족주의 단체와는 갈등을 겪는 경우도 있었으나,[18] 대체로 무리 없이 연대를 이루었으며, 최근 일본 교과서 왜곡 문제 해결을 위해 만들어진 공동대책위원회에서는 정대협이 다른 시민단체들과 협력하여 활동을 전개하고 있기도 하다.[19] 이 문제에서 매우 중요한 법적인 측면을 돕는 민변 등 법률가 단체들의 참여도 점점 더 중요해지고 있다.

### 2) 북한의 참여

북한의 참여는 한국 운동의 국제화로 인한 충격에서 시작되었으며, 한국의 연구성과와 관점을 그대로 받아들이며 시작되었다. 남북의 직접 연결이 불가능한 상황에서 북한은 대체로 일본 단체 및 재일교포의 중개를 통해 한국 단체와 연결되었다.[20] 북한이 이 운동 과정에서 처음 한국 운동단체와 대면한 것은 1992년 도쿄에서 열린

18 예컨대 일제강점기에 민족주의 운동을 했던 사람들의 단체에서는 자신들과 이 성적 피해자들을 하나의 범주로 묶는 것에 불만을 표했다. 1991년 독립기념관에 일본군 위안부 문제를 위한 공간을 마련하고자 했던 정대협의 시도가 좌절된 것도 그러한 맥락에서 이해할 수 있다.

19 일본교과서 바로잡기 운동본부(2001년 4월 결성).

20 1992년 정대협이 처음 UN 인권소위원회에 참석했을 때부터 총련계 재일교포팀인 조선인강제연행진상조사단과 협력하기 시작했으며, 이후 민단계 여성들과의 연결도 중요해져서 2000년 법정에서 남-북-민단계-총련계의 연결은 가히 민족 통일을 연상시키는 것이었다.

국제공청회에서였는데,[21] 이때 북한 대표 및 피해자의 발표는 북한의 일본군 위안부 문제에 대한 인식이 우리와 동일하다는 점을 보여 주었다. 이후 UN 등 세계의 여러 곳에서 열리는 일본군 위안부 관계 회의에 북한 대표들이 참가했으며, 공식발언 외에도 남북이 함께 참가하여 NGO 포럼을 조직하기도 했다. 2000년 법정에서는 한국 측과 하나의 기소팀[22]을 만들어 법정에 섰다.

북한과 한국의 이러한 강한 연대는 무엇보다도 민족주의에 기초하는 것이다. 흥미로운 점은 남한 측에 비해 북한 측에서 페미니즘보다 민족주의가 강하게 돌출되고 있다는 것이다. 이것은 북한의 운동방식과도 관련되는데, 그것은 일본군 위안부 문제 해결을 위해 형식적으로는 정부조직이 아니지만 사실상 정부의 한 부분으로 볼 수 있는 '종군위안부 및 아시아태평양전쟁 피해자 보상대책위원회'(이하 '종대위'로 약칭. 이후 '조선 일본군 위안부 및 강제련행 피해자 보상대책위원회'로 개칭함)를 1992년에 설립하여 피해자 신고도 받고 활동도 하고 있다는 점이다. 이러한 점은 운동의 기본적 성격을 규정한다고 보아도 무리가 아니다. 남한과 달리 북한의 종대위는 남성과 여성이 비슷한 수로 참여하고 있으며, 오히려 남성이 주도하고 있는 듯한 인상을 준다. 또한 NGO들 간의 모임참가 및 의사개진도 정부의 방침에 따라 결정된다. 아시아연대회의 등에 종대위 대표가 갑

21 1992년 12월 9일 도쿄에서 열린 국제공청회는 필리핀, 네덜란드, 중국 등의 활동가와 피해자가 참여했고 UN의 전문가도 참가한 일본군 위안부 문제 관련 최초의 대규모 국제회의였다(The Executive Committee International Public Hearing, 1993).

22 "North and South of Korea"로 기소팀의 이름을 붙여 하나의 한국이라는 의지를 나타냈다(제8장 참조).

작스럽게 불참을 통보하거나 평양모임에 한국 측 대표 참가를 거부하는 경우 등이 있었는데, 그것은 남북 관계의 변화에 따라 북한 정부가 내린 결정이었던 것이다. UN에서 정대협과 한국 정부의 입장이 간혹 엇갈리는 것에 비해, 북한의 경우는 종대위와 북한 정부의 행동이 일치하고 있다. UN에서 북한 정부는 예외 없이 일본의 책임을 강조하는 강경한 발언을 하고 있다.[23]

북한의 입장에서 페미니즘보다 민족주의가 더 강하게 나타나는 예는 여러 곳에서 발견된다. 북한 정부나 종대위가 준비하는 발표문에는 일본을 적대시하는 매우 강한 용어가 전반적으로 사용되고 있으며, 일본군 위안부 문제의 본질을 일본 제국주의의 민족 말살 정책에서 주로 찾고 있다. 2000년 법정에서 남북한 공동기소문 작성 시, 북한 측이 식민지 정책에 대해 과도하게 비중을 둔 것도 그러한 맥락에서였다(제8장 참조).

### 3) 해외동포의 활동

일본군 위안부 문제 해결 운동에서 해외동포들의 활동은 매우 중요한 위상을 차지한다. 앞서 언급한 일본 여성운동과의 연대와 같이 재일동포들은 자체적으로 또는 일본인들과 연대하여 다각적으

23 1993년 5월 UN 현대형 노예제 실무회의에서 북한 정부는 처음 이 문제에 대해 발언한 이후 대부분의 인권위원회, 인권소위원회 및 실무회의에서 강경한 발언을 했다. 한국 정부도 UN의 각 부분에서 활발하게 발언하고 정대협 대표들의 활동을 도왔으며, 이에 대해 반대발언을 하는 일본 정부와 대립하기도 했다. 그러나 김대중 정부가 시작된 뒤 일본 정부와 함께 국제적 장에서 일체 공식발언을 하지 않았으며, 이러한 가운데 북한 정부만이 강경발언을 계속했다(제6장 참조).

로 운동을 펼쳤으며, 도쿄를 중심으로 하는 운동과 오사카를 중심으로 하는 운동이 각기 단체를 만들어 가고 있다. 재일조선인 위안부 재판을 지원하는 모임 등 일본 단체들과 협력하는 활동을 이어 왔으며, 최근에는 일본군 위안부 문제 해결 전국행동을 조직하여 한국의 정대협과 긴밀한 관련을 갖고 주요 현안에 대응하고 있다(한국정신대문제대책협의회 20년사 편찬위원회, 2014: 제2부 1, 2, 7장). 재미동포 활동도 초기부터 매우 활발했다. 워싱턴, 뉴욕, LA 등지에서 각기 단체를 만들어 활동하고 있으며, 특히 2007년 미 하원 결의 통과를 위해 '일본군위안부결의안 채택을 위한 워싱턴 지역범동포대책위원회'를 조직하여 절대적인 역할을 수행했다. 승소하지는 못했지만, 미국 변호사들의 지원을 끌어내며 위안부 관련 소송을 진행해 왔다(한국정신대문제대책협의회 20년사 편찬위원회, 2014: 제2부 3-5, 7장). 1960-1970년대 파독간호사 출신들이 모인 재독한국여성회를 비롯한 독일의 교포들도 운동의 초기부터 관심을 가지고 활동을 해 오고 있으며(한국정신대문제대책협의회 20년사 편찬위원회, 2014: 제6장), 국제사면위원회(Amnesty International)의 연결로 비교적 늦게 시작된 호주 교포들의 활동도 활발하다. 일본, 독일 등 여러 나라들에서 주로 여성들의 활동이 주류를 이루는 데 비해, 미국에서는 여성뿐 아니라 남성들의 참여가 활발한 것이 특기할 만하다.

## 5. 일본, 아시아 피해국 및 세계 시민사회와의 연대

### 1) 일본 여성단체의 적극적 참여

한국에서 문제가 제기되자 곧바로 일본의 여성단체들이 빠르게 반응하기 시작했다. 한국의 교회여성연합회와 일본의 매춘관광 문제 해결을 위해 일했던 '매매춘 문제에 도전하는 회(賣買春問題ととりくむ會)'가 정대협 출범 전부터 협력하기 시작했다. 그 후 일본에서는 1990년에 몇 개의 여성단체가 연합하여 '일본군위안부문제 행동네트워크(行動 network)'를 결성하였고, 이후 많은 여성단체가 정대협과 구체적인 협력을 이루어 나갔다(제10장 참조).

그러나 한국 단체의 민족주의적 경향 때문에 미묘한 갈등이 있기도 했으며, 일본 여성단체의 민족주의 경향은 연대의 파국을 결과하기도 했다. 예컨대 1992년 제1차 아시아연대회의에서 한 일본 여성운동가는 한국에서 민족 문제를 강하게 제기할 경우 함께 연대하기 힘들 것이라고 말한 바 있으며, 1993년 8월 일본 정부의 2차 조사발표에 대한 논평에서 한국의 정대협이 식민지 및 점령지 여성에 대한 차별적 강제동원과 착취를 무시한 일본 정부의 의도를 다그친 데 대해 일본 여성단체들이 부정적인 반응을 보였다. 한편, 1993년 경부터 배상 문제로부터 책임자 처벌의 문제에 눈을 돌리기 시작한 정대협 운동에 대해 적지 않은 일본의 여성단체들이 불편한 마음을 드러냈다. 이미 죽거나 연로한 사람들을 어떻게 처벌할 것이며, 더욱이 최고책임자인 '천황'은 어떻게 될 것인가를 염려하는 것이었다. 이때 나타난 균열은 후에 '국민기금' 문제[24]에 이르러 완연히 파국을 이루었다. 많은 일본 단체들이 국민기금에 동참하고 정대협에 등을 돌리게 되었다.

'종군위안부 문제 우리여성 네트워크(從軍慰安婦問題ウリ女性ネットワーク)'나 '재일한국민주여성회' 등의 재일한국인 여성단체 및 일본 단체에서 개별적으로 활동하는 재일한국인들은 한국과 일본의 단체, 그리고 이 문제 해결을 위해 조직된 북한 단체와의 연결에 중요한 역할을 했다. 한국에서 이 문제를 위한 여성의 활동이 정대협이라는 단일 여성단체로 집중되어 있는 데 비해, 재일한국인 여성들은 여성단체뿐 아니라 다양한 시민단체에서 남성들과 함께 이 문제 해결을 위해 일하고 있는 것을 볼 수 있다. 이것은 재일한국인이라는 이들의 위치가 보다 개방적인 시각을 갖도록 한 때문이라고 해석된다.

한국에서와 마찬가지로 일본에서도 여성단체에서 시작된 운동이 다른 시민단체로 확산되었다. 평화헌법개정반대운동 등을 전개하고 있는 변호사집단, 다양한 지역운동을 하고 있는 지역시민단체(예, '일본군 위안부를 생각하는 모임, 후쿠야마(日本軍慰安婦を考える會, 福山)'), 평화운동을 위한 전국단체(예, '아시아·아프리카·라틴아메리카 연대회의(AALA)') 및 새로 결성된 '일본의 전쟁책임자료센터(日本の戰爭責任資料ヤンター)' 등이 이 문제에 뛰어들고 있다. 일본의 전쟁책임 수행과 재발방지를 위한다는 목표를 표방하고 있는 데서 이들의 지향을 평화주의라고 볼 수 있다. 한편 '도라지회(ききょの會)', '재일위

---

**24** 국민기금에 관해서는 제9장 참조.

안부재판을 지원하는 회(在日の慰安婦裁判を支える會)' 등 피해자를 돕는 단체들은 보편적 인권의 관점에서 여성뿐 아니라 광범위한 남성을 포괄하고 있다. 이들 중 많은 단체가 일본군 위안부 문제에 국한하지 않고 더욱 광범위한 일본의 전쟁책임 문제 해결을 위해 정대협과 관련 없이 독자적으로 운동을 벌이고 있다.

일본을 더욱 나은 사회로 만들기 위해서라는 운동의 동기를 전면에 부각시키는 단체나 개인도 있다. 결국 일본인들의 운동참가에 크든 작든 이러한 동기가 내포되어 있다는 것은 자연스러운 일이다. 그러나 이러한 소위 '진보적' 민족주의를 더욱 직접적으로 내세우는 단체나 개인이 대체로 미묘한 사안에서 한국 단체와 균열을 만들어 온 사실도 볼 수 있다. '국민기금'으로 합류된 단체나 개인들의 성향이 대부분 그러했는데, 그들은 범죄에 대한 책임이행으로서의 정부 배상과 책임자 처벌이 최종적으로 중요하지만, 민간차원에서라도 후원하는 것 자체가 '일본의 양심'을 표현하는 것으로서 중요하다고 생각한다(관계자 면담).

일본 내에서 이와 같은 운동이 다각적으로 확산되어 가는 다른 한편에서는 이 운동에 대한 강력한 반대운동이 형성되어, 오히려 사회 전반에 우경화의 경향이 무서운 속도로 확산되었다. 자유주의 사관운동 또는 더욱 구체적인 실천으로 '새로운 역사교과서를 만드는 모임(新しい歴史教科書をつくる會)'으로 대표되는 이 반대운동은 기존의 우익 운동을 포괄하면서 일본 사회 전체의 보수화를 주도해 갔다. 전쟁책임을 축으로 한 일본의 비판운동과 신민족주의의 대립구

도는 현대 일본 사회운동의 새로운 양상이다.[25]

### 2) 아시아 타 피해국 시민단체의 참가

일본 단체들에 이어 다른 아시아 피해국들에서도 곧 지원단체가 결성되고, 피해자 신고를 받기 시작했다. 가장 먼저 참가하여 지금까지 가장 적극적인 참가를 하고 있는 것이 필리핀 단체이며, 그 다음은 대만 단체이다. 그보다 늦게 중국이 합류하여 연구와 활동이 활발하며, 그 밖에 인도네시아가 간헐적으로 참가하고 있다. 일본군 위안부 문제 해결 운동에 곧바로 참가한 필리핀의 경우 '여성인권을 위한 아시아 센터(Asian Center for Women's Human Rights)' 등 매우 활발하게 국제적 네트워크를 축적해 온 기존의 여성단체가 이 문제를 흡수했다. 한국과 마찬가지로 필리핀에서도 여성 중심으로 운동이 이루어지고 있으며, 2000년 법정 등 특별한 경우 남성 전문가를 참가시키는 방식을 취했다. 필리핀의 단체는 1992년부터 시작된 '아시아연대회의'[26]의 주요 참가자이며, 2000년 12월에 도쿄에서 개최된 2000년 법정에서 국제연대의 책임을 맡은 핵심성원의 하나였다. 필리핀 여성의 피해는 일본의 식민지배 가운데 일어난 것이 아니라 일본의 침략 과정에서 이루어진 것으로서, 대체로 한 여

25 이에 관해서는 정진성, 2001: 제1장과 5장 참조.

26 1992년 8월에 시작된 제1차 회의로부터 2003년 도쿄에서 이루어진 회의에 이르기까지 매년 또는 격년으로 개최되는 회의로, 일본 및 아시아 피해국들이 참가하고 있다. 아시아연대회의에 관한 자세한 기록은 한국정신대문제대책협의회 20년사 편찬위원회, 2014: 84-99 참조.

제4차 아시아연대회의(1996. 5. 28–29)

성이 겪은 피해의 기간이 한국 피해자에 비해 짧으며(International Commission of Jurists, 1994), 일본에 대한 비판이 제국주의·식민주의에 기반한 것이 아니라 전쟁과 직결되어 있다. 이러한 점에서 필리핀 여성의 경우는 국제적 장에서 일본군 위안부 문제를 위치시킨 맥락인 전시하 여성폭력 문제보다 전형적 피해의 유형이다.[27]

대만은 한국과 필리핀의 경우와 모두 다르다. 한국과 같이 일본의 식민지였으나 일본 식민지배의 성격이 다르고, 대만인들의 일본에 대한 의식도 다르다.[28] 징용이 대부분 식민지 조선에 집중하여

27 물론 구 유고, 르완다, 인도네시아 등지에서 일어난 성폭력에 비해 일본군 위안부 문제는 국가의 체계적 개입이라는 점에서 명백히 특수성을 지니는 것이다.

28 일본은 한국에 대하여 비교적 철저한 통합(integration) 정책을 실시하였으며, 따라서 문화적 강제뿐 아니라 경제적 압박도 한국에서 더욱 강했다. 다른 나라의 오랜 피지배를 경험한 대만의 역사도 한국과 다르다. 이러한 제반 차이는 한국인과 대만인들의 반일의식에 큰 차이를 가져왔다. 일제강점기 민족주의 운동이 대만보다 한국에서 훨씬 강했으며, 해방 후 일본에 대한 인식도 대만인의 경우 그

일어났던 것과 마찬가지로 일본군 위안부 강제동원도 주로 식민지 조선에서 이루어졌다. 따라서 피해의 성격은 한국의 경우와 비슷하지만 강도 면에서 큰 차이가 있다. 이런 점 때문인지, 대만의 운동에서는 뚜렷한 페미니즘도 민족주의도 잘 나타나지 않는다. 여기서는 여성 변호사가 중심이 되어 새로운 피해자 원조단체를 만들어 주로 피해자를 돕는 활동을 해 왔으며(대만부녀구원기금회(Taipei Women Rescue Foundation)), 남성 변호사도 적극 참가하고 있다. 정부와도 지속적으로 관계를 맺어 와서, 국민기금을 반대하여 정부가 같은 액수의 지원금을 피해자에게 지원한 것이 한국의 경우보다 앞선 1997년에 이루어졌다. 일본 정부에 대한 비판과 여성피해에 대한 문제의식도 물론 보이지만, 대만의 운동은 전반적으로는 인권의 관점에 선 피해자 원조운동이라고 할 수 있다.

중국의 참가는 다소 늦었는데, 일단 합류한 후에는 매우 적극적이다. 이것은 중국 정부의 태도와 밀접히 연관된 것이다. 초기 전쟁책임을 묻지 않는다는 방침을 세웠던 중국 정부는 내적으로는 이 문제에 대한 연구조차도 억압했다.[29] 그러나 개방 정책으로 경제발전에 성과를 이루면서 자신감을 회복한 중국 정부의 대일본 태도가 변화되면서 연구도 활발해졌다. 흥미롭게도 중국의 운동은 남성 연구자 수즈량(蘇智良) 상하이 사범대학 교수를 중심으로 이루어지고 있다(상하이 위안부 연구센터(Shanghai Research Center on Comfort

---

다지 부정적이지 않다(Gold, 1981; Chung, 1984 등).

29 1990년대 초에 정대협에 매우 조심스럽게 정보를 주고 상황을 물었던 중국 학자가 있었으나, 정부의 탄압이 두렵다며 곧 소식을 끊었다.

Women) 등). 여성들도 다수 참가하고 있으나 기본적으로 중국의 운동은 피해자와 위안소를 발굴하고 그것을 알리는 작업에 집중하며, 그 밖의 활동은 주로 일본, 한국 등과의 연대에 의존하고 있다. 일본군 위안부 문제를 단독으로 다루기보다 난징 대학살 등 다른 문제를 포함하여 전쟁책임 문제 전반의 맥락에서 접근하는 것도 특징적이다. 아시아뿐 아니라 미국에서 이 문제 해결을 위해 활동하는 사람들까지 포함하여 수백 명의 학자, 활동가를 초청하여 2000년 3월 상하이에서 개최한 심포지엄은 중국 운동의 면모를 단적으로 보여주는 것이었다. 중국의 일본군 위안부 문제 운동단체는 2000년 법정에 적극적으로 참가했으며, 이후에도 지속적으로 활동하고 있다.

인도네시아에서도 남성 변호사가 아시아연대회의에 한두 차례 참가했으며, 피해자 신고를 받고 원조활동을 하는 시민단체가 결성되어 있다. 네덜란드, 동티모르 등 피해국 단체들의 참여도 이어졌다.

### 3) 국제 NGO들과의 연대

일본군 위안부 문제에서 일본 정부를 압박한 중요한 요소 중 하나는 국제적 압력이었다. 일본의 우익들이 가장 흥분하는 것은 UN, ILO 등 국제기구와 (아시아가 아닌) 서구 국가들이 일본의 윤리성에 의혹을 제기하는 점이다.[30]

30 예컨대 '새로운 역사교과서를 만드는 모임'의 한 인사는 일본군 위안부 문제로 일본이 세계로부터 비판받는 것을 "복수의 국가가 연합하여 한 나라를 공격하는 새로운 전쟁"이라고 묘사하며 울화를 터뜨렸다(江藤淳, 1998: 102).

정대협 및 일본의 단체가 1992년 처음으로 이 문제를 UN에 제기했을 때, 이에 협력한 단체는 제2차 세계대전 시 일본으로부터 피해를 입은 캐나다의 전쟁포로단체들이었다. 평화주의에 기초하고 있다고 보이는 이 단체들과의 연대는 오래가지 않았다(제6장 참조). 이 운동이 여성의 인권, 특히 전시하 여성침해의 문제로서 일본군 위안부 문제의 성격을 위치지으며 활동을 전개해 가면서 그 단체들과는 멀어지고, 여성단체들과의 연대가 강화되었던 것이다. 때마침 세계의 곳곳에서 일어나고 있던 전쟁과 내란에서 여성피해 문제의 심각성이 드러나면서, 일본군 위안부 문제는 그러한 최근 문제들의 단죄되지 않은 역사적 뿌리로서 주목을 받게 되었다. 정대협은 그러한 문제들을 위해 일하는 단체들과 자연스럽게 연대하게 되었다.

UN을 배경으로 하여 활동을 확대하고 있는 국제법률가협회(ICJ)는 UN에서 1992년 일본군 위안부 문제가 처음 제기되었을 때부터 비상한 관심을 가지고 두 명의 변호사를 한국과 일본, 필리핀에 파견하여 정밀한 조사를 한 후 1994년 보고서를 간행했다. 『위안부: 끝나지 않는 고통(*Comfort Women: Unfinished Ordeal*)』이라는 제목의 이 책은 이 문제의 국제법적 해석에 중요한 기초가 되었다. 정대협이 UN에서 처음 문제제기할 당시 아직 정식 발언권이 없을 때 발언권을 획득해주고 여러 준비 과정을 도운 세계교회협의회(World Council of Churches, WCC)도 중요한 지지 기반이 되었다. 한국의 여성운동은 이러한 연대에 기초하여 인권위원회와 인권소위원회에서 중대한 보고서를 이끌어 냈으며, 그 보고서를 중심으로 연대를 더욱 강화했다. 1996년에 인권위원회의 여성폭력 특별보고관인 라디카 쿠마라스와미(Radhika Coomaraswamy)의 일본군 위안부 문제에 대한 자세한 내용이 포함된 보고서가 제출되었을 때, UN을 기반으로 활동하는 수많은 여성단체가 협력하여 이 보고서를 지지했던 것은 이 문제에 대해 우리 운동단체가 페미니즘에 기초한 국제 NGO와 얼마나 광범위하게 연대하고 있는가를 단적으로 보여 준다.

ILO에서 문제제기를 할 때 세계의 노동조합들과의 연대는 매우 중요하다. 비록 ILO를 벗어나서 이 연대가 지속되지는 않지만, 일본 노동조합의 반대 속에서 한국노총과 민주노총이 계속 문제제기를 하고 ILO 기준적용 전문가위원회(ILO Committee of Experts on the Application of Conventions and Recommendations)로부터 강제노동조약(ILO Convention 29) 위반 판단을 받아낸 것은 이 노동조합들과의 연대가 없이는 불가능했다(제7장 참조).

한편 2000년 법정 준비 과정에서 세계의 수많은 국제법학자와 여성운동가들과의 네트워크가 이루어졌다. 법정의 마지막 날 이루어진 현재의 전시하 여성폭력 문제에 대한 공청회는 여성연맹(Women's Caucus)이라는 국제 NGO가 담당했다(제8장 참조).

운동 초창기에는 다소 거리를 두었던 세계 최대의 국제 NGO인 국제앰네스티(Amnesty International)는 2005년 한국과 일본의 조사에 기반하여 「60년간의 기다림: 일본군 피해자의 정의를 위하여」라는 보고서를 발표했다. 이것은 위안부 국제운동에 큰 불씨를 일으킨 계기가 되었다. 2006년 홍콩에서 열린 국제앰네스티 아태 지역회의에서 일본군 위안부 문제 연대 캠페인이 열렸고, 같은 해 호주에서도 캠페인이 열렸다. 2007년 미 하원 위안부 결의가 통과된 후, 유럽 의회를 비롯한 유럽, 호주에서의 결의 채택은 국제앰네스티와의 연대가 매우 중요하게 작용했다(한국정신대문제대책협의회 20년사 편

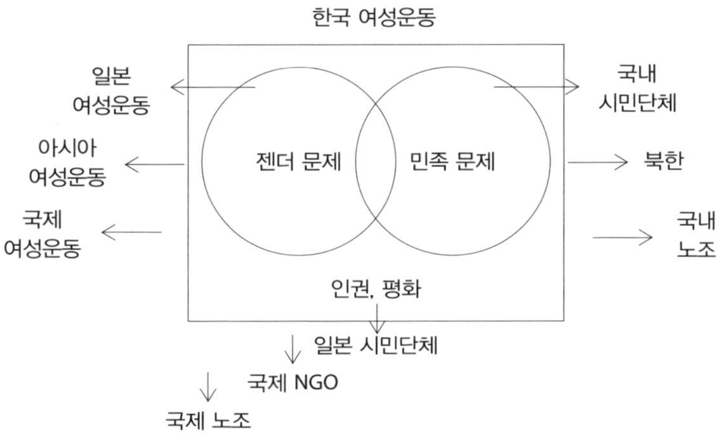


**〈그림 5-1〉 일본군 위안부 문제 해결에 참여한 국내외 단체의 어젠다**

찬위원회, 2014: 1, 21-125).

운동에 관여한 여러 단체들을 〈그림 5-1〉과 같이 정리해 볼 수 있겠다.

# 6. 2000년 법정 이후의 운동

## 1) 교육 및 기념사업의 진전

2000년 법정이 끝난 후 한일 양국의 운동단체들은 기념사업에 힘을 쏟기 시작했다. 일본에서는 법정을 주도했던 여성단체를 중심으로 기념사업이 발전 속도를 냈다. 여성들의 전쟁과 평화자료관(Women's Active Museum on War and Peace, WAM)이 세워져 위안부 관련 자료를 수집·전시하고 있으며, 2013년에는 이 자료관을 운영하는 주체인 전쟁과 여성에 대한 폭력 리서치 액션 센터(VAWW RAC. Violence Against Women in War Net(VAWW-NET)의 후속단체)와 1993년에 설립되어 연구에 집중해 왔던 전쟁자료책임센터 두 단체가 'Fight for Justice: 일본군 위안부-망각에의 저항. 미래의 책임'이라는 웹사이트를 개설하여 위안부 관련 자료들을 보여주고 있다.[31]

설립 초기부터 정대협은 증언집 발간, 연구서 출판과 교육 및 자료관 활동에 힘을 기울였는데, 2000년 법정 이후 여기에 더욱 초점을 두었다. 법정 직후 위안부 관련 활동을 해 온 한일 여성학자들은 위안부 문제의 역사적 규명을 위해서, 한국과 일본의 근현대사를 양국의 관계에 주목하여 여성의 시각에서 다시 서술하여 하나의 책으로 만들자는 데 뜻을 모아 양국을 오가며 협업하여 2005년 한일 양국에서 『여성의 눈으로 본 한일근현대사』를 동시 출판했다.[32] 또한 본격적인 사료관 건립 추진에 들어갔는데, 2004년 건립위원회를 만들어 2012년 5월 5일 마침내 '전쟁과여성인권박물관'을 개관했다.

앞서 언급한 2011년 위안부 소녀상(평화비) 건립도 이러한 맥락에서 이루어진 것이다. 일본 대사관 앞에 소녀상이 건립된 후, 창원 등 한국의 여러 지방과 미국, 일본에도 여러 종류의 기념비가 세워졌다.[33]

---

31 파이트 포 저스티스(Fight for Justice) 홈페이지(http://fightforjustice.info/).

32 일본에서는『ジェンダ-の觀點からみる日韓近現代史』라는 제목으로 출간되었다.

33 전쟁과여성사료관, 전쟁과여성인권센터 건립 등(한국정신대문제대책협의회 20년사 편찬위원회, 2014: 제7장).

수원 평화의 소녀상(정대협 홈페이지 보도자료. 2014. 5. 5)

한국 정부는 1993년에 제정한 '일제하 일본군위안부에 대한 생활안정지원법'을 몇 차례에 걸쳐 일부 개정해 왔다. 2002년에는 법명 자체를 '일제하일본군위안부피해자에대한생활안정지원및기념사업등에관한법률'로 고치고, 피해자에 대한 지원에 더해 기념사업을 할 것을 천명했다. 그에 따라 여성가족부 웹페이지에 e-역사관을 마련하여 운영하고 있으며, 독립기념관 내 위안부 전시관을 확대하였다.

### 2) 2007년 미 하원 결의 통과, 2011년 헌법재판소 판결, 2015년 한일 정부 합의와 운동의 변화

2000년 법정 이후 기념사업으로 기울어졌던 일본군 위안부 운동에 획기를 이룬 것이 2007년 미 하원의 위안부 결의 통과이다. 1990년대에 UN과 ILO에서 위안부 관련 권고안이 나왔고, 2000년 법정으로 국제법적인 정리를 확실히 한 후, 국제 활동이 다소 침체되었을 때, '워싱턴정대위'를 비롯한 미국 동포사회의 노력으로 미 의회에서 위안부 결의안이 가시화되기 시작했다.[34]

미국 의회에서 1997년 민주당의 윌리엄 리핀스키(William Lipinski) 일리노이 주 의원이 일본군 위안부 결의안을 처음으로 발의한 후, 2000년부터 일리노이 주의 레인 에번스(Lane A. Evans) 의원이 다섯 번에 걸쳐 제출했다(2000, 2001, 2003, 2005, 2006). 2006년에는 하원 외교위원회에서 결의안(House Resolution 759)이 가결되었으나, 하원 본회의에 상정되지 못한 채 폐기되었다. 이것을 2007년에 캘리포니아 주의 마이클 혼다(Michael A. Honda) 의원이 이어받아 상정한 것이다. 혼다 의원은 1999년 캘리포니아 주 의회에 일본군 위안부 결의안을 상정하여, 채택되게 한 바 있다(AJR 27).

2007년 1월 혼다 의원은 미 하원 외교위원회(Committee on Foreign Affairs)의 아태환경소위원회(Subcommittee on Asia, the Pacific and the Global Environment)에 결의안을 제출했으며, 2월 15일에는 의회에서 공청회가 열렸다. 2007년 6월 26일 이 결의안(House Resolution 121)[35]은 하원 외교위원회에서 찬성 39표, 반대 2표로 공

---

34 미 의회 위안부 결의를 위한 운동에 관해서는 한국정신대문제대책협의회 20년사 편찬위원회, 2014: 제2부 제3장, 제4장과 제5장 참조.

35 "Expresses the sense of the House of Representatives that the Government of Japan should;
(1) formally acknowledge, apologize, and accept historical responsibility in a clear and unequivocal manner for its Imperial Armed Force's coercion of young women into sexual slavery, known to the world as 'comfort women', during its colonial and wartime occupation of Asia and the Pacific Islands from the 1930s through the duration of World War II;

식 채택되었으며, 마침내 2007년 7월 30일 미 하원에서 만장일치로 통과되었다.

정대협은 이 결의안의 통과를 위해 국제연대활동을 적극 추진했으며, 이것은 이후 국제앰네스티와의 연대 등, 정대협 활동의 새로운 전기를 가져왔다. 2007년 미 하원에서 이 결의가 통과된 후,[36] 유럽 의회, 네덜란드, 호주, 캐나다 등의 국가, 미국의 뉴욕 주 상원, 일리노이 주와 뉴저지 주의 하원과 상원에서 위안부 관련 결의가 채택되었다. 2008년에는 한국 의회에서도 '일본군 위안부 피해자 명예회복을 위한 공식사죄 및 배상촉구 결의안'이 본회에서 통과되었다(한국정신대문제대책협의회 20년사 편찬위원회, 2014: 115-126).

한편 피해자와 지원단체가 한국 헌법재판소(헌재)에 헌법소원을 제기하여, 2011년 위헌 결정을 받아낸 것은 운동의 또 다른 획기적인 계기가 되었다. 2006년 7월 5일 109명의 일본군 위안부 생존자가 '일본군 위안부 피해자에 대한 배상 문제가 1965년 한일청구권

---

(2) have this official apology given as a public statement presented by the Prime Minister of Japan in his official capacity;

(3) clearly and publicly refute any claims that the sexual enslavement and trafficking of the 'comfort women' for the Japanese Imperial Armed Forces never occurred; and

(4) educate current and future generations about this horrible crime while following the recommendations of the international community with respect to the 'comfort women'."

36 마이클 혼다 의원은 미 하원 외교위원회(Committee on Foreign Affairs)의 아태환경소위원회(Subcommittee on Asia, the Pacific and the Global Environment)에 결의안을 제출했으며, 2월 15일에는 의회에서 공청회를 열었다. 2007년 6월 26일에 이 결의안(House Resolution 121)이 하원 외교위원회에서 찬성 39표, 반대 2표로 공식 채택되었으며, 마침내 2007년 7월 30일 미 하원에서 만장일치로 통과되었다.

협정에 의해 소멸되었는지 여부를 해결하지 않고 있는 한국 정부의 부작위가 일본군 위안부 피해자의 기본권을 침해하는지 여부를 묻는' 헌법소원심판 청구서를 헌재에 제출했는데, 헌재는 2011년 8월 30일 한국 정부의 부작위가 위헌이라는 판결을 내렸다. 이것은 한국의 일본군 위안부 문제 해결 운동에 엄청난 영향을 미쳤다. 한국 정부가 일본 정부에 대해 협상을 시작한 것이다(한국정신대문제대책협의회 20년사 편찬위원회, 2014: 209-213). 이전에 명확한 입장을 표현하지 않았던 정부 태도가 변하여 이후의 이명박 정부, 이어진 박근혜 정부가 적극적 해결의지를 표명하다가, 결국 2015년 12월 28일 한일 외교장관 합의에 이르게 된 것이다. 헌법재판소 판결로 한국 정부가 일본 정부에 대해 목소리를 내기 시작하면서 시민운동의 국제적 활동이 크게 늘어났고, 2014-2015년에 UN 산하 여러 기구들에서 일본군 위안부 문제에 대한 논의가 이루어졌다(제6장 참조).

경제, 국방 등 한일 간 여러 현안이 냉각되고 위안부 피해자의 연령이 높아 사망자가 늘어나는 위기감 속에서 2015년 12월 28일 한일 외교장관 회담으로 이루어진 합의는 운동의 방향을 크게 변화시켰다. 언론에 발표된 '한일 외교장관 회담 공동기자회견문'에 의하면, 일본 측 표명사항은 (1) 아베 총리의 사죄와 반성, (2) 재단 설립, (3) 최종적·불가역적 해결이며, 한국 측 표명사항은 (1) 최종적·불가역적 해결, (2) 소녀상에 대한 우려, (3) 상호비난 자제 등으로 요약된다.[37] 이것은 지난 30년 가까이 노력해 온 운동단체와 피해자들에게 큰 허탈감을 안겼다. 아베 총리가 사죄했지만 외무장관

37 『동아일보』 인터넷판, 2015. 12. 28.

을 통해서였고,[38] 재단 설립을 한국 정부에서 맡아야 하며 그 액수가 너무 적다는 점, 그보다 이것이 최종적·불가역적이라는 점은 도저히 수용할 수 없다는 입장이었다. 특히 소녀상 철거 요구 의혹은 수많은 시민들의 공분을 자아냈다. 소녀상을 지키겠다고 젊은 시민들이 혹한을 견디며 밤을 새우는 일도 상당 기간 지속되었다. 『한국일보』와 『요미우리 신문』이 2016년 5월에 시행한 '2016 한일국민의식 공동여론조사'에 따르면 한국인의 73.4%가 합의에 부정적이며, 87.2%가 소녀상 철거에 반대했다. 또한 75.4%가 위안부 논의를 계속해야 한다고 답했다.[39] UN의 특별보고관들도 이 합의에 유감을 표했다.[40] 또한 여성차별철폐위원회는 2016년 3월의 일본 정부 보고서 심의 결과에서 2015년 12월 28일의 한일 외교장관 합의는 그동안 UN의 여러 기구들이 내놓은 권고를 충분히 반영하지 못한 것이며 피해자 중심의 접근이 아니라고 비판하고, 한국뿐 아니라 다른 나라 피해자들에게도 구제조치를 시행하라고 권고했다(CEDAW/C/JPN/CO/7-8, paras. 28-29). 이러한 가운데 수요시위 참가자 수가 폭발적으로 증가했고, 정대협은 수많은 시민들의 지원을 받으며 '정의기억재단'을 설립했다. 향후 이 운동은 합의를 돌이키

---

38 아베 총리는 직접 자신의 목소리로 다시 사죄하라는 민주당 의원의 요구를 거절했다. 나아가 2016년 10월 3일 일본 국회에서 2015년 12월 28일 한일 외교장관 합의에 나오는 자신의 사죄 문구를 편지로 써서 피해자에게 전달할 용의가 "털끝만큼도 없다"고 밝힘으로써 사죄의 진정성이 없음을 내보였다.

39 『한국일보』 인터넷판, 2016. 5. 12.

40 UN rights experts. "Japan/S. Korea: The long awaited apology to 'comfort women' victims is yet to come" (http://www.ohchr.org/EN/NewsEvents/Pages/DisplayNews.aspx?NewsID=1720).

고 위안부 논의를 재개하는 데 초점을 맞추고 있다.

### 3) 연구의 진전과 국제학계의 연대

한일 정부 간 입장 차이가 적나라하게 드러나고 있는 가운데 일본에서는 역사수정주의의 영향이 큰 파급력을 보이고 있었다. 한국에서는 연구자의 수가 늘어나고 이에 따른 사회적 쟁점도 부각되는 다소 혼란된 상황 속에서 운동 차원에 국한되어 있던 국제연대가 연구 영역으로 확대되었다. 특정 연구 주제를 중심으로 국제학술대회나 국제연구프로젝트를 진행하는 것은 흔히 볼 수 있는 것이지만, 여러 나라에서 같은 입장을 가진 학자들이 연대하여 성명서를 발표하는 것은 보기 힘든 현상이다. 이는 일본군 위안부 문제의 운동 과정에서 또 하나의 중요한 국면을 이룬 것으로서 특기할 만하다.

일본 역사학자들로 구성된 학회단체인 '역사학연구회'가 2014년 10월 15일, "정부수뇌와 일부 매스미디어에 의한 일본군 위안부 문제에 대한 부당한 견해를 비판한다"는 성명을 발표했다. 이에 대하여 2015년 5월 5일 주로 미국에서 활동하고 있는 일본 연구자나 역사학자 등 187명이 연명으로「일본의 역사가를 지지하는 성명」이라는 문서를 공표했다. 또한 5월 25일에는 일본 내의 역사학연구회를 포함한 역사학 관련 16개 단체가 "당해 정치인이나 미디어에 대해 과거의 가해 사실 및 그로 인한 피해자와 진지하게 마주보는 것을 재차 요구한다"는 성명을 공표했다.

한국에서 2015년 8월에 개최한 광복 70주년 기념 위안부 문제 국제학술심포지엄도 이러한 연구의 국제연대에 기초하여 이루어진 것이며, 2016년 1월 창립된 '일본군위안부연구회'도 한국과 일본, 미국을 포함한 여러 나라의 위안부 연구자들을 포괄하고 있다.

## 7. 피해자 운동을 넘어서

일본군 위안부 문제 해결 운동이 20년 이상 길어지면서, 운동방식에도 일본 정부에 대한 배상, 처벌, 교육, 기념사업 등의 기존 요구에 다양성이 더해지고 있다. 그중 특기할 만한 것이 피해자운동을 넘어서서, 보다 보편적인 전쟁과 여성폭력에 대한 반대운동과 세계의 피해자들에 대한 지원활동이다. 그리고 이러한 활동을 일본군 위안부 피해자 자신들이 직접 수행하도록 이끌어내고 있는 것이다.

### 1) 전쟁과 여성폭력 반대라는 보편적 지향

앞서 본 대로, 전시하 여성피해 문제라는 보편성과 식민주의라는 역사성이 교차되어 일어난 일본군 위안부 문제의 성격에 따라, 국내에서 여러 시민단체와 협력하고 국제연대를 이루며 문제의 해결을 위해 운동이 전개되었다. 운동을 전개해 가면서 전쟁과 여성폭력 문제라는 더욱 근본적인 요소에 대한 천착이 필요하다는 생각이 깊어지자, 정대협은 2001년 조직 내에 전쟁과여성인권센터를 설립하여 시야를 넓히기 시작했다. 1999년 설립한 전쟁과여성사료관과 2012년 건립된 전쟁과여성인권박물관도 일본군 위안부 문제를 넘어서 전쟁과 여성 문제 전반을 알리고 교육하는 공간으로 삼고자

했다(한국정신대문제대책협의회 20년사 편찬위원회, 2014: 244-258).

정대협 운동은 일본군 위안부 문제의 특수성을 인정하면서도 다양한 여성운동과 연대하기 시작했다. 후술할 2012년 나비기금의 설립은 이러한 운동방향을 더욱 명확히 보여주는 것으로, 세계의 전시성폭력 피해자들을 위해 일하는 것을 목표로 건립된 것이다. 이러한 새로운 연대로 국내에서 대표적인 것이 미군 기지촌 여성들과의 연대이다. 2014년 정대협은 위안부 피해자들과 기지촌 여성들과의 만남을 주선하여 이 두 그룹이 같은 피해자라는 인식을 공유했으며, 2016년 제정한 나비평화상의 첫 수상자로 기지촌여성 지원단체인 두레방, 새움터 햇살사회복지회를 정했다. 해외 전시성폭력 피해자 단체와도 연대하여 2012년부터 콩고 내전 때의 성폭력 피해자 지원 단체를 지원하고 있다.

### 2) 피해자를 주체로 만드는 독창적 운동방식

위안부 운동은 페미니즘과 민족주의를 넘어서 피해자를 주체로 만드는 매우 독창적인 운동방향을 설정했다. 수요시위에는 처음부터 현재까지 피해자 할머니들이 반드시 참여하고 있으며, 정대협 교육관이나 나눔의 집 역사관을 방문하는 학생들에게 할머니들이 직접 강의를 하도록 했다. 이러한 활동들은 할머니들에게 상처를 치유하는 데서 더 나아가 스스로를 적극적인 평화 활동가, 여성운동가로 탈바꿈하게 하는 계기가 되고 있다.

2000년 문명금, 김옥주 할머니는 '한-베 평화역사관' 건립기금으로 7천만 원을 내놓았으며, 이것이 종잣돈이 돼서 평화박물관이 추진되어 2003년 사단법인으로 발족되었다(『한겨레』, 2016. 5. 16). 김복동, 길원옥 할머니는 2012년 3월 8일 세계여성의 날에 일본 정부로부터 법적 배상을 받으면 전시성폭력 피해여성들을 돕는 데 쓰겠다고 밝혔는데, 정대협은 이 뜻을 기려 '나비기금'을 설립했다. 김복동 할머니는 일본 정부로부터의 법적 배상이 나오기도 전에 자신이 모은 돈 5천만 원을 나비기금에 기부했다. 2007년 미 하원 결의안 통과 시에 증언에 나섰던 이용수 할머니를 포함하여 위안부 피해자들은 자신들을 운동가로 규정한다.[41]

## 8. 한일 정부에 대한 요구운동과 한국 정부의 입장

마지막으로 이러한 시민운동에 대한 한일 정부의 태도를 정리해 보고자 한다. 일본 정부의 입장은 제9장에서 자세히 다룰 예정이므로 여기서는 한국 정부에 초점을 맞출 것이다. 일본군 위안부 운동의 가장 중요한 부분은 일본 정부에 대한 요구였으며, 한국 정부에 대한 요구도 명확히 했다. 이 문제가 기본적으로 국가폭력(더욱 구체적으로는 제국의 식민지 민중에 대한 폭력)이므로 문제제기는 1990년대 한국의 시민사회 성장에서 가능했다. 정부에 대한 요구 운동을

41 김복동 할머니는 2015년 서울시로부터 여성상 대상을 받았으며, 국가인권위원회로부터 '2015 대한민국 인권상 국민훈장'을 수여받았다. 서울시에서 대상을 받을 때는 '김복동 여성인권평화운동가'로 불렸다.

전개하면서 시민사회가 성장한 점은 일본군 위안부 운동의 가장 중요한 측면 중 하나다. 처음 이 문제가 사회적 관심을 집중시켰을 때, 적지 않은 사람들이 수치스러운 과거를 왜 끄집어내는가라고 질책했으나, 점차 이러한 목소리는 없어지고 이 문제를 직시해야 한다는 시각이 중심을 이루게 되었다. 이러한 시민사회의 학습은 이 운동의 가장 큰 성취라고 할 수 있다. 일본에서도 이 문제에 대한 인식이 점차 확산되었다고 보인다(제10장 참조). 그러나 시민사회의 지속적인 성장과 달리, 한일 정부 모두 역사적 진실의 규명이나 국제법적 해결보다는 정치적·외교적 '타결'을 향해 움직였으며, 그에 따라 운동과 대립하는 국면이 지속되었다.

일본 정부는 아시아 여러 나라들에서 다수의 피해자가 세상에 모습을 드러내고 일본과 미국 등지에서 공문서가 발굴됨에 따라 정부와 군의 개입 및 위안부 강제연행을 부분적으로 인정했다. 그러나 1952년 샌프란시스코 조약과 일본 및 아시아 국가들 간의 양국 간 조약으로 국제법적 의무는 끝났다는 입장을 견지하고 있다. 1995년 법적인 해결을 회피한 민간모금과 정부지원으로 이루어진 '국민기금'의 발족으로 문제를 종결하고자 했으나, 아시아의 피해자와 지원단체들의 반대에 부딪쳐 실패했다. 이후 후술할 바와 같이 2015년 한일 정부의 합의로 '최종적·불가역적 해결'을 시도하게 되었다. 일본 정부의 입장과 그것을 받쳐주는 우익집단의 주장은 제9장에서 다시 논의할 것이다.

한국 정부는 피해자 지원에는 지속적으로 성의를 보였으나, 법적 해결에 대해서는 애매한 입장을 보였다. 1991년 정대협의 노력으로 7월 18일 박영숙 의원 단독으로 발의된 청원서가 국회에 상정되었다. 청원서에는 정부에서 정신대 문제 조사를 위한 특별대책반을 구성해 줄 것과 독립기념관 부지에 추모비를 건립할 것을 요청하였다. 한국 정부는 1992년 1월 15일 관계 부처 실무자들로 구성된 실태조사위원회를 설치한다는 방침을 발표했고, 1월 24일 17개 부처 실무진이 참여한 '정신대 문제 실무대책반'이 설치되었다.

1992년 1월 16일 미야자와 총리가 한국을 방문했을 때 노태우 대통령은 정상회담에서 일본군 위안부 문제에 대하여 일본 정부가 더욱 적극적으로 진상을 규명하고 그 결과에 따라 응분의 조치를 취할 것을 요청했다. 이에 미야자와 총리는 "종군위안부를 모집하고 위안소를 경영하는 일에 구 일본군이 관여했다는 것은 이제 움직일 수 없는 사실임을 알게 되었다"고 말했다. 그는 국회와 정상회담에서 사과했고, 기자회견에서도 "필설로 다할 수 없는 그분들의 고통에 대해 충심으로 사과하고 반성한다"고 밝혔으며, 하루빨리 진상을 규명하고 적절한 조치를 취하겠다고 말했다(조세영, 2015: 67).

1992년 7월 6일에 일본 정부가 경찰청, 방위청, 외무성, 문부성, 후생성, 노동성의 6개 성·청의 보관 자료를 조사하여 보고서를 발표했다.[42] 가토 고이치(加藤紘一) 관방장관은 모집 과정의 강제성은 인정하지 않았고, 보상 문제는 한일협약으로 해결되었다는 입장을 발표했다. 한국의 정신대 문제 실무대책반은 1992년 7월 31일에 「일제하 군대위안부 실태조사보고서」를 발표했다.[43] 중간보고서라는

42 1992년 7월 6일 내각관방내각외정심의실에서 발표한 「朝鮮半島出身のいわゆる從軍慰安婦問題について」.

43 1992년 7월 31일에 한국 정부의 정신대문제실무대책반은 「일제하 군대위안부 실태조사」 중간보고서를 발표했다. 이후 최종보고서는 나오지 않았다.

부제를 달았지만 이후 다른 보고서가 나오지는 않았다. 이 보고서는 새로운 사실 발굴이나 법적인 해석이 별로 없이 내용이 풍부하지 않아서 시민사회로부터 비판을 받았으나, 이후 현재까지 한국 정부가 견지하는 입장을 명확히 한 것으로, 2015년 한국 정부가 백서 작업을 하는 과정에서 정부 입장의 주요 틀로 받아들였다고 한다.

역대 한국 정부는 일본 정부에 대하여 명확한 입장표명을 하지 않았으나, 피해자 지원에는 힘을 기울였다. 김영삼 정부는 1993년 3월 13일 '도덕적 우위에 선다'며 일본 정부에 금전적 배상 요구는 하지 않고 피해자는 우리 정부가 직접 지원한다고 밝혔다. 대신 일본 정부에 진상규명과 역사교육은 요구했다. 1993년 5월 18일, 임시국회에서는 정부가 마련한 '일제하 일본군위안부에 대한 생활안정지원법안'이 통과되었고, 이 법에 따라 일본군 위안부 생존자를 대상으로 생활보호법에 의한 생활보호와 의료보호법에 의한 의료보호를 하는 외에 생활안정지원금 500만 원을 지급토록 하였고, 원할 경우 영구임대주택 입주 우선권을 부여하였다.

한편 일본 정부는 1993년 8월 4일 앞서 언급한 6개 성에 더해 법무성, 국립공문서관, 국립국회도서관, 미국 연방 정부 기록보존소의 보관자료 조사와 피해자 면담결과를 정리·발표했다. 그러나 일본 정부는 여전히 최소한의 자료만을 공개할 뿐 중요한 부서의 자료는 공개하지 않고 있다.[44] 여기서 일본 정부는 강제연행을 인정했으나, 그 대부분이 민간업자에 의한 것이고 "관헌이 가담한 경우도

44 방위청 자료 중 상당 부분, 경찰 자료, 노동성·후생성·재무부 등의 자료가 비공개이며, 척무성·내무성 자료도 거의 나와 있지 않다(吉見義明, 1993).

있었다"고 하여 강제연행의 주체를 어디까지나 정부는 아닌 것으로 결론지었다. 이 결과에 입각하여 고노 요헤이(河野洋平) 관방장관은 이러한 행위가 자신의 뜻에 반하여 일본군 위안부가 된 많은 여성들의 명예와 존엄성을 심각하게 훼손시켰다고 사죄했으며, 호소카와 모리히로(細川護熙) 총리도 제2차 세계대전이 침략전쟁임을 인정했다(1993. 8. 10). 이에 한국 정부는 일본군 위안부 문제를 한일 간의 외교현안으로 더 이상 제기하지 않는다는 방침을 밝혔다. 그러나 1995년 일본 정부가 법적인 해결을 회피한 국민기금으로 이 문제를 종결하고자 하고 피해자와 지원 단체들이 강력 반발하자 우리 정부도 반대 입장을 취했다.

김대중 정부는 1998년 1월 6일 국민기금이 『한겨레』와 『한국일보』에 전면광고[45]를 낸 것에 항의하고 위로금 지급 중단을 요구했다. 또한 국민기금에 반대하여 우리 정부에 지원을 요청한 운동단체의 요구를 받아들여 국민기금에 상응하는 보상금 지급을 하게 되었다. 당시 국민기금은 피해자 1인당 약 4,300만 원이었는데, 정부는 여기서 일시금 초기 지급 500만 원을 별도로 하여 3,800만 원을 지급할 것을 1998년 4월 21일 국무회의에서 의결했다. 이어 5월 7일에 정대협에서 모금·지급한 650여만 원을 제외한 3,150만 원을 정부에 신고한 피해자들에게 일괄적으로 지급했으며, 그 후 신고한 피해자들에게도 이 액수(3,800만 원)를 지급하고 있다(윤미향, 2007).

여기서 주목할 지점은 정부가 일시금을 지급하면서 피해자들에

45 한국의 일본군 위안부 피해자들에게 일본 총리의 사과편지와 함께 위로금과 의료복지지원금으로 500만 엔을 지급한다는 내용.

게 다음과 같은 각서를 받았던 것이다. 이 각서는 한국 정부가 일본 정부의 법적 배상을 회피하는 일본 정부의 어떠한 조치에도 반대한다고 하는 명확한 입장을 강력하게 표명한 사례이다.

> 상기 본인은 대한민국 정부가 일제하 일본군 위안부 피해자의 생활안정을 위해 지급하는 4,300만 원의 지원금을 다음 조건하에서 수령합니다.
>
> 1. 금후 일본의 '여성을 위한 아시아 평화 국민기금' 등으로부터 금전을 수령치 않을 것임.
> 2. 위에 반하여 일본 '기금' 등으로부터 금전을 수령할 경우, 이를 '한국정신대문제대책협의회'를 통하여 일본 측에 반환함.
>
> 여성가족부 장관 귀하

그러나 1998년 10월 8일 김대중 대통령과 오부치 게이조(小渕惠三) 총리가 '21세기의 새로운 한일 파트너십 공동선언'을 이룸에 따라 일본군 위안부 문제는 수면 밑에 가라앉았다.[46]

이후 교과서 문제 등으로 갈등이 있을 때마다 과거사 문제 전반을 포괄적으로 언급하는 데 위안부 문제가 포함되었다가, 다시 정치적으로 '안정적' 한일 관계로 돌아가는 것을 반복하던 중, 2005년 한일청구권협정 문서를 공개하면서 변화에 부딪쳤다. 노무현 정부는 문서 검토 결과 일본군 위안부 문제, 사할린 동포 원폭피해자 문제는 1965년 청구권협정에 포함되지 않았다고 결론내었다. 그러나 이때도 일본 정부에 배상을 요구하지는 않았다.

---

46 UN 등 국제사회에서도 우리 정부는 위안부 문제를 언급하지 않았다.

앞서 언급했듯이 법적 책임을 확인하고도 책임추궁을 하지 않는 모순에 대하여 2006년 위안부 피해자 109명이 헌법재판소(헌재)에 한국 정부를 제소했다. 2011년 헌재가 정부의 부작위는 피해자들의 기본권 침해라고 판결하자 이명박 정부는 곧바로 '일본군 위안부 문제 해결을 위한 태스크포스'를 구성했다. 2011년 12월 14일 1,000회 수요시위를 맞아 시민단체들이 일본 대사관 앞에 소녀상을 건립했을 때, 일본 정부는 유감을 표하고 철거를 요구했다. 우리 정부는 이에 대해 민간단체가 한 것이므로 정부가 관여할 수 없다고 답했다. 이명박 대통령은 12월 18일 교토에서 열린 한일정상회담에서 노다 요시히코(野田佳彦) 총리에게 위안부 문제 해결을 촉구했으나, 노다 총리는 법적 해결은 끝났다고 답하고 소녀상 철거를 요구했다. 이 대통령은 일본의 성의 있는 조치가 없으면 제2, 제3의 소녀상이 설립될 것이라고 대응했다. 2012년 3월에 방한한 사사에 겐이치로(佐佐江賢一郎) 외무사무차관이 '(1) 주한 일본 대사가 일본군 위안부 피해자를 방문·위로한다, (2) 일본 총리가 일본군 위안부 문제에 대한 심정을 표명한다, (3) 일본 정부예산을 통하여 인도적인 조치를 취한다'는 내용의 소위 '사사에 제안'을 비공식적으로 제시했으나, 한국 정부는 일본의 국가책임 인정이 필요하다면서 이를 거부했다. 피해자와 지원 단체들도 이를 반대했다.

헌재 판결과 더불어 시민운동과 정부에 모두 중요한 영향을 미친 강제징용 노동자에 대한 대법원 판결이 2012년 5월 24일에 이루어졌다. 대법원은 강제징용 피해자들이 미쓰비시 등 일본 기업을 상대로 낸 소송에서, 일제의 식민지 강점을 불법으로 간주하고, 불법으로 강제된 징용노동자가 일본 정부와 기업을 상대로 갖는 손해배상청구권은 한일협정으로 소멸되지 않았다고 판결한 것이다.[47] 최악의 상황으로 간 한일 관계를 타계하기 위한 한일 정부 간의 노력이 결실을 보지 못한 채, 박근혜 정부로 문제가 이어졌다.

박근혜 대통령은 2014년 '일본군 위안부 문제가 한일 관계 새 출발의 첫 단추'[48]라며 올바른 해결의지를 보였으며, 시민단체들도 매우 고무되어 운동과 더불어 연구도 크게 활성화될 조짐을 보였다. 그러나 일본 정부가 법적 해결은 끝났다는 입장을 절대 양보하지 않는 상태에서 마침내 2015년 12월 28일 한일 외교장관 합의에 이르렀다. 앞서 언급했듯이, 이 합의는 일본 정부는 '(1) 아베 총리가 사죄와 반성의 뜻을 표명한다, (2) 10억 엔을 일본 정부가 출자하여 한국 정부가 재단을 설립하고 관리한다, (3) 이것으로 최종적·불가역적 해결을 하며 앞으로 상호비판을 자제한다' 등이며, 한국 정부는 '(1) 이것을 최종적·불가역적 해결로 한다, (2) 소녀상에 대해 우려하여 적절한 해결 방안을 모색한다, (3) 국제사회에서 상호비난을 자제한다' 등의 내용이다.[49] 시민단체들은 격렬하게 반대하고 있으며, 반대의견이 시민사회에서 더욱 확대되고 있다. 소녀상 철거가 합의문에 포함되어 있는 데 충격을 받은 시민들이 자체적으로 소녀상 주변을 지키는 새로운 양상의 운동도 출현했다.

---

47 김창록, 2015 참조.

48 2014년 10월 24일 한일의원연맹 대표단 접견 시. 조세영, 2015: 76에서 재인용.

49 기자회견문(『동아일보』 인터넷판, 2015. 12. 28).

제6장

# 국제연합(UN)에서의 일본군 성노예 문제

## 1. 일본군 성노예 문제의 국제화

1980년대 말 오랜 침묵 끝에 일본군 위안부 문제가 우리 사회의 전면에 부상되었다. 그러나 사실 엄청난 규모의 여성에 대한 인권유린이었던 이 문제가 그동안 완전히 매장되어 있던 것은 아니었다. 이 문제는 해방 후 지속적으로 한국과 일본에서 논의되어 왔으며, 1970년대 들어서는 저술이나 영화를 통해 표출되기도 했다. 다만, 사회적 관심에서 도외시되어 왔던 것이다. 그 배경에는 안으로 우리 사회의 가부장제와 억압적 정치구조, 밖으로 비정상적인 한일 관계와 세계의 냉전체제 및 미국의 동아시아 정책 등이 두텁게 깔려 있었다. 1980년대 말부터 이루어진 한국 사회의 민주화 및 여성운동의 확산 등에 힘입어 이 문제가 그 벽을 뚫고 나왔을 때, 우리는 일본 정부가 이 문제를 올바로 풀어 갈 것을 기대했다.

그러나 이 문제의 존재 자체를 부정하는 일본 정부에 대하여 문제 해결을 요구하는 데 한계를 느낀 한국의 여성단체는 UN 인권기구로 이 문제를 가져갔다. 아직도 전반적으로 한국의 사회운동이 국제사회로 눈을 돌리지 않고 있는 상황에서, 그것은 매우 선구적인 발상이었다. 사실상 이미 세계의 사회운동은 초국적(transnational) 방향으로 빠르게 변화하고 있었으며, 인권규범은 세계화되어 어느 한 국가가 그것을 어겼을 때 국제사회의 비난을 면치 못하는 경우가 허다해졌다. 정대협이 이 문제를 UN에 제기한 것은 이미 이러한 국제사회의 분위기에 대한 이해에 기초한 것이었다. 정대협은 국제사회에 다시는 이러한 여성인권유린이 일어나서는 안 된다는 점을 강조하였고, 때마침 르완다, 구 유고 등지에서 일어난 전시하 여성인권침해 문제와 이 문제를 연관시키며 국제사회에 공감대를 형성해 나갔다.

UN에서 이 문제는 국제사회의 주목을 받으며, 여러 중요한 국제법적 판단과 권고를 이끌어 냈다. 결국 일본 정부가 UN 인권기구들의 권고를 끝내 무시하고 있는 상황이 지속되고 있기는 하지만, 국제사회의 압력은 이 문제의 해결에 있어 다른 많은 발전을 이끌었다. 국제사회에 여성에 대한 폭력, 전시하 여성인권침해 문제 및 불처벌(impunity) 문제에 중요한 준거를 제시하면서, 국내 시민운동에도 국제인권규범과 UN 인권 메커니즘의 활용이라는 중요한 운동방식을 제시하게 되었다.

이 장은 인권소위원회에서의 일본군 위안부 논의를 중심으로 UN의 기록들과 필자의 직접 참여경험을 참고하여 정리한 것이다.

## 2. UN의 인권 관련 기구

제1차 세계대전 후 약소국의 안전을 보장해야 할 필요성을 느낀 세계가 국제연맹을 만들었고, 제2차 세계대전 시 인간의 대량 살육을 경험한 세계는 다시 더욱 강력한 인권기구로서 UN을 설립했다. 그러나 1990년대 들어 세계화(globalization)가 본격적으로 진행되고 국가 간 격차가 걷잡을 수 없이 확대되면서 민족갈등이 곳곳에서 불거지자, 세계정부(international regime) 또는 세계통치(global governance)에 관한 논의가 심도 있게 진전되기 시작했다.[1] 정치나 경제의 영역에서보다 인권의 영역에서 세계정부라는 규범은 가장 효과적인 형태로 부각되었으며, 이는 강대국 중심의 국가 간 체제나 브레턴우즈(Bretton Woods) 체제 이후의 세계 경제체제에 대항하는 것이기도 하다.

이러한 논의들이 실천적인 대안을 모색하는 과정에서 다시금 UN으로 관심이 모이고 있는 것은 매우 흥미롭다. UN이 올바른 세계통치의 효과적 기구가 되기 위하여 여러 제도개혁을 모색할 것이나, 국가 중심이라는 기본체제에 NGO의 참여를 대폭 늘릴 것이 논의되고 있다. 세계 여러 지역에서 지역 인권기구나 국가 인권기

1 세계통치는 다소 규범적이고 느슨한 조직을 상정하고 있는 것으로서, 그것은 한편으로 세계정부라기보다는 세계시민사회의 이상을 표상하고 있는 것이기도 하다. 'governance'는 그 기원이 'government'와 동일하나, 지난 세기에 확산되었던 여러 다양하고 흩어져 있는 의사-정부(quasi-government)들의 집단적 영향을 설명하기 위해 편의적으로 사용되기 시작한 개념이다(Brown, 2001: 130). 세계정부란 국가들에 의해 받아들여진 규범과 의사결정 과정들로서 특정 영역에서 구속력을 가지는 것이라고 정의된다(Donnelly, 1989: 205).

구 등이 UN과 관련을 맺으며 점차 정비되고 있는 것도 주목할 만하다. 그것은 인권기구뿐 아니라 세계무역기구(WTO), 국제금융기구(IMF) 등을 포함한 경제적 기능기관(functional agencies) 및 안전보장이사회(Security Council) 등의 정치적인 사안을 다루는 기관까지를 포괄하는 UN의 막강한 영향력을 실감하게 한다. 그러나 UN이 가지고 있는 국가 중심 및 강대국 중심의 한계 또는 강제력의 한계 등을 어느 정도 안고 가야 한다는 점도 짚어 보아야 할 것이다.

국제사회에서 인권에 관한 규범(norm)이 구체적인 정치적 실체(political reality)로 이행되는 데 UN은 결정적인 역할을 수행해 왔다. 실제로 '인권에 관한 세계정부(human rights regime)'가 실체를 갖추고 그 침해행위에 대하여 어떠한 기준을 부과할 수 있게 된 것은, 많은 결함에도 불구하고 UN이 존재했기 때문이라고 할 수 있다(Apodaca, et al., 1998: 186). UN의 인권 관련 기관은 대체로 다음의 몇 그룹으로 나뉜다. 첫째, 경제사회이사회(Economic and Social Council, ECOSOC) 내에 설치된 위원회로서, 인권위원회(Commission on Human Rights), 여성지위위원회(Commission on the Status of Women, CSW), 범죄예방 및 형사법위원회(Commission on Crime Prevention and Criminal Justice, CCPCJ) 등이 있다. 인권소위원회는 바로 이 인권위원회에 소속되어 있으며, 몇 개의 실무회의(Working Group)를 하부조직으로 두고 있다. 뒤에 논의할 위원회들이 조약 비준국들에 대해 조약의 이행·감시를 주요 임무로 하고, 전문기구들이 노동, 건강 등 특정 이슈에 논의를 국한하는 것에 비해, 인권위원회 및 인권소위원회는 포괄적이고 집중적으로 전 세계의 모든 인권 문제를 다루며 세계인권체계의 중심을 이루고 있다. 총회나 인권

최고대표회의(Office of the High Commissioner for Human Rights)에서 인권 문제를 포괄적으로 다루지만, 인권위원회 및 인권소위원회의 실질적 논의에 기초하는 것이다. 인권위원회는 인권의 중요성에 대한 국제사회의 인식 확대에 따라 2006년 인권이사회(Human Rights Council)로 격상되었다. 그에 따라 인권소위원회도 인권이사회자문위원회(Human Rights Council Advisory Committee)로 새롭게 개편되었다.

둘째, 인권 관련 조약의 이행을 감시하는 위원회로서 주요 인권 관련 조약을 다루는 시민적·정치적 권리위원회, 경제·사회·문화적 권리위원회, 인종차별철폐위원회, 여성차별철폐위원회, 아동권리위원회, 고문금지위원회, 이주노동자조약위원회, 장애인권리위원회, 강제실종위원회 등이 있어서, 이 조약에 가입하고 있는 국가들은 정기적으로 위원회에 보고서를 내도록 되어 있다.

특정 사항에 집중하는 ILO, 세계보건기구(WHO), UN 교육과학문화기구(UNESCO) 등의 전문기구(specialized agency) 및 총회 산하의 기금 또는 프로그램인 UN 아동기금(UNICEF), 그리고 UN 난민고등판무관실(Office of the UN High Commissioner for Refugees) 등이 있다. 또한 UN 세계대회(world conference)를 통해 집중적으로 특정 인권 문제를 토의하는데, 1993년 비엔나에서 열린 세계인권대회, 5년마다 열리는 세계여성대회, 2001년부터 매년 남아프리카공화국에서 열리고 있는 반인종주의 세계회의 등이 그것이다. 무엇보다 중요한 기관은 역시 총회로서, 경제사회이사회의 권고에 따라 인권 관련 사항을 심의하고 조치를 취한다. 이 밖에 UN 내의 인권기관들을 총괄·조정할 임무를 부여받고 1994년에 설립된 UN 인권고등판무관실이 있다(Apodaka, et al., 1998: 196-203; 주성수 외, 2000: 91-96).

일본군 위안부 문제는 1992년부터 실무그룹-인권소위원회-인권위원회에서 제기되는 한편, 시민적·정치적 권리위원회, 여성차별철폐위원회 등의 조약기구에서도 논의되었으며, 비엔나 세계인권대회, 세계여성대회와 인권고등판무관실, ILO 등 거의 모든 UN의 기구에서 논의되고, 일본 정부에 대한 강도 높은 권고를 포함한 보고서들이 산출되었다.

UN의 기관도 아니고, 정부나 개인 전문위원처럼 UN 인권기구의 정식회원은 아니지만, 그에 못지않게 중요한 역할을 수행해 왔으며, 그 중요성이 최근 더욱 강조되고 있는 NGO에 관해 부언해야 할 것이다. UN 헌장은 경제사회이사회가 NGO와 협의할 수 있는 권한을 부여했다(71조). 경제사회이사회가 규정하는 일정한 자격을 갖춘 NGO[2]는 협의지위(consultative status)를 갖게 되며, 인권위원회와 인권소위원회를 포함한 경제사회이사회 내의 회의에 참가하고, 서면 의견서나 구두발언을 할 수 있다.

2 경제사회이사회는 ECOSOC1296(1968)에서 NGO를 정부 간 협의에 의해 만들어진 단체가 아니라고 규정하고, NGO는 경제·사회적 영역의 활동목적을 가져야 하고 폭력사용을 옹호하거나 정당을 대변해서는 안 되고 국제적인 성격을 가져야 한다는 자격규정을 하고 있다. NGO는 경제사회이사회에 예산과 자금출처에 관한 자료를 제출해야 한다(Apodaca, et al., 1998: 199-200).

## 3. 인권소위원회에서의 일본군 성노예 문제

인권이사회(2006)와 인권이사회자문위원회(2007)로 개편되기 전까지 인권위원회[3]와 인권소위원회[4]는 밑으로 실무회의[5]의 연결고리를 가지는 경제사회이사회 내의 기관이었다. 따라서 인권위원회, 인권소위원회 및 실무회의에서의 논의는 서로 밀접한 관련을 가지면서 진행되었다. 그러나 이 세 기구의 관계가 형식상의 구조와는 달리 실제로는 엄격한 상하 위계구조 및 연결을 가지는 것이 아니고 개별적으로 움직이거나 논의가 중첩되는 경우가 많으므로, 일본군

---

3 인권위원회는 1946년 경제사회이사회의 결의에 따라 설치되어 1947년 첫 번째 회기를 가졌다. 53개국 정부대표로 구성된 인권위원회는 그 첫 번째 회의에서 여러 인권 문제들에 대한 분석과 권고를 위하여 전문가로 구성된 소위원회를 설치할 것을 제안했다. 이때 3개의 소위원회가 설치되었는데, 여성의 권리를 위한 소위원회, 정보와 신문(press)의 자유를 위한 소위원회 및 소수집단의 차별방지와 보호를 위한 소위원회(Sub-Commission on Prevention of Discrimination and Protection of Minorities)가 그것이다. 그중 여성의 권리를 위한 소위원회는 여성지위위원회로 발전되어 나갔고, 정보와 신문의 자유를 위한 소위원회는 1952년에 폐지되었다. 따라서 애초에 글자 그대로 소수집단의 권리에 집중했던 인권소위원회는 인권위원회 산하의 단 하나의 소위원회로 남아 인권 문제 전반에 관하여 인권위원회에 연구와 분석에 기초한 제안을 하는 포괄적 인권기관으로 자리 잡게 된 것이다. 1999년에 경제사회이사회가 인권소위원회의 이름을 '인권증진과 보호를 위한 소위원회(Sub-Commission on the Promotion and Protection of Human Rights)'로 바꾼 것도 그러한 배경에서였다.

4 정부가 구성원인 인권위원회에 비하여 26명의 개인 전문가로 구성된 인권소위원회는 각 국가의 이해 관계(national interests)에서 벗어나 비교적 독립적으로 인권 문제에 접근할 것을 기대할 수 있다.

5 현대형 노예제 실무회의(Working Group on Contemporary Forms of Slavery)를 비롯하여 소위원회 회기 전 및 회기 중에 열리는 몇 개의 실무회의를 하부기관으로 두고 있어서 소위원회에서 다루는 여러 인권 문제를 보다 심도 있게 미리 논의한다. 이와 같이 대체적인 논의의 구조는 실무회의-인권소위원회-인권위원회-경제사회이사회-총회의 사이클이다(Hannum, 1965: 61).

위안부 문제도 세 기구에서 각기 다른 맥락의 논의가 이루어졌다.[6] 1992년, 일본군 위안부 문제가 거의 비슷한 시기에 위 세 기구에 각기 제기되었으며, 그 후 1996-1998년경 인권위원회와 인권소위원회에서 각기 매우 중요한 보고서를 제출했다.

### 1) 인권소위원회에 문제제기: 1992년

한국과 일본의 시민단체가 UN에서 활동하기 시작했을 때, 처음 목표했던 것은 UN에 '구 유고 전범법정(International Criminal Tribunal for the Former Yugoslavia)'과 같은 법정을 일본군 위안부 문제 해결을 위해 세우는 것이었다고 보인다. 그러나 결국 인권위원회와 인권소위원회 및 현대형 노예제 실무회의에 이 문제와 관련하여 결의안을 채택하도록 한 것과 특별보고관을 임명하여 보고서를 제출하도록 활동한 것으로 일단락지었다.

UN에서 일본군 위안부 문제는 한국과 일본의 시민단체에 의해 개별적으로 제기되었다. 한국의 정대협은 일본 정부의 성의 없는 태도에 실망하고 UN에 이 문제를 제기할 것을 결정한 후 여러 자문을 얻어 1992년 8월 처음으로 인권소위원회에 참석했으며, 협의지위를 갖고 있는 세계교회협의회(World Council of Churches)의 이름으

---

6 이러한 논의의 구조는 인권소위원회가 인권위원회 밑에 존재하는 단 하나의 소위원회라는 점 때문에, 종종 인권위원회와 기능과 활동이 중첩되는 결과를 초래한다. 2000년부터 이루어진 인권소위원회의 기능축소는 이러한 구조적 문제로부터 이미 예고되고 있었다. 2000년 인권위원회는 그 전까지 4주간 진행되었던 인권소위원회의 기간을 3주로 단축하고, 그때까지 인권소위원회의 논의영역이었던 국가별 인권침해사항에 대한 논의(1503 procedure)를 인권위원회로 이관시켰다.

UN 인권소위원회에서 기자회견하는 정대협(1992. 8. 18)

로 일본군 위안부 문제에 관하여 구두발언을 했다. 한편 일본의 시민단체는 같은 해 2월 인권위원회에, 그리고 5월에는 현대형 노예제 실무회의에서 강제연행 노동자 문제와 함께 일본군 위안부 문제를 제기한 상태였다. 서로 모른 채 UN에서 문제제기를 시작한 이 두 단체는 이후 협력하여 현대형 노예제 실무회의-인권소위원회-인권위원회에 참가하면서 활동했다.

1992년 인권소위원회에서 정대협은 '현대형 노예제'와 '중대한 인권침해의 피해자에 대한 배상'이라는 두 의제에서 각기 구두발언을 했으며, 기자회견과 NGO 설명회를 열고 국제사회에 호소했다. 또한 인권소위원회 위원들에게 로비 활동을 했으며, 이미 작업을 진행하고 있던 '중대한 인권침해의 피해자에 대한 배상' 문제 특별보고관에게도 로비 활동을 하여 한국 초청에 성공했다.[7] 결과는 곧바

7 1992년 11월 정대협은 배상 문제 특별보고관인 테오 반 보벤(Theo van Boven)

로 나타나서, 이미 현대형 노예제 실무회의에서 제기해 놓은 배상 문제에 관한 내용을 포함한 결의안이 인권소위원회에서 통과되었으며,[8] 배상 문제 보고관은 다음 해 보고서에 일본군 위안부 문제에 관한 정보를 입수하여 반영하겠다고 발언했다.[9]

처음 이 문제를 인권소위원회에 제기했을 때, 한국과 일본 시민단체는 이것을 단순히 인권침해의 문제로서 국제사회에 알리고 일본 정부에 적절한 조치를 취할 것을 요구하는 데 목표를 두었다. 따라서 이때 정대협은 한편으로 일본의 전쟁 중 강제연행 문제를 다루는 일본의 시민단체 및 재일단체, 북한의 단체, 그리고 제2차 세계대전 시 일본에 의해 피해를 입은 캐나다 전쟁포로단체들과도 폭넓게 연대했다.

### 2) 전시하 여성인권침해 문제에 관한 결의안 채택: 1993-1999년

1993년부터 1999년까지 인권소위원회에서의 활동은 일본군 위안부 문제를 '전시하 조직적 강간, 성노예제 및 그와 유사한 관행(systematic rape, sexual slavery and slavery-like practices during armed

---

교수를 초청하여 "국제인권협약과 강제종군위안부"라는 제목의 세미나를 개최했다.

8 현대형 노예제에 관한 결의안(E/CN.4/Sub.2/1992/L.3)에는 "전쟁 중 매춘을 강요당한 여성들의 실태에 관해 인권소위원회와 실무회의에서 입수한 정보를 배상 문제담당 특별보고관에게 제출할 것을 사무총장에게 요청한다"는 내용이 포함되어 있다.

9 논의에 관해 구체적인 인물 및 더욱 자세한 내용을 위해서는 신혜수, 1997: 363-369 참조.

conflict)'이라는 범주로 위치짓고, 이 제목하에 특별보고관을 임명하여 보고서를 제출하도록 하는 활동에 초점이 맞추어졌다. 이후 이 문제의 성격 및 연대의 범위까지 규정한 전시하 여성인권침해로서의 성격규정은 사실상 처음부터 의도한 것은 아니었다. 1993년 인권소위원회에서 한국과 일본의 시민단체는 앞서 언급한 배상 문제 특별보고관인 테오 반 보벤(Theo van Boven)을 일본군 위안부 문제에 관한 특별보고관으로 임명하도록 하는 로비 활동을 시도했다(신혜수, 1997: 374). 만약 이 활동이 순조롭게 진행되었더라면, 일본군 위안부 문제는 일반적인 인권침해 문제로서 배상에 초점이 맞추어진 채 논의되었을지도 모른다. 로비 활동에 참여했던 시민운동가에 의하면, 당시 반 보벤의 사정이 여의치 않아 인권소위원회의 미국 위원인 린다 샤베츠(Linda Chavez)를 교섭하면서, 배상보다는 때마침 국제사회를 충격에 몰아넣었던 보스니아 사태 등을 고려하여 전략적으로 전시하 성적 노예제의 문제를 다루도록 방향을 잡았던 것이라고 한다. 1993년 마침내 인권소위원회에서 샤베츠를 특별보고관으로 하여「전시하 조직적 강간, 성노예제 및 그와 유사한 관행」이라는 제목으로 특별보고서를 내도록 하는 결의안이 채택되었다(E/CN.4/Sub.2/1993/L.12/Rev.1). 인권소위원회의 이 결의안은 다음 해인 1994년 인권위원회에서 부결되었으나, 인권소위원회는 소위원회 차원의 '연구'보고서를 내도록 하는 결의안을 채택했다. 인권소위원회에서는 1995년에 샤베츠의 연구보고서를 받은 후(E/CN.4/Sub.2/1995/38) 다시 그를 특별보고관으로 임명하는 결의안을 채택했으며, 결의안은 다음 해 인권위원회에서 마침내 통과되었다. 1996년에 1차 보고서를, 1997년에 최종보고서를 내기로 되어 있던 샤베츠 위원은 한국, 필리핀, 일본을 방문하여 1996년 1차 보고서를 제출한 후(E/CN.4/Sub.2/1996/26), 위원직에서 탈락함으로써 보고서 제출을 중단했다(신혜수, 1997: 372-376).

1997년 인권소위원회에서는 새롭게 전시하 성노예제 문제에 관한 특별보고관을 미국의 부대표인 게이 맥두걸로 하는 결의안을 채택했으며, 맥두걸 보고관은 1998년에 같은 제목으로 보고서를 제출했다(E/CN.4/Sub.2/1998/13). 이 보고서는 후술할 1996년 인권위원회에 제출된 여성폭력 문제 특별보고관 라디카 쿠마라스와미의 보고서와 함께, 성노예제 문제에 관하여 획기를 이룬 성과이다. 이 보고서는 '전시하 조직적 강간, 성노예제 및 그와 유사한 관행'에 관한 이론적인 논의를 한 후, 「제2차 세계대전 중에 설립된 위안소에 대한 일본 정부의 법적 책임 분석」이라는 제목의 부록(Appendix)에서 일본 정부의 배상책임뿐 아니라 이 문제에 책임이 있는 개인의 형사책임까지도 묻는 매우 정밀한 연구이다. 또한 국민기금(Asian Women's Fund)이 위로금이지만 공식적 법적 배상은 결코 아니므로 다른 적절한 메커니즘을 만들어야 함을 강조했다.

### 3) 인권고등판무관실의 연례보고서를 위한 결의안 채택: 1999-2006년

1996년을 정점으로 인권위원회 보고서의 목소리는 점차 약화되었고, 결국 2003년 최종보고서를 끝으로 새로운 전망을 기대하기 힘들게 되었다. 실무회의 역시 이 문제에 대한 논의를 되살릴 전망이 없었다. 이러한 가운데 인권소위원회도 전년보다 일본군 위안부 관계 서술이 대폭 줄어든 2000년 맥두걸 보고서 이후의 활동에 대하여 별다른 전망이 없는 상태에 있었다. 일본군 위안부 문제에 관심을 가졌던 서구의 NGO들도 이제 그만하면 됐지 않느냐는 식의 다소 지친 반응을 보이기 시작했고, 일본군 위안부 문제에서 점화되었던 전쟁 중 여성폭력 문제에 대한 국제사회의 관심은 구 유고 지역, 코소보, 동티모르, 말루카 등지에서 일어나는 현재의 문제로 중심이 옮겨진 듯한 분위기가 감지되었다.

이러한 상태에서 2000년 이후 인권소위원회에서 일본군 위안부 문제를 지속적으로 논의하기 위해서는 새로운 출구를 찾지 않으면 안 되었다. 그런데 예기치 않게 1999년 인권소위원회에서 일본군 위안부 문제가 NGO들의 활동에 의해 다시 크게 부각되었다. 정대협은 '의제 6. 현대형 노예제' 부분에서 일본군 위안부 문제의 해결을 촉구하는 강력한 발언을 했는데, 그 후 총 10개의 NGO 발언 중 일본 단체를 비롯한 6개의 NGO가 중심주제 또는 부주제로서 일본군 위안부 문제를 언급했다. 그들은 그동안 일본 정부가 인권위원회와 소위원회의 권고 및 ILO의 법적 해석과 권고를 계속 무시하고 있는 데 대해 비판을 가했다. 인권소위원회 위원들의 지지발언도 계속 이어졌다. 특히 새롭게 충원된 몇 명의 위원은 매우 직설적으로 일본 정부의 책임 있는 처리를 촉구했다. 1997년 한일 정부 간 협력 약속이 있은 후 한국 정부는 UN에서 침묵을 지켜 왔는데, 이를 대신하듯 북한 정부가 강도 높은 발언으로 주의를 끌었다. 인권소위원회 기간 중 북한계 재일동포조직인 조선인강제연행진상조사단, 북한의 종군위안부 및 아시아태평양전쟁 희생자 보상대책위원회 및 국제 NGO인 국제화해연대(International Fellowship of Reconciliation)와 함께 연 NGO 포럼에도 전년과 달리 많은 사람들이 참가하여 관심을 보였다. 2000년 법정을 앞두고 그 홍보의 효과도 적지 않았다.

정대협[10]은 이러한 분위기에 고무되어 1992년 UN에서 처음 활동할 때부터 이 문제 해결을 위해 적극적으로 도움을 주고 있던 네덜란드의 국제법학자이자 UN의 여러 위원회에서 일하는 반 보벤 교수, 맥두걸 보고관 등을 찾아가서 「맥두걸 최종보고서」의 발표 이후 방안에 대하여 의논했다. 그러한 과정에서 인권고등판무관실에서 전쟁 중 여성인권침해 문제에 관해 매년 인권소위원회에 보고서를 내도록 하는 방안을 생각해 냈고, 이 제안을 담은 새로운 결의안의 초고를 만들어 인권소위원회 위원들을 개별적으로 접촉하면서 설득했다.

새롭게 국가의 책임 등 여러 내용도 포함된 이 결의안은 일본, 모로코 위원 등을 비롯한 여러 위원들의 반대로 인하여 수시간의 격렬한 토의 과정을 거쳤으나, 마침내 채택되었다. 영국, 우간다 위원 등이 초안 작성 시부터 도움을 주고 지지발언을 한 것이 중요한 역할을 했다. 그러나 일본 위원의 강력한 제안으로, 앞으로 인권고등판무관실에서 검토할 전쟁 중 성적 노예제의 내용을 현재 일어나고 있는 문제(ongoing conflict)로 국한하는 문안이 삽입되는 한계를 안고 말았다.[11]

---

10 필자와 조시현 교수가 대표로 참석하였다.

11 "Calls upon the High Commissioner for Human Rights to monitor the implementation of the present resolution and to submit a report to the Sub-Commission at its fifty second session on the issue of systematic rape, sexual slavery and slavery-like practices in situations of ongoing conflict, including information on the status of the recommendations made by the Special

그럼에도 불구하고 이는 2000년 이후 인권소위원회에 이 문제를 살려 놓을 중요한 통로를 만든 것이었다. 실무회의도, 인권위원회에도 별다른 전망이 없는 상황에서 이 문제가 해결되기 전까지 적어도 UN에 이 문제가 계류될 수 있게 만든 것이다.

2000년 인권고등판무관실에서 작성되어 처음으로 인권소위원회에 제출된 보고서(E/CN.4/Sub.2/2000/20)는 현재 UN 인권기구에서 전시하 여성침해의 문제를 어떻게 다루고 있는가를 포괄적으로 보고하고 있는데, 'ongoing(진행 중)' 문구 때문에 일본군 위안부 문제를 다루지 않은 상태였다. 2000년 8월 인권소위원회에 참석한 한국과 일본의 시민단체들은 이 점을 비판하고, 피해자가 살아 있는 한 그것은 현재의 문제로 간주되어야 한다고 역설했다. 다른 NGO들도 UN의 일본군 위안부 문제 해결임무를 강조한 데다가 영국, 중국 위원 등도 인권고등판무관실의 보고서에 일본군 위안부 문제를 포함시켜야 한다는 취지의 발언을 했다. 정대협은 인권고등판무관실의 전쟁 중 여성인권침해 문제에 관한 보고서 담당자를 개별적으로 접촉하여, 이러한 2000년 인권소위원회의 분위기를 전달하고 일본군 위안부 문제를 다루어 줄 것을 호소하며 참고자료를 보냈다.

1993년에 처음 제안되어 1999년에 새롭게 내용을 바꾼 '전시하 조직적 강간, 성노예제 및 그와 유사한 관행' 결의안은 2000년에는 전년과 거의 비슷한 내용으로 채택되었다. 지난해 이 결의안을 통과시키는 데 매우 격렬한 논의가 장시간 오간 것을 기억하는 미국 위원이 이 결의안의 직접적 관심 당사자인 한국과 일본 위원

Rapporteur" (E/CN.4/Sub.2/1999/16).

을 오가면서 타협안을 만들고 이 결의안을 발의했다. 한국 측에서 'ongoing'을 제거하자는 안을 제기한 데 대해 일본 위원이 강력하게 반대를 해 결국 'ongoing'은 남게 되었다.[12] 그러나 역시 이 결의안으로 인해 일본군 위안부 문제를 제기할 수 있는 통로는 유지된 셈이다.

2001년 인권고등판무관실의 보고서는 지난해와 마찬가지로 현재 일어나고 있는 전시하 성노예제의 문제를 UN 인권기구에서 어떻게 다루고 있는가를 포괄적으로 기술했다(E/CN.4/Sub.2/2001/29). 한편 아무도 이니셔티브를 취하지 않아 사장될 위기에 봉착한 이 결의안을 살리기 위해, 한국과 일본의 시민단체와 인권소위원회의 한국 위원들은 인권소위원회 위원들에 대해 성실하게 설득작업을 수행했다. 그 결과, 현대형 노예제 의제에서 중국, 한국, 노르웨이 위원 등의 일본군 위안부 문제에 대한 질책이 이루어지면서 사태가 역전되었다. 전년까지 외국 NGO의 이름을 빌려 발언했던 정대협이 2001년 처음으로 UN의 협의지위를 얻은 한국여성단체연합의 이름으로 참가했다. 마침 일본의 교과서 왜곡 문제가 더해져서 일본과 재일동포, 한국 NGO 발언의 수위가 높아졌고, 북한 정부의 발언에 이어 한국 정부가 1997년 이후 처음으로 교과서와 일본군 위안부 문제에 관해 발언한 것도 분위기를 돌리는 데 작용했다. 2001년 결의안에는 교과서 문제가 포함되는 한편, 지난 두 해 동안 들어

12 "Calls upon the High Commissioner to submit a report to the Sub-Commission on systematic rape, sexual slavery and slavery-like practices during ongoing armed conflicts" (E/CN.4/Sub.2/2000/13).

가 있던 'ongoing' 문구가 빠져서 다음 해 인권고등판무관실 보고서에는 일본군 위안부 문제가 다루어질 전망을 던져 주었다.[13] 전년의 결의안에서 'ongoing'이 빠졌기 때문에 2002년 인권고등판무관실의 연례보고서에는 결론 부분에서 "군위안소(rape camps) 제도를 비롯한 전시하 성노예제는 인권법을 위반한 것"이라고 못박았다(E/CN.4/Sub.2/2002/28). 이후 2006년 인권소위원회가 조직개편에 들어갈 때까지 거의 유사한 결의안이 통과되었고, 인권고등판부관실의 연례보고서도 인권소위원회가 2007년 인권이사회자문위원회로 개편될 때까지 매년 제출되었다.

## 4. 인권위원회/인권이사회에서의 일본군 성노예 문제

한편 인권위원회에서는 라디카 쿠마라스와미를 1994년 여성폭력 문제 특별보고관으로 임명했다. 그는 1995년에 예비보고서를, 1996년 제52차 인권위원회에 「전쟁 중 군대성노예제 문제에 관한

13 "Encourages States to promote human rights education on the issues of systematic rape, sexual slavery and slavery-like practices during armed conflicts, ensuring the accuracy of accounts of historical events, in the educational curricula; Calls upon the High Commissioner for Human Rights to monitor the implementation of the resolution, as well as of resolutions 2000/13 of 17 August 2000 and 1999/16 of 26 August 1999, and to submit a report to the Sub-Commission at its fifty-fourth session on the issues of systematic rape, sexual slavery and slavery-like practices during armed conflicts" (E/CN.4/Sub.2/2001/20).

조선민주주의인민공화국, 대한민국, 일본 조사 보고서」를 제출했다.[14] 이 보고서는 성노예의 정의, 역사적 배경, 피해자 증언, 3개국 입장과 일본 정부에의 권고로 구성되었다. 제목에서 드러나듯이 쿠마라스와미는 이 문제를 군대 성노예제로 보았으며, '국민기금'을 인도적 조치로 환영하면서도 국제법 위반의 법적 해결은 남아 있다고 주장했다. 그는 일본 정부에 (1) 위안소의 설치가 국제법 위반임을 인정하고 이에 대한 법적인 책임을 질 것, (2) 배상 문제 특별보고관이 제시한 원칙에 따라 피해자 개개인에게 배상할 것, (3) 모든 문서와 자료를 공개할 것, (4) 피해자 개개인에게 문서로 공개적으로 사죄할 것, (5) 역사적 진실이 반영되도록 교육 과정을 개편해 의식을 높일 것, (6) 가능한 한 범죄자를 찾아내어 처벌할 것 등을 요구했다. 또한 국제사회에는 (1) 비정부단체는 UN에서 이 문제를 계속 제기할 것과 국제사법재판소 또는 국제상설중재재판소에 의견을 구하는 노력을 할 것, (2) 북한 정부와 한국 정부는 일본의 책임 및 배상 등 법적 문제에 관하여 국제사법재판소에 문의하는 것을 고려할 것, (3) 일본 정부는 피해자가 고령인 점을 감안하여 될 수 있는 대로 빠른 시일 내에 이 문제를 해결할 것[15] 등을 권고했다(한

14 국문 번역: 『이미경 의원 의정자료집 1』, 1997.

15 이때 일본 정부는 인권위원회 위원국이었는데, 회기 전에 쿠마라스와미 보고서의 거부 결의를 촉구하는 의견서를 인권위원회에 제출하고 주요국 정부 외교 책임자들에게 이를 보내 동조를 구했다. 그러나 일본 정부를 지지한 정부는 하나도 없었으므로, 일본 정부는 거부 의견서를 철회하고 결의채택에 반대하지 않았으며, 따라서 인권위원회에서 쿠마라스와미 보고서는 만장일치로 채택되었다. 그러나 2014년 10월 일본 정부는 쿠마라스와미를 방문하여 1996년 보고서를 수정할 것을 요구했다. 산케이 뉴스, 2014. 10. 16. 도츠카 에츠로, 2015: 24-27에서 재인용.

나눔의 집에 방문한 쿠마라스와미와 면담하고 있는 일본군 '위안부' 피해여성들(1995. 6. 20)

국정신대문제대책협의회 20년사 편찬위원회, 2014: 102-103).

쿠마라스와미 보고서 제출 후 한동안 위안부 관련 논의가 별로 없던 인권이사회[16]는 일본에 대한 보편적 정례검토(Universal Periodical Review)[17]에서 제2차 세계대전 중 일본제국 군대에 의해 성노예로 끌려간 일본군 위안부 피해자들이 수용할 수 있는 조치를 취할 것을 권고했다.[18] 여성폭력특별보고관인 라시다 만주(Rashida Manjoo)는 2010년 4월 23일 보고서에서 일본 정부에 일본군 위안부 피해자에게 배상할 의무가 있다는 점을 강조했다(A/HRC/14/22).

---

16 앞서 언급한 대로 UN은 폭증하는 세계의 인권 문제에 대응하기 위해 인권위원회를 경제사회이사회로부터 독립하여 그와 대등한 지위의 인권이사회(Human Rights Council)로 개편했다.

17 인권이사회로 개편된 후 수립한, 전 세계의 모든 국가들이 4년에 한 번씩 인권상황을 점검 받도록 하는 제도.

18 http://www.ohchr.org/EN/HRBpdies/UPR/Pages/JPSession14.aspx.

2016년 3월 1일 인권이사회의 실무회의와 특별보고관들[19]은 2015년 12월 28일 한일 외교장관 합의에 대해 우려를 표하고, 여성차별철폐협약(Convention on the Elimination of All Forms of Discrimination against Women, CEDAW)이 같은 주 초에 일본 정부에 내린 권고를 충실히 실행할 것을 촉구했다. 그들은 이 합의가 피해자들의 의견을 충분히 반영하지 않았음을 지적하며, 소녀상 철거를 우려하고, 피해자들에 대해 정의가 실현될 것을 희망했다.

## 5. 조약기구에서의 일본군 성노예 문제

이렇게 실무회의-인권소위원회-인권위원회에 논의가 집중되어 있는 동안, 앞서 언급한 UN 인권기구 거의 전부에서 사실상 일본군 위안부 문제 제기가 시도되었다. 정대협은 '민주화를 위한 변호사모임'(이하 '민변'으로 약칭)과 함께 시민적·정치적 권리위원회에 일본 정부의 위안부 범죄에 관한 보고서를 제출한 바 있다. 이 규약에 가입한 국가는 매 5년마다 인권위원회에 보고서를 제출하고 위원회의 조사를 받게 되는데,[20] 정대협과 민변은 일본이 조사를 받게 된

19 Eleonora Zielinska, Chair-Rapporteur of the Working Group on the issue of discrimination against women in law and practice, Pablo de Greiff, Special Rapporteur on the promotion of truth, justice, reparation and guarantees of non-recurrence; Juan E. Mendez, Special Rapporteur on torture and other cruel, inhuman or degrading treatment or punishment (http://www.ohchr.org/EN/NewsEvents/Pages/DisplayNews.aspx?NewsID=17209&L…).

20 http://www.unhchr.ch/html/menu2/6/a/introhrc.htm.

1993년에 일본 정부를 비판하는 자료를 보내 인권위원회에서 검토하도록 한 것이다(Minbyun and Jungdaehyup, 1993). 이때 보고서만을 보냈을 뿐 인권위원회 등에서와는 달리 별다른 로비 활동을 벌이지 않았고, 5년 후 다시 보고서를 보내는 작업을 계속하지 않았으므로, 인권위원회의 권고와 같은 효과는 나타나지 않았다.

2008년 12월 시민적·정치적 권리위원회는 아직도 일본 정부가 위안부 제도에 대해 적절한 배상과 역사교육을 하지 않았으며, 정치인들과 언론매체가 피해자의 명예를 훼손하며 사실을 부인하고 있다고 비판하고, 이제 정부는 법적 책임을 받아들이고 피해자의 다수가 존엄을 회복할 만한 사죄를 해야 하며, 생존하는 위안부 관련 범법자를 처벌하고 생존 피해자에게 즉시 효과적인 법적·행정적 조치를 통하여 배상할 것을 권고했다. 이것은 피해자의 권리라고 지적했다. 또한 학생과 일반대중에게 이 문제를 교육하고, 피해자의 명예를 훼손하며 사실을 부인하는 어떠한 시도에 대해서도 제재해야 한다고 지적했다(CCPR/C/JPN/CO/5 para.22).

2014년 8월 시민적·정치적 권리위원회는 강력한 권고를 냈다. 일본 정부가 직접적인 법적 책임이 있다고 지적하면서, 독립적이고 공정한 조사, 책임자 처벌, 피해자 및 유족에 대한 배상, 자료 공개, 교과서 기술을 비롯한 역사교육, 공적인 사죄, 책임에 대한 공식적 인정, 피해자 명예 훼손 및 사실 부인 등을 삼갈 것 등의 내용을 일본 정부에 요구했다(CCPR/C/JPN/CO/6, para.4).

고문방지위원회는 2013년 5월, 일본 정부 보고서를 심의하고 일본 정부에 대하여 별도의 절을 만들어 강력한 권고를 했다. 위원회는 일본 정부가 그동안 UN 여러 기구들이 내린 권고를 거부했다고 보고, 민간모금은 피해자 배상으로 적절치 않다고 지적했으며, 고문 등의 행위에 정의가 이루어져야 한다고 말했다. 또한 사실과 자료의 은폐, 사실의 부인으로 피해자가 다시 고통을 겪는 것, 역사교육이 제대로 이루어지지 않는 것에 유감을 표했다. 위원회는 피해자 중심의 조치를 다음과 같이 취할 것을 권고했다. 성노예제 범죄에 대한 법적 책임을 공적으로 인정하고 범죄자를 처벌할 것, 일본 정부와 주요 정치인들이 사실을 거듭 부인함으로써 피해자들에게 다시 상처를 주는 행위를(retraumatize) 중단할 것, 관련 자료를 공개하고 사실을 철저히 조사할 것, 배상을 비롯한 피해자 구제조치를 취할 것, 교과서에 기술하고 대중에게 역사교육을 수행할 것 등이다(CAT/C/JPN/CO/2 paras.19-20).

인종차별철폐위원회도 2014년 9월 일본 정부 보고서에 대한 심사에서 국민기금으로 피해자에 대한 정의와 배상이 끝나지 않았다면서, 하루빨리 진상조사, 진실한 사죄와 피해자 및 유족에 대한 배상을 이행하고, 피해자 명예훼손과 사실부인을 금지할 것을 권고했다(CERD/C/JPN/CO/7-9, paras.18-19).

여성차별철폐위원회는 2009년 일본 정부가 위안부 제도에 대한 해법을 마련하지 못하고, 교과서에서 관련 기술을 삭제한 데 우려를 표하고, 일본 정부가 하루빨리 피해자 배상, 책임자 처벌과 대중 교육을 포함한 해결책을 수립할 것을 권고했다(CEDAW/C/JPN/CO/6, paras.37-38). 2016년 3월 일본 정부 보고서를 검토하면서 2015년 12월 28일의 한일 외교장관 합의는 그동안의 여러 UN 기구들의 권고를 충분히 수용하지 않은 것이며 피해자 중심의 대안도 아니라고 비판하고, 피해자에 대해서 배상, 사죄, 진실, 정의 회복 등을 구현하고, 학생과 일반대중들에 대하여 위안부의 역사적 사실을 교육하고 교과서에 실을 것을 권고했다(CEDAW/C/JPN/CO/7-8, paras.28-29).

경제·사회·문화적 권리위원회도 2013년 일본 정부 보고서를 검토한 후, 일본군 위안부 피해자들이 경제·사회·문화적 권리를 향유하지 못하고 배상받지 못하는 것에 우려를 표하며, 일본 정부가 빨리 이들이 위 권리를 향유하도록 조치하고, 혐오발언 등으로 이들이 피해받지 않도록 대중을 교육할 것을 권고했다(E/C.12/JPN/CO/3, para.26).

## 6. 기타, 세계대회 및 국제 NGO들의 일본군 성노예 문제 논의

또 다른 중요한 활동 중의 하나는 UN의 주요 특별회의에 참가하여 이 문제를 국제사회에 호소한 것이다. 1993년 비엔나 세계인권대회에는 한국의 여러 인권 관련 NGO들이 모여 특별준비모임을 만들어 대거 참가했는데, 여기서 이미 UN의 경험을 가진 일본군 위안부 관련 단체가 중요한 역할을 수행했다. 정대협은 이 회의 중 세계의 여성단체들에 의해 설립된 여성인권국제법정에서 일본군 위안부 문제를 발표했다(신혜수, 1997: 382-384). 1995년 베이징 세계여성대회에서는 한국의 참가자 모두가 일본군 위안부 문제를 주요 과제로 삼고 함께 활동했으며, 2001년 남아프리카공화국에서 열린 반인종주의 세계대회에도 한국의 NGO가 참가하여 그 당시 중요한 이슈로 떠올랐던 교과서 문제와 함께 일본군 위안부 문제를

1993년 비엔나 세계인권대회에는 한국의 인권단체들이 참석하여 일본군 '위안부' 문제를 논의했다.

제기한 바 있다. 보다 중요하게, UN 전문기구인 ILO에서 1995년 이후 지속적으로 이 문제를 강제노동의 관점에서 제기하고 있으며, 2000년 12월에는 한국과 일본을 비롯한 아시아의 여성단체들이 기존의 법체계를 비판하며 세계의 여성단체들과 협력하여 일본군 위안부 문제를 논의한 민간법정을 설립했다.[21]

그간 이루어진 UN 활동의 또 다른 성과는 세계적으로 권위를 인정받고 있는 국제 NGO인 국제법률가협회(ICJ)가 UN의 논의 과정에서 이 문제를 접하고, 한국, 북한, 필리핀, 일본을 방문하여 1994년에 매우 깊이 있는 국제법적 해석을 내린 보고서를 출판한

21 ILO와 민간법정에 관해서는 각각 제7, 8장 참조. 이 밖에 국제적 장에서 이 문제의 해결을 시도한 것으로, 국제상설중재재판소(PCA)에의 제소를 위한 활동(1994), 일본 검찰에 고소·고발장을 제출한 활동(1994) 등을 들 수 있다. 이 두 활동은 모두 일본 정부와 검찰에 의해 좌절되었으나, 이 문제에 대한 사회적 관심을 지속시키고 운동을 새롭게 활성화시킨 계기가 되었다.

것이다(ICJ, 1994). 세계교회협의회, 국제앰네스티 등의 도움도 적지 않았다.

UN 사무국에서 인권이사회, 조약기구 등 UN 기구의 인권 관련 일을 책임지는 인권고등판무관실(Office of High Commissioner for Human Rights) 대표였던 나비 필레이(Navi Pillay)도 2014년 몇 번에 걸쳐 일본군 위안부 문제에 관해 언급했다. 그는 일본 정부가 포괄적이고 공정하며 장기적인 해결책을 수행하는 데 실패했으며, 그에 따라 피해자들의 인권을 계속 침해하여 이 문제를 현재의 문제로 만들었다고 지적했다(OHCHR, Aug. 6, 2014). 그는 대표직을 물러난 후에도 위안부 문제에 지속적으로 관심을 표명하고 있다. 2015년 서울대학교 초청강연에서도 필레이는 위안부 문제를 언급했다. 2015년 새롭게 취임한 자이드 라아드 알 후세인(Zeid Ra'ad Al Hussein) 최고대표는 서울 정대협의 전쟁과여성인권박물관을 방문하고 피해자들과의 만남도 가졌다. 그는 위안부 문제를 UN에서 계속 다룰 것을 약속했으며 일본 정부에 피해자가 원하는 해결책을 수행하라고 요청했다(New Delhi Television, 2015. 5. 25; 『한겨레』, 2015. 6. 25).

## 7. 맺음말

일본군 위안부 문제가 20년 이상 UN에서 논의되고 있다는 사실은 국제사회가 지속적으로 이 문제에 관심을 가지고 있다는 것을 말하지만, 다른 한편 강제적 수행력을 갖지 못한 UN 인권기구의 한계를 보여 주는 것이기도 하다. 그럼에도 불구하고 현재 세계 곳곳에서 일어나고 있는 수많은 인권침해 문제에 직면하면서, 일본군 위안부 문제를 지난 20년과는 다른 방식으로 그 중요성을 새롭게 부각시켜야 할 필요성이 매우 절실하다. 인권이사회, ILO 등의 UN 기구에서 일본군 위안부 문제 논의를 지속하는 것은 이제 한국과 일본 사회 내에서 관심이 약해진 상황에서 여전히 노력을 경주해야 할 부분이다. 국제사회의 압력이 없어진다면 일본 정부의 긴장은 곧바로 사라질 것이기 때문이다. 인권 문제의 국제화란 바로 이러한 정부 간 힘의 논리에 정면 대결할 수 있는 국제사회 진보의 증거인 것이다. 지금까지 전시하 여성침해 문제로 그 성격을 고착시켜 온 데서 벗어나, 일본군 위안부 문제가 내포하고 있는 여러 다른 성격들을 새롭게 현재화할 필요도 있다. 예컨대 일본군 위안부 동원방식의 핵심이었던 인신매매를 현재 가장 심각한 인권침해 문제의 하나로서 전 세계에서 심각한 수준에 이르고 있는 인신매매(trafficking)의 상황과 연결시켜 불처벌의 문제를 새롭게 부각시키는 방법을 생각할 수 있다. 또는 현재 난관에 봉착하고 있지만 아프리카, 남미 그룹들과 연대방안을 모색하면서, 일본군 위안부 문제가 갖고 있는 매우 중요한 측면인 식민지배의 문제를 부각시키는 길을 찾는 것도 중요하다.

제7장

# 국제노동기구(ILO)에서의 일본군 성노예 문제

## 1. 일본군 성노예 문제 해결을 위한 국제활동

제1차 세계대전 후 소수민족의 인권을 보호하기 위해 국제사회는 공동의 질서를 만들려는 노력을 시작했다. 제2차 세계대전 후에는 헌장과 규약의 형태로 인권보호를 위한 기반을 만들고 UN 등의 국제기구를 설립하여 본격적으로 인권보호를 위한 국가들의 공동의 노력을 발전시켜 왔다. 인권 문제는 국제기구를 통해 여러 나라들 관계에서 제기되는 이슈가 되고 있을 뿐만 아니라 국가 간의 외교 관계에서도 중요한 문제로 고려되고 있으며, 다른 한편 한 국가 내의 인권 문제도 국제적 장에서 논의되기 시작했다. 이른바 인권의 보편성과 국제화는 문화적 특수성 및 경제발전을 이유로 한 반대 의견에도 불구하고 거역할 수 없는 흐름을 이루어 가고 있다고 보인다. 이러한 과정에 정부뿐 아니라 NGO들의 참여가 큰 중요성을 띠기 시작하고 있다.

일본군 위안부 문제 해결을 위한 운동은 이러한 국제사회의 분위기에 매우 효과적으로 적응하여 국제적 장에서 이 문제의 해결을 시도했다는 점에서 국내의 다른 사회운동에 중요한 시사점을 제공하고 있다. 물론 국제기구가 아직 강제력을 발휘하지 못하는 현실에서 일본군 위안부 문제 해결을 위한 국제활동은 엄청난 노력에 비하여 실질적인 결실을 끌어내는 데 큰 어려움을 겪고 있지만, 일본 정부에 대하여 여론의 압박을 형성하고, 나아가 전시하 여성인권침해 문제를 국제사회에서 중요한 인권 문제로 다루도록 하는 데 큰 역할을 해 왔다. 1990년에 여러 여성단체와 여성 개인들에 의해 결성된 한국정신대문제대책협의회(이하 '정대협'으로 약칭)는 출발 당시부터 일본 및 아시아 피해국들과 연대를 시작했고, ICJ 등 주요 국제 NGO들의 협력을 얻어 냈으며, 북한과 신뢰기반을 구축하면서 공동의 활동을 벌여 왔다. 1992년부터는 UN에 이 문제를 중요한 인권침해의 사례로 제기하여 인권위원회나 인권소위원회를 비롯한 UN 주요 부서에서 중요한 결의안과 보고서를 끌어냈으며, 1995년부터는 ILO에도 이 문제를 제기하여 일본 정부에 대하여 수차례의 강력한 권고가 이루어지도록 했다. 이후 지금까지 UN과 ILO는 일본군 위안부 문제 해결을 위해 일본 정부에 압력을 가할 수 있는 효과적인 국제기구로서 국제활동의 중요한 장이 되고 있다.

일본군 위안부 문제는 1931년부터 시작되어 제2차 세계대전이 끝난 1945년까지 계속된 일본의 '15년전쟁' 중에 일본 정부와 군대가 기획하여 식민지 여성을 대규모로 강제동원하고, 후에는 점령지 여성까지 동원하여 군인들의 성노예로 사용한 전쟁범죄이자, 반인도적 범죄이다. 따라서 이 문제는 전시하 여성과 민족의 문제일 뿐만 아니라 제국주의·식민주의의 문제가 복합적으로 포함되어 있는 문제이다. 지금까지 한국의 시민단체가 이 문제를 위하여 아시아 피해국과 UN에서 이룬 국제연대는 이 문제를 전시하 여성인권침해로 접근하는 인식에 기반해 왔으며, 북한과는 이 문제가 지니는 민족·식민지 수탈의 성격에 주목하여 연대를 이루어 왔다.

이에 비해 ILO에 이 문제를 제기한 것은 이 문제를 강제노동의 관점에서 접근한 매우 획기적인 발상이라고 할 수 있다. ILO는 UN보다 수십 년 일찍 설립되어 세계의 노동질서를 만들고 지키는 역할을 수행해 왔으며, UN 설립 후에는 UN의 전문기구로 편입되었다. ILO는 노사정 협의기구이지만 기본적으로 노동조합이 주체로 되어 있다. 따라서 정대협이 ILO에서 활동하는 데는 한국과 세계 각국의 노동조합들의 협력을 끌어내는 작업이 중요하다. 이와 같이 ILO에서의 활동은 지금까지의 국제활동으로부터 일본군 위안부 문제를 이해하는 관점과 지지기반의 확대를 이룬 것으로서도 중요하게 평가되어야 할 것이다.

ILO에 구체적으로 서류를 제출하여 활동을 시작한 것은 1995년 3월 한국노총에 의해서였지만, 일본에서는 이미 1992년경부터 ILO에 이 문제를 제기할 가능성을 타진하고 있었다. 몇 년간의 준비기간을 거쳐 1995년 일본의 한 노조에서 문제제기를 시작한 후 현재에 이르기까지 한국의 한국노총과 민주노총 그리고 일본의 여러 다른 노조들로 참여가 확대되었으며, 전문가위원회 보고서의 법적 판단과 총회 기준적용위원회의 특별 언급이 더욱 상세하고 강해지고 있다. 또한 문제의 범위도 일본의 노조들과 한국의 아시아태평양전쟁피해자보상추진위원회(아시아태평양전쟁희생자유족회에서 명칭변경)가 가세하면서 일본군 위안부 문제로부터 강제연행 전반의 문제까지 포괄하게 되었다.

이 장은 정대협을 중심으로 한 ILO에서의 활동을 정리한 것이다. ILO에서 나온 여러 보고서와 한국노동조합총연맹(한국노총), 전국민주노동조합총연맹(민주노총) 및 정대협이 ILO에 보낸 문서들을 참고로 했으며, 필자가 직접 ILO 총회에 참가하여 관찰한 기록, 한국의 노조 및 ILO 총회에 참가한 각국의 노조대표, 그리고 ILO 사무국 직원들과의 면담이 이 장의 주요 자료이다.

## 2. 일본군 성노예 문제가 제기된 ILO

### 1) ILO와 강제노동조약

일본군 위안부 문제 해결을 위해 한국 시민단체들이 활동해 왔던 주요 국제기구인 UN과 ILO는 적어도 두 가지 점에서 중요한 의미가 있다. 하나는 그 기구 자체가 가지고 있는 조약, 조사, 법적 판단 및 권고능력 등에 의거하여 일본군 위안부 문제에 대한 판단을 끌어낼 수 있다는 점이다. 권위 있는 국제기구의 판단은 국제기구의 강제적 집행력이 없는 현실에서도 매우 큰 압력이 되고 있다. 특히 이 국제기구들의 판단은 유사한 논의들에 곧바로 영향을 미쳐서 국제기구 간의 상호 연관성을 강화시키고 있다. 다른 하나는 그러한 국제기구를 무대로 활동하고 있는 세계의 여러 NGO들과 연대를 맺을 수 있다는 점이다. 이 연대는 일본군 위안부 문제를 보다 넓은 여성의 인권 문제 속에 위치시키면서 이 문제의 해결을 촉진하고, 동시에 이와 연관된 인권 문제의 해결에 기여하게 되는 것이다.

ILO는 현재 UN 교육과학문화기구(UNESCO)나 세계보건기구(WHO)와 같이 UN의 전문기구인데, UN보다 빠른 1919년에 설립되었다. 노동자의 지위향상이 세계의 항구적 평화에 불가결하다는 생각에 따라 제1차 세계대전 직후 베르사유 조약에 의해 설립된 것이다. 노사정(勞使政)이 대등한 입장에서 참가하는 ILO는 세계에서 유일하게 비정부기구가 단위구성원인 국제기구이다.

ILO는 노동에 관한 여러 조약을 가지고 있으며, 이 조약들을 위반할 경우 이에 대해 문제제기하고, 판단 및 강력한 권고를 할 수 있는 통로를 가지고 있다. 또한 세계 각국의 노동조합이 서로 연대하는 장이기도 하다. 2016년 현재 국제노동기준을 정하는 189개의 조약과 204개의 권고를 가지고 있으며 187개국이 가입해 있다.[1] 비준 시 준수의무를 수반하고 감시도 하는 국제법으로서의 조약에 비해, 권고는 강제력 없는 가이드라인이다.

ILO의 기본조약 중에서도 노동 분야를 넘어 기본적인 인권보장에 광범위한 영향을 미쳐 온 가장 중요한 조약의 하나가 29호 강제노동조약(ILO Convention 29)이다. 노예제 폐지(노예조약은 1926년에 채택되었다)로부터 촉발된 강제노동 문제에 대한 국제적 논의에 영향을 받아 ILO는 1930년에 이 조약을 채택했으며(1932년부터 유효), 현재 178개 나라가 이 조약을 비준하고 있다. 이 조약은 제1조와 제11조에서 여성에 대한 강제노동을 금지하고 있으며, 제14조와 제15조에서 강제노동에 대한 보상의무를 규정하고 있다. 제25조에서는 강제노동을 강행한 책임자를 형사 처벌해야 한다는 내용을 명기하

1 http://www.ilo.org.

고 있다. 또한 제2조에서는 강제노동 금지의 예외가 인정되는 비상 사태의 조건을 규정하고 있는데, 일본군 위안부 강제동원은 이 예외적 조건하에서 이루어진 것이 아니라는 판결을 ILO 전문가위원회가 내린 바 있다.[2]

---

2 제1조: 이 조약에 조인한 ILO 회원국은 가능한 빠른 시일 안에 강제노동(forced or compulsory labour)의 사용을 폐지해야 한다.

제2조: 강제노동이라 함은 처벌의 위협하에 행해지는, 그리고 스스로 자원하지 않은 일체의 노무(勞務, work and service)를 말한다. 그러나 다음의 경우는 제외한다.

(1) 순전히 군사적 성질의 작업에 대한 강제병역법에 의하여 강요된 노무

(2) 완전한 자치국 국민의 통상의 공민적 의무를 구성하는 노무

(3) 재판소에서 판결의 결과로서 강요되는 노무로서 공적 당국에 의하여 감독되고 관리되며, 사적 개인, 기업 또는 조직의 처분에 매이거나 고용되어 있지 않은 경우

(4) 긴급한 경우, 즉 전쟁 또는 화재, 홍수, 기근, 지진, 맹렬한 유행병, 가축의 유행병, 짐승과 곤충의 침입 등의 재앙이나 재앙의 위험, 그리고 주민의 전부 또는 일부의 존립과 행복을 위협하는 경우에 강요되는 노무

(5) 공동체(community)의 성원이나 그 대표가 노무의 필요성에 대하여 자문할 권리를 가진 상황에서 공동체의 직접적 이익을 위해 그 성원에 의해 행해지는, 따라서 그 성원들에게 부과되는 통상적인 공민의무로 간주될 수 있는, 사소한 공동체의 노무

제11조: 추정연령 18세 이상 및 45세 이하의 성인인 건장한 남자만이 강제노동에 징집될 수 있다. 다만 다음과 같은 제한과 조건이 따른다.

(1) 관계자가 전염병에 감염되어 있지 않고 요구되는 일과 조건에 육체적으로 적합하다는 행정기관에 의해 임명된 의사의 사전결정이 있는 때

(2) 학교 교사와 학생, 행정기관의 공무원들을 제외할 것

(3) 각 지역에서 가족생활 및 사회생활에 필수불가결한 건강한 성년 남자의 수를 유지하는 것

(4) 부부 및 가족의 관계를 존중하는 것

위 (3)의 조건을 만족시키기 위해 한 번에 행해지는 강제노동은 건강한 성인 남자 주민의 25%를 넘을 수 없다.

제12조: 1년(12개월)을 하나의 기간으로 하여 강제노역에 종사시킬 수 있는 최대한의 기간은 노역에 왕복하는 기간을 포함하여 60일이다.

제14조: 강제노역에 대해서는 징집된 곳 또는 노역에 종사하는 곳의 임금이 비슷

일본은 강제노동조약을 1932년 11월 21일 조약 제10호로 비준했으며, 효력이 발생한 것은 1933년 11월 21일부터이다. 강제노동조약은 일단 효력이 발생하면 그때로부터 10년간 조약의 폐기를 금지하고 있으며, 10년이 지난 다음에는 ILO의 사무총장에게 폐기통고를 하되 그 효력은 통고한 때로부터 1년 후에 생겨나게 된다(동 조약 제30조 1항). 따라서 일본이 1932년 이 조약을 비준함으로써 1944년 11월 21일까지는 어떠한 경우에도 그 효력을 배제할 수 없다(박원순, 1995: 30-31). 한국과 일본의 시민단체 및 노동조합은 일본군 위안부 문제를 강제노동조약 위반의 문제로 제기하고, 많은 노조들의 협력을 얻어 총회의 강력한 권고를 이끌어 내려고 노력하고 있다.

### 2) 문제제기의 통로

ILO에는 노동에 관한 문제제기를 위하여 설치된 여러 기관과 통로가 있으나, 일본군 위안부 문제와 관련해서 정대협 등의 단체들이 시도했던 것은 이사회(Governing Body)를 통하는 방법과 기준적용 전문가위원회(이하 '전문가위원회'로 약칭)에 문제를 제기하는 방법이었다. 하나의 사안에 대하여 두 개의 통로를 동시에 시도할 수 없으므로, 처음 이사회에 시도했던 방법이 효과적이지 않자 곧바로 전

---

한 종류의 노역에 지급되는 대체적인 임금보다 적어서는 안 되며, 현찰로 지급하여야 한다.

제25조: 강제노동의 불법적인 강요는 형사범죄로서 처벌되어야 하며, 법에 의해 적절한 처벌이 부과되고, 그것이 엄격히 실시되는 것은 이 조약에 가입한 회원국의 의무이다.

문가위원회를 통한 방법으로 바꾸었다.

이사회를 통한 방법이란, ILO가 헌장(Constitution) 24조에서 노동자나 사용자 조직이 ILO 조약을 비준한 나라가 이를 준수하지 않은 것을 제소(representation)할 수 있도록 허용하고 있는 것을 말한다. ILO 사무국은 접수를 받아 당해 정부에 알리고, 이사회에 이 사실을 보낸다. 이사회는 이것을 받아 접수 가능한 것인지(receivability)를 판단한 후, 접수할 경우 이 문제를 조사할 '특정 사안에 관한 위원회(Ad Hoc Committee)'를 노사정 삼자로 구성한다. 이 위원회는 문제를 조사하고 당해 정부와도 접촉한 후 이사회에서 보고서를 검토하는데, 이때 당해 정부에 대표를 보낼 것을 요청하기도 한다. 이사회는 이 제소 보고서의 출판 여부를 결정한다.[3]

한국노총이 1995년 봄 이 절차를 통해 문제제기를 했다가 다음 해에 취하했다. 그 후 일본의 오사카 부 특수 영어교사 노조(大阪府特殊英語教師労組, OsakaFu Special English Teachers Union, OFSET)가 1995년 문제제기를 시작한 이후 현재까지 정대협이 한국노총·민주노총과 협력하여 일본군 위안부 문제를 제기하고 있는 또 하나의 통로는 전문가위원회이다. 이것은 ILO 조약이 잘 준수되고 있는가를 감독하는 정규체계(regular system)이다. 전문가위원회는 20명의 노동법 전문가로 구성되어 조약 및 권고의 이행상황에 관해 제기된 문제들을 나라별로 검토한 후 보고서를 출판한다. 노동조합만이 위원회에 문제제기를 할 수 있으며, 대체로 7-8월경까지 접수한다. 위원회는 관계된 정부에 제기된 문제들을 보내 그에 대한 각 정부의

3 http://www.ilo.org/public/english/50normes/enforced/reprsnt/index.htm 참조.

의견을 제출토록 한 후 11-12월에 이 자료들을 종합적으로 검토하는 위원회를 열고, 다음 해 3월에 보고서를 출판한다. 이 보고서에는 세계 여러 나라의 수많은 문제들에 대한 법적 판단이 수록되어 있어 그 자체로서도 판례(case law)적인 의의와 기능을 가지며, 중요한 영향력을 발휘할 수 있다. 이 많은 안건 중 20-30건의 중요 사항이 추려져 6월의 ILO 총회(International Labor Conference, ILC) 때 기준적용위원회(Committee on the Application of Standards)[4]에서 집중 논의되어 보고서가 만들어진 후 총회에 보고되어 채택된다(ILO, 1995: 22-24).

기준적용위원회는 ILO 회원국의 노·사·정 각 1명씩 참가하여 전체 500명이 넘는 위원으로 구성되는데, 여기서 집중 토의될 주요 안건의 결정은 총회기간 중 위원회보다 먼저 열리는 노동자회의(Workers' meeting)에서 이루어진다. 그런데 중요한 사실은 그 주요 안건의 윤곽이 130여 개국이 회원으로 가입되어 있는 국제자유노동조합연맹(International Confederation of Free Trade Unions, ICFTU)에서 정해진다는 것이다.[5] 한국노총과 민주노총도 가입하고 있는

4 총회는 ILO의 최고의사결정기구로서, 매년 6월 첫째 주부터 3주간 열린다. 상설위원회인 기준적용위원회와 3-4개의 의제위원회로 구성되어 진행된다. 기준적용위원회는 결사의 자유위원회와 함께 ILO의 감시·감독기구이다. 결사의 자유위원회는 결사의 자유 관련 기본협약 87호와 98호를 비준하지 않은 회원국의 위반사례를 감시·감독하며, 기준적용위원회는 비준한 모든 협약의 위반을 감시하는 기구이다(윤영모, 1999).

5 국제 노조연합체로서는 가장 큰 세력을 가지고 있는 ICFTU 외에 천주교계 노조연합인 WCL(World Confederation of Labor), CTU(Christian Trade Unions)와 동구 노조들의 연합체인 WFTU(World Federation of Trade Unions) 등이 있다.

ICFTU는 매년 4회(3, 6, 9, 12월) 집행위원회를 여는데, 전문가위원회의 보고서가 출판되는 시기와 맞물린 3월 회의는 이 안건의 결정에 있어서 중요한 회의라고 볼 수 있다. 다시 말하면 ICFTU에서 만들어진 안은 노동자회의에서 토의되고, 그것은 총회 기준적용위원회에서 사용자그룹과 정부그룹에 의해 대체로 받아들여지게 되는 것이다.

6월 총회에서 이루어진 권고 등 결정사항의 이행 여부를 검토하는 데 걸리는 시간과 7월경에 전문가위원회에 접수되어야 하는 문제제기의 시기를 고려하여, 동일 안건은 전문가위원회의 보고서에서 한 해를 걸러 다루는 것이 보통이다. 뒤에 논의하겠지만, 일본군위안부 문제는 수차례 전문가위원회에서 다루어졌으나 아직 총회 기준적용위원회의 주요 안건으로 토의되지 못한 상태에 있으며, 그것은 다분히 ICFTU에 막강한 영향력을 행사하고 있는 일본의 노조인 렝고(Japanese Trade Union Confederation, JTUC-RENGO, 聯合)의 로비 때문인 것으로 알려지고 있다.

## 3. ILO에 일본군 성노예 문제 제기: 1995-1996년

### 1) 준비단계: 1992–1994년

강제노동조약과 일본군 위안부 문제를 연결시켜 문제제기를 한 것은 1992년 5월 UN 현대형 노예제 실무회의에서였다.[6] 그에 앞선 2월에 인권위원회에서 처음으로 일본군 위안부 문제와 강제연행 문제를 발언한 다음이었다. 그러나 일본군 위안부 문제가 강제노동조약의 위반사항인지에 대한 법적 논의가 그 후 이어지지 않은 채로 있다가, 1994년 9월 말(23-24일) 일본의 국제인권연구회, 일본변호사연합회 및 조선인강제연행진상조사단이 ILO 전문가위원회의 위원인 인도의 바그와티(P. N. Bhagwati) 판사를 도쿄에 초청하여 세미나를 개최하면서 큰 진전을 보이기 시작했다.[7] 바그와티 판사는 일본군 위안부 문제가 중대한 인권침해의 문제라고 판단하고, 제2차 세계대전 후 연합군이 이를 알았으면서도 책임자를 처벌하지 않은 것을 비판했다. 또한 그는 일본군 위안부 문제를 강제노동으로 규정하여 ILO 29호 조약인 강제노동조약 위반임을 확인하며 여러 법적 근거를 논의했다. 1995년 1월에는 한국변호사협회와 일본변호사협회가 일본군 위안부 문제는 강제노동조약 위반사안이라는 법적 견해를 발표했다. 이에 자신을 얻은 일본의 시민단체는 곧바로 한국의 정대협과 접촉하는 한편, ILO에 문제제기를 할 수 있는 일본과 한국의 노동조합을 설득하기 시작했다.

6 한국의 정대협이 일본군 위안부 문제를 UN에 제기한 것은 얼마간의 준비 작업을 거친 후인 1992년 8월의 인권소위원회였는데, 비슷한 시기에 일본의 도츠카(戶塚悅朗) 변호사가 UN 인권위원회와 현대형 노예제 실무회의에 문제제기를 시작했다. 도츠카 변호사는 1992년 8월 인권소위원회 이후 정대협과 협력하여 일본군 위안부 문제 해결을 위한 국제활동을 전개했다.

7 이 세미나에 관해서는 戶塚悅朗, 1999: 第7章 참조.

### 2) 한국노총 이사회를 통한 문제제기와 좌절

ILO에 공식적으로 처음 일본군 위안부 문제를 제기한 것은 한국노총이다. 한국노총은 1995년 2월 9일 ILO에 일본군 위안부 문제를 제소하기 위한 준비로서 세미나를 개최했으며, 3월 10-12일에는 일본변호사협회 주최로 도쿄에서 열린 일본군 위안부 관련 심포지엄에 참가하여 일본군 위안부 문제가 강제노동조약 위반임을 주장하는 발표를 했다. 그리고 3월 20일 헌장 24조에 의거, 위원회를 설립하여 이 문제가 강제노동조약 위반임을 조사해 줄 것을 요청하는 공식 제소(formal representation)를 ILO 사무국에 제출했다(Federation of Korean Trade Unions, 1995). 이에 대한 답변이 없자 한국노총은 7월 5일 다시 편지를 보냈고, 8월 11일에야 ILO 사무총장 발신으로 11월에 이사회에서 다룰 것이라는 답변을 받았다.[8] 한국노총의 보고(1995b)에 의하면, ILO 이사회는 11월 8일 일본군 위안부 문제를 논의하기 위하여 노사정 대표 3명으로 구성된 소위원회를 개최했는데, 여기서 "이사회의 법률전문가가 이를 검토한 뒤 법률적으로 애매한 사항과 진정취지에 대해서는 한국노총의 보완자료를 받아 이듬해 3월 개최예정인 차기 이사회에서 처리하겠다"고 밝혔다는 것이다.[9]

---

8 이 편지에서 사무총장은 답변이 늦어진 것을 사과하고, 82차 총회 초반, 263차 이사회에 앞서서야 임원들이 토론을 시작했는데 검토를 완료할 수 없었으므로, 11월 이사회 이전에 검토를 완료하고 11월 이사회에 자료를 제출할 것이라고 말했다(한국노총, 1995a).

9 이 소위원회는 브레트(B. Brett, 영국), 에슐랭(J. Oeschlin, 프랑스), 슈타르(Y. Chotard, 의장, 프랑스)가 각각 노사정을 대표했다. 이 소위원회는 또 "이 진정은

그러나 ILO 이사회는 다음 해 3월의 이사회에서 이 문제를 다루지 않았으며, 그 이상 더 어떠한 행동도 취하지 않은 채 6월 ILO 총회를 맞이했다. 1997년 보고서에서 전문가위원회는 "한국노총의 1995년 문제제기에 대하여 ILO 이사회가 그 내용을 조사하지도 않았고, 한국노총이 1996년 5월 30일의 편지[10]에서 제소를 철회할 때까지 그 문제를 받아들일 것인가의 여부를 결정하지도 않았다"고 명기하고 있다(ILO, 1997a: 83).[11]

### 3) OFSET의 전문가위원회를 통한 문제제기와 전문가위원회 보고서

한편 일본의 시민운동으로부터 자극을 받은 OFSET는 1995년 2월 24일 ILO에 일본군 위안부 문제와 일본 정부의 전시 강제노동 문제를 강제노동조약 위반사항으로 조사해 줄 것을 요청하는 편지를 보냈다.[12] 이사회에서 한국노총의 문제제기에 대한 처리를 미루

---

선례가 없는 것으로서 그 결과가 한국뿐 아니라 중국, 필리핀 등 동남아 일부 국가에도 영향을 미칠 것임을 고려하여 국제적으로 납득할 만한 합리적 결론을 끌어내야 한다는 데 의견의 일치를 보았다.… 현재 피진정국인 일본에 대한 권고는 피해보상이 주된 내용이 될 것이며, 이와 관련 일본 측에서도 기금을 마련하고 있는 것으로 알려지고 있다"고 밝혔다(한국노총, 1995b).

10 필자가 입수한 한국노총의 편지는 1996년 6월 10일 자로 되어 있어서, 한국노총이 두 번의 편지를 보냈는지 알 수 없다. 이 편지에서 한국노총은 OFSET가 전문가위원회에 동일 안건으로 문제제기를 하여 1996년 전문가위원회 보고서에서 다루어지도록 이사회가 아무런 조치를 취하지 않고 있는 것에 심심한 유감을 표하면서, 제소를 철회한다고 말했다(한국노총, 1996).

11 이렇게 이사회가 아무런 조치도 취하지 않은 것은 일본 정부와 렝고의 로비에 의한 것이라고 알려져 있다(戸塚悦朗, 1997b). 일본 정부의 압력과 이사회의 이러한 행태에 대하여 당시 한 스위스 신문이 하나의 스캔들로 다루었다고 한다.

12 OFSET, 「ILO에 보낸 편지」, Feb. 24, 1995, by Robert Millard, OFSET Co-

고 있는 사이에 1995년 6월 12일 OFSET의 의견서는 전문가위원회에 접수되었고, 이에 대해 그해 11월에 열린 전문가위원회는 일본군 위안부 문제가 성노예제(sexual slavery)로 성격 규정되어야 하고, 그것은 강제노동조약 위반이라는 판단을 내렸으며, 일본 정부가 빠른 시일 안에 이에 대한 보상책을 마련할 것을 희망한다고 결론지었다. 이 보고서는 다음 해 3월에 출판되었다(ILO, 1996a).

전문가위원회에 문제제기가 들어오면, 위원회는 이를 검토하고 해당 정부에 제기된 문건을 보내어 의견을 청취한다. 전문가위원회의 보고서에 의하면, 위원회는 1995년 8월 31일 일본 정부에 OFSET의 편지를 보냈으나, 이에 대해 일본 정부는 코멘트하지 않았다(ILO, 1996a). 다음 해에 일본 정부는 OFSET의 편지를 받지 못했으며, 이는 기존의 관행에 어긋나는 것이라고 반박했으나, 이에 대해 위원회는 보냈다고 다시 못박았다(ILO, 1997a). 이러한 일본 정부의 행태는 전문가위원회의 권위를 실추시키는 것으로서 비판받았어야 할 것으로 보이나, 이후 더 이상의 설왕설래는 이루어지지 않았다.

전문가위원회에서 이러한 판단이 내려지고 보고서가 출판된 것은 앞서 한국노총이 이사회에 문제제기한 것에 대한 조치가 이루어지지 않았다는 것을 의미한다. 만약 이사회가 한국노총이 제기한 문제의 수용 여부(receivability)를 결정하고 그것에 근거하여 조사위원

Representative. 전문가위원회에는 6월 12일 자의 의견서(observation)가 접수되었다고 하는데, 이 편지와 의견서의 관계는 알 수 없다. 다만, 1996년 3월에 출판된 전문가위원회의 보고서에서는 일본군 위안부 문제만을 다루고 있으므로, 이 편지와 별도로 일본군 위안부 문제만을 언급한 의견서가 제출되었다고 볼 수 있다.

회를 설치하여 조사를 진행했다면, 이 절차가 전문가위원회에 우선하므로 전문가위원회의 절차는 중단되었을 것이기 때문이다(戸塚悦朗, 1997a).

### 4) 한국노총의 전문가위원회 통로로의 방향전환과 총회 기준적용위원회 보고서

한국노총은 OFSET의 요청으로 전문가위원회에서 일본군 위안부 문제가 다루어지게 된 것을 알자 이사회에 문제제기 철회를 밝히는 편지를 보낸 후, 전문가위원회에 힘을 모으는 것으로 방향을 바꾸었다. 1996년 6월 5-6일 ILO 총회 당시 한국노총은 노동자회의에서 일본군 위안부 문제를 기준적용위원회의 주요 논의 안건으로 선정할 것을 강력히 주장했으며,[13] 이에 대해 벨기에, 네덜란드, 중국, 뉴질랜드, 파키스탄, 싱가포르, 인도네시아 노총이 지지를 보냈다. 결국 노동자회의에서 일본군 위안부 문제를 30여 개의 주요 안건 중 하나로 선정하는 데 실패했지만, 이 회의에서는 '이 문제를 총회 기준적용위원회에서 다루도록 채택하지는 않겠지만 일본 정부가 적절한 대책을 마련하지 않으면 다음 총회에서는 다루도록 하겠다'는 논의가 이루어졌다.[14] 노동자그룹 대표는 총회 기준적용위

13 한국노총은 이 밖에 6월 13일 박인상 위원장의 기조연설에서도 일본군 위안부 문제를 언급했다.

14 총회 기준적용위원회에서 주요 안건 리스트를 통과시키면서 노동자그룹 의장이 발언권을 얻어, 올해에 논의되어야 했던 케이스들이 있었음에도 불구하고 회의 일정이 단축된 상황 때문에 논의를 못한 점이 있었다고 말했다. 그는 그중 일본의 강제노동조약 위반을 가장 먼저 언급하면서, 일본 정부가 만족할 만한 조처를

ILO에서의 정대협 집회(1996)

원회에서 그러한 내용을 발표했고, 이는 기준적용위원회 보고서에 수록되었다.[15]

---

다음 총회까지 취하지 못할 경우 내년 총회에서는 반드시 논의할 것을 정식으로 결의할 것을 제의했다. 사용자 측에서도 노동자그룹이 제안한 안에 대해 찬성했다(한국노총, 1996).

15 "The Worker members stated that they would wish, in principle, to consider including in the list of cases for discussion next year the following: Bangladesh (Convention No. 107), Indonesia (Convention No. 98), Japan (Convention No. 29), Morocco (Convention No. 98), Pakistan (Convention No. 98 and 111), Romania (Convention No. 111), and Saudi Arabia (Convention No. 111). They hoped that positive reports from the governments in question concerning changes made would avoid the necessity of discussing those cases in fact next year" (ILO, 1996b).

## 4. 전문가위원회 통로를 통한 적극적 활동의 개시와 전문가위원회, 총회 기준적용위원회 보고서: 1996-1997년

1996년 3월 일본의 강제노동조약 위반을 확인한 전문가위원회 보고서가 출판된 것은 ILO에서의 활동을 적극적으로 시작하게 한 촉발제 역할을 하게 되었다. 1995년 OFSET의 의견서에 대해 대응하지 않았던 일본 정부는 전문가위원회 보고서에 대해 강력한 이견을 표시했으며, 일본의 대표적 노조연합체이며 국민기금[16]의 주요 참여자인 렝고도 항의편지를 보냈다. 한편 지난 해에 이어 한국노총도 계속 이 문제 해결을 위해 노력했으며, 민주노총도 가세하기 시작했다. 정대협이 적극적인 노력을 기울이고, 아시아의 시민단체들도 관심을 보이기 시작했다. 또한 일본의 소수 노조들이 렝고에 반대하여 일본군 위안부 문제 및 강제연행 문제 해결을 위해 ILO에서 활동하기 시작한 것도 특기할 만하다.

1996년 11월의 논의는 3월에 출판된 전문가위원회의 보고서에 대한 일본 정부(1996년 5월 31일과 10월 30일)와 렝고(9월 30일)의 의견에 대한 검토로 보인다. 대체로 동일한 사안에 대해서는 두 해 연속으로 다루지 않는 것이 통례인 데 비해, 이례적으로 이 문제를 전해에 이어 다시 다룬 것이다.

1997년 3월에 출판된 전문가위원회의 판단은 강제노동조약의

16 일본 정부가 법적 책임을 회피하면서 피해자들의 항의를 무마하기 위해 시민단체들로 하여금 설립하도록 한 기구이다. 이에 대해서는 이 책의 제9, 10장 참조.

구체적인 조항에 따라 일본군 위안부 문제에 대해 더욱 상세한 법적 해석을 내린 것이다. 즉 제1조 2항, 제14, 15조에 따라 배상이 이루어져야 함을 확인했으며, 제2조 2항의 a와 d에서 규정하고 있는 강제노동 금지의 예외상황이 일본군 위안부 문제의 경우에 해당되지 않음을 명확히 밝혔다. 또한 제25조에 근거하여 이 강제노동의 불법적 시행은 형사범죄(penal offence)로 처벌되어야 하며, 일본의 형법(penal code, 1907. 4. 24, Act No. 45) 제176-177조(section)로서도 처벌 가능함을 명기했다.[17]

또 하나 중요한 점은 일본 정부가 이미 사죄했으며, 국민기금으로 배상을 대신했다고 한 일본 정부 및 렝고의 주장에 대하여, 전문가위원회가 피해자의 기대에 부응하는 조치를 계속할 것을 촉구한 것이다. 이것은 피해자가 국민기금을 원하지 않는 경우 중단하고, 피해자가 원하는 형태의 다른 조치를 취해야 함을 의미하는 것이다.

한편, 정대협과 일본군 위안부 문제 해결을 위해 활동하던 일본의 시민단체들은 ILO 전문가위원회를 통한 문제의 해결에 큰 중요성을 두고 적극적으로 대응하기 시작했다. 정대협은 1996년 11월에 한국노총을 통하여 전문가위원회에 추가 자료를 보냈으며, 1997년 3월에 전문가위원회 보고서가 나온 후에는 국민기금의 실상을 ILO와 세계의 노조에 알리는 작업을 하기 시작했다.[18] 일본의 시민단체

17 1994년 6월 22일 시미즈 스미코(清水澄子) 참의원 의원이 국회 외무위원회에서 한 질문에 대하여 일본 정부는 진시이므로 강제노동조약이 적용되지 않는다는 취지의 답변을 했는데, ILO에도 이러한 의견을 제출한 것으로 보인다(戸塚悅朗, 1997).

18 예컨대 4월에는 ILO 노동자그룹회의 의장인 페이렌스(Willy Peirens)와 ILO에서 일본군 위안부 문제에 가장 적극적으로 협력하고 있는 네덜란드 노조에 국민

들도 정대협과 협력하거나 별도로 이러한 활동을 벌였다.[19] 정대협은 또한 1997년 6월 ILO 총회에 대표를 보내 한국노총, 민주노총과 함께 활동했다. 도쿄지방노동조합평의회(東京地方勞動組合評議會), 전일본조선기계노동조합 간토지방협의회(全日本造船機械勞動組合關東地方協議會) 등 일본의 소수 노조들도 렝고의 독점으로 정식 참가자격을 얻지 못하여 발언권을 갖지 못한 채로 ILO 총회에 참가하여 활동하기 시작했다.

총회 기준적용위원회에 앞서 열린 노동자그룹회의의 주요 안건 리스트는 ICFTU에서 이미 정해진 후였다. ICFTU에 막강한 영향력을 행사하는 렝고의 강력한 활동 때문이었다(戶塚悅朗, 1997b). 리스트에 포함되지 않은 일본의 29호 조약 위반 문제가 심각한 토론의 대상이 되었는데, 이때 이 문제를 총회 주요 안건으로 올리는 데 반대한 의견은 다음의 몇 가지 이유에 근거했다. 즉 현재에 일어나고 있는 수많은 긴급한 안건들이 있는데 이미 50년이 지난 과거의 일을 다루는 것은 옳지 않다는 것, 전쟁 중에 일어난 일은 ILO에서 다루기 힘들다는 것, 이 문제는 ILO보다 UN에서 다루는 것이 좋을 것이라는 점 등이었다. 이에 대하여 한국노총, 민주노총 및 일본군 위안부 피해자가 있는 네덜란드 노조 등은 반대의견을 제시했으며, 터키 노조는 선진국 문제를 ILO에서 집중적으로 다루지 않는

---

기금에 대해 설명하는 편지를 보냈으며, 5월에는 ILO에 국민기금에 대한 자세한 보고를 대만과 필리핀 단체 및 일본의 여러 단체와 협력하여 발송했다.

19 예컨대 일본기독교단(日本基督敎團), 일본기독교회협의회(NCC) 등은 ILO 관계자들에게 일본군 위안부 문제의 적절한 검토를 호소하는 편지를 띄웠다.

것의 한 예라고 공격했다.[20]

결국 총회 기준적용위원회에서 일본군 위안부 문제를 다루게 하는 데는 이번에도 실패했다. 그러나 전년과 마찬가지로 기준적용위원회에서 노동자그룹 대표가 일본군 위안부 문제를 언급하면서 일본 정부의 별다른 조치가 없으면 다음 해에는 다루겠다고 밝혔다. 기준적용위원회 보고서에는 전문가위원회에서 일본 정부가 피해자를 대표하는 단체들과 상의하면서 적절한 배상조치를 취하는가를 감시해야 한다고 명기했다.[21] 전문가위원회의 보고서가 전년에 비해 보다 상세한 법적 판단을 한 것과 마찬가지로 기준적용위원회의 보고도 전년에 비해 강력해졌다.

## 5. 전문가위원회의 판단과 총회 안건채택 좌절의 반복: 1998-2000년

1996년 전문가위원회의 보고서에 수록된 후 현재에 이르기까지 한국과 일본 및 네덜란드의 노조는 시민단체와 협력하면서 매년 전

20 이 밖에 EI(Education International), 아프가니스탄 노조가 일본군 위안부 문제를 총회 기준적용위원회의 주요 안건으로 채택하는 데 지지의사를 표했다(Son, 1997).

21 "In approving the draft list, the Worker members wished to make certain important remarks for the Committee of Experts, the ILO, the governments concerned and the present Committee··· the Committee of Experts should monitor the implementation of compensatory measures, which should be taken by the Government preferably in consultation with organizations representing the victims (Japan, Convention No. 29)" (ILO, 1997b).

문가위원회에 의견서를 보냈다. 세계 노조들과의 연대, 그리고 여러 사안에서 갈등하는 한국노총과 민주노총의 합심은 이 운동의 특히 중요한 성과라고 말하지 않을 수 없다. 이에 전문가위원회는 통례에 따라 한 해 걸러 일본 정부의 의견을 듣고 논의하여 보고서를 출판했다. 첫 두 해의 이례적인 연속 출판을 포함하여, 1996년, 1997년, 1999년과 2001-2003년에 일본군 위안부와 징용(징용 문제는 1999년 보고서부터 포함)에 대한 판단이 이루어졌다. ILO의 법적 판단은 사실상 노동법 전문가로 구성된 전문가위원회의 판단 그 자체로 완결적이며 권위를 갖는 것이다. 다만, 매년 수백 건의 사항 중 그 중요성에 따라 총회의 제한된 시간 안에 논의할 20-30건의 주요 사안을 선택하는 다소 정치적인 과정에서 이 문제는 계속 좌절하고 있다.

### 1) 1999년의 전문가위원회와 총회 기준적용위원회의 강력한 권고

한국과 일본의 노조와 시민단체들의 관심이 높아진 가운데 1998년 3월에 발간된 전문가위원회의 보고서에는 일본군 위안부 문제가 수록되지 못했다. 1997년 10월에 한국노총과 민주노총, 일본의 전노련(全勞連)이 전문가위원회에 의견서를 보냈으나, 11월 전문가위원회에서는 토의되지 않았던 것이다. 그것은 이 단체들이 의견서를 보낸 시점이 늦어서 일본 정부의 답변을 들을 시간이 부족했기 때문이기도 했지만, 동일 사안을 두 해 연속해서 다루지 않는다는 관례가 적용되었기 때문이라고 보인다. 전문가위원회 보고서에 수록되지 못했으므로 6월의 총회에서는 자동적으로 논의되지 않았다.

그러나 새롭게 ILO의 중요성에 주목한 정대협은 다음 해의 논의를 준비하기 위해 1998년 6월 ILO 총회에 참가하여 사무국 관계자 및 각국 노조대표들을 만나 일본군 위안부 문제에 대해 설명했다. 일본 정부 및 렝고의 활동이 공격적이었음에도 불구하고 UN 등의 국제적 장에서 이루어진 일본군 위안부 문제 논의에 힘입어 ILO의 강제노동조약 실무자들의 이 문제에 관한 인지도는 높은 편이었다. 총회에는 전년과 마찬가지로 렝고와 입장이 다른 전노련 등 일본의 소수 노조에서 많은 사람들이 참가하여 전시 강제노동 문제 제기를 위해 활동했다.[22] 기준적용위원회에 앞서 열린 노동자회의에서 한국노총 대표는 29호 강제노동조약 위반사항에 대해 계속적인 감시가 필요하며, 특히 전시에 이루어지는 문제에 대한 면밀한 검토가 필요하다고 발언했다.[23] 아무튼 전문가위원회 보고서에 수록되지 않은 문제는 총회에서 일단 논의되지 않게 되므로 1998년 총회에 일본군 위안부 문제는 상정되지 못했다.

1998년 총회 후 곧바로 정대협과 민주노총[24]은 보고서를 준비하여 전문가위원회에 보냈으며, 1995년 처음 일본군 위안부 문제를 제기했던 OFSET도 다시 문제의 해결을 촉구하는 의견서를 제출했다. 도쿄지방노동조합평의회와 전일본조선기계노동조합 간토지

---

22 일본의 노조 관계자들은 시위준비를 해 왔는데, ILO는 시위를 허용하지 않았다. UN도 회의시간 외의 시간만을 허용했으므로, 아침에 UN 빌딩 앞에서 일본의 강제노동조약 위반을 고발하는 시위가 벌어졌고, 한국 참가자도 이에 동참했다.

23 필자 직접 참관·기록.

24 정대협은 전 해에 한국노총과 협력하여 의견서를 보냈으므로, ILO에 또 다른 단체가 협력하고 있다는 것을 보이기 위해 민주노총 이름의 의견서를 보내기로 했던 것이다.

방협의회도 징용 문제에 관한 의견서를 제출했다. 징용 문제에 관하여 한국의 아시아태평양전쟁희생자유족회(이하 '유족회'로 약칭)가 일본의 위 노조들과 협력한 점이 특기할 만하다. 일본 정부와 렝고도 국민기금으로 보상을 대신했다는 취지의 의견서를 제출했다. 이 모든 자료를 기초로 하여 전문가위원회는 전년의 법적 판단을 재확인한 위에 일본 정부에 매우 강력한 권고를 내렸다. 1999년 3월에 출판된 전문가위원회의 보고서는 다음과 같은 점이 주목할 만하다. 첫째, 일본 정부와 렝고가 보상을 대신한다고 주장한 국민기금이 피해자 다수의 기대에 부응하는 것이 아니라는 점을 명백히 했다. 둘째, 피해자들이 고령이므로 일본 정부가 시급히(expeditiously, urgent) 적절한 조치를 취할 것을 요구했다(request). 셋째, 강제노동(징용) 문제를 처음으로 다루었는데, 이 문제도 강제노동조약 위반이며, 일본 정부가 적절한 조치를 취하고 그것을 보고할 것을 요구한 점이다(ILO, 1999a).

전에 없이 강력한 권고를 포함한 전문가위원회의 보고서에 고무된 정대협 및 한국과 일본의 노조들은 6월 총회를 위해 4월과 5월에 사전준비를 하고 총회에 다수 참가했다. 한국노총, 민주노총 및 정대협과 유족회는 연명하여 주요 국가의 노조에 이 문제를 설명하고 협력을 구하는 편지를 띄웠으며, 일본의 노조는 ICFTU, CTU(Christian Trade Unions), WCL(World Confederation of Labor) 및 EI(Education International), IFJ(International Federation of Journalists)를 방문하고 일본의 강제노동조약 위반 문제 해결에 협조해 줄 것을 요청했다(아시아태평양전쟁희생자유족회, 1999). 6월 총회에는 한국노총과 민주노총, 일본 노조에서 많은 사람들이 참가했으며, 정대협에서도 피해자 한 사람을 포함한 대표를 파견했다. 필리핀 단체에서도 피해자와 대표 각 한 명이 합류했다. 6월 총회 기준적용위원회에 앞서 열린 노동자회의(6월 3일)에서는 이 문제를 둘러싸고 열띤 토론이 벌어졌다. 그러나 전년과 마찬가지로 이미 ICFTU에서 주요 사안의 리스트는 정해진 후였다. 민주노총은 현재도 계속되고 있는 전시하 여성폭력을 막기 위해 이 문제는 확실히 단죄되어야 한다고 강조하고, 주요 안건에 선진국 케이스가 쉽게 누락되는 것은 ILO가 의무를 소홀히 하는 것을 나타내는 것이 아니냐고 비판했으며, 한국노총의 국제국장도 이 문제를 리스트에 포함시켜야 한다고 주장했다. 이러한 한국 노조의 주장에 대하여 네덜란드, 인도, 독일, 프랑스 노조에서 지지발언을 했으며 일본, 스웨덴 노조가 반대했다. 스웨덴 노조의 반대근거는 일본과 일본의 로비에 영향을 받은 노조들의 논리와 다소 다르다. 즉, 이 문제가 가질 수 있는 정치적 오해의 위험을 우려하는 것이다. 논쟁이 많은 이 문제를 ILO가 다룸으로써 가뜩이나 ILO의 감시·감독권위를 축소시키려고 하는 정부와 사용자 측에 빌미를 제공하여 차후 ILO 기능을 축소시킬 위험이 있으므로, 이견 없이 노동 문제로 논의될 수 있는 문제에만 집중하자는 소극적 입장인 것이다. 이것은 정부와 사용자 측의 공세에 매우 수세적으로 대응하는 것으로서 옳지 않다는 점을 민주노총이 사석에서 지적했다. ICFTU는 렝고의 입장을 무시할 수 없는 입장이므로 노동자 내에서 갈등이 일어나는 것을 원치 않는 입장을 취했는데, 미국 노조를 비롯한 많은 노동자들로부터 이것은 렝고와 다른 입장을 가진 여러 노조들 사이에서 적극적인 중재노력을 하지 않는 무책임한 태도라고 비판받았다. 또한 일본의 렝고는 한국에서 민주노총-한국노총-정대협-유족회의 공동 서한 때문에 긴장하여 무리할 정도의 로비 활동을 벌였으며, 전쟁책임 문제로 한일 세미나를 개최할 계획을 밝히기도 했다(윤영모, 1999).

다음 날인 6월 4일 기준적용위원회에서는 노동자대표가 안건채택에 관해 설명하면서 여기에 포함되지 않은 세 개의 케이스가 노동자회의에서 논의되었다고 밝히고, 그중 하나인 일본의 29호 조약 위반사항에 대해 언급했다. 그는 노동자그룹이 전문가위원회에서 이 문제에 대해 내린 판단을 존중하며, 일본 정부가 피해자들이 요구하는 효과적인 대책을 마련하기 위해 관련 노조 및 피해자를 대표하는 조직 및 관련 정부를 포함하여 모임을 가지고, 그 활동들에 대해 전문가위원회에 신속하게 통보할 것을 촉구했다. 그리고 전문가위원회와 기준적용위원회는 일본 정부의 태도에 따라 후속조치를 취할 것이라고 말했는데, 이 모든 것이 기준적용위원회 보고서에 기록되었다.[25]

25 "The Worker members considered that the report of the Committee of Experts rightly emphasized the universal and fundamental principles concerned in the case… The Government should take the initiative of holding meetings with the trade unions concerned, the representative organizations of the victims and the governments of the various countries concerned, in order to find an effective solution responding to the expectation of the majority of the victims. The Worker members urged the government of Japan to rapidly inform the Committee of Experts of the action and initiatives that it would take in this regard. The reaction of the Government would be decisive for the follow-up of this case by the Committee of Experts and this Committee" (ILO, 1999b).

### 2) 2001년 전문가위원회 보고서

비록 총회에서 다루어지지는 않았으나, 전문가위원회의 강력한 권고와 기준적용위원회에서의 특별한 언급으로 정대협과 한국, 일본의 노조들은 사기가 매우 진작되었다. 정대협과 민주노총은 곧바로 향후 대책을 논의했고, 일본의 노조들도 한국을 방문하여 정대협, 유족회 및 한국노총, 민주노총과 연대회의를 가졌다.

1999년 여름 전문가위원회에 보낸 보고서는 여러 면에서 새로운 의미를 지니는 것이었다. 첫째, 민주노총과 한국노총이 함께 연명하여 전문가위원회에 보고서를 보낸 것이다. 위 두 노총이 협력하여 보고서를 만든 것은 매우 의미 있는 일로서 강조될 만하다. 둘째, 이 보고서는 일본군 위안부 문제에 국한하였던 전년까지의 보고서와 달리, 일본군 위안부 문제와 강제노동 문제를 함께 다루는 것으로, 정대협뿐 아니라 유족회도 보고서 작성에 협력하여, 네 단체가 공동으로 하나의 보고서를 만들었다(KCTU & FKTU, 2000).

관례에 따라 2000년 3월 출판된 전문가위원회 보고서에는 이 문제가 다루어지지 않았고, 위 네 단체는 2000년 여름 다시 전문가위원회에 의견서를 제출했다(FKTU & KCTU, 2000). 네덜란드 노조(Netherlands Trade Union Confederation)도 네덜란드의 일본군 위안부 피해자 배상 문제에 관해 전문가위원회에 의견서를 제출했으며, 전일본조선기계노동조합 관동지방협의회(全日本造船機械勞動組合關東地方協議會)와 도쿄지방노동조합평의회도 징용노동 문제에 관해 의견서를 보냈다. 한편, 일본 정부와 렝고는 이들 단체들과 반대입장의 의견서를 보냈는데, 이들의 요지는 샌프란시스코 조약 및 일본과 아시아 각국 간의 조약들로 일본에 대한 피해자, 이들 국가 시민들의 청구권은 끝났다는 것과 일본 정부가 피해자들에게 충분한 사죄와 원조를 시행했다는 것이다. 이들은 이 문제가 ILO가 다룰 적절한 문제가 아니며, 더 이상 ILO 전문가위원회에서 이 문제를 언급하지 말기를 희망한다고 말했다.

이에 대해 전문가위원회는 일본 정부에 강력한 권고를 했던 1999년과 달리 다소 애매한 입장을 표했다. "배상 문제가 조약(treaty)에 의해 해결되었다는 일본 정부의 주장은 법적으로는 옳다"고 언급하면서, 동시에 UN 인권소위원회 보고서(UN E/CN.4/Sub.2/RES/1999/16)에서 논의한 "국제법적으로 볼 때, 국가와 개인의 권리와 의무는 조약, 평화협약… 또는 어떤 다른 조치들에 의해서도 소멸되지 않는다"는 것을 인정했다. 또한 일본 정부가 피해자들이 원하지 않는 국민기금 대신에 피해자 및 그들을 대표하는 단체들과 협의하여 늦기 전에 그들이 기대하는 방식으로 배상할 것을 희망하고, 강제노동에 대해서도 피해자가 고령인 점을 감안하여 일본 정부가 시급히 그들의 요구에 부응하기 바란다고 언급하면서, 다른 한편 "다음 회기에 다시 이러한 일들을 하는 것이 불필요해지기를 희망한다"고 말했다(ILO, 2001a). 대체로 이전의 보고서와 크게 다르지는 않으나, 전문가위원회에서 이렇게 애매한 입장을 보인 것은 처음이었다.

## 6. 부분적 승리, 총회 노동자회의에서 안건으로 채택: 2001-2003년

전문가위원회의 보고서가 이렇게 다소 후퇴한 데 비해, 2001년 총회에서는 큰 진전이 이루어졌다. 노동자그룹회의에서 이미 ICFTU에서 만든 주요 안건 리스트를 변경하여 일본의 강제노동조약 위반 문제를 포함시키기로 결정한 것이다. 그러나 사용자그룹회의에서 부결되어 주요 안건에 포함되는 것은 끝내 좌절되고 말았다.

### 1) 노동자그룹회의에서의 안건채택

정대협은 민주노총, 한국노총과 함께 총회에 가기 전부터 ICFTU에 편지를 보내는 등 사전작업을 시작했으며, 다른 노조들과 사무국 관계자들에게 호소하기 위해 1965년 한일협약으로 이 문제를 해결했다는 일본 정부의 입장을 반박하는 문건을 만들었다.

노동자그룹회의에서 렝고 대표들은 처음부터 공격적으로 일본의 공공부문 노동자 단결권 문제로 일본 정부를 비판하는 안건을 들고 나왔다. 그것은 ILO 87호 조약의 문제였다. 총회 기준적용위원회의 안건으로는 한 나라의 문제로 하나의 케이스만을 다루는 것이 원칙이므로, 일본 케이스로 강제노동조약 문제가 다루어지는 것을 사전에 막자는 의도였던 것이다. 렝고의 이러한 의도는 곧바로 각국 노조들의 반발을 불러일으켰다. 예년과 마찬가지로 ICFTU에서 이미 20여 개의 주요 안건리스트가 만들어져 있는 상태였지만, 여러 노조대표들은 ILO의 오랜 숙제인 일본의 강제노동조약 위반 문제를 이번에는 다루어야 한다고 주장했다. 네덜란드, 그리스, 프랑스, 이탈리아, 독일, 포르투갈, 미국, 영국 노조대표가 일본군 위안부 문제의 중요성에 대해 이야기했다. 보다 중요한 점은, 그동안 이 문제에 관하여 침묵해 왔던 미국과 영국의 노조대표가 일본 정부와 렝고가 그동안 벌였던 로비 활동을 폭로한 것이다. 파키스탄 대표가 일본을 지지했을 뿐, 전년까지 ILO의 정치화를 우려하여 이 문제의 논의에 반대의사를 표했던 스웨덴 노조도 침묵했다. 이번 회기부터 새롭게 바뀐 노동자그룹회의 의장[26]은 일본의 공공부문 노동자 문제 대신에 강제노동조약 위반 건을 집중토의안건으로 넣는다고 결론지었다. 1995년 이 문제로 ILO에 접근한 지 6년 만의 대승리였다.

### 2) 사용자그룹회의에서의 반대

대체로 노동자그룹회의에서의 결정은 사용자그룹회의에서 그대로 통과되는 것이 ILO의 관례였으나, 노동자그룹회의에서 결정이 이루어진 후 24시간 동안 반전이 이루어졌다. 일본 사용자 측의 강력한 반대로 이례적으로 사용자그룹회의에서 이 문제의 안건화가 부결되었던 것이다. 일본 사용자단체는 일본에서 다시 전쟁의 기미가 조금도 보이지 않는 현재의 상황에서, 제2차 세계대전 시 일어난 이 문제를 다시 거론하는 것은 옳지 않다고 역설했고, 대부분의 사용자단체가 그것을 지지했다.

노동자와 사용자의 대표들이 모여 타협을 시도했으나, 양측의 엇

26 Mr. Luc Cortebeeck(벨기에).

갈리는 입장 때문에 이 문제는 기준적용위원회에 상정하지 않는 것으로 잠정 합의된 모양이었다. 이틀 후 아침에 예정에 없던 노동자그룹회의가 30분간 소집되었다. 노동자그룹의 의장은 사용자그룹의 논의결과와 그에 따른 노동자그룹 의장과의 타협을 발표했는데, 그에 대해 노조대표들이 강하게 불만을 표하는 바람에 회의는 오후로 연장되었다. 오후 회의의 분위기는 다소 침체되었는데, 노사가 이렇게 갈등하면 좋지 않으므로 일본의 강제노동 문제는 일단 이번에는 다루지 않는 것으로 한다는 결론으로 무겁게 내려앉고 말았다.

2001년도 기준적용위원회의 보고서(ILO, 2001b)에는 노동자그룹이 일본의 강제노동조약 위반 문제에 관하여 사용자그룹과 합의에 이르지 못한 것을 애석하게 생각하며, 이 문제에 관하여 일본 정부가 적절한 조치를 취하는가를 계속 면밀히 관찰할 것이라고 기록되었다.

### 3) 위험한 타협의 시도

2002년 3월에 출판된 전문가위원회의 보고서에는 전년에 이어 일본의 강제노동조약 위반 문제가 다시 논의되었다. 지난 해 기준적용위원회에서 이루어진 노동자그룹과 사용자그룹 간의 논쟁 때문에, 통례와 달리 두 해째 연속하여 이 문제를 다루게 된 것이다. 전문가위원회는 일본 정부에 피해자의 요구에 부응할 것을 권고했다.[27]

---

27 "The Committee hopes that the (Japanese) Government will be in a position to

전문가위원회의 보고서에 수록이 되었고, 지난 해 노동자그룹에서 주요 안건으로 결정된 바 있으므로 2002년 총회에서 일본의 강제노동조약 위반 문제가 주요 안건으로 확정되어 논의될 가능성에 대해 노조와 시민단체가 모두 희망을 가지게 되었다. 그러나 6월 총회를 앞두고 일본 노조로부터 제기된 타협의 제안으로 ILO에서의 일본군 위안부 문제 해결을 위한 운동은 또다시 굴절을 겪게 되었다.

일본 노조는 2002년 6월 ILO 총회에서 일본 문제로서 공공부문 노동자 단결권 문제(ILO 조약 87호)를 제기해 줄 것을 한국 노조에 호소했다. 일본 정부가 2002년 안으로 그에 관한 법을 개정하려고 하므로 ILO에서 그 문제에 대하여 일본 정부에 적절한 권고를 내린다면 매우 강력한 압력이 될 것이라는 의견이었다. 일본 노조인 렝고는 이런 시급성 때문에 2002년에 이 문제를 제기하는 데 한국 노조가 동의해 줄 것을 바라며, 그렇게 한다면 2003년에는 강제노동조약 문제를 제기하는 데 협력하도록 약속하겠다는 것이었다.

이 제안에 대하여 한국노총과 민주노총은 서로 다른 반응을 보였다. 한국노총은 원칙을 저버릴 수 없다는 입장을 강하게 나타내면서 이 제안을 거부했으나, 민주노총은 같은 노조로서 일본 내 사정을 이해해야 하며, 오히려 이러한 협력의 태도를 먼저 보임으로 해서 더 많은 것을 얻어 내는 지혜를 발휘하자는 타협의 입장을 취했다.[28] 정대협은 실행위원회를 열고 일본 노조의 제안을 검토한 결과

---

supply particulars to the Conference and action taken to respond to the claims of wartime 'comfort women' and industrial forced labor" (ILO, 2002a).

28 이러한 양 노조의 다른 입장은 한국 내 공무원노조 문제에 대한 양 노조의 입장 차이를 반영한다는 해석도 있었다. 즉 한국노총은 공무원노조 문제에 대하여 이

받아들일 수 없다는 원칙론을 확고히 했다.

이렇게 원칙론이 우세한 가운데 한국노총과 민주노총은 논의를 계속하면서 타협점을 찾아가기 시작했다. 그것은 일본 노조가 사용자그룹회의로 하여금 다음 ILO 총회에서 강제노동조약 문제를 개별 안건으로 논의하는 데 찬성할 것이라는 확답을 얻도록 하는 것이었다. 그것은 지난 해 노동자그룹회의 결정을 사용자그룹회의에서 반대했던 전철이 이번 해에도 반복될지 모르니 아예 내년으로 미루어 일을 확실히 해 보자는, '전진을 위한 일보 후퇴' 전략이었다. ILO의 내부사정을 자세히 알 수 없는 정대협 실행위원회는 원칙을 고수하자는 입장을 내세우면서도 양 노조의 결정에 강한 제동을 걸기 힘든 상황이었다.

6월 총회에서 공식적인 노동자그룹회의와 사용자그룹회의가 열리기 전, 한국 노조와 일본 노조는 세계의 노조대표들과 비공식적인 접촉을 가져 ILO 총회에서의 일본 강제노동조약 위반 문제 논의에 관해 토의했다. 한국과 일본 노조 간의 타협에 대하여 네덜란드, 프랑스, 독일, 미국 등의 노조대표는 처음에는 반대했으나, 내년 총회에서 반드시 논의할 수 있도록 확실한 다짐을 이끌 수 있다는 전제하에 타협안을 승인했다. 일본 노조는 일본의 사용자그룹으로부터 확실하게 이 문제의 내년 총회 논의에 협력하겠다는 다짐을 받았다고 주장했으며, 사용자그룹회의 의장도 그것을 확인했다. 이 모든

---

미 정부와 상당 부분 의견 차이를 좁힌 상태였던 데 비해, 민주노총은 그 문제를 둘러싸고 정부와 팽팽한 긴장상태에 있었으므로 일본 노조와의 연대는 중요한 역할을 할 수 있었던 것이다.

일이 비공식적인 협의 과정에서 이루어진 것이다.

기준적용위원회에서 노동자그룹회의와 사용자그룹회의 의장은 함께 내년에 일본의 강제노동조약 위반 문제를 총회에서 다루도록 할 것을 "공동으로 선언한다(jointly declare)"고 말했다. 프랑스 노조 대표는 여전히 올해 이 문제가 다루어지지 않는 것에 불만을 표했으며, 노동자그룹회의 의장은 다시 한 번 내년에 이 문제를 다루겠다고 확언했다.

그러나 문제가 간단치는 않을 것임이 예고되었다. 사용자그룹회의에서 각국의 사용자대표들은 다소 다르게 이해하고 있었으며, 기준적용위원회에서 일본 정부는 이 문제에 관해 노조 측에 동의한 바 없다고 말했던 것이다. 결국 회의에서 노동자그룹과 사용자그룹이 강력히 피력했던 '공동선언'은 완연히 축소되어 문서화되었다. 2002년 기준적용위원회의 보고서에는 노동자 입장만을 강하게 표현했을 뿐 사용자, 정부그룹의 입장은 각기 다르게 기록하고 있다. 즉, "노동자그룹은 사용자그룹과 함께 내년 기준적용위원회의 안건으로 취급하겠다고 말했다"고 기록하고 있으나, "사용자그룹은 일본의 노사정이 이 문제에 합의한다면 취급하겠다고 했다"고 기록한 한편, "일본 정부는 전문가위원회가 일본의 소수 노조의 의견뿐 아니라 일본 정부의 의견도 균형 있게 수렴하기 바란다고 말했으며, 노조와 사용자그룹회의 의장들이 말한 대로 이 문제에 관해 일본 노사정 삼자가 합의한 바는 전혀 없다고 강조했다"고 기록하였다.[29]

---

29 "The Worker members deplored the fact that the Government had still not taken the necessary measures. Together with the Employer members, they

## 7. 반복되는 노동조합과 사용자 집단의 갈등: 2004년 이후

앞서 2002년의 타협에도 불구하고, 2003년 총회에서 강제노동 조약과 일본군 위안부 문제를 개별 안건으로 결정하는 데 실패했다. 노동자그룹과 사용자그룹의 입장 차에 의한 것으로, 일본군 위안부 문제는 ILO에서 노동자그룹에서는 개별안건으로 결정하고 사용자 그룹에서는 거부되는 갈등이 2004년 이후에도 계속되고 있다.

---

undertook to include the application of Convention No. 29 in Japan on the agenda of the Committee the next year. The Employer members said that if there were an agreement among the Japanese tripartite constituents for the examination of the case by the Conference Committee in 2003, they could support it. The Government member of Japan… called on the Committee of Experts not to prejudice the future course of discussions on the case and made clear that there was no agreement among the three parties of Japan to revisit this case next year as referred to by the previous speakers" (ILO, 2002b).

제8장

# 2000년 일본군 성노예 전범 여성국제법정

## 1. 새로운 운동으로서의 2000년 법정

'2000년 일본군 성노예 전범 여성국제법정(Women's International War Crimes Tribunal on the Trial of Japan's Military Sexual Slavery in 2000. 이하 '2000년 법정'으로 약칭)'은 도쿄에서 2000년 12월 7일 저녁의 개막식을 시작으로 8-10일 사흘간의 본 법정 및 11일 국제공청회, 12일의 판결로 폐막되었으며, 법정기간 중 내린 예비판결 이후 면밀한 검토에 근거하여 2001년 12월 헤이그에서 발표된 최종 판결로 마무리되었다. 이 법정은 UN 등의 국가 간 기구와 상관없이 민간단체들에 의해 구성된 민간법정(people's tribunal)으로서, 일본 정부에 배상의 책임을 묻는 민사재판과 함께 일본군 위안부 범죄에 책임이 있는 개인들에 대한 처벌을 요구하는 형사재판의 두 부분으로 구성되어 진행되었다. 그리고 재판이 끝난 후 구 유고 지역 등을 포함하는 현재 분쟁 지역에서 이루어지고 있는 여러 형태의 여성인권 유린 문제를 논의한 '최근 전쟁과 갈등하의 여성에 대한 범죄에 관한 공청회'(이하 '공청회'로 약칭)를 열어 일본군 위안부 문제를 현재의 문제로서 공론화했다. 특히 이 법정에서 개인 기소에 '히로히토 천황'을 포함시킨 점은 주목할 만하다. 법정에서는 한국과 일본을 포함한 10개국(남한과 북한, 중국, 일본, 필리핀, 인도네시아, 대만, 말레이시아, 동티모르, 네덜란드)의 검사단이 각기 기소했으며, 공청회는 코소보, 콜롬비아 등 현재 무력갈등이 일어나고 있는 지역[1]의 NGO들이 참가하여 여성인권침해 문제를 고발했다.

이와 같이 이 법정은 아직 해결되지 못한 일본군 위안부 문제의 범죄성에 대하여 보다 체계적인 국제법적 판단을 시도한 장이었다. 민간법정의 법적 효력에 대한 이견에도 불구하고, 2000년 법정은 법적 판결의 가치와 도덕적인 강제성을 인정받고 있으며, 이미 이 법정의 판결은 판례(case)로 이용되기 시작했다. 동시에 이 법정은 지금까지 벌여 온 국제(초국적)운동을 종합한 장이기도 했다. 75명의 피해자를 포함한 세계 각국 시민들의 참석이 그것을 웅변했다. 그 결성배경과 준비 과정은 이 문제 해결을 위해 벌여 온 운동과 문제제기의 상황을 요약하는 것이었고, 법정이 남긴 결실과 한계는 앞으로의 운동에 방향을 제시하고 있다.

대부분의 2000년 법정에 관한 논의에서 놓치고 있는 것으로, 우리가 주목해야 할 부분은 이 법정의 준비 과정과 법정 자체의 효과로서 이루어진 국내운동의 발전이다. 법정 기소를 위하여 많은 국제법학자와 역사학자가 새롭게 운동에 합류했으며, 시민운동뿐 아니

1 Chiapas, Columbia, Guatemala, Algeria, Sierra Leone, UN Peacekeeping Somalia, Kosovo, the United States, Palestine, Afghanistan, Burma, Burundi, Vietnam, East Timor, Okinawa.

라 대학생 사회로 운동이 확산된 것은 매우 중요한 결과이다. 북한과의 공동기소는 시민사회차원에서 이룬 남북 화합의 중대한 결실이었다. 이 법정에 관한 법적인 효과(오코다 유이치, 2001; 장완익, 2001; 히가시자와 야스시, 2001; Chinkin, 2001)와 법정의 절차(심영희, 2001)에 관해서는 이미 자세한 논의가 이루어져 있으므로, 이 장에서는 위 논의들에서 다루지 않은 국내운동과 준비 과정 등을 보완하면서, 법정의 전반적 과정을 살펴보기로 한다.

2000년 법정은 10여 년간 벌여 왔던 운동의 결과 모색된 새로운 형태의 해결책이다. 1990년 한국정신대문제대책협의회(이하 '정대협'으로 약칭)의 설립으로 출범한 일본군 위안부 문제 운동은 국내에서는 시민들의 의식을 환기시켜 피해자를 위한 모금, 연구, 시위 등의 여러 활동을 전개하면서 한국 정부에 다양한 요구를 해 왔다. 일본 정부에 대해서는 직접 정부에 요청서를 보내거나 UN, ILO 등을 통해 책임을 촉구하기도 했으며, 일본과 미국에서 법정소송을 계속하고 있다. 이러한 가운데 다양한 피해자 원조활동이 민간차원에서 이루어지고 있으며, 정부도 일제하 일본군위안부에 대한 생활안정지원법을 제정하고 피해자들에게 특별원조금을 지급했다. 무엇보다 중요한 점은 이 문제에 대한 논의를 회피하려는 경향이 강했던 처음의 사회분위기가 변화하여, 고통스러운 역사를 직시하고 극복해야 한다고 생각하는 적극적 역사의식이 확산되고, 학자, 법률가 및 교사, 학생 등 다양한 계층으로 운동이 전파된 점이다. 세계 시민사회의 관심도 크게 확대되었다. 그러나 정작 피해자의 명예회복을 위한 공식적인 절차를 책임져야 할 한일 양 정부는 해결의 고리를 풀지 못하고 있다. 한국 정부는 여전히 국내 민간단체와 일본 정부에 대해 각각 다른 태도를 보이고 있으며, 일본 정부는 다각적인 국제적 압력에도 불구하고 좀처럼 움직이지 않고 있다. 운동이 장기화되면서 한국에서는 연구와 교육으로 방향전환이 논의되기 시작했고, 일본에서는 입법운동과 소송만이 남아 있는 길이라고 생각하는 분위기가 강해지고 있었다. 이렇게 법적 해결, 정치적 압력 및 사회운동에 의한 도덕적 요구들이 모두 피해자에 대한 실질적인 해결책을 찾는 데 실패하고, 특히 UN 등 국가 간 기구의 한계가 드러나면서, 이 문제의 해결을 위해 일해 온 시민단체들은 민간법정이라는 방안을 생각해 낸 것이다.

피해자에 대한 배상이나 사죄 등의 직접적인 해결 외에 교육과 연구 및 기념사업 등 아직도 해야 할 일이 많은 일본군 위안부 문제 운동에서, 2000년 법정은 새롭게 활기를 불어넣는 계기로서도 제안되었다. 법정 자체로 보면 하나의 이벤트인 이 사건을 어떤 식으로 이어갈지에 대한 장기적 비전이 법정 설립에 찬동한 누구에게도 뚜렷하지 않았던 것도 사실이지만, 실제로 법정을 준비하는 과정에서 국내외적으로 많은 새로운 사람들이 참가하였고 운동의 범위도 확산되었다.

## 2. 2000년 법정을 가능하게 한 요인

그간 힘을 모아 활동해 오던 아시아 피해국의 여성단체들이 2000년 12월에 도쿄에서 2000년 법정을 열기로 결정했다. 20세기가 가기 전에 공식적 과정을 통해 아직 풀지 못한 일본군 위안부 문제를 여성의 힘으로 정확히 단죄하자는 의지였다. 이것은 1967년에 유럽에서 열린 '러셀 베트남 전범법정(International War Crimes Tribunal on Vietnam)'이 모델이었다.[2] 그러나 2000년 법정은 유럽의 지식인들이 중심이 되었던 러셀 베트남 전범법정과는 달리, '피해국' '여성'들의 힘으로 이루어졌다는 점에서 한 단계 더 나아갔다고 볼 수 있다.

아시아 피해국 및 일본의 여성단체들은 1998년 4월 15-17일에 서울에서 열린 제5차 아시아연대회의에서 뜻을 모아 전격적으로 준비를 시작하였다. 이 제안은 그보다 며칠 전에 스위스 제네바에서 열린 '전쟁과 여성에 대한 폭력 네트워크(Violence Against Women in War-Network: VAWWNET)' 회의에서 일본의 여성운동가 마츠이 야요리(松井やより)에 의해 처음 이루어진 것이었으나, 아시아연대회의에서 공식적으로 개최에 합의를 이룬 것이다. 그러나 더욱 넓게 보아 이 법정은 1990년 초부터 시작된 일본군 위안부 문제 해결을 위한 운동이 만들어낸 여러 조건들의 결과라고 보아야 할 것이다. 아시아의 여성단체들은 UN, ILO 등의 국제기구와 일본과 미국의 법정 등에서 내린 국제법적 해석(긍정적이든, 부정적이든)이 이미 축적되어 있었으므로 법정의 개념을 가질 수 있었다. 또한 국제형사재판소나 구 유고 전범법정 등, 전시하 여성에 대한 폭력 문제에 세계적 관심이 고조되고 있었으므로 세계의 이목을 집중시킬 자신이 있었

---

2 러셀 베트남 전범법정 외에 1970년대 이탈리아의 상설인민재판소(Permanent People's Tribunal)가 시민법정의 초기 사례로서 존재한다(Chinkin, 장복희 역, 2001: 300).

다. 이러한 가운데 아시아뿐 아니라 서구를 비롯한 세계의 시민단체 및 인권 관련 인물들과의 네트워크가 형성되어 있어 법정을 열 수 있는 역량이 축적되었던 것이다.

### 1) 국제법적 해석의 축적과 해결의 좌절

1992년 정대협은 UN 인권소위원회에 일본군 위안부 문제를 상정하는 노력을 하기 시작했으며, 그 과정에서 UN의 중요한 전문가인 테오 반 보벤 교수의 국제법적 해석을 얻어 냈다. 1994년 ICJ는 한국과 일본, 북한, 필리핀의 일본군 위안부 피해자 및 관련자를 조사하여 매우 치밀한 국제법적 분석을 산출했다. 전쟁범죄와 인도에 반한 죄로 일본 정부의 책임을 단죄한 이 분석은 지금까지 일본군 위안부 문제에 대한 논의에서 중요한 참고자료가 되고 있다. 정대협의 UN에서의 활동은 인권위원회에서 여성폭력 특별보고관인 라디카 쿠마라스와미로 하여금 1996년 일본군 위안부 문제를 심도 있게 다룬 보고서를 제출하게 하였고, 인권소위원회에서는 1998-2000년에 게이 맥두걸 특별보고관의 전시하 여성폭력에 관한 보고서에 일본 정부에 일본군 위안부 문제에 대한 책임을 묻는 내용을 포함시키는 결과를 가져왔다. ILO는 1995년 한국노총과 OFSET의 문제제기로 일본군 위안부 문제를 다루기 시작하여, 기준적용전문가위원회는 일본 정부가 ILO 29호 조약(강제노동 금지규약)을 위반했다는 판단을 내렸으며, 피해자에게 조속히 적절한 피해배상을 할 것을 권고했다. 그러나 이러한 여러 국제기구의 법적 판단 및 권고는 일본 정부를 움직이지 못했다(제6, 7장 참조).

한편 일본 지방법원에서 여러 건의 일본군 위안부 피해소송이 진행 중인데, 그 대부분은 패소하거나 계류 중이다. 그중 1996년 시모노세키 재판의 판결은 일본군 위안부 문제 범죄 자체에 대한 판단은 아니지만, 일본 정부가 1993년 책임을 인정한 후 적절한 입법 조치를 실시하지 않은 죄로서 피해자 원고 1인당 30만 엔을 지불하라는 판결을 내려, 이 문제에 대한 최초 및 유일한 긍정적 해석을 한 것이다. 그러나 이것도 고등법원과 최고법원에서 패소하고 말았다. 1997년부터 시작된 미국 법원에서의 제소는 현재 일본 기업의 책임을 추궁하는 방식으로 진행 중이다(한우성, 2000). 이 밖에도 1994년 국제상설중재재판소에 제소하려는 시도와 같은 해 일본 검찰에 고발장을 접수한 것은 일본 정부의 동의를 얻는 데 실패하여 무산되고 말았다.

이 법적 해석과 권고 및 판결이 제대로 이행되었다면, 2000년 법정이 결성될 필요가 없었을 것이다. 이러한 여러 법적 해석의 축적과 공식적 기구를 통한 문제 해결의 좌절이라는 상반된 결과가 민간차원의 2000년 법정을 탄생시킨 것이다.

### 2) 전시하 여성폭력에 대한 국제사회의 의식 환기

20세기가 저물면서 세계의 곳곳에서 전쟁과 내란이 일어났고, 그곳에는 어김없이 여성에 대한 폭력이 행해졌다. 구 유고 지역에서의 인종청소와 코소보, 동티모르, 르완다 등지의 무력갈등에서의 여성인권침해가 그 대표적 경우이다. 1992년부터 UN에 제기되기 시작한 일본군 위안부 문제는 이러한 여러 전시하 여성 문제의 역사적 뿌리로 위치지어지면서 그 중요성이 국제사회에 인식되게 되었던 것이다. 일본 정부의 강력한 로비로 인해 일본군 위안부 문제가 실질적인 해결의 방안을 찾지 못하는 사이에, 1998년에는 정부만이 제소할 수 있는 국제사법재판소와는 달리 정부가 아닌 개인차원에서 국가의 범죄를 제소할 수 있는 '국제형사재판소(International Criminal Court, ICC)'를 위한 로마 규정(Rome Statute)이 채택되어 2002년부터 ICC가 기능하게 되었다. 과거의 문제는 다루지 않는다는 원칙 때문에 일본군 위안부 문제는 이 법정에 제기될 수 없지만, 전시하 여성폭력 문제는 이제 국제사회에서 효과적으로 다루어질 수 있게 되었다. 이러한 국제법정에 세계의 이목이 집중된 가운데, 그것이 설립되는 과정에 중요한 주춧돌이 된 일본군 위안부 문제가 정작 이 법정들에서 다루어지지 못하는 상황은 이 문제 해결을 위해 어떠한 형태로든 새로운 법정을 만들고자 하는 분위기를 성숙시켰다. 러셀 베트남 전범법정이 여기서 모델로서 떠오르게 된 것이다.

### 3) 국제 NGO 간의 네트워크

법정이 세계의 여론을 움직이기 위해서는 러셀 베트남 전범법정처럼 국제사회가 인정하는 양심적이고 실력 있는 인물들을 포진시켜야 하며, 원활하게 일을 진행시킬 수 있고 뜻을 같이하는 국제연대가 형성되어 있어야 했다. 일본과 아시아 피해국들이 2000년 법정을 설립할 엄두를 낼 수 있게 한 기반은 지난 10년간 이룩한 국제연대에 대한 자신감이었다.

1980년대 말 한국의 윤정옥 교수와 교회여성연합회가 일본군 위안부 문제 해결을 위해 손을 맞잡은 때부터 곧바로 일본의 여성단체들과 협력하기 시작했으며, 이후 일본의 여성 및 시민단체, 재일교포들과의 연대를 확대시켜 왔다. 1992년 8월 서울에서 국제활동의 경험이 많은 필리핀 여성단체를 비롯하여 대만, 홍콩, 태국의 여성들이 참가하여 제1회 아시아연대회의를 개최한 후 중국, 북한, 인도네시아 단체들이 가세하여 아시아연대회의를 지속시켰고, 여러 국제활동의 장에서 연대하였다(제5장 참조).

일본군 위안부 운동은 아시아뿐 아니라 인권을 위해 일하는 세계의 개인 및 단체와의 네트워크도 형성해 왔다. 정대협은 1992년 UN 활동을 시작하면서, 저명한 국제법학자이면서 UN 배상 문제 특별보고관인 반 보벤 교수, 미국의 인권변호사이면서 인권소위원회 부위원인 맥두걸 등[3] UN과 직·간접으로 관련하는 인물들과 네트워크를 만들어 왔으며, 여기에 일본과 필리핀 등의 활동가들이 만들어 온 인맥을 더해 국제적인 네트워크를 광범위하게 형성하고 있었다. 2000년 법정에서 많은 인물을 동원할 수 있던 것은 이러한 기반이 있었기 때문이다.

또한 앞서 언급한 대로 UN 등의 국제적 장에서 한국을 비롯한 아시아 여성들은 일본군 위안부 문제를 무력갈등 시의 여성에 대한 폭력 문제로 위치지으면서, 현재 세계 곳곳에서 일어나고 있는 여러 문제들을 위한 운동과 연결을 이루어 왔다. 이러한 가운데 세계의 인권 및 여성단체들의 광범위한 지지를 획득했다. 1996년 UN 인권위원회에서 쿠마라스와미의 보고서를 지지하여, 세계의 여성단체들

3 이들은 심포지엄이나 조사 등을 위해 한국을 수차례 방문했다.

이 '전시 군성노예에 관한 쿠마라스와미 보고서를 지지하는 국제연대(International Alliance Supporting Radhika Coomaraswamy's Report on Military Sexual Slavery in War Times)'를 결성하기도 했다. 1993년 비엔나 UN 세계인권대회의 NGO 포럼으로 열렸던 '여성인권국제법정'에 일본군 위안부 문제를 발표하며 세계 수십 개국의 여성단체들과 연대한 것이나 '베이징 세계여성대회'에서 일본군 위안부 문제를 위한 포럼을 열어 다른 여성단체들과 연대한 것 등, 세계의 여성단체들과 광범위하게 연대를 이루었던 것은 이번 법정의 또 다른 중요한 기반이었다. 특히 2000년 법정 중에 열린 공청회는 일본군 위안부 문제의 현재성을 부각시킨 것으로서, 이러한 세계 여성단체들과의 연대에 의해 가능했다.

그러나 2000년 법정을 시도하게 한 기반이었던 이러한 국제연대는, 앞서 언급한 바와 마찬가지로 일본군 위안부 문제를 전시하 여성폭력 문제로 구속했다는 한계를 지적하지 않을 수 없다. 법정을 준비하는 과정에서 식민지 문제가 보완되어야 한다는 점이 수차례 논의되었지만, 이러한 국제연대의 한계로 인해 논의를 진전시키지 못했다. 일본 여성 및 시민단체와의 강한 연대가 식민지성을 깊이 있게 논의하는 것을 제한한 측면도 있으며, 다른 아시아 피해국들이 한국과는 다른 입장에 있었으므로 제국주의의 문제에 더 이상 같이 나아갈 수 없었던 것도 주요한 요인이었다.

## 3. 2000년 법정 준비 과정에서의 국내운동

1998년 4월 제5차 아시아연대회의를 위해 서울에 모인 한국, 필리핀, 인도네시아, 대만, 일본 5개국 대표들은 공동운동의 성과와 한계를 확인하고, 앞으로 긴밀하게 연대하여 일본 정부에 책임 이행을 촉구하는 한편, 진상규명과 책임자 처벌을 위해 다각적인 활동을 벌이기로 결의했다. 그리고 이를 위한 하나의 활동으로 2000년 법정 개최에 합의했다.[4] 한국과 일본은 곧 준비에 들어갔다. 한국은 제5차 아시아연대회의가 끝난 직후인 4월 25일에 준비위원회를 결성하고 몇 차례의 준비위원회를 거쳐 1998년 12월 7일에 2000년 법정 한국위원회를 발족했고, 일본은 1998년 6월 '바우넷 재팬(VAWW-NET Japan)'[5]을 창립하고 본격적인 준비활동에 들어갔다.

---

4 1998년 4월 17일 제5차 아시아연대회의 참가자 일동이 결의한 사항은 다음과 같다.

(1) 일본 정부에 UN 인권위원회가 결의한 권고사항 이행을 촉구한다.

(2) 진상규명과 책임자 처벌에 더욱 박차를 가한다. 구체적으로 다음과 같은 운동을 전개한다.

첫째, 위안부 문제와 관련한 범죄자 명단을 발굴한다.

둘째, 아시아의 피해국을 포함한 세계 각국이 일본 전범의 출입국 금지 법안을 만들도록 촉구한다.

셋째, UN 국제형사재판소 설립을 촉구한다.

넷째, 2000년 여성형사재판소를 개정하기 위해 2년간 준비한다.

다섯째, 진상규명과 책임자 처벌을 위한 네트워크를 형성한다.

(3) 일본 정부에 대해 법적 배상 이행을 촉구하며, 일본 정부가 법적 책임을 회피하기 위해 만든 국민기금의 해산을 요구한다.

(4) 일본에서 진행되고 있는 진상규명을 위한 특별법 제정을 촉구한다.

(「제5차 일본군 위안부 문제 해결을 위한 아시아연대회의 공동결의문」 중에서)

5 바우넷(VAWW-NET)은 1997년 11월 도쿄에서 열린 '전쟁과 여성에 대한 폭력' 국제회의에서 결성한 국제적인 여성 네트워크로, 1998년 4월 UN 인권위원

다음 해 2월 서울에서 일본, 대만, 필리핀 대표들이 모여 국제실행위원회를 결성한 후 수차례 모임을 가지며 각국의 준비 과정을 조정하고 법정의 골격을 만들었다. 남북한은 재일교포 및 일본 대표를 통해 접촉하다가 1999년 3월 상하이 회의에서 만난 후 공동작업을 성공적으로 해 나갔다.

### 1) 한국위원회

1998년 4월 2000년 법정 개최결정이 있은 후, 한국 정대협의 활동은 법정 개회 준비를 중심으로 이루어졌다고 해도 과언이 아니다. 그리고 실제로 법정 준비 과정에서 새로운 사람들이 많이 충원되고 활동영역이 확대되었다. 정대협은 3차의 준비위원회(1998. 5. 20; 11. 6; 11. 20)와 도쿄의 바우넷 재팬 방문(1998. 6. 6-7, 7. 30-31)을 발판으로, 1998년 12월 7일에 2000년 법정 한국위원회를 발족했다. 한국위원회에는 정대협 회원뿐 아니라 법학자, 변호사, 연구자, 국회의원, 작가, 기자, 무용가 및 다른 운동단체들[6]이 대거 참가하였다. 여성뿐 아니라 남성들의 적극적 참여가 이루어진 점도 주목할 만하다. 주로 법학자와 변호사가 중심이 된 법률위원회, 연구자가 중심이 된 진상규명위원회 및 정대협 실행위원이 중심이 된 기획·홍보위원회, 대외협력위원회, 재정위원회, 그리고 정대협이 사무국을 담당하는

---

회 중에도 모임을 가졌다. 여기서 2000년 법정이 처음으로 제안되었던 것이다.

6 인권운동사랑방, 한국성폭력상담소, 아시아태평양전쟁희생자유족회, 나눔의 집, 보임 등이 그것이다.

구조를 가지고 출발한 한국위원회는 이후 수차례 회의를 가지면서 준비활동을 점검했다.

### 2) 학생법정

2000년 법정을 준비하면서 얻은 중요한 결실 중의 하나는 대학생들의 참가 확산이었다. 1999년 초에 준비가 시작되어 2000년 4월 28-29일에 이화여자대학교에서 개최한 '2000년 일본군 성노예 전범 학생법정'은 또 다른 2000년 법정이 되었다.[7] 이 과정에서 일본 대학생들과 교류하는 기회를 수차례 가졌으며, 법정이 임박한 9월 이후에는 경희대학교 등 서울의 다른 대학교와 대구, 부산 등지에서도 학생법정이 개최되었다. 이 외에도 해양대학교, 원광대학교 등 여러 대학교에서 일본군 위안부 관련 문화제가 열렸고 제주, 마산, 대구 등지의 대학교에서 릴레이 수요시위와 2000년 법정 지지서명운동 등이 확산되었다.

### 3) 연구조사활동 및 심포지엄

2000년 법정을 위해 많은 조사와 연구가 새롭게 이루어졌다. 진

---

7 1999년 1월 8일 이화여자대학교 수요시위 참가단 교육에서 처음 제안되어 1월 13일 전국여대생대표자협의회를 거치고, 2월 3일에는 관악여모(서울대학교), 서울여자대학교, 홍익대학교 학생들이 가세하여 3월에는 본격적인 준비에 들어갔다. 9월 29일 홍익대학교에서 발족식을 거행한 후, 2000년 4월 28-29일 이화여자대학교에서 법정을 개최했다.

상규명위원회 활동의 한 부분으로 '증언팀'이 새롭게 구성되었으며, 사회학자, 심리학자, 여성학자들에 의해 피해자의 사회적·심리적 후유증이 집중적으로 연구되었고, 육체적 후유증에 대해서는 기존의 피해자 진료를 담당했던 병원의 기록에 더해 젊은 의사들에 의한 체계적 조사가 이루어졌다. 또한 역사학자팀은 치밀하게 증거자료를 조사하였고, 법학자-변호사팀은 법적용 문제에 대하여 깊이 있게 논의했다. 이러한 연구성과의 출판은 법정이 끝난 다음 해인 2001년에 이루어졌다.

법정 준비를 시작하면서 한국위원회에서는 이것이 도쿄에서 열리는 일회성 행사로 그쳐서는 안 된다는 데 의견을 모으고, 한국에서 준비결과를 발표하는 심포지엄을 법정에 앞서 가지자는 제안이 있었다. 이에 따라 1999년 6월 4-5일 맥두걸 변호사 초청 심포지엄과 같은 해 10월 13일 NGO 세계대회에서 "일본군 위안부 문제 해결 운동과 2000년 일본군 성노예 전범 국제법정"이라는 제목의 포럼을 개최하였다. 그리고 2000년 11월 16일에 열린 정대협 창립 10주년 심포지엄에서 「2000년 법정을 위한 연구성과들」이 발표된 것은 법정 준비 활동의 중요한 성과라고 할 수 있다.

그 밖에 국내에서 여러 문화행사가 개최되었다. 전국 여러 지역에서 문화제와 강연회가 열렸으며, 사이버 캠페인도 이루어졌다. 2000년 법정을 위한 모금행사도 국내(연세대학교 동문회관, 2000. 10. 25)와 일본, 미국, 독일 등에서 이루어졌다.[8] 이렇게 국내에서 2000년 법정을 위해 이루어진 활동들을 통해 운동은 크게 확산되어 갔다.

---

8 정대협에서 지금까지 시행한 모금은 피해자 지원을 위한 것으로 국한되어 왔다.

## 4. 국제실행위원회 및 법정의 주요 쟁점

기본적으로 2000년 법정은 여러 나라의 단체들과 개인이 협력하여 이룬 국제활동이다. 1998년 4월 아시아연대회의에서 법정 개최를 합의한 후 한국과 일본은 상호 방문하며 의견을 교환했으며, 1999년 2월 17일 일본, 필리핀, 대만의 NGO가 서울을 방문하여 처음으로 국제준비모임의 틀을 잡았다. 법정을 위한 조직은 크게 피해국, 가해국, 그리고 국제자문위원회의 세 조직으로 구성했다. 피해국 그룹을 대표한 한국의 윤정옥 교수, 일본 대표로 마츠이 야요리, 그리고 국제자문위원회를 이끌 필리핀의 인다이 사호르(Indai Sajor) 세 사람이 국제실행위원회의 공동대표를 맡았다. 국제실행위원회는 서울, 도쿄, 상하이, 마닐라, 대만 등지에서 수차례의 회의를 갖고 각국 검사단을 조직하여 국제검사단회의를 열었다. 한편 국제자문위원회는 남북미, 유럽, 아프리카 등 세계 각 지역의 전문가들로 구성했는데, 이 위원회는 뉴욕, 헤이그, 워싱턴 등지에서 UN 등의 국제회의를 이용하여 그 전후에 회의를 개최하면서 법정의 여러 문제들을 논의해 갔다. 이러한 회의들의 주요 쟁점을 다음 몇 가지로 정리할 수 있다.

### 1) 법정의 장소와 공식 언어

2000년 법정의 장소로서 서울과 도쿄가 주요 후보로 논의되었다. 한국이 피해자가 가장 많은 나라이고 앞으로 이 운동의 확산이 어느 곳보다도 필요한 지역이라는 점, 일본군 위안부 문제의 식민지성을 부각시킬 필요성이 크다는 점 등이 서울에서 법정이 열려야 한다는 주장의 근거였다. 그리고 2000년 법정이 제2차 세계대전 후 열린 도쿄 재판의 부족함을 보완하는 것이라는 점과, 일본 정부에 자극을 줄 계기가 필요하다는 점 등이 도쿄를 개최지로 하자는 주장의 논거였다.

한편, 법정의 공식 언어가 초기에 별다른 고려 없이 영어로 결정되었는데, 이에 대해 한국 위원을 중심으로 강력한 문제제기가 이루어졌다. 가해국이 일본이고, 피해국이 모두 아시아 나라인데 영어를 공식 언어로 채택하는 것은 아시아 여성의 힘으로 여는 법정의 의미를 반감시킨다는 설득력 있는 문제제기였다. 결국 법정의 공식 언어는 영어, 일본어, 한국어, 중국어로 하고, 동시통역을 하기로 결정했다.

### 2) 법정의 성격과 히로히토 일왕의 기소 문제

무엇보다 기본적인 문제는 어느 정도의 형식성(공정성과 신뢰성)을 갖출 것인가의 문제였다. 기존의 법에 의거하는 다소 엄격한 형식성에 기초한다면 법정의 권위는 올릴 수 있지만 현재의 국제법의 한계를 넘어서지 못하는 축소된 법정의 모습에 머물고 말 것이며, 반대로 우리가 하고 싶은 양심의 메시지를 전달하는 더욱 열린 법정을 만들면, 국제법의 새로운 방향을 제시할 수 있겠지만 법정으로서의 권위가 폄하될 위험이 있다는 것이었다. 양 입장을 잘 조정하여 될 수 있는 한 법정의 형식성을 지키면서도 의미를 위축시키지 않도록 개방성도 살린다는 엉거주춤한 자세로 출발한 법정의 준비는 차츰 형식성 쪽으로 기울어졌다. 세계의 대표적인 양심적 지식인으로 구성되었던 러셀 베트남 전범법정과는 달리, 판사와 수석검사를 전원 법률전문가로 정했다. 판사대표 가브리엘 맥도널드(Gabrielle Kirk McDonald)는 구 유고 국제형사재판소의 수석판사를 역임했던 현직 판사이며, 그 밖에 아르헨티나의 형사법 판사이며 국제여성법률가협회 회장인 카르멘 아기베이(Carmen Maria Argibay), 저명한 여성 국제법학자인 런던 대학 교수 크리스틴 친킨(Cristine Chinkin)과 케냐의 인권변호사이자 케냐 대학 교수인 윌리 무퉁가(Willy Mutunga)가 판사로 법정에 참가했다. 맥도널드 판사대표는 법정이 열리기 전날 준비모임에서 이 법정이 단순한 모의법정이 아니라 진지한 실제의 재판과 같이 이루어질 것이라는 점을 누누이 강조했다. 이러한 법률가 중심의 구성과 형식성의 강조가 법정을 뜻하지 않은 쪽으로 몰아가지 않을까 마지막까지 노심초사한 사람들도 적지 않았으나, 법정은 판사들의 엄격한 자료검토와 논의 후 히로히토를 포함한 주요 전범들의 유죄와 일본국가범죄를 확인했다.

다음으로 이 법정에서 국가책임만을 다룰 것인가, 개인 전범에 대한 형사재판도 포함할 것인가에 대한 논의가 있었으며, 개인기소를 한다면 어떤 범위까지 할 것인가, 그리고 구체적인 형량까지를 선고할 것인가 아니면 유무죄(有無罪)의 판단으로 그칠 것인가 등의 문제가 지속적으로 논의되었다. 결국 국가와 개인기소를 모두 할 것이며, 개인판결은 유무죄로 한다고 결정했다. 그리고 이 문제의 성격을 드러내기 위해 일반 법정에서는 하지 않는 죽은 사람에 대한 기소도 한다는 방침을 결정했다.

가장 예민했던 문제는 히로히토 일왕의 기소 문제였다. 법정 준비에 처음부터 적극적으로 가담했던 사람들 중에서도 일본 국민의 전반적인 정서를 생각하여 일왕 기소를 꺼리는 사람이 있었다. 그러나 이 문제의 최고책임자인 일왕을 피해 가는 것은 법정의 의미를 심각하게 축소시킨다고 하는 한국 측의 강한 주장이 결국 국제적인 동의를 얻어 냈다.

### 3) 법정의 구조

판사와 검사가 중심이 되고 법률자문과 전문가 증인을 둔다는 점에는 대체로 일찍부터 합의를 보았으나, 몇 가지 점에서 의견이 교차되기도 했다. 처음에는 배심원을 두자는 데 합의한 바 있으나 혼란을 우려하여 없앴으며, 여러 피해국들에서 각기 다른 기소장을 준비하기로 하면서 이를 종합할 필요성에 따라 처음 논의에서는 떠오르지 않았던 수석검사 제도가 부상하였다. 일본 정부를 피고로 세우기로 합의하고 일본 정부에 출석을 요청했으나, 실제 법정에 출석하지 않았다. 우여곡절 끝에 최종적으로 지역과 성을 고려한 5명의 판사가 결정되었는데, 여기서 공정성을 기하기 위해 아시아 피해국 지역의 법률가는 제외시켰다.[9] 검사단은 국가별로 구성하고, 각국 검사단이 각기 한 시간 반씩의 기소시간을 갖는 것으로 결정했으며, 피해국들 간의 기소순서가 국제실행위원회와 검사단회의에서 결정되었다. 남북한, 중국, 일본, 필리핀 등 10개국이 각기 검사단을 구

9 이 중 바그와티(P. N. Bhagwati. 전 인도 대법원 판사, ILO 전문가위원회 위원)는 병으로 참석하지 않았다.

성했는데, 특기할 만한 것은 남북한이 세 시간을 사용하여 공동기소를 한 것이었다. 이 법정의 판사 중 한 명이자 페미니스트 국제법학자인 크리스틴 친킨은 "정부차원에서 생각할 수 없었던 남북 공동의 목적을 달성하였으며 표현한 것이었다"고 감격해 했다(Chinkin, 장복희 역, 2001: 295).

마지막까지 이견이 대립한 것은 변호인단을 세울 것인가의 문제였다. 1999년 2월 서울에서 모인 첫 국제실행위원회에서부터 한국과 일본 사이에 이견이 나타났다. 일본 측은 법정의 권위를 살리기 위해 변호사를 둘 것을 제안한 반면, 한국 측은 일본 정부의 입장을 대변할 변호사를 세우는 것은 위험하다고 생각했다. 이 논쟁은 막바지에 한국이 양보하여 일본의 의견을 존중하기로 결정했으나, 이번에는 일본 측에서 변호사를 구하지 못하여 결국 변호사 없는 법정이 되었다. 일본 정부의 참석이 거부된 채 일본 준비팀은 일본 군인 두 명을 가해자로서 증언하도록 했으며, 일본 정부의 입장을 대변하는 법정참고인(Amicus Curiae)을 세웠다.

이 밖에 지적할 점은 수차례 걸쳐 열린 국제실행위원회에 참석했던 대부분 사람들의 충분한 이해 없이 필리핀의 법률가가 서기로 결정되어 법정의 진행을 맡은 것이다. 이 점에 대해 법정 진행 중 일본과 한국의 NGO로부터 비판이 제기되었다.

#### 4) 공청회

공청회는 이 문제의 현재성을 부각시키고 세계의 여성단체들과 연대하기 위해 법정의 기획 초기단계부터 논의되었다. 그 담당을 누가 할 것인가를 둘러싸고 논의가 분분하다가, 결국 국제형사재판소에 대비하기 위해 1997년에 설립된 국제여성단체인 '젠더 정의를 위한 여성연대(Women's Caucus for Gender Justice)'에서 사무를 맡아 하는 것으로 결정되었다. 국제적으로 매우 강력한 활동력을 가지고 있는 이 단체는 베트남, 아프가니스탄 등 세계 15개국으로부터 다양한 형태의 전쟁과 여성인권침해 문제를 발표하도록 하는 데 성공했으며, 국제실행위원회가 목적했던 대로 일본군 위안부 문제가 결코 과거의 문제가 아니라 지금도 세계의 곳곳에서 벌어지고 있는 여성인권유린의 문제이며, 그 불처벌(impunity)의 악순환을 끊기 위해 2000년 법정이 열렸다는 인식을 사람들에게 심어 주었다. 그러나 앞서도 지적한 대로, 전시하 여성 문제라는 개념만으로 설명될 수 없는 한국의 역사적 특수성과 일본군의 특수성이 이 공청회로 인하여 더욱 수면 아래로 가라앉은 듯한 아쉬움은 지우기 힘들다(심영희, 2001a).

### 5) 최종판결

10개국 검사단이 제출한 방대한 규모의 자료 및 증언에 대한 더욱 상세한 법률적 분석은 시간을 필요로 하므로, 법정이 끝난 직후에 이루어진 예비판결과 별도로 그 몇 달 후에 최종판결을 내리기로 결정했다. 법률고문단[10]이 분석을 하는 동안 국제실행위원회에서는 최종판결의 장소와 성격 및 자금원을 놓고 논의를 지속했다.

10 대표는 뉴욕 시립대학 교수인 론다 코플론(Rhonda Copelon).

논의의 양 축은 규모를 크게 하여 전 세계에 다시 한 번 충격을 주는 이벤트로 하자는 것과, 법정의 주요 인물들을 중심으로 2000년 법정을 마무리 짓는 의미를 부여하는 계기로 하자는 것이었다. 장소는 국제사회 및 언론의 주목을 쉽게 받을 수 있는 뉴욕과 평화의 이미지를 강조할 수 있는 헤이그가 논의되다가 헤이그로 최종 결정되었다. 규모는 2000년 법정과 비교할 수 없지만, 판사단, 수석검사 및 각국 기소단과 피해자의 골격을 최소한으로라도 갖춘 형태를 만들기로 했다. 당초 2001년 3월로 계획했던 최종판결은 2001년 12월에 열렸다. 2년 전의 법정과 같은 형식으로 3-4일에 기소가, 6일에 최종판결이 선언되었다. 최종판결은 1년 전 법정에서 내려진 예비판결과 크게 다르지 않았다(심영희, 2001b).

참고로, 이 최종판결에서 검토된 각국 검사단이 제출한 자료들과 법정판결의 원본을 어느 곳에 보관할 것인가의 문제를 놓고 논의를 진행했는데, 결국 가장 피해자가 많은 한국의 정대협이 원본을 보관하고, 사본을 일본과 대만의 단체들이 보관하기로 결정했다.

## 5. 남-북-재일동포의 협력

2000년 법정의 준비 과정에서 얻은 가장 중요한 결실의 하나가 남-북-재일교포의 협력이었다. 1998년 10월 베이징에서 남북일 3자 회합을 가지면서 법정에 함께 참가할 것을 결의했는데, 그해 말 도쿄에서 열린 국제조사회의에는 북한이 참가하지 않았고, 1970년대부터 강제연행 문제에 대한 연구와 운동을 해 온 조총련계의 조선인강제연행진상조사단을 통해 북한과 연락을 취할 것을 결정했다. 그러나 남북한의 만남이 이루어진 것은 2000년 3월(3. 30-4. 1) 상하이 국제실행위원회 및 검사단회의에서였다. 남북은 2000년 법정에서 남북을 하나의 나라로서 부각시키자고 의기투합했다. 남북을 'North and South of Korea'라고 표기하자고 북측이 제의했고, 한국이 이를 흔쾌히 받아들였던 것이다. 이번에는 한국 측이 남북 공동으로 기소장을 작성할 것을 제안했고, 그것은 7월 말 마닐라에서 열린 국제실행위원회와 검사단회의에서 실현되었다. 남북 공동 기소장, 공동검사단을 만들기로 합의한 것이다. 그 후 남북 간의 상호 의견교환은 일본을 통해 이루어질 수밖에 없었으므로 효과적으로 진행되지 못했으나, 9월 대만 회의에서 본격적인 공동기소장 준비모임이 이루어졌다. 먼저 남북은 식민지 지배를 강조하고, 이 시기를 강점기로 명명하자는 논의를 했으며, 기소장은 상호 연락하여 공동으로 작성하되, 법정에서 발표는 남측이 개인책임을, 북측이 국가책임을 맡는 데 합의했다. 기소장뿐 아니라 법정 시나리오 작성에 대해서도 논의했다. 한편 1998년 말부터 일본에서 한국의 피해자를 연구하는 재일교포팀과 협력할 것을 결정하고, 이후 서로 연구성과를 교류했다.

상호 연락의 어려움 때문에 기소장도 채 마무리되지 못한 상태로 법정이 열리기 이틀 전인 2000년 12월 6일 도쿄의 한 교회에서 남북 검사단과 실행위원이 만나게 되었다. 그로부터 만 이틀 후 우여곡절 끝에 공동기소의 구성이 완료되었다. 법정에 설 때까지의 이틀은 그야말로 숨 막히는 순간들이었다. 검사단 간에 기소장에 관한 논의가 다소 있은 후, 양측이 준비해 온 법정 발표자료를 서로 점검

남북한 공동기소를 통해 2000년 법정을 성공적으로 개최한 뒤에도 남과 북은 토론회를 개최하고 지속적으로 교류해 나갔다.

했다. 일단 서로 감을 잡은 후 헤어진 남북팀이 다시 만난 것은 그 날 밤 9시가 되어서였다. 재일동포팀도 합류했다. 다시 발표내용을 서로 맞춰 보면서 양측은 사실상 공동으로 세 시간의 기소를 진행하는 것은 불가능하다고 판단했다.[11] 참담하고 막막한 분위기가 맴돌았다. 그렇게 원했던 공동기소가 무산되는 순간이었다. 남북 모두 잠시 쉬면서 다시 생각하기로 했다. 그리고 서로 조금씩 양보하고 역할을 분담하면서 다시 맞추어 보자고 의견을 모았다. 큰 칠판에 기소 내용의 세밀한 부분까지 목차를 정하고 남북이 담당할 부분을 정했다. 리허설이 열리는 날 아침에 만나기로 하고 헤어진 시간이

---

11 일본제국주의의 침략으로 위안부 제도의 모든 것을 설명하려는 북측의 단순성과 피해 고발의 공격성이 국제사회에 대한 설득력을 떨어뜨린다고 판단한 남측의 입장을 북측은 오히려 의아해했다. 처음의 문제제기 부분과 마지막 법적용 부분만을 같이하고, 중간 강제연행 부분과 위안소에서의 생활 및 귀국 후 후유증 부분은 각기 시간을 나누어 따로 진행하자는 의견을 남측에서 개진했다.

자정을 넘었다. 남측도 북측도 잠조차 제대로 자지 못하고 수정작업에 매달렸다. 리허설 아침 정확히 약속한 시간에 만난 남북팀은 긴장한 가운데 리허설을 시작했다. 한 부분 한 부분을 맞추어 가면서 긴장이 풀리기 시작했고, 전체 리허설을 위해 법정이 열리는 구단회관으로 가야 할 시간이 되면서야 웃음이 번졌다. 전체 사회는 남측, 머리말은 북측, 연행부분은 남측 중심, 위안소 범죄는 북측 중심, 후유증은 남북이 번갈아, 국가책임은 북측에서 정리하고 남측이 개인기소로서 법정을 마무리하는 방식으로 결정하고 리허설을 한 후, 법정에서 세 시간의 공동기소를 성공적으로 치렀다.

## 6. 2000년 법정의 의의 및 한계

국가별로 구성된 검사단들은 일본군 및 정부의 공식문서와 피해자 및 경험자들의 증언, 일기 등의 문서자료에 근거하고, 또한 피해자들을 직접 법정에서 증언하도록 함으로써 일본군 위안부 문제의 위법성을 고발했다. 사흘간의 검사단 기소가 끝난 후, 다음 날은 공청회가 열렸다. 판사단은 이 하루 동안 연구시간을 갖고, 그다음 날 예비판결을 내렸다. 히로히토 일왕은 이러한 범죄를 알고 있었거나 알았어야 함에도 불구하고 그러지 못했다는 점에서 명령책임에 근거하여 유죄판결을 받았다(Chinkin, 장복희 역, 2001: 299). 그 밖에도조 히데키를 비롯한 9명의 고위직 관료 및 장성들에게 유죄판결이 내려졌으며, 일본 정부에 피해자 배상을 권고했다. 이보다 상세한 법적 분석을 제시하는 최종판결이 2001년 12월 헤이그에서 열

2000년 일본군 성노예 전범 여성국제법정(도쿄, 2000. 12)

림으로써 법정의 대단원은 막을 내렸다.

이 법정은 어떤 의미를 가지며, 어떤 한계를 내포한 채 끝난 것인가. 앞으로의 과제는 무엇인가. 첫째, 2000년 법정의 법률적 의미는 다음과 같다. 크리스틴 친킨은 민간법정이란 "법은 정부에 속하는 것이 아니라 시민사회의 도구라는 것에 대한 이해에서 출발하며… 이것이 형벌을 집행하거나 보상을 명할 수는 없지만 법적인 판결의 가치와 도덕적인 강제성에 의한 권고는 할 수 있다"고 주장했다. 2000년 법정은 러셀 베트남 전범법정 등 이전 민간법정의 이러한 의미에 더해, 앞서 언급한 대로 여성의 힘으로 피해국 단체들에 의해 준비되었다는 점에서 특기할 만하다. 그리고 국가책임에 더해 개인의 형사책임을 묻고 있는 점, 역사적 기록을 광범위하게 수집한 점, 법적 판단에 젠더의 관점을 반영한 점 및 이 범죄행위가 일어난 1940년대 당시의 법에 근거하여 법적 판단을 내린 점 등에 있어서 매우 중요한 법률적 의미를 지닌다(Chinkin, 장복희 역, 2001:

300-304). 일본군 위안부 문제는 국제사회에서 전시하 여성인권침해에 대한 불처벌과 반복의 나쁜 선례로 인식되어, 국제유고전범재판소의 재판과정에서 2000년 법정의 판결이 국제법정의 중요한 판례로서 영향을 미쳤다(요코다 유이치, 2001).

더욱 구체적으로 이제까지의 일본군 위안부 문제에 대한 국제법적 논의와 권고가 일본 정부의 책임에 국한되었던 데 비해, 2000년 법정은 중요한 책임자를 거명하고 유죄판결을 내림으로써 문제의 책임소재를 분명히 한 첫 번째 판결이었다. 특히 히로히토 일왕에게 유죄판결을 내린 것은 일본 사회에도 새로운 자극을 줄 것으로 생각되었다.

그러나 역시 이 법정은 개인의 법적 책임을 인도에 반한 범죄로만 기소했다는 한계를 보였다. 2000년 법정의 판사들은 위안부 강제동원행위를 전쟁범죄로는 기소하지 않기로 하여, 한편으로는 남북한과 대만으로부터의 위안부 강제동원을 전쟁범죄로 기소할 경우 생길 문제의 소지를 없애고, 다른 한편으로는 식민지배를 군사적인 강점으로 인식한 남북한의 지적을 회피함과 동시에 식민지배에 대한 국제법적 공백을 뛰어넘는 시도를 포기한 것이다.[12]

둘째, 2000년 법정은 정부 간 기구가 아닌 NGO들에 의해 이루어졌다는 점에서 국제사회에서 시민사회의 힘을 크게 발전시켰다

12 한국과 대만은 일본군 위안부 범죄가 일어난 당시 일본의 전쟁 상대국이 아니라 식민지였다는 점 때문에 일본의 행위를 전쟁범죄로 기소할 경우 논란의 여지가 있다. 다른 한편, 남북한은 일본의 한국 지배를 식민지배가 아니라 무력에 의한 불법적인 강제점령이라고 판단하고 일본군 위안부 범죄를 전쟁범죄로 기소했다. 그럼으로 해서 위의 논란을 일축하고, 식민지배의 범죄에 대한 국제법이 전무한 현재의 국제법의 맹점도 뛰어넘고자 했다. 이 점에 대해서는 장완익, 2001 참조.

는 점을 지적해야 할 것이다. 법정을 가능하게 한, 그리고 준비 과정에서 더욱 발전한 시민단체들의 국제적인 네트워크는 세계시민사회의 성장을 표현하는 지표로서 논의될 것이다. 그러나 이 국제 네트워크를 어떻게 지속시킬 것인지, 준비 과정에서 이루어진 보인 연대의 균열도 법정 후 어떻게 정리할 것인지는 불분명한 상태로 끝나 버렸다.

셋째, 이 법정에서 이룬 가장 중요한 성과 중 하나가 남-북-재일동포의 민족적 단합이었다는 점을 강조하지 않으면 안 된다. 목적이 같고 서로 신뢰를 가질 때 긴밀한 협력이 이루어질 수 있다는 경험은 앞으로의 운동에서뿐 아니라 우리 사회 전체에서도 주목할 만한 점이다. 남성과 젊은 층을 포함한 새로운 계층의 참가를 비롯하여 국내운동이 확산된 것 또한 법정 활동의 큰 결실이다.

마지막으로, 앞서 언급한 대로 판결에서 식민지배의 문제를 다루지 못한 점과 더불어, 이 법정은 지금까지의 국제활동에서와 마찬가지로 일본군 위안부 문제를 전시하 여성 문제로 규정짓는 데서 더 나아가지 못했다는 한계를 지적하지 않을 수 없다. 식민지배의 문제를 포함한 일본군 위안부 문제의 정확한 성격규정은 또다시 과제로 남고 말았다.

제3부

# 일본의 대응

제9장

# 일본 정부의 입장과 보수여론

## 1. 일본군 성노예 문제의 제기 과정에서 보인 일본 정부의 입장 변화

일본군 위안부 문제 해결의 최종 수행자는 일본 정부이다. 범죄의 핵심수행자가 일본 정부이고, 개인범죄자에 대한 처벌의 집행자도 일본 정부이기 때문이다. 피해자들이 원하는 법적 배상의 시행자도 일본 정부이며, 법적 책임을 인정한 진실한 사과와 일본 국민들에 대한 평화교육의 가이드라인을 마련할 행위자도 일본 정부이다. 아직도 공개되지 않은 문서자료들의 열쇠를 쥐고 있는 것도 일본 정부이다. 이 일본 정부에 대하여 피해자들과 국제인권기구들은 한 목소리로 적절한 해결조치를 취할 것을 요구해 왔다. 그러나 지금까지 일본 정부는 움직이지 않고 있다. 그리고 일본의 우파 여론은 이렇게 움직이지 않는 일본 정부를 에워싸며 점점 더 두터운 방패막 역할을 하고 있다. 이 우파 여론은 대학교수를 비롯한 지식인들이 때로는 차분한 언어로, 때로는 더 이상 나아갈 수 없는 노골적인 어조로 만들어 왔다. 그것은 1990년대 일본군 위안부 문제가 두드러졌을 때 고개를 들었지만, 일본의 근대화 초기부터 일본 사회 내에 깊이 뿌리 내리며 형성되어 온 일본의 내셔널리즘에 굳건히 기반하고 있는 것이다.

일본 정부는 처음 일본군 위안부 문제가 사회적 관심을 받기 시작했을 때, 이 문제에 대한 일본 정부 및 군의 개입을 완강히 부인했다. 그러나 결정적인 증거들이 나올 때마다 한 걸음씩 사실들을 인정하다가, 1995년 '여성을 위한 아시아평화국민기금'(이하 '국민기금'으로 약칭)을 설립함과 동시에 법적 책임을 부정하는 처음의 입장으로 되돌아 온 채 지금까지 움직이지 않고 있다.

### 1) 정부와 군의 개입 부인

1990년 5월 노태우 대통령의 방일을 즈음하여, 일왕(日王)은 과거 양국 관계에서 "통석(痛惜)을 금할 수 없다"는 매우 애매한 발언을 한 바 있다. 그러나 일본군 위안부 문제에 대하여는 "민간업자들이 한 일로서 정부차원의 조사는 불가"하다는 입장을 표명했다.[1] 정대협 설립의 기반이 되었던, 한국 여성단체들의 1990년 10월 17일 일본 정부에 대한 요구 위안부 강제연행 인정, 공식적 사죄, 진상규명, 위령비 설립, 보상, 역사교육 등을 요구했다.

이에 대하여 1991년 4월 24일 일본 대사관의 오노 마사이키(小野正昭) 참사관은 "일본 정부가 조사한 결과 위안부 강제동원은 없

---

1 1990. 6. 6. 참의원 예산위원회에서 모토오카(本岡昭次) 의원의 질문에 대한 노동성 직업안정국장 시미즈(清水傳雄)의 답변.

었고, 1965년 한일협정으로 국제법상 보상의 권리와 의무는 끝났다"고 답변했다(한국정신대문제대책협의회 20년사 편찬위원회, 2014: 54). 이후 재차 "정부는 조선인 위안부에 전혀 관여하지 않았다"(노동성, 1991. 4), "보상 문제에 관해서 정부로서는 대처하기 곤란하다"(가토 고이치(加藤紘一) 관방장관, 1991. 12. 6)는 입장을 발표했다.

### 2) 정부와 군의 개입 인정

1991년 김학순 할머니의 등장과 일본군 위안부 관련 자료가 발굴되고 한국에서 운동이 활발해지면서 일본 정부의 태도는 바뀌기 시작했다. 그것은 특히 미야자와 기이치 총리의 방한을 앞두고 변화되었다. 가토 관방장관은 1991년 12월 12일 참의원 예산위원회에서 일본군 위안부 문제 해결을 위해 6개 관계 부처에 사실조사를 지시하여, 이 문제는 한일 간 외교현안으로 부상했다. 1992년 미야자와 총리는 한국에 와서 "피해를 당한 분들의 말로 할 수 없는 고통에 대해 충심으로 사과와 반성의 뜻을 표명하며, 일본은 다시 그와 같은 과오를 거듭하지 않을 것"이라고 말했고(1992. 1. 17), 곧이어 일본 의회에서는 처음으로 일본군 위안부 문제에 정부가 개입한 사실을 인정하고, "우리는 과거 일본군이 이 문제에 관여했다는 것을 부인할 수 없다"는 사과발언을 했다(1992. 1. 29).

그러나 와타나베(渡邊美智雄) 외상이 "법률의 문제가 아니라 인도적·정치적 문제"라고 말한 것[2]과 외무성 아시아국 동북아과에서

---

2 1992. 2. 26. 중의원 외무위원회에서 도이(土井たかこ) 의원의 질문에 대한 답변.

"이 문제는 국제법상 완전히 해결됐다"(『週刊ポスト』, 1992. 3. 7)고 말한 데서 볼 수 있는 대로, 그것의 범죄성과 법적인 책임은 인정하지 않는 태도 역시 명확히 표명했다.

1992년 7월 6일 일본 정부는 6개 성·청을 조사한 결과를 발표하고, 일본군 위안부 문제에 정부가 관여했다는 것을 인정했으나, 강제연행 자료는 없다고 말했다.[3]

### 3) 부분적 강제연행 인정

일본 정부 소장의 문서자료에만 의존했던 1차 조사결과를 발표한 후, 일본 정부는 미국 연방 정부 기록보존소(NARA) 등의 자료 및 한국정신대문제대책협의회(이하 '정대협'으로 약칭) 등의 출판물을 보충하고 피해자 증언을 참고하여 1993년 8월 4일에 2차 조사결과를 발표했다. 2차 보고서의 요지는 (1) 위안소는 당시 군 당국의 요청에 의해 설치된 것이며 위안소의 설치, 관리 및 위안부의 이송에 관해서는 구 일본군이 직접 혹은 간접적으로 관여했고, (2) 위안부의 모집은 군의 요청을 받은 업자가 주로 이를 담당했는데, 이 경우에도 감언, 강압 등에 의해 본인의 의사에 반하여 모집된 사례가 많았으며, (3) 더욱이 관헌 등이 직접 이에 가담한 일도 있었다는 사실이 명백하게 밝혀졌다. (4) 위안소에서의 생활은 강제적인 상황하에

3 이 조사결과는 경찰청, 노동성에서 자료가 전혀 발견되지 않았다는 점에서 자료 은폐의 의혹을 샀으며, 한국 단체들로부터 전반적으로 성의 없는 조사라는 비판을 받았다.

서 처참한 것이었으며, (5) 전장에 이송된 위안부의 출신지에 대해서는 일본을 별도로 한다면 한반도가 큰 비중을 차지하고 있고, 그 모집과 이송, 관리 등도 감언, 강압에 의한 것으로, 총체적으로 본인들의 의사에 반하여 실시되었다는 것이다.[4] 여기서 일본 정부는 강제연행을 인정했으나, 그 대부분이 민간업자에 의한 것이고, "관헌이 가담한 경우도 있었다"고 하여 강제연행의 주체를 어디까지나 정부는 아닌 것으로 결론지었다. 이 결과에 입각하여 고노 요헤이(河野洋平) 관방장관은 이러한 행위가 자신의 뜻에 반하여 일본군 위안부가 된 많은 여성들의 명예와 존엄성을 심각하게 훼손시켰다고 사죄했다.[5] 또한 호소카와(細川護熙) 총리는 제2차 세계대전이 침략전쟁임을 인정했는데(1993. 8. 10), 이러한 일본 정부의 발표에서 책임 인식에 대한 일련의 발전 과정을 볼 수 있다.

### 4) 법적인 책임을 회피하는 해결책 발표

위와 같은 일련의 과정은 1993년 후반과 1994년 전반에 걸친 기간에 우파 여론으로부터 맹공격을 받고, 고위관리들의 수많은 망언을 내보이면서 원점으로 회귀하고 말았다. UN과 ICJ 등 국제기관의 압력에도 아랑곳하지 않고, 더 이상의 사과발언도 없이 법적

---

4 남상구, 2014 정리에 기초.

5 이 조사에 대해 한국 정부는 어느 정도 긍정적인 평가를 했으나, 정대협 등의 단체는 강제연행의 주체가 정부라는 점을 인정치 않은 것, 위안부의 대부분이 한국인이라는 사실과 한국 여성의 동원 과정이 일본 여성의 동원과는 성격이 다른 강제연행이었다는 점을 언급하지 않은 것 등을 비롯해 여러 미비한 점을 지적했다.

책임을 전적으로 부인하고, 국민기금을 설립함으로써 이 문제를 일단락지으려는 태도를 굳힌 것이다.

1994년 2월 정대협과 피해자들이 일본 검찰에 일본군 위안부 문제 책임자 처벌을 요구하는 고소·고발장을 접수했으나 거부당했다. 5월에는 나가노(永野茂門) 법무상이 아시아태평양전쟁을 해방전쟁이라고 규정하고 위안부는 당시 '공창(公娼)'이어서 나쁘다고 말할 수 없다는 발언을 했으며, 이어 8월에는 사쿠라이(櫻井新) 환경청 장관이 전쟁으로 아시아를 독립시켰다는 망언을 했다. 이 밖에 하시모토(橋本龍太郎) 통상산업대신, 이가라시(五十嵐広三) 관방장관 등의 사죄할 필요 없다는 발언이 계속되는 가운데 ICJ의 잇단 배상권 고안(1994. 9. 2; 11. 22)에도 불구하고, 일본 정부와 야당은 일본군 위안부 문제의 최종 해결안을 발표했다. 8월 무라야마 총리는(1994. 8. 31) "우리나라의 침략행위나 식민지 지배 등이 많은 사람들에게 견딜 수 없는 고통과 슬픔을 주게 된 것에 대해 깊이 반성하고…", "소위 종군위안부 문제는 여성의 명예와 존엄을 깊이 상처 입힌 문제이며, 나는 이 기회에 다시 한 번 진심으로 깊은 반성과 사과의 뜻을 표한다"고 말했지만, 전쟁의 성격을 침략전쟁이라고 표현하는 것은 신중하게 회피하는 방향으로 노선을 바꾸었다(吉田裕, 1996: 54). 대신에, 소위 '평화우호교류계획'을 발족한다고 발표했다. 이 계획의 요지는 피해자에 대한 정부의 직접 배상을 거부하고, 대신 아시아 피해국을 대상으로 10년간 1,000억 엔 상당의 조사·연구·교류를 하는 것으로 이 문제를 종결한다는 것이다. 여기서 일본 정부는 "폭넓은 국민 참가의 길을 함께 탐구해 나가고 싶다"는 말로 민간모금 조성에 대한 여운을 남겼다.

이러한 정부의 방침은 12월 자민당에서 재차 확인했다(1994. 12. 7). 일본 여당 내 종군위안부 문제소위원회는 "종군위안부 문제를 포함해서 지난 대전에 일어난 배상, 재산청구권의 문제에 대해서는 일본 정부로서는 샌프란시스코 조약, 양국 간의 평화조약 및 기타 관련된 조약 등에 따라서 국제법상, 외교상 성실히 대응해 왔다. 그러나 도의적 입장에서… 폭넓은 국민 참가로서" 기금을 모아 전(前) 위안부에게 위로금을 지급하기로 하고, 정부는 이에 협력한다는 내용을 일본군 위안부 문제의 최종 해결안으로 발표했다. 1995년 1월 국제상설중재재판소에 이 문제를 상정하기 위해 일본 정부의 동의를 요구하는 한국과 일본의 민간단체들에 대해 일본 외무성은, 샌프란시스코 조약 등에서 이미 해결되었으므로 국제상설중재재판소에 상정하는 데 동의할 수 없다고 정식답변하면서, 법적 보상의 가능성을 일축했다. 그리고 일본 정부는 1995년 7월 마침내 '여성을 위한 아시아평화국민기금(女性のためのアジア平和國民基金)'을 공식 발족했다. 범죄성과 법적 책임을 인정하지 않은 채, 국가가 아닌 민간차원에서 배상이 아닌 위로금으로 혼란을 수습하려는 것이었다. 무라야마 총리 다음의 하시모토 총리는 지난 세 총리와는 달리 역사인식의 문제에 대해 언급하지 않았다(吉田裕, 1996: 54).

이와 같이 몇 단계를 거쳐 결국 국가의 책임을 거부하는 결론을 내리고 만 일본 정부의 대응 과정에서 다음의 몇 가지 특징을 정리해 볼 수 있다. 첫째, 움직일 수 없는 증거가 나올 때마다 조금씩 사실을 인정하는 듯했으나 범죄성의 부인, 법적 책임의 부인이라는 본질은 한 번도 변한 적이 없다. 둘째, 사실인정이나 공식적 사과의 한편에서 늘 '망언'을 동반함으로써 기묘한 방식으로 일본의 진의를 보여 주는 틀을 이루어 왔다.

## 2. UN 문서에 나타난 일본 정부의 입장

국제사회에서도 일본 정부는 피해자들에게 단지 도덕적 책임을 느낄 뿐이지 어떠한 법적 의무도 없다는 입장을 일관되게 표명하고 있다.

### 1) 일본군 위안부 문제에 대한 구체적 설명

1996년 UN 인권위원회에 제출한 보고서에서 일본 정부는, 1991년부터 일본군 위안부 문제에 관하여 국내외에서 문서자료와 증언조사를 실시했으며 그 결과를 1993년에 발표했다고 보고했다. 보고서의 요지는 다음과 같다(Permanent Mission of Japan, 1996).

① 위안소는 당시 일본군 당국의 요청에 의해 설립되고 운영되었다.

② 일본군은 위안소의 설립과 경영 및 위안부 수송에 직간접으로 관여했다.

③ 위안부 모집은 군의 요청을 받은 사설업자가 주로 행했다. 그러나 많은 경우 그 여성들은 감언이나 강제에 의해 자신의 의사에 반하여 동원되었으며, 간혹 관료나 군인이 직접 동원을 한 경우도 있다.

여기서 볼 수 있는 바와 같이, 1996년 일본 정부는 UN에 제출한 보고서에 위안소 설립, 경영 및 위안부 모집과 수송에 대한 정부 및 군의 직접 개입과 강제동원을 인정한 것이다.

### 2) 국제법 위반의 문제

일본 정부는 실체법상의 여러 근거를 대면서 법적 책임을 강력히 부정하고 있다. 1996년에 일본 정부가 UN 인권위원회에 제출한 보고서에 기초하여, 인권소위원회의 맥두걸 특별보고관은 일본 정부의 입장을 다음과 같이 요약했다(McDougall, 1998). 일본 정부의 각 입장은 국제법적 논의에서 이미 사실이 아님이 밝혀져 있다. 이 절에서는 일본 정부의 각 입장을 요약하고, 이에 대한 국제법적 논의는 각주로 처리했다.

① 국제형사법의 최근의 발전 또는 진보는 소급해서 적용될 수 없다. 1949년 제네바 협약 및 기타 국제법들이 제2차 세계대전 당시에는 존재하지 않았으므로 국제인도법을 위반한 책임을 지지 않아도 된다. 그 한 예로 노예범죄는 위안소 제도를 정확하게 설명하지 못하며,[6] 노예제의 금지는 제2차 세계대전 당시 적용 가능했던 국제법상 관습규범으로 확립되어 있지 않았다.[7]

---

6 자유를 박탈당하고 자신의 의사에 반하여 모집된 위안부가 자율성을 현저하게 잃게 되어 물건과 같이 다루어진 것은 금권지불의 상황과 관련 없이 1926년 노예협약에서 기술한 "소유권에 따라붙는 일부 또는 전부의 권한이 행사되는 개인의 지위와 상태"라는 정의에 합치한다(McDougall, 1998).

7 노예제와 노예무역은 위안소가 만들어지기 훨씬 이전에 금지되었으며, 특히 노예제 금지는 명백하게 강행법규의 지위에 올랐다. 1907년 헤이그 제4협약은 민

② 또한 무력충돌 중의 강간행위 역시 1907년의 헤이그 제4협약에 부속된 규칙이나 제2차 세계대전 당시에 효력을 가진 적용 가능한 국제관습법규범에 의해서도 금지되지 않았다.[8]

③ 전쟁법은 일본군이 교전국의 국민에 대하여 저지른 행동에만 적용되므로, 당시 식민지였던 조선, 대만에는 적용되지 않는다.[9]

1995년부터 ILO 전문가위원회에서는 일본군 위안부 문제를 강제노동조약(ILO 29호 조약) 위반행위로 규정하고 있는데, 일본 정부는 이에 대하여는 반박하지 않고, 다만 그간의 여러 국제협약에 의해 법적 책임을 수행했다고만 언급하여 강제노동조약 위반사실은 시인하고 있다고 보인다.

---

간인과 교전자를 노예화와 강제노동으로부터 보호하는 중요한 규정을 담고 있다. 제2차 세계대전 후 뉘른베르크 헌장에서 "전쟁범죄는 점령 지역의 또는 그 안에 있는 민간인을 학대하거나 노예노동 또는 다른 목적을 위해… 추방하는 것"을 포함했다(McDougall, 1998).

8 전쟁규칙에 관한 문서(1863년 리버 법전(Lieber Code)을 비롯한)는 전쟁 동안의 강간 또는 여성의 학대를 명시적으로 금했다. 1907년 헤이그 협약은 "가족의 명예와 권리는… 존중되어야 한다"고 규정했으며, 제2차 세계대전 후 제네바 제4협약 27조는 헤이그 협약의 기조를 이어받아 "부녀자들은 그들의 명예에 대한 침해, 특히 강간, 강제매음 또는 기타 모든 형태의 외설행위로부터 보호되어야 한다"고 규정하고 있다. 이와 같이 위안소 설치 시 이미 강간과 강제매춘을 금지하는 것은 국제관습법에서 잘 확립된 원칙이다. 또한 위안부는 국제법상(ILO 강제노동조약) 허용되는 강제노역의 범주에 들지 않으며, 명백하게 강간당했고 전쟁구역 안에 잡혀 있었다. 따라서 위안부 범죄는 전쟁법을 위반한 강간과 강제매음으로 쉽게 규정지어진다(McDougall, 1998).

9 노예제에 관한 금지는 전적으로 전쟁범죄에만 바탕하는 것이 아니다. 그것은 전시와 평화 시에 모두 적용될 수 있는 국제관습법 위반범죄와 인도에 반한 죄로서, 이러한 행위들은 범죄가 저질러졌던 시점에서의 조선의 영토적 지위와 관계없이 국제관습법의 잔혹한 위반으로 명백하게 금지되었다(McDougall, 1998).

### 3) 배상 문제에 대한 법적 책임

앞에서 언급한 국제법 위반의 문제에 관계없이, 일본 정부는 다음과 같은 이유로 위안부 개인에게는 법적 배상청구의 권리가 없다고 주장하고 있다.

① 일본 정부는 해당 국제협약에 따라 법적 의무를 성실히 수행해 왔다. 제2차 세계대전 후 일본과 다른 아시아 국가들 사이에 맺은 평화조약과 국제협정에 의해 개인의 법적 배상청구권은 완전히 해결되었다.[10]

---

10 이 주장은 다음과 같은 근거로 옳지 않음이 많은 국제법학자들에 의해 밝혀졌다(International Commission of Jurists, 1994; Coomaraswamy, 1996; McDougall, 1998).

첫째, 1952년 샌프란시스코 조약 및 한일협약과 다른 전후의 조약들이 서명되었을 때 위안소 설치에 대한 일본 정부의 개입은 감추어졌는데, 이 결정적 사실로 이 조약들에 의거하여 책임을 회피하려는 일본의 어떠한 시도도 형평의 근거에서 금지되어야 한다. 또한 일본 정부가 이 범죄에 대한 관여를 오랫동안 감추어 왔고, 실제 이에 대한 법적 책임을 계속해서 부인하는 것을 볼 때 전쟁청산협정(settlement agreement) 또는 다른 전후 조약들이 위안부에 대한 모든 청구권을 해결할 의도였다고 일본 정부가 주장하는 것은 부적절하다.

둘째, 청구권(claim)이란 용어가 불법행위에 의한 청구권을 포함하고 있지 않다. 합의의사록 또는 부속의정서에서도 이 용어가 정의되어 있지 않다. 1965년 한일협약이 국가 사이의 재산청구권을 해결하기 위한 경제조약이고, 인권 문제를 다루지 않은 것은 자명하다. 한국 대표가 제시한 청구의 개요를 보더라도 전쟁범죄, 인도에 반한 죄, 노예협약, 여성인신매매금지조약 또는 국제관습법규범의 위반으로부터 나오는 개인적 권리의 침해행위와 관련되어 있지 않다는 것은 명백하다. 또한 일본은 서방 국가와의 조약에서 명시적인 사죄를 하고 개인적인 손해에 대하여 배상할 것을 합의했지만, 한일협약에서는 그렇게 하지 않았다. 요컨대 한일협약은 단지 두 나라 사이의 경제와 재산상 청구권만을 소멸시킬 뿐이지 사적 청구권을 소멸시키는 것은 아니며, 일본은 여전히 그 행동에 책임을 져야 한다.

② 제2차 세계대전 시 군위안소 문제에 관한 모든 민사 또는 형사사건은, 이제는 시효규정의 적용에 의한 시간적 장애로 더 이상 제기할 수 없다.[11]

③ 국제협약법은 개인과 국가 사이가 아니라 국가와 국가 간의 관계를 규율하는 것이므로, 개별적인 위안부는 일본에 대해 어떠한 청구도 제기할 수 없다.[12]

일본 정부는 인권위원회에 제출한 보고서와 별도로 ILO에도 보고서를 제출했는데, 여기서도 같은 주장을 하고 있다(Permanent Mission of Japan, 1996; ILO, 1997; McDougall, 1998). 이러한 일본 정부의 입장은 전혀 바뀌지 않고 지금까지 반복 천명되고 있다. 2001년 8월에 채택된 UN 경제·사회·문화적 권리협약 2차 정기보고서에서 경제·사회·문화 권리위원회는 일본군 위안부에 대해 적절한 보상을

---

셋째, 국가 간의 협약과 관계없이 헤이그 협약 3조는 각 국가가 중대한 인권침해와 기본적 자유의 침해를 방지하며 수사하고 처벌할 의무를 지닌다. 따라서 일본 정부는 위안부에 대한 해악을 방지하고 범죄자를 처벌하지 못한 것에 대하여 독자적으로 책임을 진다.

11 인도에 반한 죄, 전쟁범죄는 공소시효의 대상이 되지 않는다. 또한 최근에 새로운 중대한 사실이 드러나게 된 상황에서는 공소시효가 적용될 수 없다. 위안부 범죄는 앞서 논의한 대로 인도에 반한 죄, 전쟁범죄이며, 1993년에야 비로소 일본 정부는 위안소를 설치하고 관리한 것에 대한 일본 군부의 역할을 인정했다(McDougall, 조시현 역, 1998: 94).

12 많은 국제법(1907년 헤이그 제4협약, 1919년 베르사유 조약, UN 헌장, 세계인권선언, 도쿄 전범법원 헌장 등)은 국가뿐 아니라 개인도 국제법이 부여하는 권리와 부과하는 의무의 주체라는 것을 인정했다. 특히 1920년대 후반에 국제법은 어느 국가가 다른 국가의 국민을 해쳤을 때 그 국가는 침해받은 개인의 손해에 대한 책임이 있다고 인정했다(Coomaraswamy, 1996; McDougall, 조시현 역, 1998: 96).

조속히 강구할 것을 일본 정부에 강력히 권고했는데, 이에 대해 일본 정부는 2002년 8월 이 위원회에 이견을 제출했다. 일본은 여러 국제조약에 따라 법적 책임을 충실히 수행했으므로 위원회의 결정에 따를 수 없다는 것이다(E/C.12/2002/12).

#### 4) 일본 정부의 도덕적 해결책

일본 정부는 법적 책임은 없지만 도의적으로 과거사에 대해 총리차원의 사과를 여러 차례 했고, 국민기금을 적극 지원했으며, 피해자의 의료 및 복지 부분을 책임졌다고 밝히고 있다(ILO, 1999). UN에 제출한 보고서에서 일본 정부는 1992년에는 미야자와 총리가, 1993년에는 고노 관방장관이, 1994년에는 무라야마 총리가 각기 피해자의 명예와 존엄에 심각한 상처를 입힌 일본군 위안부 문제에 대하여 깊은 사과를 했으며, 1996년에는 국민기금이 피해자들에게 위로금을 전달할 때 하시모토 총리의 사과편지를 같이 보냈다고 주장하고 있다.[13]

한편, 아시아 피해국들과의 상호 이해를 증진시키고, 일본군 위안부 피해자들에게는 일본 시민들로부터 모금한 위로금을 지급하기 위해 국민기금의 설립을 적극 지원했다고 밝히고 있다(Permanent Mission of Japan, 1996). 일본 정부는 ILO에도 이러한 일본 정부의

13 하시모토 총리의 편지에는 "저의 마음"을 표명했다고 기록하여, 총리 개인의 사과일 뿐 국가의 사죄는 아니라는 것을 나타내고 있으며, 편지의 내용에도 강제동원의 사실 및 국제법 위반사실을 인정하지 않고 있다(Coomaraswamy, 1996).

도덕적 해결책을 거듭 강조했으며(ILO, 1997), 아시아 및 네덜란드의 많은 피해자들이 국민기금의 위로금을 받았다고 주장했다(ILO, 1999; Japan, 2002).[14] 그러나 실상은 그와 다르다. 한국과 대만은 정부 차원에서 국민기금을 거부하여 국민기금 측이 피해자 개인에게 접근하여 기금을 받게 했다는 사실은 잘 알려진 대로다. 국민기금 수령이 가장 많았던 필리핀에서도 시민사회에서 국민기금 수령 입장과 거부 입장 사이에서 극심한 혼란을 겪으면서 끝까지 국민기금을 거부한 피해자를 남겨둔 채 국민기금 수령을 진행시켰다. 정부가 피해자를 인증하는 제도가 없는 네덜란드와 인도네시아의 경우, 의료비로 책정된 금액을 대상으로 네덜란드 사업실시위원회가 실시하는 지원사업을, 인도네시아는 정부가 시행하고 있는 고령자복지사업을 지원하는 형태로 국민기금을 수령했다. 그 외의 피해국가에 국민기금 지급은 시도조차 되지 않았다.

일본 정부는 UN 인권위원회와 소위원회의 보고서, ILO 기준적용전문가위원회의 보고서에 대하여 전반적으로 적절치 않음을 지적했다. 첫째, 이 문제는 UN이 창설되기 이전에 일어난 일이므로 UN에서 다루는 것은 옳지 않다고 주장한다. 둘째, UN과 ILO가 시민단체 및 소수 노조의 주장만을 편파적으로 고려하고, 일본 정부의 의견을 균형 있게 수렴하지 않는다고 불평한다(ILO, 1997; 2002).

14 국제법의 논의는 국민기금이 다음의 이유로 법적 배상이 될 수 없다는 것을 누차 지적했다(Coomaraswamy, 1996; ILO, 1997, 1999; McDougall, 조시현 역, 1998: 102). 첫째 이 기금은 일본 정부가 그 법적 책임을 인정하려는 의도가 아니므로, 둘째 피해자의 기대에 부응하지 않는 것이므로 국제기구들은 일본 정부가 피해자의 기대에 부응하는 공적이고 법적인 조치를 '조속히' 실행할 것을 권고했다.

## 3. 일본 보수여론의 시각

망언과 사과를 되풀이하면서 한 발씩 내딛는 듯하던 일본 정부가, 한국의 피해자와 민간단체들의 5년간의 노력을 비웃듯이 결국 원점으로 돌아왔다. 무엇이 그것을 가능하게 한 것일까? 다름 아닌 대다수 일본인의 의식 때문이다. 일본의 민족주의(국가주의)의 역사는 전전(戰前)으로 거슬러 올라가며, 전시에 극단적인 형태를 띠었다. 패전으로 위축되었던 민족주의 기운은 전후 지속적으로 은밀하게 회복되어 왔는데, 1990년대 초 불거진 일본의 전쟁책임 문제를 둘러싸고 크게 강화되기 시작했다. 1990년대 중반에 이르러 총리들의 침략전쟁의 시인 및 교과서 개정 등에 크게 반발하면서 우파, 보수파 또는 신민족주의 등의 이름으로 불리며 세를 더하게 된 이 움직임은, 전쟁 직후 다소 극단적인 집단으로 간주되었던 우익과, 그와는 다르게 존재해 온 비교적 온건한 보수파 사이의 간극을 메우며 명시적이면서도 광범위한 민족주의 운동으로 확산되었던 것이다(정진성, 2001: 129-202).

소위 신민족주의(네오내셔널리즘. 波田永實, 1996: 7)로 불리는 이 광범위한 그룹들의 논의를 전부 포괄할 수 없으나, 『제군(諸君)』, 『정론(正論)』, 『문예춘추(文藝春秋)』, 『자유(自由)』 등 보수 잡지의 기고문을 중심으로 일본군 위안부 문제를 둘러싸고 이루어지는 논의로 좁혀 보면, 그들의 논지는 다음 몇 가지로 정리할 수 있다. 이 기고문들의 저자는 대부분 대학교수이며, 그 밖에 저널리스트, 작가들이 있다.

### 1) 일본군 위안부 문제 제기에 대한 비판

먼저 일본군 위안부 문제 자체에 대한 논의를 보자. 이들은 일본군 위안부 제도를 필요악, 나아가서는 우수한 제도라고 주장한다. 이 제도는 가정을 떠나 있는 남자들의 성적 욕구라는 '당연한' 본능을 다스리기 위한 것으로, 군인들의 건강과 정신을 편안하게 하고, 현지의 여자들에게 피해를 입히지 않고 사생아가 생긴다든지 하는 불행을 막기 위한, 일종의 필요악이라는 것이다. 이들은 왜 일본인이 아니라 식민지 및 점령지의 여성이었는가에 대해서는 질문하지 않은 채, 위안부들의 건강관리가 중요시되었다는 점 등을 들어 이것은 우수한 제도였다고 주장한다(上坂冬子, 1992: 216-219; 新井佐和子, 1992a: 20; 1992b: 14-17; 佐藤和秀, 1993: 198; 上杉千年, 1994: 63; 今野耿介, 1997: 24).

이들이 역점을 두어 주장하는 점 중의 하나는 강제연행은 없었다는 것이다. 이 주장은 증언에 대한 전반적인 불신과 연결되어 있다. 이들은 객관적인 자료에 의거하여 사실을 보아야 한다고 주장하면서, 강제연행에 대한 증언들을 모두 거짓으로 몬다. 제주도에서 정신대를 강제연행했다고 한 요시다 세이지의 증언을 위증이라고 주장하며(上杉千年, 1992a; 秦郁彦, 1992; 板倉由明, 1992; 黑田勝弘, 1993),[15]

15 이들은 제주도에서 직접조사를 시행하기도 했는데, 그것은 요시다 세이지가 강제연행한 것에 대하여 지역주민들에게 당시의 기억을 되살려 내려는 것이었다. 이들 일본인 조사자들에게 제주도 지역 사람들은 전혀 그러한 일이 없었다고 말했다는 것이다. 과연 정신대연구회가 행한 제주도 조사에서도 같은 결과가 나왔는데, 연구회원들은 주민들이 매우 배타적이었고 무언가 숨긴다는 느낌을 강하게 받았다고 한다. 이렇게 피해자들이 자신의 경험에 대하여 침묵하는 경향은

위안부 관계에 선구적 저술을 한 센다 가코(千田夏光)의 저술 내용도 근거가 없다고 주장한다(上杉千年, 1992c). 그런데 한국에서는 강제연행이 아니라면 자원했다는 말이 되므로 민족의 체면이 깎이게 되기 때문에 극력 강제연행을 주장하는 것이고, 일본 정부가 외교적 결착을 위해서 강제연행을 인정한 것은 정치적 배려라는 것이다(黑田勝弘, 1993: 123; 上杉千年, 1994: 63). 이들 우파 지식인들은 역시 아무런 증거도 없이 "세상에서 가장 오랜 직업인 위안부가 일본의 전쟁 지역에서 자유계약에 의해 모집되었으며, 놀랄 만한 보수가 주어졌기 때문에 가난한 조선에서 응모자가 쇄도했고, 계약자는 대부분 부모였다. 모집은 대체로 사설업자에게 위탁했으므로, 군에 의한 강제연행이란 어불성설이다. 더욱이 조건도 좋았고 군인들과 결혼한 경우도 많았던 위안부들을 성노예라고 부르는 것은 말도 안 된다"고 주장한다(武田龍夫, 2001: 98-99).

일본군 위안부 문제는 전후 일본 정부가 다른 나라들과 맺은 여러 조약으로 완전히 해결되었다는 점을 완강히 주장한다. 사죄와 배상은 이미 모두 끝났는데, 일본을 아직도 과거에 속박시키는 언사들은 없어져야 한다는 것이다(伊藤隆 外, 2001: 130). 더욱이 한국의 경우, 한일협약 시 과거청산의 대가로 일본이 제공한 돈으로 지금의 경제부흥이 시작되었다고 주장한다(西岡力, 1992: 314). 따라서 현재 도쿄 지방법원을 비롯해서 일본에서 소송 중인 재판과 UN 및 국제사법재판소, 국제상설중재재판소 등의 국제적 심판의 장에 일본 정

---

4·3사건을 조사하는 학자들도 경험한 것이었다. 이러한 피해자들의 태도에 대해서는 끈질기고 깊이 있는 조사가 재삼재사 이루어져야 한다고 생각된다.

부가 대응할 필요조차 없다고 말한다. 그런데도 일본 정부가 제안하여 경비를 대고 민간에서 모금한 국민기금을 위안부들이 거부하는 것은 배신행위이며, 2000년에 열린 도쿄 여성전범재판의 판결은 불충분한 증거 위에서 이루어진 것으로 모두 틀렸다고 주장한다(西岡力, 1992: 310-312; 田中明·佐藤勝已, 1992: 135-137; 武田龍夫, 2001: 94-103; 秦郁彦, 2001: 98-102 등). 1996년 야마구치(山口) 법원에서 내린 위안부 손해배상판결에 대해서도 강한 불만을 나타냈다(今野取介, 1998: 21-22).

이들은 일본군 위안부 문제 제기를 이렇게 아무런 근거도 없이 세상을 소란하게 한 '위안부소동'이라고 말하며, '위안부소동'의 진상을 하루 속히 규명해야 한다고 말한다(武田龍夫, 2001).

### 2) 전쟁 및 식민지배에 관한 시각

일본의 보수여론은 기본적으로 식민지 지배와 전쟁을 잘못된 것으로 보는 시각을 거부한다. 아시아태평양전쟁을 침략전쟁으로 규정하고 반성·사죄하는 것은 '선인(先人)'들의 노력과 명예를 밟아 버리는 것이며, 숨진 230만 영령들에 대한 중대한 모욕이라는 것이다(『産經新聞』, 1993. 8. 11; 『한겨레』, 1993. 8. 12; 『조선일보』, 1995. 2. 4).

### 3) 수정주의 역사관

이들의 중요한 역사인식은 소위 수정주의 역사관으로 표현되는 역사해석에 바탕한다. 즉 모든 역사적 사실은 그 시대의 맥락에서 이해해야 한다는 것이다. 정의는 시대에 따라 변하는데, 그 역사 감각의 결여가 무용한 전쟁책임론을 불러일으켰다는 것이다. 일본의 조선지배는 그 시대로서는 당연한 역사적 흐름으로서, 약육강식의 시기에 일본이 침략한 것이 아니라 자위의 차원에서 부득이 점거한 것이고(上坂冬子, 1992: 217; 黒田勝弘, 1993: 123), 위안부 문제도 현재의 인권감각으로 판단해서는 안 된다는 것이다(武田龍夫, 2001: 99). 이어서 그들은 과거의 평가가 논쟁이 될 때는 반드시 현재 정치의 문맥에서 일어나는 인식을 이해해야 한다고 주장한다. 즉 과거 문제의 제기는 그 이유가 있다는 것으로서, 역사 문제가 정치의 도구로서 이용된다는 것이다(中西輝政, 2000: 30-43). 일본의 보수여론은 일본 각지에 세워진 평화박물관, 일본군 위안부, 교과서 문제를 둘러싼 진보파들의 인식은 모두 잘못된 자학사관, 사죄사관에 입각해 있다고 보고, 이 사죄사관에 종지부를 찍자고 촉구하고 있다(坂本多加雄 外, 2000: 48; 庄司潤一郎, 2000: 158-167).

1996년에 우파 지식인들이 설립한 '새로운 역사교과서를 만드는 모임(新しい歴史教科書をつくる會)'은 후쇼사(扶桑社)라는 출판사에서 극우성향의 역사교과서를 발간했으며, '종군위안부'에 관한 기술을 교과서에서 삭제하자는 캠페인을 벌였다. 1992년 이후 중학교 역사교과서에 등장하기 시작하여 1996년에는 거의 모든 교과서에 실렸던 위안부 기술은 2005년에 이르러 고등학교 일부 교과서에만 남고 모두 사라졌다.

### 4) 방어적 자세

보수여론은 UN을 비롯한 국제적인 장에서의 활동을 신경 쓰는 듯하다. 보수적 의견을 다수 발표하고 있는 우에스기는 UN에서 다른 서구 여러 나라들의 잘못들은 제쳐 두고 이 문제를 다루는 것은 인종차별이라고 주장한다. 그는 정대협 등의 운동단체에게 '세뇌당한' UN의 '종군위안부' 문제 특별보고관에게 일본인 나름의 의견서를 제출함으로써 제2의 도쿄 재판을 저지해야 한다고 역설한다(上杉千年, 1994: 60-62). 특히 보수여론은 1945년에 설립된 UN에서 그보다 먼저 일어난 일본군 위안부 문제를 다루는 것은 적절치 않다고 주장한다(加瀬英明, 1997: 18). 이들은 인권이라는 관점이 사물을 선악의 이원론으로 파악하게 하여 사고의 정지를 초래한다고 비판하고, UN이 미국에 의해 지배되고 있으며, 미국이 내세우는 인권외교는 문화제국주의라고 비난한다(川上高司, 1999: 24-26; 田久保忠衛, 2000: 30).

위안부 문제를 대하는 우파들의 반응 중 주된 것은 왜 우리에게만 비난의 화살을 돌리냐는 것이다. 소련은 더욱 큰 전쟁범죄를 저질렀으며, 독일도 점령 각지에 위안소를 설치했고, 미국은 종전 후 일본에 위안소를 세웠으며, 한국도 베트남 전쟁 시 한국 군인을 위한 위안소를 설치했는데, 왜 일본만 비판하는가(武田龍夫, 2001: 98-100). 이들은 이렇게 일본만이 비난받는 최근의 이러한 전후책임 문제 논의는 '복수의 국가들에 의한 일본의 제2의 패전'이라고 반박하고 있다.[16] 일본인 청중들에게 피해자는 바로 우리라고 외치면서, 일본의 국익이 손상되고 있다고 국민들을 설득한다. 한국과 중국이 일본에게 전쟁책임을 묻고 교과서 문제와 신사참배 문제를 거론하는 것은 내정간섭이고, 이에 적절히 대응하지 못하고 일본이 가해자라고 승인하는 일본 정치가를 이들은 친한파, 친중파라고 비난하며, 국익을 잊은 이 정치가들로 인해 백 년의 화근이 남겨졌다고 한탄한다(武田龍夫, 2001: 99; 伊藤隆 外, 2001: 135-136; 中西輝政, 2001: 25-36).

이들은 일본 정부가 사실인정과 사과·반성을 할 때마다 강하게 반발한다. 1993년 정부 2차 보고서에서 부분적인 강제연행을 인정했을 때 이를 정부의 대실책이라고 비판했고, 호소카와 총리가 아시아태평양전쟁을 침략전쟁이라고 시인한 데 대해서도 강력히 비판했다. 미야자와 총리가 사실 확인도 안 하고 서울에 가서 사죄한 것은 무책임한 정치적 타협이라고 비판하고, 이 난국을 타개하는 데 이렇게 국가관이 결여되어 있는 정부에 기대하기 힘들다는 언급까지 했다(上杉千年, 1994: 60-61; 河本弘, 1997: 144; 武田龍夫, 2001: 99). 보수여론 매체뿐 아니라 많은 일본인들이 잡지에 투고하고 매스컴에 출연하여 일본 정부에 아시아 나라들의 눈치를 보지 말고 태도를 명확히 하라고 촉구한다.

정부뿐 아니라 좌파 지식인들도 이 문제를 선동하거나 좌시하고 있다고 비판한다.[17] 보수여론은 위안부 문제의 제기와 재판 등 여러 활동과 신문보도까지 일본인이 주도하고 있다고 규정하고, "일본인 자신이 구 일본군이 했던 일을 이제 규탄해서 현재의 일본

---

16 1차 패전이 미국에 의한 통제였다고 한다면, 이 2차 패전은 아시아 여러 나라들과 서구 국가들이 가세한 공격이라는 것이다(江藤淳, 1998: 102).

17 구체적으로 요시미 요시아키 교수를 국가보상파의 이론적 지주로 거명한 글도 있다(秦郁彦, 1997).

정부를 몰아세우는 기묘한 구도"가 현재 일본군 위안부 문제의 전개상황이라고 주장한다(西岡力, 1992: 300-302). 전후책임을 논의하는 집단을 '반일적 일본인', '자학적 일본인', '일본스파이단' 등으로 규정하고, 이에 동조하는 사람들을 '얼굴 없는 집단주의', '전체주의'라고 공격한다(西尾幹二, 2001: 140).

우파들은 피해국 국민들의 문제제기가 위에서 논의한 바와 같이 객관적 증거 없이 응보(應報)의 감정으로 이루어지며, 따라서 이들과의 냉정하고 합리적인 반론과 토론은 불가능하다고 주장한다(日恒隆 外, 2001: 100). 이들은 특히 한국과 중국에서의 문제제기에 심한 반감을 드러낸다. 한국에서 이 문제를 제기하는 것은, "마치 간헐천처럼 반복되는 반일 캠페인의 하나로서, 정치적 의도를 지닌 것"이라고 말한다. "경제적 침체를 벗어나기 위한 한 방책이기도 하고, 50년이 지난 지금 남북 공통의 테마를 잡아 남북통일의 재료로 삼으려는 것이기도 하다"는 것이다(上坂冬子, 1992: 216-219). 일본의 우파들은 입으로는 반일, 반일 하면서 속마음으로는 일본에 의존해 버리는 것이 한국인이라고 멸시와 희망을 동시에 비치면서(田中明·佐藤勝巳, 1992: 140), 이렇게 한국이 계속 문제를 제기하면 일본인들 사이에 염한감(厭韓感)이 확산될 것이라는 위협을 마지막으로 해둔다(上坂冬子, 1992: 219; 西岡力, 1992: 300). 덧붙여 위안부 문제의 진원지인 한국에서는 위안부와 정신대를 혼동하고 있다고 경멸한다(武田龍夫, 2001: 99).[18]

한국보다 다소 늦게 문제제기에 참여한 중국에 대하여 일본 우파들은 전후 중국이 사회변화에 따라 대일 논조를 변화시켜 왔다고 지적하고(石原崩記, 1998), 지금 폭주(暴走)하는 중국의 민족주의를 경계해야 한다고 주장한다(加瀨英明, 1997; 特輯, 2002: 192). 중국에 대한 비판은 다분히 최근 중국의 부상을 의식한 것으로서 앞서 논의한 방어적 의식과 긴밀히 맞물려 있다.

## 4. 2007년 미 의회 '위안부 결의안' 통과 시의 대응

미국 의회에서 1997년 민주당의 윌리엄 리핀스키 일리노이 주 의원이 일본군 위안부 결의안을 처음으로 발의한 후 지속적인 노력을 기울인 결과, 2007년 1월 마이클 혼다 의원이 하원 외교위원회의 아태환경소위원회에 결의안을 제출하여, 2007년 6월 26일에 하원 외교위원회에서 공식 채택되었으며, 마침내 2007년 7월 30일 미 하원에서 만장일치로 통과되었다(제5장 참조).

### 1) 일본 정부 및 국회의원의 반응

이 과정에서 보인 일본 정부의 태도는 1990년대 초 새로운 증거가 나타날 때마다 조금씩 변화했던 모습을 그대로 보여주었다. 이

---

18 이 책의 제1장에서 논의한 대로 식민지 조선에서 일본이 행한 위안부 동원은 대체로 '처녀공출', '보국대', '정신대' 등의 이름으로 이루어졌으므로, 당시 사람들은 위안부라는 용어를 알지 못하고 있었으며, 정신대라는 말도 학력이 있는 일부분의 사람들만이 알고 있었다. 따라서 이러한 일본인들의 비난은 당시의 사회적 상황에 대한 무지에서 비롯된 것이다.

결의안이 소위원회, 위원회를 통과할 때마다, 그리고 이에 찬동하는 의원 수가 늘어남에 따라 후퇴한 셈이다. 물론 기본적인 입장에는 변함이 없었다. 2007년 1월 혼다 의원이 결의안을 제출했을 때, 아베 총리는 일본군 위안부 문제에서 구 일본군의 직접모집이라는 '협의의 강제성'은 없었다고 주장했다. 아베 총리는 이전부터 협의의 강제성은 없었다는 입장을 표명해 왔다(『朝鮮新報』, 2007. 3. 20).[19]

그는 2007년 참의원 예산위원회에서 "결의가 있다고 해서 우리가 사죄하는 일은 없다. 결의안은 객관적인 사실에 근거하지 않았다"(『讀賣新聞』, 2007. 3. 5)고 말했으나, 당시 고노 요헤이 관방장관이 밝힌 입장을 지지한다고 한 발 물러섰다. 아베 총리는 4월 26일 미국 방문 첫날, 의회를 방문하여 상하원 지도자 11명을 만난 자리에서 "미안한 느낌(sense of apology)을 가진다, 어려운 상황에 처했던 위안부들에게 연민(sympathy)을 갖고 있다"고 말했다(워싱턴 연합뉴스, 2007. 4. 27). 이미 하원 101명이 공개지지를 밝힌 시점이었다.

이 밖에 "양국의 동맹 관계는 굳건하며 앞으로도 그럴 것이다. 매스컴이 술렁거리지 않으면 좋겠다"고 한 시오자키 야스히사 관방장관의 발언 (『產經新聞』, 2007. 6. 27) 등이 이어졌으며, 정부는 안보담당보좌관 등을 미국에 보내 로비 활동을 벌이도록 한 것으로 전해지고 있다.

자민당의 '일본전도와 역사교육을 생각하는 의원모임'은 1월 말부터 본격적인 활동을 시작하였으며, 2월 10일 회합에서 나카야마

---

19 1997년 5월 27일 중의원 결산위원회 분과회; 1997년 12월 '일본의 전도와 역사교육을 생각하는 의원모임'에의 기고문; 2006년 10월 6일 중의원 예산위원회 등.

야스히데(中山泰秀) 위안부 문제 소위원장이 "자민당은 (결의안)채택 저지를 위한 의원단을 미국에 파견할 방침"임을 밝혔다(『朝日新聞』, 2007. 2. 10). 이 모임은 또한 3월 8일 회합을 갖고 재차의 실태조사와 결과의 공개, 현재 미국 하원에 제출된 대일 결의안의 채택저지를 포함하여 정확한 이해를 넓히는 외교 노력을 정부에 요구하는 제안서를 회원 130명의 서명을 첨부하여 총리에게 제출했다(『마이니치 신문』, 2007. 3. 8). 민주당 의원들도 '위안부 문제와 난징 사건의 진실을 검증하는 회'를 발족시켜 공권력에 의한 강제연행의 사실은 없었다는 인식을 포함하는 새로운 견해를 발표하도록 정부에 제의할 방침을 세웠다(『産經新聞』, 2007. 3. 9).

6월 14일에는 자민당 29명, 민주당 13명, 무소속 의원 2명, 교수 8명, 정치평론가 4명, 언론인 3명 등 60명이 공동명의로 『워싱턴 포스트』에 "사실(The Facts)"이라는 제목의 위안부 강제동원을 부인하는 전면광고를 냈다. 7월 30일 결의안이 통과되었을 때, 이 국회의원들은 "결의안은 사실에 근거하지 않은 일방적인 것으로 도저히 허용할 수 없다"며 강하게 반발했다.

미국 내의 일본계 정치인들도 가세했다. 가토 료조(加藤良三) 주미 일본 대사는 2월 13일 일본 언론들과의 회견에서 "위안부 결의안은 근거 없는 것이며 미일 관계에 악영향을 미칠 것"이라고 비난했다고 교도통신이 보도했다(『한국일보』, 2007. 2. 16). 7월에는 하원의장 등 의원 몇 사람에게 위안부 결의안에 대한 반대를 거듭 호소하고, "만약 하원 본회의에서 채택되면 거의 틀림없이 일미 양국 간 깊은 우호, 긴밀한 신뢰, 그리고 광범위한 협력에 장기적으로 유해한 효과를 미치게 할 것이다"라고 경고했다(*Washington Post*, 2007. 7. 18). 3

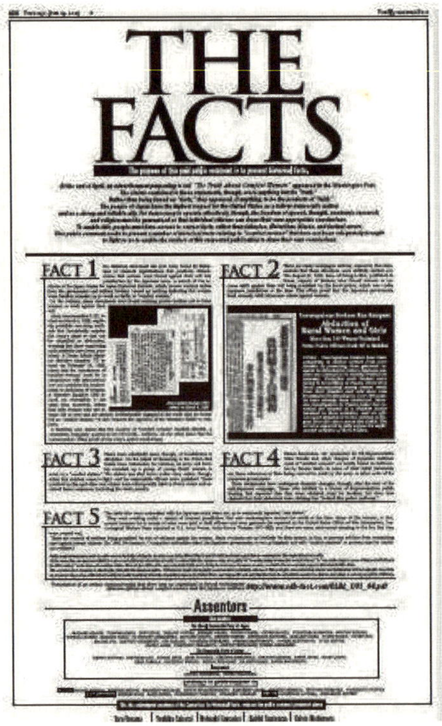

미 하원의 결의안 채택을 저지하기 위해 일본 우익 세력이 『워싱턴포스트』지에 낸 광고(2007. 6. 14)

월 대니얼 이노우에(Daniel Inouye) 상원의원은 하원 외교위원회 위원장, 아태 환경소위원회 위원장 및 혼다 의원에게 서한을 보내 결의안 처리를 자제해 달라고 요청했으며, 4월 아베 총리가 미국을 방문했을 때 하원의장을 만나 "결의안 채택이 미일 관계에 미칠 영향과 시기가 좋지 않다"는 의견을 밝혔다(『동아일보』, 2007. 4. 27). 이밖에 일본 내 많은 우파 지식인들이 결의안 논의에 반발하여 주일 미국 대사에게 항의서를 전달하는 등의 활동을 벌였다.

### 2) 일본 언론의 반응

『아사히 신문』, 『마이니치 신문』, 『도쿄 신문』 등은 강력한 비판의 입장을 표명했다. 『아사히 신문』은 사설에서 관헌의 직접 강제 연행은 없었다는 주장에 대해 문제의 본질로부터 눈을 돌리는 태도라고 비판하고, "어떻게 위안부를 모으고 전쟁터로 보내 관리했는

가. 그 실태는 지역이나 시대에 따라 다르다. 그러나 전체적으로는 식민지나 점령지의 여성들이 그들의 의사에 반해 데리고 가서 일본군 장병을 상대한 것은 틀림없다.… 세세한 사실을 고집하고 변명만 하는 것보다 민족이나 여성의 인권 문제로 파악해 스스로의 역사를 마주본다는 것, 이것이 품격 있는 국가의 모습이 아닌가… 일본은 북조선에 의한 납치를 인권침해라고 국제사회에 호소하고 있다. 자신들의 과거 인권침해에 눈을 막고서는 설득력이 부족하다"는 입장을 밝힌 바 있다(『朝日新聞』, 2007. 3. 10). 4월 26일 아베 총리가 부시 미국대통령과의 회담에서 "위안부들에게 죄송하다"는 취지의 발언을 한 데 대해, 『아사히 신문』과 『도쿄 신문』은 "사죄대상이 미국이냐"고 비판했다(도쿄 연합뉴스, 2007. 5. 2). 결의안이 통과되었을 때, 『아사히 신문』은 "결의안에 의문이 없는 것은 아니다.… 그러나 진지하게 받아들일 필요가 있다", 『마이니치 신문』은 "총리는 심각함을 인식하라", 『도쿄 신문』은 "위안부 결의안 일미 간의 장애로 만들지 말라"는 제목의 사설에서 다수 여성의 명예와 존엄을 해친 책임을 받아들이라고 주장했다(J-CAST 뉴스, 2007. 6. 28).

그러나 대부분의 언론, 특히 『산케이 신문』, 『요미우리 신문』, 『산케이정론』(秦郁彦, 니시오 간지 등의 글)은 다음과 같은 논지를 세우고 있다. "혼다 의원은 재미 반일단체와 연계되어 있고, 중국계로부터 헌금 의존도가 높다(『産經新聞』, 2007. 3. 23; 『讀賣新聞』, 2007. 3. 16; 8. 1). 결의안에 대하여, 결의안이나 일부 미 의원들의 인식은 사실에 반한 것이 분명하다, 내용이 정밀하지 못하며 많은 오류를 범하고 있다(『産經新聞』, 2007. 2. 21; 6. 27), 결의안은 법적 구속력이 없다(『産經新聞』, 2007. 2. 21; 8. 1)."

이들 신문들은 '강제성'에 대해 주목하고, "종군위안부 문제의 핵심은 관헌에 의한 강제연행이 있었는가 여부다. 일본 정부의 조사에서도 이것을 증명하는 문서는 없다. 역사가 사이에도 이러한 사실은 없었다는 것이 정설이다"라고 주장하고 있다(『讀賣新聞』, 2007. 3. 5; 8. 1). 이들은 "역사사실의 오인이나 과장을 그대로 방치하면 후세에 화근을 남긴다"(『産經新聞』, 2007. 3. 10)고 우려를 표명하기도 했다. 따라서 "곡해로 가득 찬 결의안인 이상 정부는 사실을 정확하게 설명하고 채택을 저지해야 한다.… 정부는 미국 하원의 결의를 둘러싸고 다시 외교상의 실책을 반복해서는 안 된다"(『讀賣新聞』, 2007. 3. 7)고 일본 정부에 요구하고 있다.

왜 일본만 표적으로 삼느냐는 항의도 한다. "인류 2000년 이상의 역사에서 정부나 군대는 다 셀 수 없을 만큼 나쁜 짓을 해 왔지만, 그중의 특정한 몇 개만 들어 규탄하는 것은 다른 나쁜 짓의 무게를 가볍게 할 위험과 연결된다"(『産經新聞』, 2007. 2. 25), "위안시설은 구 일본군에 특유한 것은 아니다"(『讀賣新聞』, 2007. 8. 1)는 등의 주장이 그것이다.

이미 과거의 일이라는 주장도 1990년대와 마찬가지로 되풀이된다. "그 계획을 실제로 진행한 당사자들은 지금 더 이상 생존해 있지 않다. 아무도 조상의 잘못된 행동에 대해서 책임을 받아들이게 할 수는 없다"(『産經新聞』, 2007. 2. 25)는 것이다. 일본 정부가 몇 번이나 이미 사죄했다는 주장도 덧붙인다.

미 의회에서의 결의안 논의가 미일 관계에 악영향을 미칠 것이라는 관측도 한다. 『산케이 신문』은 보다 공격적으로 "우호적인 외국 정부에 역사상의 실수에 관한 사죄방법을 가르친다는 것은 어리

석음을 넘어서고 있다"(『産經新聞』, 2007. 2. 25)고 지적했다. 한국 시민들의 활동을 민족주의적 태도로 몰아, "위안부 카드를 끊임없이 내놓는다", "한국이 연일 일본에 대한 비난을 전개하면서 민족적 쾌감을 즐기고 있다"고 보도했다(『産經新聞』, 2007. 3. 14; 7. 30).

이러한 일본 정부와 보수집단들의 입장 표명이 일본군 위안부 문제가 처음 제기된 거의 20년 전과 동일하게 되풀이되고 있는 점과, 그럼에도 불구하고 결국 미국과 국제사회가 이 역사적 사실을 거듭 확인한 것은, 역사의 모순과 동시에 진보를 보여주는 것이 아닐까.

## 5. 고노 담화 재검증부터 2015년 12월 28일 한일 외교장관 합의 발표까지

1996년 자민당이 복귀하면서 일본군 위안부 문제에 대한 적극적 해결의지는 지속적으로 약화되다가, 2006-2007년 아베 정부에서 크게 후퇴되었다. 2012년 아베의 재집권은 이러한 경향을 더욱 악화시켰다. 법적 책임은 끝났다는 것과 강제연행의 역사적 사실은 없다는 일본 정부의 태도는 점점 더 완강해져서 아베 재집권 후 여러 사건이 연이어 일어났다. 고노 담화 검증, 요시다 세이지 관련 기사에 대한 『아사히 신문』의 사죄사건 등이 그것이며, 마침내 2015년 12월 28일 한일 외교장관 합의에 이르게 된 것이다.

### 1) 고노 담화 검증

2014년 6월 21일 아베 정부는 「고노 담화 검증결과보고서」를 발표했다. 고노 담화란 앞서 논의한 대로 1993년 일본 정부가 2차 조사보고서를 발표하면서 고노 관방장관이 발표한 담화이다. 이 담화의 주 요지는 여성들이 자신의 뜻에 반하여 동원되었는데, 그 대부분이 민간에 의한 것이었지만 관헌이 가담한 경우도 있다는 것이며, 일본군의 관여하에 다수 여성의 명예와 존엄이 깊은 상처를 입은 것에 대해 정부차원에서 사죄와 반성을 표명한 것이다. 아베 총리는 2012년 9월 15일 자민당 총재선거 토론회에서 "고노 담화로 인해 일본군이 마치 여성들을 유괴해 강제로 위안부로 삼았다는 불명예를 일본이 짊어진 바, (아베 1차 내각에서) 고노 담화를 수정한 것을 다시 한 번 확정할 필요가 있다"고 주장했다. 일본유신회, 『산케이 신문』 등의 여론 만들기에 힘입어 5명의 검증위원을 선정하여 검증작업에 들어갔다. 역사학자로는 대표적인 우익학자인 하타 이쿠히코(秦郁彦) 한 명만이 참여한 이 검증 과정은 고노 담화 작성 과정에서 한일 정부 간의 사전조정이 있었다는 데 초점을 맞추었다. 일본군 위안부 문제의 역사적 진실에 관한 검증은 없었으며, 외교문서는 30년간 유예한다는 관행을 깬 이 검증결과는 국내외에 별다른 반향 없이 가라앉았다.[20]

위안부 문제를 무화시키려는 일본 사회 전체의 분위기는 더욱 강해졌다. 『아사히 신문』은 태평양 전쟁 당시 일본 야마구치(山口)

20 자세한 내용은 동북아역사재단, 2014 참조.

현 노무보국회 시모노세키(下關) 지부 동원부장이었던 요시다 세이지 씨가 제주도에서 위안부로 삼기 위해 많은 조선인 여성을 강제적으로 연행했다고 한 증언과 관련해서, 1982년부터 1997년까지의 총 16건의 기사를 작성했다. 1992년 하타가 요시다 증언에 대해 문제제기를 한 후, 증언에 일부 문제가 있다고 판단했고, 『아사히 신문』은 1992년 이후 이 증언을 다루지 않았다. 그럼에도 불구하고 아베 정부가 고노 담화를 검증하고 일본 사회 전체가 보수화되면서, 위기의식을 느낀 『아사히 신문』은 2014년 8월 5-6일 양일에 걸쳐 「위안부 문제를 생각하다」라는 기사를 내고 요시다 증언 기사를 철회했다. 2014년 10월 9일 『아사히 신문』 대표이사 위촉으로 제3자위원회를 설치하여 『아사히 신문』의 위안부 보도와 경위에 대한 조사, 문제점 추출 및 시정방책 강구 등에 대해 조사하도록 했다. 제3자위원회의 조사결과, 『아사히 신문』의 위안부 보도가 일본의 한국과의 관계를 비롯한 국제 관계에 별다른 영향을 미치지 않았다는 도쿄 대학 카오리 하야시 교수의 연구발표가 있었다(Hayashi, 2015).

2014년 10월에 일본 정부의 사토 인권인도대사는 1996년 UN 인권위원회에서 위안부 관련 보고서를 쓴 쿠마라스와미를 직접 찾아가서, 요시다 보고서가 인용된 당시 보고서를 수정하라고 요구했다.[21] 실제로 쿠마라스와미의 보고서에는 요시다 증언과 하타 반론도 같이 기술하면서 향후 연구해야 할 과제로 지적했다(도츠카 에츠로, 2015: 8).

21 산케이뉴스, 2014. 10. 16. 도츠카 에츠로, 2015: 27-28에서 재인용.

### 2) 2015년 12월 28일 한일 외교장관 합의

경제, 국방 등 한일 간 여러 현안이 냉각되고 위안부 피해자의 연령이 높아 사망자가 늘어나는 위기감 속에서 2015년 12월 28일 한일 정부는 일본군 위안부 문제에 관해 전격적으로 합의했다. 앞서 언급했듯이, 언론에 발표된 한일 외교장관 회담 공동기자회견문에 의하면 일본 측 표명사항은 (1) 아베 총리의 사죄와 반성, (2) 재단 설립, (3) 최종적·불가역적 해결이며, 한국 측 표명사항은 (1) 최종적·불가역적 해결, (2) 소녀상에 대한 우려, (3) 상호비난 자제 등으로 요약된다.[22]

국제사회에서 상호 비난을 자제하기로 한 한일합의 후에도 일본 정부는 위안부 강제연행은 없었다든가 하는 발언을 지속하고 있다. 예컨대 여성차별철폐협약의 권고(CEDAW/C/JPN/CO/7-8, paras.28-29)에 대하여 일본 정부는 2016년 2월 16일 위안부 강제연행은 없었다고 답변했다.

22 『동아일보』 인터넷판, 2015. 12. 28.

제10장

# 일본 시민단체의 운동

## 1. 일본에서 일본군 성노예 문제의 제기

1980년대 말 한국의 여성운동에 의해 일본군 위안부 문제가 제기된 후, 한국에서 잇달아 확산된 사회운동과 발맞추어 일본의 일본군 위안부 문제 해결을 위한 운동은 여성운동뿐 아니라 남성을 포함한 시민운동으로 급속히 퍼져 나갔다. 그것은 한국의 운동에 의해 촉발되었지만, 전후 일본의 사회운동의 한 주요한 흐름을 이루며 다른 사회운동에도 곳곳에 스며 있던 평화운동의 맥을 이어받아 형성된 것이었다. 또한 이 운동은 1970년대부터 싹트기 시작하여 1990년대에 그 존재가 돋보이고 있는 '새로운' 여성운동의 흐름과, 전후 일본 사회의 변화 속에서 그 모습을 이루어 온 재일동포의 운동에 기반하고 있으며, 기독교운동, 노동운동, 보수적인 지역운동까지도 아우르고 있다. 이러한 운동들은 지속적으로 위협적인 자세를 견지하고 있는 정부와 이 문제에 악의적인 여론이 지배적인 일본 사회에서 의연히 버티고 있는 일본의 양심을 보여 주고 있다. 그러나 1994년 후반부터 일본 정부에서 추진하여 1995년 6월에 공식발표한 '여성을 위한 아시아평화국민기금'(이하 '국민기금'으로 약칭)의 시행을 둘러싸고 분열했으며, 2000년 12월 도쿄에서 열린 '2000년 일본군 성노예 전범 여성국제법정'(이하 '2000년 법정'으로 약칭)의 준비 과정에서도 통합되지 못했다. 2007년 미 하원 결의안 통과(제5장 참조)를 계기로 그간에 운동과 연구에 관여한 사람들을 총망라하여 새로운 연합조직을 시도했지만, 그다지 성공적으로 보이지 않는다.

일본 정부가 비판의 대상이 되고 있는 이 운동에 왜 일본의 시민단체는 참여하고 있는가. 어떤 단체들이 어떠한 지향을 가지고 운동하고 있는가. 결국 왜 그들 중 많은 부분이 정부의 국민기금 시행에 협력하고 말았는가. 이들은 서로 왜 통합되지 못하며, 한국의 운동단체들과는 어떠한 점에서 관점의 차이를 보이는가 등이 이 장에서 제기하는 문제의식이다.

이 장은 다음의 세 연구방법을 사용했다. 첫째는 문헌조사로서, 기존의 연구물을 참고한 데 더해 일본 운동단체들의 팸플릿, 뉴스레터, 자료집 등의 출판물을 수집하여 분석했다. 둘째로 필자가 1997년 1월에 시행한 일본 운동단체들에 대한 설문조사의 결과를 이용했다. 이 운동에 참여하고 있다고 확인된 50여 단체에 설문지를 보냈으나 회수된 것은 20부에 불과했다. 그러나 답변을 보내 온 단체들은 대부분 개방적인 설문조사의 질문에 대하여 상세하게 활동 및 입장을 기술해 주었다. 마지막으로 필자가 지난 25년간 일본군 위안부 문제에 관심을 가지면서 접했던 많은 단체들의 실무자들과의 면접과 이들의 활동에 대한 필자의 참여관찰이 이 장의 중요한 기반이다.

## 2. 문제의 인식과 운동의 형성: 1988-1991년

1988년 한국의 교회여성연합회와 윤정옥 교수가 처음으로 일본군 위안부 문제를 파헤치기 위해 일본의 현지조사를 실시할 때, 이전부터 일본인의 매춘관광에 반대하는 운동을 벌여 왔던 '매매춘 문제에 도전하는 회(賣買春問題ととりくむ會)'가 이를 도우며 문제의식을 가지기 시작했던 것으로 보인다(다카하시 기쿠에, 1992: 36). 그러나 일본의 단체들이 본격적으로 일본군 위안부 문제 해결 운동에 나선 것은 아니었다.

일본에서 이 문제를 받아 처음으로 공식적인 문제제기를 한 사람은 국회의원이었다. 이것은 일본의 사회운동과 정치와의 관계를 보여 주는 흥미로운 사실이다.[1] 1990년 초에 사회당 국회의원 다케무라 야스코(竹村泰子)가 국회에서 질문을 한 후, 1990년 6월 6일 사회당 의원 모토오카 쇼지(本岡昭次)가 다시 참의원 예산위원회에서 일본 정부가 일본군 위안부 문제에 관해 조사할 것을 요청한 것이다. 이 요청은 일본군 위안부 모집이 민간업자가 한 것이라는 답변으로 곧 묵살되었다(정진성, 1995: 179). 한국의 단체들은 일본에서 조사활동을 벌이거나 정부에 공개서한을 전달했으며, 1991년 가이후(海部俊樹) 총리 방한 시기에 이 문제를 강력히 제기하는 등 일본 정부에 대한 운동을 지속했다. 이러한 때에 모토오카 의원이 1991년 4월에 재차 국회에서 문제제기를 했다. 일본 정부는 또다시 당시의

1 일본의 사회운동이 정치와 긴밀한 관계를 맺고 있다는 점은 정진성, 2000에서 밝히고 있다.

정부가 이 문제에 관여하지 않았으며, 1965년 한일협약에서 모든 문제가 해결되었다는 입장을 분명히 했다. 이후에도 국회나 지방 정부의 차원에서 이 문제는 크게 이슈화되지는 못했지만 꾸준히 제기되었다.

1990년 이후 일본의 운동단체들은 일본군 위안부 문제에 한국의 활동가와 위안부 피해자들을 초청하여 강연회를 갖고, 일본 정부에 적절한 조처를 요청하는 등의 활동을 벌여 왔다. 그 후 이렇게 기존의 단체들에 의해 부수적인 활동으로 이 문제가 다루어지는 데에서 한 발 나아가, 재일동포 여성들에 의해 이 문제의 해결을 위한 독자적인 단체가 새롭게 결성되었다. 1991년 5월 오사카에서 '조선인 종군위안부 문제를 생각하는 회(従軍慰安婦問題を考える會)'가 설립되었고, 11월에는 '종군위안부 문제 우리여성 네트워크(従軍慰安婦問題ウリ女性ネットワーク)'가 결성되었다. 이들은 출판활동, 강연회 등을 벌이며 이 문제에 집중했다.

## 3. 본격적인 일본군 성노예 문제 해결 운동의 전개: 1991년 말-1993년

### 1) 운동의 계기

한국에서 1990년 11월에 한국정신대문제대책협의회(이하 '정대협'으로 약칭)가 결성되고 일본에서도 차츰 이 문제가 사회 전반에 알려지면서 본격적인 운동이 전개되기 시작했다. 1991년 8월 최초의 피해자 증언이 이루어지고 9월에 신고전화가 개설된 것과, 1991년 11월에 미국에서, 1992년 1월에는 일본에서 관계 군 문서가 발굴되어 여론이 크게 비등하게 된 것도 일본에서 운동이 본격화된 계기가 되었다.

### 2) 기존 단체의 참여와 새로운 단체의 결성

'일본부인회의(日本婦人會議)', 'YWCA', '아시아 여성들의 회(アジアの女たちの會)' 등 기존의 여성단체들로부터 시작하여 '일본기독교협의회(日本キリスト教協議會)', 전후보상을 위한 제 단체 및 교회, 노동조합, 교사모임에 이르는 더욱 광범위한 시민단체들에까지 운동이 확대되었다. 새롭게 결성된 단체도 다양하였다. 마쓰시로(松代)와 같은 특수한 역사적 장소를 중심으로 이루어진 '마쓰시로 조선인 위안부의 집을 남기는 실행위원회(松代朝鮮人慰安婦の家を殘そう實行委員會. 1991년 6월 창립, 후에 もうひとつの歴史館·松代建設實行委員會로 개칭)', 전후보상 전반을 다루지만 위안부 문제에도 깊이 관여한 시민단체인 '일본의 전후책임을 확실히 하는 회(日本の戰後責任を確きりさせる會. 1991년 12월 창립)', 그 밖에 지역조직의 활동 중에 특별한 계기를 맞아 발족시킨 새로운 단체, 예를 들면 '일본군 위안부 문제를 생각하는 회, 후쿠야마(日本軍慰安婦問題を考える會, 福山. 1992년 12월 창립)' 등을 볼 수 있다. 이렇게 새롭게 단체가 결성되는 데 한국에서의 활동이나 한국의 활동가 또는 위안부 피해자들의 일본 방문·강연, 관계 필름상영이나 공연 등이 중요한 계기를 만들었다. '도라지회'를 비롯하여 필리핀의 피해자들을 돕는 활동에 주력하는 단체들도 만들어졌다.

이 밖에 기존의 단체로서 이 문제를 중요한 활동내용으로 하고 있지는 않지만, 자신의 중심활동을 벌이는 가운데 이 문제에 관심을 가지고 일회적인 행사를 열거나 원조에 참여하는 단체들도 다수 생겨났다. '아시아·아프리카·라틴아메리카 연대회의(AALA)', 노동조합의 일부분, 지역단체들이 그것이다.

### 3) 연합단체의 결성과 신고전화 개설

이 중에 특기할 만한 것은 1992년 8월에 서울에서 열린 제1차 아시아연대회의를 위해 그동안 산발적으로 운동을 벌이고 있던 여러 운동단체들(16개)이 1992년 1월에 연대모임인 '행동 네트워크(行動 network)'를 결성한 것이다. 이것은 한국의 정대협처럼 여러 단체가 연대하지만 통일적인 운동을 전개하는 협의체라기보다는, 각 단체들이 독립적으로 각기 다른 운동을 하면서 정보를 교환하고, 주로 외국(주로 한국)과의 관계에서 연락을 원활히 하기 위해 만든 조직이었다.[2] 그러나 이 단체는 이후 운동이 전개되는 과정에서 단체들 간 서로 다른 입장이 충돌하면서 차츰 약화되었다.

또 하나 특기할 만한 것은 한국에서처럼 피해자 및 가해자 신고를 받는 전화가 설치된 것이다. 조선인 종군위안부 문제를 생각하는

2 일본에서 이러한 연락회 형태의 연합조직은 대체로 국제대회를 계기로 만들어졌던 것을 볼 수 있다. 1975년 'UN 세계 여성의 해 대회' 참석을 위해 만들어진 '세계 여성의 해 연락회(國際婦人年連絡會)', 1995년 베이징 대회 중에 만들어진 'Beijing JAC' 등이 그것이다.

회, 일본의 전후책임을 확실히 하는 회, 재일한국민주여성회 및 종군위안부 문제 우리여성 네트워크의 네 단체가 발기인이 되어 1992년 1월에 '종군위안부 110번(hot line)'을 개설했다. 여기에 일본기독교협의회, '일본기독교부인교풍회(日本キリスト教婦人教風會)', '도쿄 YWCA', '일본부인회의(日本婦人會議)', '아시아의 매매춘에 반대하는 남성들의 모임(アジアの賣買春に反對する男たちの會)', '마쓰시로 조선인 위안부의 집을 남기는 실행위원회'의 회원들, 그리고 대학생 자원봉사자 등이 협력하여 전화로 피해자 및 경험자들의 신고를 받았다. 신고자는 피해자보다는 군인들이 많았고, 이들은 위안부 상황에 대해 증언을 했다. 이것은 『종군위안부 110번』이라는 책으로 출판되었다(從軍慰安婦110番編輯委員會 編, 1992).

#### 4) 연구자, 변호사 등 지식인 참여의 확대

운동이 확대되는 과정에서 전문적인 연구자들의 참가도 중요한 사항으로 주목할 필요가 있다. 일찍이 요시미 요시아키(吉見義明) 교수 등이 새로운 자료의 발굴에 중요한 업적을 세운 바 있으며, 이후 역사학자, 사회학자, 저널리스트, 여성학자 등 많은 연구자가 이 문제의 진상발굴과 학문적 해석을 시도했다. 일본 정부가 1992년 7월에 정부 소장자료를 공개하기 전인 1992년에 일본군 위안부 관계 군문서 및 정부 문서를 모아 자료집을 출판한 재일학자 금병동(琴秉洞)도 이 시기의 운동 및 연구에 중요한 인물로 평가될 수 있다. 학자들이 모여 단체를 만들고 운동과 긴밀한 관련을 맺으며 연구활동을 벌인 것은 운동에 큰 활력을 불어넣는 요소가 되었다. 일찍부터 징

용·징병 문제의 진상조사를 해 온 북한계 재일학자 그룹인 조선인 강제연행진상조사단이 이 문제에 힘을 기울이기 시작했으며, 새롭게 결성된 단체로는 요시미 교수와 아라이 신이치(荒井信一) 등 역사학자들과 여러 젊은 회원들이 모여 1993년 7월에 만든 '일본의 전쟁책임자료센터'가 대표적이다. 이 단체는 일본군 위안부 문제의 해결이라는 문제의식에서 설립된 것이지만 포로 문제, 독가스, 세균전 문제 등 보다 광범위한 일본의 전쟁범죄를 다루고 있다. 또한 이 단체는 『계간 전쟁책임연구(季刊 戰爭責任硏究)』를 발간하는 등 활발한 연구활동을 하면서, 1993년 8월과 12월에는 한국의 정대협과 함께 일본군 위안부 문제 합동 세미나를 개최하고, 국제상설중재재판소에의 제소를 위한 움직임에 정대협과 보조를 맞추는 등, 일본군 위안부 문제 해결을 위한 운동에도 중요한 역할을 해 왔다(日本の戰爭責任資料センタ-, 1993). 이 밖에 '그룹, 성과 천황제를 생각하는 회(グル-プ, 性と天皇制を考える會)', '전쟁에의 길을 허락치 않는 여성들의 회(戰爭への道を許さない女たちの會)' 등 기존의 단체에서 일본군 위안부 문제를 집중적으로 연구하게 되었고, 새롭게 결성된 단체들도 학습회 형태의 모임을 발전시켰다.

앞서 언급한 정대협-일본의 전쟁책임자료센터 합동연구회 외에 일본에서 연구자의 연구보고 및 피해자 증언을 포함한 많은 심포지엄이 열렸고, 여기에 적지 않은 수의 시민들이 참가했다. 일본군 위안부 문제만을 위한 심포지엄 외에도 전후보상 문제 또는 여성억압에 관한 학술 심포지엄에서 일본군 위안부 문제를 중요한 부분으로 포함시키는 경우도 많았다. 한편 개별 연구자나 단체의 이름으로 수많은 일본군 위안부 관계 단행본과 팸플릿, 활동보고, 자료집 등의

한국의 일본군 '위안부' 피해자들이 도쿄에서 일본의 사죄와 배상을 요구하는 집회에 참석하여 증언하고 있다(1995).

소위 '미니코미(ミニコミ)'[3]가 다수 출판되었다.

운동의 확대 과정에서 변호사들의 참여는 이 문제의 법적인 해결을 위하여 중요한 도움이 되었다. 국제중재재판소 제소운동에서 더욱 많은 변호사가 참여했으며, 무엇보다 특기할 만한 것은 일본변호사연합회(日本辯護士聯合會)의 참여이다. 일본변호사연합회는 1993년 6월 비엔나 UN 인권대회에 참여하여 일본군 위안부 문제의 올바른 법적 해결의 필요성을 주장했으며, 같은 해 10월에는 '일본의 전후보상'에 관한 심포지엄을 열기도 했다(日本辯護士聯合會, 1993).

3 '미니코미(ミニコミ, 미니 커뮤니케이션)'란 정식 출판물이 아니라 운동단체들 간에 유포되는 팸플릿, 소책자 등을 말하는 것으로, 1960년대 후반경 일본의 사회운동 발전 과정에서 확산되기 시작했다.

### 5) 전후보상 문제 전반으로의 관심 확대

일본에서 전후보상 문제에 대한 관심은 앞서 언급한 북한계 재일한인 그룹과 소수의 일본 학자들의 지속적인 연구로부터 시작되어 1970년대 후반부터 재일한국인 단체를 중심으로 한 이전보다 적극적인 운동으로 발전해 왔다(民族差別と闘う連絡協議會, 1989). 그러나 이것은 주로 재일한국인이 일본에서 겪는 일상적 차별 및 불이익과 싸우는 것이 중심이 된 것으로서, 전후보상은 이를 위한 더욱 넓은 법적 기반으로서의 관심대상이었던 것으로 보인다.[4] 1990년대 들어 본격적인 전후보상운동이 연구와 구체적인 법적 소송의 형태를 띠면서 이루어지기 시작했다. 이것은 물론 지난 시기부터 이루어져 온 연구와 운동으로부터 발전한 것이기는 하지만, 일본군 위안부 문제의 사회운동화가 중요한 계기였다.

1989년 11월 결성된 '전후보상문제연구회'는 1988년 미국에서 2차 세계대전 중에 강제 수용된 일본계 미국인에 대한 사죄와 배상이 입법화된 것에 자극을 받고 결성했다고 밝히고 있으나, 연구의 주요 내용으로 일본군 위안부를 포함시키고 있는 것을 보면(戰後報償問題研究會, 1990: 4), 위안부 문제가 사회적 이슈로 떠오른 것에 영향을 받고 있음을 알 수 있다. 이후 1990년대 들어 '전후책임을 묻는 시모노세키 재판을 지원하는 회(戰後責任を問う關釜裁判を援する會, 1993. 4)', '재일위안부재판을 지원하는 회(在日の慰安婦裁判を支える會,

4 1979년대 중반 이후 재일동포운동은 일본에서 일본인과 함께 살아가는 것을 명확히 전제해 왔다.

한국의 일본군 '위안부' 피해자들이 일본 국회 앞에서 일본의 사죄와 배상을 요구하는 집회에 참석하고 있다(1994).

1993)' 등 전후보상 문제 전반을 위한 활동 또는 특히 재판을 돕는 움직임이 더욱 확대되었다. 재판은 도쿄, 후쿠오카 등 여러 지역에서 일본군 위안부 피해자뿐 아니라 징용·징병, 우편저금 문제 등을 포괄하여 이루어지고, 새로운 단체 외에도 앞서 언급한 '일본의 전후책임을 확실히 하는 회', '종군위안부 문제 행동 네트워크' 및 많은 변호사들이 이를 지원했다(후쿠시마 미즈호, 1992: 43-45).

또한 위안부 문제에서 나아가 731부대, 근로정신대, 징용·징병 등의 문제 및 세계의 전후보상에 관한 비교연구 등으로 연구와 관심이 크게 확장되었으며,[5] 그간 한편에서 꾸준히 전개되어 왔던 역사교과서 문제도 위안부 문제를 계기로 더욱 적극적으로 제기되었다.

---

5 일본의 전쟁책임자료센터(日本の戰爭責任資料センター), 전후보상문제연구회(戰後報償問題研究會) 등의 연구물에서 전후보상의 다양한 문제들을 취급하고 있는 것을 볼 수 있다.

# 4. 운동의 약화와 대안적 방식의 모색: 1993년 말-1994년 8월

일본 정부가 이제까지의 긍정적 변화로부터 돌연 보수화되고 일본의 보수적 여론이 강화되는 한편, 한국에서는 책임자 처벌을 위한 고소·고발 및 국제상설중재재판소 제소를 위한 움직임으로 운동이 확장되는 가운데, 일본 시민단체들의 운동은 지금까지의 본격적 확대 분위기가 다소 위축되면서 운동단체들 간에도 분열의 조짐을 보이기 시작했다.

## 1) 일본 정부 태도의 보수적 변화와 여론의 악화

일본 정부는 1993년 8월 2차 보고서를 낸 것을 마지막으로 국가 차원의 법적 책임은 없다는 최종 입장을 정리하고, 이 문제의 종결안으로서 1994년 8월에 법적 배상이 아닌 도덕적·인도적 차원의 위로금인 국민기금안을 발표했다. 때를 같이해 나가노 법무상, 사쿠라이 환경청 장관, 하시모토 통산상, 이가라시 관방장관 등의 망언이 계속되었으며, 보수적 여론이 기세등등해졌다. 이 시기 주요 일본의 잡지들에 거의 빠짐없이 게재되었던 보수적 여론들은 기본적으로 식민지 지배와 전쟁에 대해 어떠한 잘못도 없다는 데서 출발하여, 일본군 위안부 문제는 그 시기의 필요악이며 나아가 주둔지 여성을 보호하려는 우수한 제도라고까지 주장했다. 이들은 또한 1965년 한일협약에서 이 문제는 완전히 해결되었고, 더욱이 그때 과거청산의 대가로 일본으로부터 받은 돈으로 지금의 한국의 경제부흥이 시작되었는데, 한국에서 이 문제를 제기하는 것은 정치적 의도를 지닌 것이라고 주장했다(제9장 참조).

### 2) 한국의 새로운 운동전략과 일본 운동단체의 분열 조짐

이렇게 상황이 악화되고 피해자들도 절망하기 시작하는 가운데, 한국의 시민단체들은 새로운 운동 전략을 내세웠다. 그것은 지금까지 배상 문제에 집중되었던 사회적 관심을 돌려 책임자 처벌 문제로 활동범위를 넓히는 것이었다. 일본 검찰에 책임자를 고소·고발하는 것과 국제상설중재재판소에 제소하는 것을 검토하기 시작했다. 이것은 UN과 ILO 등의 국제기구들이 구속력이 없는 것에 대한 대안이기도 했다. 그러나 이는 처음부터 승산이 그리 높지 않았다. 그 모두가 일본 정부의 동의가 필요한 것이었기 때문이었다. 1994년 2월 정대협과 피해자들이 일본 검찰에 책임자 처벌을 요구하는 고소장을 접수했으나 거부당했으며, 국제상설중재재판소 제소를 위해 한국과 일본의 많은 변호사들이 노력했으나 1995년 1월 결국 일본 정부는 국제상설중재재판소 제소합의를 거부하는 입장을 공식적으로 발표했다.

피해자 배상 문제와 일본의 범죄성에 대한 다소 추상적인 비판에서 뜻을 같이했던 일본의 운동단체 및 개인들이 구체적인 책임자 처벌이라는 형사적 문제에 부딪히면서 분열을 보이기 시작했다. 처음부터 이 운동에 적극 협력했던 사회당계 일본부인회의의 시미즈 스미코(淸水澄子) 의원은 한국에서 책임자 처벌을 고집할 경우 일본에서 적지 않은 단체들이 이탈할 것임을 경고했고, 여론과 일본 시민들 사이에서 국민기금안이 세를 넓히고 있었다. 이러한 가운데 이 문제 해결을 위해 일하던 단체들은 국민기금에 찬성·협력하는 단체와 이에 반대하는 단체로 크게 구분되었다. 반대하는 단체들은 총체적으로 국민기금안에 반대하는 단체, 국민기금에 대항하여 순수한 시민기금을 만들고자 하는 단체, 정부의 출자금 부분을 입법화하려는 단체 등으로 갈라졌다. 한편 국민기금에 대한 지루한 논쟁이 계속되자 일본의 기독교계, 학계를 중심으로 국민기금에서 정부출자금과 민간모금의 구분을 제안하는 등, 국민기금의 성격을 바꾸고자 하는 노력도 이루어졌다. 이 세 입장은 일본 시민들의 국민기금에 대한 인식일 뿐 아니라 일본군 위안부 문제에 대한, 그리고 전쟁범죄 전체에 대한 인식의 상황을 보여 준다고 볼 수 있다.

#### (1) 국민기금에 찬성 · 협력하는 집단

이 문제를 적극적으로 돕지는 않았지만, 재일동포 문제나 사할린 교포의 문제 등 한국과의 관계에서 양심적인 지식인으로서 활동해 왔던 와다 하루키(和田春樹), 오누마 야스아키(大沼保昭) 등의 지식인들이 국민기금에 적극적인 활동가로 참여한 것은 일본의 양심적인 시민들과 한국인들에게 충격적인 일이었다. 일본군 위안부뿐 아니라 군인·군속 등의 문제로 일본의 지방법원에서의 재판을 돕던 다카기 겐이치(高本建一) 변호사와 운동 초기부터 활동했던 '일본의 전후책임을 확실히 하는 회'가 국민기금을 위해 적극적으로 일하기 시작했다. 사회당계의 일본부인회의도 국민기금 측으로 돌아섰다. 렝고(聯合) 소속의 전국 지방자치체의 직원노조인 '자치로(自治勞)'가 국민기금에 중요한 활동멤버로 참여했다. 이 조직은 100만여 명의 노조원을 가진 영향력 있는 단체이다. 그러나 자치로의 하부조직 중 적지 않은 수가 상부조직인 자치로의 국민기금 참가방침에 반대한 것으로 알려져 있다.[6]

국민기금의 창설을 돕고 그 실행에 적극적으로 참여하는 사람들의 의견은 현재 일본의 상황에서 이것이 최상의 해결방식이라는 것이다. 피해자의 나이가 많아 하루 빨리 위로금이 전달되어야 하며, 지금 사회당 정부하에서 그나마 가능한 일이므로 서둘러 시행해야 한다는 것이다. 이러한 민간기구를 통한 배상이 국가배상을 촉진시킬 수도 있다는 의견도 있었다(필자의 면담결과). 그러나 이들의 보다 깊은 동기는 국제적으로 비등하는 여론을 잠재우고 손상된 일본의 국제적인 이미지를 회복시키는 것이라고 생각된다. 필자가 면담한 국민기금의 주요 활동가는 "이것이 현재로서 최선의 방법"이라고 전제한 후, "미국, 소련 등 주요 서방국들이 더욱 심각한 인권침해범죄의 책임을 외면하고 있는데, 유독 일본이 국제여론의 표적이 되고 있는 것"에 불만을 토로했다. 이들은 대체로 한국의 시민단체가 피해자보다 대의명분을 중시한다고 비판하고, 국민기금의 조속한 시행이 피해자를 위한 길임을 역설했다. 사회당에서 제안한 이 국민기금안은 배상을 포함한 일체의 전후책임을 거부하는 극단적 보수세력과 점차 세를 잃어 가는 양심적 시민운동세력의 중간에서 일종의 타협안으로서 광범위하게 지지기반을 넓혀 갔다.

---

6 자치로-46都道府縣 본부-市町村/特別區/都廳-○○區 직원노동조합의 계열구조를 가지고 있다.

### (2) 총체적 반대의 입장

① 국민기금의 해체를 주장하는 입장

한국의 시민단체와 같이 국민기금을 일본 정부의 법적 책임회피의 시도로 보고 그 시행을 저지하는 소수의 그룹이 일본군 위안부 문제 해결을 위한 운동의 명맥을 유지했다. 앞서 본 기독교 여성단체, 재일여성단체, 일본의 여성단체 중 많은 부분이 강력한 반대를 고수했다. 이들은 '부수자, 국민기금실행위원회(つぶせ國民基金實行委員會)'라는 연대조직을 만들어 일본 정부가 비밀리에 피해자들에게 이 기금을 지급한 데 항의하는 활동, 서명운동, 국제회의 개최 등 국민기금 반대운동을 전개하기도 했다. 이 밖에 지금까지 대체로 한국의 시민단체와 방향을 같이해 온 단체들도 개별적으로 국민기금에 대해서 항의하는 운동을 벌였다. 이들은 국민기금의 지급이 피해자에 대한 모욕행위이니 이를 즉각 중지하고 정부차원의 공적 책임을 이행하라고 주장했다. 국민기금을 거부하는 필리핀의 피해자와 운동가의 모임인 '말라야 로라스와 함께 일본군의 성폭력을 묻는 회(マラヤロラズとともに日本軍の性暴力を問う會)' 등의 단체가 새로 만들어지기도 했다. 이들 단체는 국민기금을 반대하는 운동을 강하게 끌고 나가지는 못했지만, 원칙적인 반대의 방향을 확실히 하고 있다는 점에서 운동의 의미가 컸다.

② 시민기금 및 진상규명 입법운동

국민기금의 해체를 주장하는 집단들과 본질적으로 같은 입장이지만, 국민기금을 반대할 뿐 아니라 이에 대항하여 순수한 시민들

국민기금을 반대하는 일본 집회(1996). 재일 한국인 '위안부' 피해자 송신도가 참여했다.

로부터의 모금을 시도하는 움직임도 이루어졌다. 1995년 8월 '시민기금'이라는 이름으로 출발한 이 운동은 국민기금의 철회와 전후보상법의 조속한 실현을 포함한 '전후보상실현 캠페인(戰後報償實現キャンペーン)'이라고 하는 시민운동의 일환으로서, '재일위안부재판을 지원하는 회', '할머니와 함께 걷는 회, 조각보(ハルモニと共に歩む會, チョガッポ)', '일본군 위안부 문제를 생각하는 회, 후쿠야마', '필리핀 전위안부와 함께, 루나스(フィリピ人元慰安婦と共に, Lunas)' 등의 군위안부 문제를 위한 단체와 '김경석 씨의 일본 고우칸 소송을 지원하는 회(金景錫さんの日本鋼管訴訟を支える會)', '일본제철 전 징용노동자 재판을 지원하는 회(日本製鐵元徵用工裁判を支援する會)', '일본·필리핀 연대운동, 도쿄(日比連帶運動, 東京)' 등의 재일한국인을 위한 운동, 그리고 폭넓은 전후보상운동 단체들과 기타 이와 관련된 단체에 속한 개인들이 이에 동참했다. 이러한 단체들은 모금뿐 아니라 피해 현지조사, 피해자들과의 교류 등의 활동도 전개했다. 한국

에서 국민기금이 대대적인 신문광고를 내는 등(1998. 1. 7), 적극적으로 공세를 펼치는 것에 항의하고, 이에 대항하여 시민광고를 모색하기도 하였다. 앞서 언급한 바와 같이 일본 정부에 국민기금의 중지와 개인배상을 강력히 요구한다는 점에서 이것은 앞의 총체적 반대의 입장과 동일하나, 그보다 더 나아가 시민모금을 시도한 점에서 더욱 적극적인 그룹으로 평가할 수 있다. 그러나 이러한 노력은 한국에서 국민기금에 반대하여 시도한 '강제연행당한 일본군 위안부 문제 해결을 위한 시민연대'가 별로 성공적이지 못한 것과 마찬가지로 큰 성공을 거두지 못했고, 모금은 주로 아시아의 피해자 원조에 사용되었다.

이 그룹은 일본군 위안부 문제 해결을 위한 운동이 국민기금과의 싸움으로 좁혀지고 있는 점을 자성하고, 일본 정부에 대한 본래의 투쟁으로 돌아가고자 했다. 그중 하나의 움직임이 진상규명을 위한 법안을 만들기 위한 운동이었다.

### (3) 국민기금을 부분적으로 인정한 위에 이루어진 운동

① 국민기금 정부출자금에 대한 입법화 운동

국민기금 중 민간모금액 외에 정부출자금이 있다는 데 주목하고, 이 출자금을 피해자 보상이라는 적극적 입장에서 해석하고 입법화하려는 시도가 이루어졌다. 그와 함께 정부가 이 문제를 계속 조사하겠다는 의지를 표명하도록 하는 진상규명 법안도 추진되었다. 그러나 이 움직임은 의견이 다른 몇 개의 그룹이 각기 서로 대화하

지 못한 채 전개되었으며, 한국 시민단체의 호응도 받지 못했다.[7]

② 국민기금 성격변화의 시도

국민기금과의 싸움이 지루하게 계속되고, 국제여론도 일본 정부의 로비에 의해 국민기금으로 기울어지는 상황에 직면하게 되었다.[8] 더욱이 일본과 한국에서 국민기금에 대항하여 시도한 모금이 순조롭지 못하여 피해자들의 좌절이 심각하게 된 1997년 초 무렵부터 일본에서 이 문제에 지금까지 적극적이지 않았던 지식인 사이에서 깊은 우려를 표하는 사람들의 소리 없는 움직임이 일어나기 시작했다. 말하자면 전쟁범죄의 당사자인 일본 정부는 뒤로 숨고, 형식적으로는 민간기구인 국민기금을 피해자 및 시민들이 대면해야 하는 상태를 어떻게든 바로잡아야 한다는 문제의식이었다. 그것은 이미 여기까지 와 있는 국민기금을 총체적으로 부정하는 것은 불가능하다는 상황인식이기도 했다. 목사, 교수 등을 포함한 이 집단은 국민기금에서 정부출자금과 민간모금을 분리하고, 그중 정부출자금은 정부의 법적 배상수순을 밟아 정식으로 행하도록 촉구하는 한편, 민간모금액은 순수한 민간기금으로 강조하면서 피해자들에게 나누어 준다는 구상을 국민기금 측에 제안하기로 했다.[9]

---

7 정부출자금에 대한 법안에서 범죄인정의 내용을 대신하여 "인도적 견지에서"라는 문구를 넣은 일종의 타협안이 한국에서는 거부된 데 비해, 이것을 받아들인 대만의 경우에만 이 운동은 다소 호응을 얻었다.

8 1997년 2월 UN 인권위원회의 인권소위원회 현대형 노예제 실무회의에서는 일본의 국민기금 시행을 긍정적 변화(positive step)로 규정했고, 이전에 이 문제에 관심을 표명했던 많은 NGO들도 이를 긍정적으로 평가했다.

9 한국 정대협은, 모금의 실패와 국민기금 측 공세의 상황 속에서 이러한 제안이

## 5. 국민기금의 몰락과 입법운동, '2000년 일본군 성노예 전범 여성국제법정', 연구활동

일본 정부가 국제사회에서 선전하는 대로 국민기금이 피해자 지원을 위해 실행된 것은 아니다. 한국과 대만은 정부 차원에서 국민기금을 거부하여 국민기금 측이 피해자 개인에게 접근하여 기금을 받게 했다는 사실은 잘 알려진 대로다. 국민기금 수령이 가장 많았던 필리핀에서도 시민사회에서 국민기금 수령 입장과 거부 입장 사이에서 극심한 혼란을 겪으면서 끝까지 국민기금을 거부한 피해자를 남겨둔 채 국민기금 수령을 진행시켰다. 정부가 피해자를 인증하는 제도가 없는 네덜란드와 인도네시아의 경우, 네덜란드는 의료비로 책정된 금액을 대상으로 사업실시위원회의 사업을 지원하는 형태로, 인도네시아는 정부가 시행하고 있는 고령자복지사업을 지원하는 형태로 국민기금을 수령했다(제9장 참조). 한국과 일본의 시민단체들이 국제사회에서 꾸준히 운동을 전개하면서 국민기금에 대한 세계여론은 다시 크게 악화되었다.[10] 이에 따라 일본에서 국민기금을 부분적으로 인정하거나 이용하려는 입장은 어느 틈엔가 수그러들었다. 그러는 사이에 1998년 서울서 열린 제5차 아시아연대회의에서 '2000년 일본군 성노예 전범 여성국제법정'의 설립계획이 결정되었다(제8장 참조). 이후 일본의 일본군 위안부 문제를 위한

---

시행될 경우 국민기금의 강행을 다소 지연시킬 수도 있다는 인식에서 이 안을 소극적으로 받아들였다.

10 UN과 ILO에서 국민기금은 피해자들이 희망하는 올바른 해결방법이 될 수 없다는 점을 되풀이해서 강조했다.

운동은 이전부터 꾸준히 진전되어 온 입법운동과 '2000년 법정' 운동의 두 갈래로 모아졌다. 두 운동은 그러나 서로 협력하지 못한 채 병립했다.

### 1) 입법운동

일본의 입법운동은 적지 않은 단체와 정당이 참여하여 복잡한 지형을 이루면서 꾸준한, 그러나 매우 느린 흐름을 만들었다. 매우 복잡한 지형을 이루고 있는 입법운동을 대략적으로 정리하면 다음과 같다. 첫째는 일본군 위안부 문제뿐 아니라 전쟁책임 문제 전반에 대한 국회조사를 촉구하는 조사회 입법으로서, 2001년 현재 민주당, 사민당, 공산당과 자민당까지 참여하여 110여 명의 국회의원들이 입안에 찬성하고 있으며, 공명당(公明黨)도 이어 참여했다. 시민단체들도 활발하게 참가했는데, 전쟁책임자료센터, 바우넷 재팬, 재일위안부재판을 지원하는 회, 전후처리의 입법을 구하는 법률가·유식자회 등 18개 단체[11]가 연합하여 '조사회법 설치를 위한 시민대회'를 결성, 전국적인 서명운동을 벌이는 등 활발한 활동을 벌였다. 원래는 '항구평화를 위한 진상규명조사회법' 제정으로 출발했으나, 국립국회도서관법을 개정하여 조사회 설치를 추진하는 방향으로 전환했다. 둘째는 일본군 위안부 문제에 집중한 '전시 성적 강제 피해자 문제 해결 촉진에 관한 법안'으로, 이전에 민주당, 사민

---

11 한국 조선BC급 전범을 지원하는 회, 독가스전신주쿠(毒ガス展新宿)실행위, 재한피폭자문제시민회의, 가톨릭정협, 신주쿠(新宿) 부인 문제를 생각하는 회 등.

당 및 공산당에서 각기 법안을 상정했던 것을 2000년부터 민주당, 공산당, 사회민주당이 공동으로 국회에 제출한 것이다. 이후 일본신당, 무소속 의원까지 합세하여 2008년까지 계속 제출되었으나 폐안된 바 있다. 이렇게 국회의원이 중심이 된 법안은 정부기구 내에 조사회, 또는 위원회를 설치하여 피해자 구제와 사죄 등의 방법을 모색하는 간접적인 방법을 제시한 것이었다. 한편, 일본군 위안부 재판을 지원하는 7개의 변호사단체[12]가 중심이 되어 설립된 '전 위안부의 보상입법을 요구하는 변호단협의회'[13]에서 더욱 직접적으로 사죄와 배상의 내용을 담은 법안의 입법운동이 준비되었다.

이러한 입법활동에 직접 참여하거나 돕기 위해 여러 시민단체들이 움직였다. '전시성폭력문제연락협의회'('일본군 위안부 문제 행동네트워크'로부터 발전된 단체), '전후보상네트워크', '위안부 문제 입법해결을 요구하는 모임', '일본군 위안부 문제 해결 올 연대 네트워크', '전시 성적강제피해자 문제 해결 촉진법안 조기입법을 요구하는 연락회' '일본군 위안부 문제 간사이네트워크', '빨리 만들자 위안부 문제 입법해결법 네트 후쿠오카', '전국회의' 등이 그것이다.

이러한 법안과 입법운동은 자민당 정권하에서 다소 우회적이고

12 부산 종군위안부·여자정신대 공식사죄 청구소송 변호단, 필리핀 종군위안부 국가보상 청구소송 변호단, 재일 전 위안부 사죄보상 청구소송 변호단, 네덜란드 전 포로·민간억류자 손해배상 청구소송 변호단, 중국인 전 위안부 국가배상 청구소송 변호난, 중국 산시 성(山西省) 성폭력피해자 손해배상 등 청구소송 변호단, 대만 위안부배상 청구소송 변호단.

13 이 모임에서 시모노세키 재판을 지원했다. 시모노세키 재판은 1996년 일본에서 행해진 재판으로는 처음으로 피해자 배상을 위한 입법을 하지 않은 책임을 물어 일본 정부에 원고 1인당 30만 엔의 피해배상을 하도록 한 재판이다.

약화된 방식으로 이루어지다가, 2009년 민주당 정부가 들어선 후에는 정부 안에 새로운 부서를 만들어 더욱 직접적이고 강력하게 입법을 추진하는 방향으로 활동을 선회해야 한다는 논의가 지배적이 되었다.[14]

### 2) 2000년 법정 운동과 자료관 건립, 연구활동

대체로 변호사와 남성을 포함한 시민단체가 중심이 되어 추진하고 있는 입법운동에 비해 2000년 법정 운동은 여성단체에 의해 이루어졌다. 1997년에 만들어진 '바우넷 재팬'이 사무국 역할을 하고, 재일동포 여성단체를 비롯한 여러 여성단체들과 한국의 정대협, 북한, 필리핀, 대만, 인도네시아, 네덜란드, 중국 등의 피해국 단체들이 대거 참여하여 2년여 간 준비하는 과정에서 일본 국내 단체들의 협력과 국제연대가 발전한 것은 중요한 성과라고 볼 수 있다. 2000년 법정을 준비하면서, 사실상 대부분의 여성단체들은 이 운동으로 모여들었다. 그러나 다른 한편 여러 갈래로 흩어져 있는 입법운동과 법정운동의 참여자들이 협력한 흔적은 보이지 않았다.

2000년 12월 8일부터 12일까지 열린 2000년 법정은 1980년대 말부터 전개되어 온 일본군 위안부 문제 운동을 중간 결산할 만한 매우 중요한 계기를 만들었다. 이를 통해 아시아 피해국 및 네덜란드의 운동단체들이 체계적 연대를 이루었으며, 법정 중 열린 공청회

14 한국정신대문제대책협의회, 〈일본 하토야마 연립정권에서의 일본군 위안부 문제 대응을 위한 1차 정책간담회〉(2009. 10. 8) 자료를 참고했다.

를 통해 구 유고 지역 문제 등 현재 일어나고 있는 전시하 여성인권 침해 문제를 다루는 단체들도 법정의 구심점을 향해 모여들었다. 그간에 축적된 국제법적 판단을 총결산하여, 이제 앞으로의 실행 문제로 눈을 돌리게 했으며, 사방으로 흩어져 연대하지 않았던 일본 내 작은 단체들이 하나의 체계 속에서 협력했다. 그것은 이전까지의 일본의 운동상황에서 볼 때 획기적이라고 해도 과언이 아니다.

2000년 법정에 대하여 한국과 중국을 비롯한 여러 국가의 미디어들이 그 의의를 상세히 보도했지만, 일본 내 신문 발행부수 1위인 『요미우리 신문』은 민간법정에 대해 어떤 기사도 내보내지 않았으며, NHK마저 공영방송으로서의 책임을 다하지 않았고 방송을 왜곡 제작했다. 이에 바우넷 재팬은 민사소송을 제기했으며, 2007년 마침내 도쿄 고등법원은 NHK가 아베 신조 총리와 나카가와 쇼이치(中川昭一) 의원의 압력으로 일본군 성노예 전범 관련 방송을 왜곡한 혐의를 인정, 유죄를 선고하고 소송을 제기한 바우넷 재팬에 보상금 200만 엔을 지불할 것을 명령했다.

2000년 법정을 준비했던 그룹들은 2001년 12월에 헤이그에서 열린 최종판결 집회를 마친 후, 2002년 5월 도쿄에서 피해국 참가자들을 초청해서 판결을 실행하기 위한 후속작업에 관해 논의하는 집회를 열었다. 이후 기념사업에 집중하여 2005년 '여성들의 전쟁과 평화자료관'을 건립했다.[15]

한편, 2000년 법정을 준비하기 위해 1998년에 설립된 바우넷 재팬은 2011년 바우락(Violence Against Women in War Research Action

15 http://wam-peace.org.

Center, VAWWRAC)으로 개칭하여 연구에 힘을 실었다.[16] 2013년에는 그간 위안부 연구와 자료발굴에 집중해 온 전쟁책임자료센터와 함께 파이트 포 저스티스(Fight for Justice)라는 웹사이트를 개설하여 위안 관련 자료들을 수집, 공개하고 있다.[17]

'여성·전쟁·인권학회'를 중심으로 나카하라 미치코(中原道子)를 비롯한 여러 학문 분야의 학자들이 연구에 힘을 쏟고 있다. 특히 2000년 법정 이후 한일 양국의 여성학자들을 중심으로 한 '한일 여성사 공동교재작업'이 특기할 만하다. 1990년대 후반부터 한일 간에 크게 문제가 되어 온 역사교과서 문제에 정면으로 도전하여 일본의 근대사를 전쟁과 여성억압의 역사로 규정하고, 그에 따른 역사교재를 만들려는 노력이었다. 2001년 한국과 일본 및 재일한국인 여성학자들이 협력하여 한국과 일본의 역사의 접점에서 한일 공동으로 읽을 수 있는 근현대사 교과서를 만들자는 데 뜻을 같이했으며, 이후 3년여의 상호 교류, 연구를 진행한 결과, 2005년에 양국 공동으로 책을 출판하기에 이르렀다. 양국에서 불가피한 최소한의 차이를 제외하고는 동일한 내용의 책이 한국에서는 『여성의 눈으로 본 한일근현대사』(한울)로, 일본에서는 『젠더 시점에서 본 일한근현대사(ジェンダーの観點からみる日韓近現代史)』(梨の木舍)로 출판된 것이다. 이 작업의 일본 측 책임자 스즈키 유코(鈴木裕子)는 책 출판 후 연속작업의 성격을 가진 '한일여성과 역사를 생각하는 모임'을 만들어 계속 역사 정리 활동을 전개하고 있다.

---

16 http://vawwrac.org.

17 http://fightforjustice.info.

한일 여성의 4년에 걸친 공동작업으로 2005년 10월 한일여성사 공동 교과서가 발간되었다. 사진은 한국어 책 표지와 기자회견 모습

## 6. 전국적 연합체의 시도

2007년 미 하원에서 일본군 위안부 관련 결의가 통과되고 새롭게 전 세계적으로 위안부 문제에 대한 관심이 환기되었을 때, 일본에서 그동안 이 문제 해결을 위해 연구와 활동을 해 왔던 사람들을 전국적으로 총괄하여 '위안부 문제 해결 올 연대 네트워크(慰安婦問題解決オール連帯ネットワーク, 올네트)'를 설립했다. 국회에서의 공청회, 국회에서의 사죄결의, 입법에 의한 보상, 역사교육 등을 통한 재발방지조치를 실현한다는 목적을 가지고 앞에서 논의했던 바우넷 재팬, 일본의 전쟁책임자료센터 등의 연구자, 활동가 및 법률가를 포함하여 수많은 사람들이 참여한 이 단체는 일본에서 그간 볼 수 없었던 연합체의 시도였다. 2009년 이후 별다른 활동이 눈에 띄지 않은 가운데,[18] 2015년 11월 이 단체는 일본 정부의 입장을 유지하면

18 http://ameblo.jp/all-rentai.

서 한국의 피해자 및 지원단체가 요구하는 사실 인정과 배상이라는 법적 책임을 받아들일 수 있는 방안을 제시한 배상, 사죄 요구 요청서를 일본 총리와 외무상에게 전달했다(『한겨레』, 2015. 11. 18).

한편 2010년 또 다른 연합체가 시도됐다. '일본군 위안부 문제 해결 전국행동(日本軍慰安婦問題解決全國行動)'이 그것이다. 앞의 올네트와 마찬가지로 그간 일본군 위안부 문제 해결을 위해 전국 각지에서 활동해 온 단체와 개인을 모아 결성한 조직으로, 최근까지 한국의 정대협과 긴밀한 관계를 맺으며 활동하고 있다.[19]

## 7. 일본 내 운동단체들의 특징과 쟁점

### 1) 주요 운동단체들의 특징

앞에서 언급한 운동단체들의 조직적 특징을 살펴보면, 한국의 운동단체와 다른 여러 측면이 발견된다. 이들 운동단체는 일본군 위안부 문제가 제기되기 이전부터 존재했던 기성단체와 이 문제 해결을 위해 1991년부터 1993년 사이에 새롭게 설립된 단체로 구분된다. 짐작할 수 있는 대로 기존의 단체들은 많은 회원을 가진 대규모 전국조직이거나 협의체인 데 비해, 새롭게 설립된 단체들은 십수 명으로부터 많은 경우 수백 명의 회원을 가진 소그룹이 대부분이다. 대체로 기존 단체의 경우 운동의 국면이 미묘해지면서 활동이 현저

19 http://www.restoringhonor1000.info.

히 약화되다가, 특히 국민기금을 둘러싸고는 이에 찬동하는 단체도 생기고, 반대하는 단체들도 의사표시가 소극적으로 변화해 간 것을 볼 수 있다. 이에 반해 새롭게 결성된 소그룹들이 부침을 거듭하고 상호 연대와 갈등을 하면서 운동의 명맥을 이어가고 있다. 이 운동의 사실상 주체는 따라서 지역과 여성, 노동, 평화 등의 사회운동의 흐름 속에서 새롭게 나타난 소그룹들이라고 볼 수 있다.

한국의 운동이 기존 단체들이 연합한 정대협을 중심으로 진행되어 온 것과 대조적으로, 일본에서의 운동은 수많은 소그룹들이 분립하여 활동하고 있다. 조직의 규모뿐 아니라 조직방식에서도 일본의 운동조직은 특이하다. 회장이나 대표가 없고 형식적 조직구분이 없이 회원들의 자발적인 참여만으로 활동이 이루어지고 있는 조직도 적지 않다. 이러한 조직의 형태는 민주적인 의사결정과 회원들의 자주적인 활동을 끌어낼 수 있으나, 활동의 효율성은 다소 떨어지는 경우가 많다. 규모가 작은 이 그룹들 간에 효과적인 의사소통이 이루어질 수 있는 체계가 전체적으로 마련되어 있지 않기 때문이다.

이 소그룹들이 서로 의견을 조율하고 국제연대도 효율적으로 하기 위해 하나의 통일된 연합체를 시도하지 않은 것은 아니다. 앞서 본 대로 운동 초기에 이 문제에 관계하는 단체들이 모여 '행동 네트워크'를 조직했으나 큰 효과를 보지 못한 채 유야무야되었다. 국민기금 시행 후 '부수자, 국민기금실행위원회'나 '전후보상실현 캠페인' 등이 흩어져 있는 소그룹들의 힘을 모았으나 규모 자체가 작고 내부 그룹의 의견을 원활히 조율하고 있다고 보기 힘들다. 2007년 이후 새로운 연합체의 시도가 이루어졌으나, 여전히 운동은 소그룹 중심으로 이루어지고 있는 듯하다.

### 2) 운동의 쟁점

일본군 위안부 문제는 여성의 인권침해 문제이면서 동시에 강대국의 약소국 국민에 대한 침해이고, 전쟁 중에 국가가 시민에 가한 인권침해의 문제이다. 이렇게 복합적인 측면을 가진 문제이기 때문에 이 문제의 해결을 위해 일하는 사람들의 지향도 단순하지 않다. 페미니즘의 시각에서 이 문제에 접근하는 입장, 강대국 패권주의에 반대하는 입장, 전쟁을 반대하는 평화주의의 입장, 억압적 국가를 비판하는 입장, 보다 보편적인 휴머니즘의 입장 등 다양한 입장이 서로 얽히고 갈등도 하면서 운동이 이루어지고 있는 것이다. 일본의 경우 이러한 운동의 지향은 더욱 복잡하다.

#### ⑴ 성 · 민족, 인권 · 민족의 문제

한국의 여성단체에서 문제를 제기할 때, 여기에는 여성인권의 문제와 일본에 대항한 민족주의의 의식이 분리할 수 없이 혼재되어 있다. 일본의 운동과 관련해서 이 문제는 다소 미묘하다. 한국에서 식민지 여성에 대한 착취의 문제를 제기할 때, 일본 단체에서는 식민지 여성의 문제를 강조할 경우 일본군 위안부로 동원된 일본 여성의 문제가 희석될 위험을 문제삼는다. 1992년 제1차 아시아연대회의에서 한 일본 여성운동가가 한국에서 민족 문제를 강하게 제기할 경우 함께 연대하기 힘들 것이라고 말한 바 있으며, 1993년 8월 일본 정부의 2차 조사발표에 대한 논평에서 한국의 정대협이 식민지 및 점령지 여성에 대한 차별적 강제동원과 착취를 무시한 일본 정부의 의도를 다그친 데 대해 일본 여성단체의 반응이 좋지 않았던 것

등이 그 예이다. 이 문제에 대한 일본의 연구에서도 성과 민족의 문제를 예민하게 거론하고 있는 것을 볼 수 있다(金富子, 1994 등).

그와 연관된 것으로 일본의 참여자들은 한국의 운동가와 학자들이 일본군 위안부 문제와 관련된 일제강점기의 제반 민족 문제를 거론하는 것에서도 이견을 보이는 경우가 종종 있다. 예컨대 1993년 정대협과 일본의 전쟁책임자료센터가 공동주최한 심포지엄에서 일본군 위안부 동원을 1930년대 말부터 일본이 식민지 조선에서 실시한 황국신민화 정책의 일환으로 보고, 궁극적으로 이것이 '민족' 말살을 목적으로 한 것이라고 본 한국 측의 발표에 대해서, 일본 측 참여자들은 그것을 '민족성' 말살이라고 보고 민족 말살과 동일시하는 것은 비약된 해석이라고 하는 이견을 나타냈다.

이러한 예들은 이 운동에서 한국과 일본의 참가자들이 성과 민족 문제에 대해 갖는 다소 다른 입장을 표현하는 것이라고 해석할 수 있다.

#### (2) 책임자 처벌과 '천황제'의 문제

초기에 협력적이던 일본 단체들에서 흔들림이 보이기 시작한 것은 책임자 처벌을 제기한 때부터이다. 책임자 처벌에 찬성할 수 없다는 의사를 적극적으로 표명한 단체 외에도, 많은 운동참여자들이 운동의 대중성을 확보하기 위해 책임자 처벌을 강조하는 것은 곤란하다는 의견을 가지고 있었다. 가장 확실하고도 무거운 책임자는 일왕이기 때문이다. 일본 사회에서 일왕의 존재는 매우 특별하다는 것은 주지의 사실이다.

국민기금을 둘러싸고도 운동의 세가 크게 약화된 것은 '천황제'

와 궁극적인 관계가 있다고 판단하는 일본인도 있다. 즉 국민기금이 국가배상과 책임자 처벌을 피하는 타협안으로 적절하다고 보는 입장이 대세를 이루기 때문이다. 국가배상을 인정할 경우 일본의 수없이 많은 전후책임의 문제가 잇달아 제기될 것인데, 이것은 경제적 타격을 가져올 뿐 아니라 결국은 '천황제'의 동요를 초래할 우려가 있다고 본다는 것이다.

필자의 설문에 응답한, 국민기금에 반대한다는 의사를 표명한 단체들도 '올바른 해결을 무엇이라고 생각하는가'라는 질문에 국가배상, 교과서 기재, 정부사죄, 진상규명 등의 여러 문제를 지적했지만, 책임자 처벌을 거론한 단체는 단 하나도 없었다. 이것은 가장 양심적인 일본의 참여자들에게도 책임자 처벌 문제가 무의식적으로 배제되고 있다는 것을 보여 준다.

### (3) '진보적' 민족주의의 가능성

일본 정부와 보수여론은 물론, 국민기금에 찬동한 그룹도 결국 민족주의에 기반한다고 볼 수 있다. 국민기금에 적극적으로 개입하고 있는, 이전에는 재일한국인을 위해 활동을 벌였던 일본의 지식인 중 한 사람에게 필자가 한국인 문제에 관심을 갖게 된 동기를 물었을 때, 그는 "그야 물론 일본 사회를 더욱 나은 사회로 만들기 위해서"라고 대답했다. 이 문제의 해결을 위해 적극적으로 활동하고 국민기금에 반대하는 가장 진보적인 일본인 중 많은 사람이 결국은 일본을 더욱 나은 사회로 만들기 위해서라는 마찬가지의 동기와 이유에서 활동한다는 점에 주목할 필요가 있다. 일본군 위안부 문제에서 가장 진보적인 지향을 가진 사람 중의 하나인, 한국의 운동에도 매우 친밀한 한 지식인은 '왜 일본의 치부를 건드리는 이 문제에 이렇게 깊이 관여하는가'를 물은 필자에게 곧바로 "일본을 윤리적으로 한 단계 높은 사회로 만들기 위해"라는 대답을 했다. 이것은 어쩌면 매우 자연스러운 현상일 것이나, 문제는 이러한 '진보적' 민족주의가 어느 정도의 가능성을 가지고 있는가이다. 처음에 이 문제에 진지하게 참여했던 진보적 지식인들이 책임자 처벌 문제로 일부 돌아섰고 국민기금 문제로는 대다수가 빠져 나갔던 것도, 바로 어떤 식이든 민족주의를 극복하지 못했기 때문은 아닐까?

제4부

# 일본군 성노예 문제의 성격

제11장

# 일본군 성노예 문제의 성격

## 1. 중층적 인권침해 문제로서의 일본군 성노예 문제

전쟁이 끝난 후 50년이 지난 1990년대의 시점에서 일본군 위안부 문제가 긴 침묵으로부터 모습을 드러내기 시작한 것은 무엇보다도 인권에 대한 인식, 특히 여성인권에 대한 인식이 강해졌기 때문이다. 주지하는 대로 이 문제는 한국의 여성운동단체에 의해 제기되었으며, 곧 일본과 아시아 피해국, 그리고 인권을 옹호하고 전쟁범죄를 방지하고자 하는 세계단체들의 관심을 모았다.

UN 인권위원회, 인권소위원회 및 ICJ 등에서 일본군 위안부 문제는 전쟁범죄와 인도에 반한 죄라는 주요 인권 관련 국제법 범주의 위반행위로 규정하고 있다(제6장 참조). ILO는 이 문제를 ILO의 주요 인권 관련 조약 중 하나인 강제노동조약(ILO Convention 29) 위반이라고 판단했다(제7장 참조). 국제사회는 이렇게 일본군 위안부 문제를 심각한 인권침해의 문제로 보는 데 의견을 모으고 있다.

더욱 구체적으로, 일본군 위안부 피해자들이 당한 인권침해는 여성으로서, 약소국 국민으로서, 국가권력 앞에 무력한 시민으로서, 그리고 전쟁이라는 극한적인 상황에서 이루어진 경우이다. 이렇게 여러 사회적 조건이 중첩되어 야기된 인권침해의 경우는 드물지만, 그 각각의 조건들은 그 자체로서 인권침해의 상황을 만들고 있으며, 그 중 몇 개가 중첩되어 더욱 심각한 인권침해를 야기하고 있기도 하다. 따라서 일본군 위안부 문제는 특수한 문제이기도 하나, 다른 인권침해의 상황과 공통적인 기반을 갖는 보편적인 측면을 보이고 있기도 하다. 이 장에서는 그 각 인권침해의 사회적 조건을 조명해 보기로 한다.

### 1) 여성인권의 문제

무엇보다도 일본군 위안부 문제는 여성인권에 대한 침해이다. 이 문제를 발생시키고 또 은폐시킨 가장 중요한 사회적 조건은 일본뿐만 아니라 한국을 비롯한 아시아 피해국의 여성비하의 사회상황인 것이다. 일본이 일본군 위안부 제도를 고안하고 관리한 배경에는 근대 일본이 본국과 식민지 등에서 시행한 가부장 제도와 이에서 비롯된 여성비하 문화가 있었다. 이에 제도를 만들어 여성을 법적인 주체가 되지 못하게 하였고, 여성에게만 정조를 강조하는 성적 이중 규범 속에서 공창제를 만들었다. 일반 여성들을 성적으로 보호하면서 남성사회를 효율적으로 관리하기 위해서는 창기의 존재가 필요악이라는 명분이었다.

한편 전쟁이 끝난 후 한국과 대만을 비롯한 아시아 피해국에서 피해자와 주변의 목격자들이 침묵한 것, 그리고 피해자들이 심한 정신적·신체적 후유증을 겪으며 어려운 삶을 이어 온 것은 여성의 정절을 중시하는 유교적 가부장제의 사회 분위기 때문이라고 볼 수 있다. 해방 후 피해자들의 삶을 고찰한 연구에 의하면, 이들은 남성이 아니라 일본이라는 국가에 원한을 느끼면서도, 그들이 당한 피해 중 결혼하여 아이를 낳고 안온한 가정생활을 해 보지 못한 것을 가장 한스럽게 생각하고 있었다(이상화, 1993).

50년이 지난 후 이 문제를 역사의 암흑으로부터 끌어낸 것은 한국의 여성 연구자와 운동가들이었으며, 필리핀을 비롯한 아시아 다른 피해국에서도 여성단체들이 중심이 되어 운동을 벌여 왔다. 또한 일본의 많은 여성단체들도 여기에 적극적으로 동참했다. 이 문제는 결국 여성억압체제가 만들어 낸 산물이라는 데 합치점을 이루었던 것이다. 이 점은 곧 세계의 여성단체들을 묶는 기반이 되기도 했다. 많은 여성단체들이 UN에서 한국 단체들과 협력했으며, 1993년 비엔나 세계인권대회, 1995년 베이징 여성대회 등에서 여러 나라의 여성들은 이 문제를 중요한 여성인권의 침해로서 주목했다. UN 인권위원회에서는 여성에 대한 폭력 문제를 다루는 특별보고관으로 하여금 이 문제를 조사·보고하도록 하였는데, 1996년 일본 정부에 정당한 배상을 하도록 요구한 보고서가 발표되었을 때 여성단체를 중심으로 한 58개의 단체들이 이를 지지하는 모임(International Alliance Supporting Coomaraswamy's Report on Military Sexual Slavery in War Time)을 만들었다.

이러한 모든 노력은 여성억압의 사회적 조건이 변하지 않는 한 일본군 위안부 문제와 같은 인권침해의 문제는 형태를 달리하면서 지속될 것이라는 우려에 기반한 것이다.

## 2) 강대국의 약소국 국민에 대한 인권침해 문제

일본이 일본군 위안부를 자국에서는 주로 기존의 성매매여성에 국한하여 동원했던 데 비해 식민지 조선과 대만 및 점령지에서는 일반 여성을 대상으로 그 대부분을 동원했던 것은, 이 문제가 약소국 국민의 인권 문제라는 중요한 차원을 포함하고 있음을 보여준다.[1] 여성억압과 약소국에 대한 억압이 중첩되어 피해자 여성들에게 가해진 것이다.

1930-1940년대에 일본은 식민지 조선에서 징병과 징용 등 대대적인 인력 동원을 감행했으며, 일본군 위안부의 동원은 이러한 조선민족 전체에 대한 일본의 억압이라는 맥락 속에서 이루어진 것으로, 그중 가장 비참한 인권침해의 상황을 만들었다. 중국과 필리핀 등 타 아시아 국가들에서는 점령상황에서 여성이 강제동원되었다.

전쟁이 끝난 후 최근에 문제제기가 이루어지기까지 아시아 약소국의 피해자 문제에 대해서는 아무런 조치가 이루어진 적이 없는데 반해, 네덜란드령 인도네시아에서 네덜란드 여성이 위안부로 동원된 경우에 대하여는 책임자 처벌이 이루어졌다(제3장 참조). 이것은 이 문제가 발생한 조건뿐 아니라 묻히는 과정에서도 국가 간의 세력 관계가 강하게 작용했다는 점을 나타낸다. 주지하는 대로 일본은 조선과 대만의 식민지화와 아시아 대륙의 침략을 정당화하는 태도를 취하고 있으며, 배상이나 책임자 처벌 등의 올바른 해결을 회

---

1 위안소에서도 요금이나 상대하는 군인의 계급 면에서 일본 여성을 우대했다는 기록이 많다.

피하고 있다.

제국주의가 세계로 확대되면서 약소국이 겪는 인권침해 문제는 점차 심각해져 왔으며, 최근 세계화 과정이 진전되면서 소수민족의 인권 문제, 외국인 노동자 문제 등 많은 문제들이 가시화되고 있다. 이때 약소국 국민, 그중에서도 취약한 층인 여성에 대한 인권침해는 보다 심각해지고 있는 것이다.

### 3) 국가권력의 시민에 대한 인권침해

일본이 전쟁을 일으키고 수행한 15년의 기간 동안, 아시아-태평양 전 지역에서 일본군 위안부를 동원하고 체계적으로 관리할 수 있었던 것은 국가가 공권력을 이용하여 시행했기 때문이다. 일본은 국가 정책으로 군위안소를 세웠고, 경찰과 군대, 행정조직까지 위안부의 동원 과정에 관여했으며, 군대가 위안부의 수송과 배치를 시행했다. 또한 국가에서 체계적으로 위안부 정기검진을 실시했고 위안소를 통제했다. 이러한 일본군 위안부의 상황은 국가에 의한 성폭력의 극단적 사례를 보여 준다. 일본은 메이지 정부가 수립된 이래 지속적으로 군국주의를 강화해 왔으며, 이를 위해 '천황제'라는 강력한 국가체제를 이루었다. 1930-1940년대의 전시하에서 '천황제' 국가는 일본과 식민지에서 시민의 권리를 국가를 위해 유보하도록 하여 통제경제, 물자 동원, 인력 동원을 시행했다. 사회운동은 국가 주도로 이루어졌고, 기존의 자발적 단체들도 행정기구로 강제화되었다. 이러한 시민 동원체제에서 식민지와 점령지의 성착취는 매우 강력하게 행해졌던 것이다.

### 4) 전쟁과 인권 문제

일본군 위안부 피해가 혹독했던 것은 이것이 전쟁상황에서 이루어졌다는 점 때문이다. 전쟁은 심각한 인권침해를 야기하는데, 특히 취약 계층의 사람들이 쉽게 침해당한다. 여성이 주요한 피해자임은 말할 것도 없다. 모든 전쟁이 군인들에 의한 강간을 수반하며, 특히 상대편 국가의 여성이 표적이 된다. 보스니아의 '인종청소'는 전시 여성인권침해의 경우로서 최근 세계역사가 경험한 가장 비극적인 경험의 하나이다. 일본군 위안부 문제에서 점령지 여성을 동원한 경우와는 달리, 조선과 대만에서 여성을 동원한 것은 전시하에 일어난 다른 문제들과는 다른 특수한 면을 볼 수 있다. 군대가 전쟁터에 여성을 위안부로 착취한 경우는 간혹 발견되지만, 1930-1940년대 일본과 같이 체계적인 위안부 정책을 기획·시행한 경우는 찾아볼 수 없으며, 여기에 식민지 여성을 대규모로 강제동원한 것은 전쟁이 여성인권을 침해한 극단적 경우를 보여 준다. 이 극단적인 역사적 사실이 올바르게 단죄되지 않은 채 지금도 전쟁 및 무력갈등이 있는 곳에서 여성의 침해는 지속되고 있는 것이다.

### 5) 인권운동으로서의 일본군 위안부 문제 해결 운동

1980년대 말 한국의 여성단체에서 제기하고, 이후 아시아와 세계의 여성단체와 인권단체가 적극적으로 가담한 일본군 위안부 문제 해결을 위한 운동은 계급과 성, 그리고 민족을 넘어서 협력이 이루어진 국제적 시민운동이 되었다. 이 운동에 가담하게 된 동기는 사람마다 다르겠지만, 인권침해에 대한 분노와 이러한 인권침해가 세계 어느 곳에서도 다시는 일어나지 않도록 해야겠다는 목표에서 일치하여 연대할 수 있게 된 것이다. 따라서 이 운동의 목표는 우선 침해된 피해자 인권의 회복이다.

피해자들은 총탄이 오가는 전지에서 군인들을 하루에도 수십 명씩 상대하는 위안부로 가게 되는지 모르는 채 동원되었다. 어디인지 몰라 도망갈 수도 없는 위안소에서 이들은 인간 이하의 취급을 받았고, 종전이 되자 군인들이 도망가 버리고 만 위안소에 그냥 버려졌다. 이후 '버린' 몸으로 손가락질을 받으며 50년간 숨죽여 살아온 삶은 더욱 비참한 것이었다. 이들은 대부분 신체적으로 병들어 있고, 정신적으로도 피폐해 있다.[2]

이들의 침해된 인권은 어떻게 회복되어야 하는가. 한국과 일본, 타 아시아 피해국의 단체들이 가장 먼저 힘을 기울인 일은 피해자들에 대한 원조였다. 그동안 말하지 못한 경험을 이야기하도록 하고, 같은 경험을 한 피해자들 간에 교류를 만들었으며, 모금을 하여 경제적 도움을 주고 있다. 운동단체 외에 피해자들에게 도움을 주고 있는 개인과 단체도 늘어났고,[3] 한국 정부도 1993년 특별법을 통과시켜 체계적인 생활지원을 하고 있다. 한편, 경제상황이 좋지 않은 필리핀의 피해자들을 지원하는 단체들이 일본에서 적지 않게 만

---

2 군위안소에서의 생활과 종전 후 버려진 상황에 관해서는 신영숙·조혜란, 1996 참조, 해방 후 삶의 관해서는 이상화, 1993 참조.

3 한국정신대문제대책협의회는 1990년부터 피해자 신고를 받았고, 불교 인권위원회는 피해자의 공동거주를 위한 나눔의 집과 기념관을 세웠으며, 중앙병원, 대구곽병원 등을 비롯한 많은 민간차원에서의 지원이 이어져 왔다. 외국에서의 지원도 지속되었는데, 특히 일본 민간단체 및 개인들의 지원은 중요한 비중을 점한다.

들어졌다. 이러한 지원은 피해자에게 물질적인 도움이 될 뿐 아니라 정신적으로도 큰 힘이 되고 있다. 고립되어 심한 자책감에 살아왔던 피해자들이 이러한 사회적 관심을 받는 것은 그 자체로서 피해로부터의 회복 과정을 의미하며, 더욱이 그들이 겪은 고통이 자신의 잘못에서 비롯된 것이 아니라 어긋난 사회와 역사에 희생당한 것임을 인지하게 되면서 파괴된 자존감을 서서히 회복시킬 수 있는 계기가 되었다. 그러나 가해 측의 사실 부정이 계속되는 한 피해자들의 인권은 회복될 수 없다. 이들은 자신들이 겪은 사실들이 그대로 정확히 알려지고, 범죄자들이 밝혀지고, 그동안 당한 모욕을 보상받기를 원하고 있다. 그렇게 함으로써 그들의 명예회복이 이루어지게 되는 것이다. 따라서 피해자의 인권회복은 왜곡된 역사의 회복 및 범죄의 단죄와 같은 문제라고 볼 수 있다.

궁극적으로 이 문제의 올바른 해결이 갖는 중요한 역사적 의의는 앞으로 이러한 인권침해가 더 이상 세계 어느 곳에서도 일어나지 않도록 하는 것이다. 사실상 세계의 인권단체들이 이 운동에 참여하는 중요한 이유는 이러한 국제사회의 진보를 위한 것이라고 볼 수 있다. 사회의 어떤 범죄의 경우와 마찬가지로 재발을 방지하기 위해서는 그 범죄에 대한 적절한 단죄가 이루어져야 하는 것이다. 피해자와 운동단체들은 일본 정부에 피해자 개개인에 대하여 적절한 배상을 할 것과, 책임자를 밝혀내 처벌할 것을 요구하고 있다. UN, ILO를 비롯한 세계의 기구들도 일본 정부에 대해 피해자에 대한 적절한 배상을 권고하고 있다.

## 2. 여성억압의 역사적 구조

### 1) 일제의 식민지 지배에 따른 여성억압구조 형성

직접적인 여성인권침해에 더해 일본군 위안부 문제는 동원과 그에 대한 대응, 은폐와 문제제기의 과정에서 여성의 주체형성을 왜곡시키는 사회적 조건을 강화시켰다. 다시 말하면, 그것의 피해는 피해 여성에 대한 극심한 인권유린에 더해, 사회 전체의 여성억압의 조건을 악화시킨 장기적이고 구조적인 효과까지 결과했던 것이다.

일본의 식민지 지배에 따른 식민지 여성을 둘러싼 억압된 사회환경이 식민지 여성이 일본군 위안부로 대거 동원되는 배경이 되었다. 식민지 침탈은 농촌 경제를 파괴했고, 이로 인해 대량의 이농인구가 발생했다는 것은 주지의 사실이다. 이농인구가 생산연령층, 빈곤층, 그리고 여성에서 더욱 많았다는 사실은 빈곤한 농가에서 딸이 남자형제의 교육의 짐을 짊어졌었다는 사실을 보여 주는 것이다. 이것은 또한 농촌에서 여성의 일이 강제적으로 파괴·재편되었기 때문이기도 하다. 식민 정부는 조선에서 방직제품의 판매를 위하여 농가에서 베틀을 빼앗아 가는 등 강제적으로 여성의 가내 직포를 금지시켰다. 대신에 전통사회에서 삼가되었던 야외노동에 여성을 끌어냈고, 부인회나 마을진흥회 또는 경찰력을 동원하여 공동경작을 실시했으며, 누에치기 등의 부업을 강요했다(金靜美, 1980: 104). 이러한 농촌의 여성 노동의 상황이 이농을 촉진했을 뿐 아니라, 취업사기를 손쉽게 하는 배경이 되었다.

농촌을 떠난 여성들을 흡수한 곳은 우선 저임의 공장노동이었다. 특히 1930년대 공장노동자 중 여성은 30%를 웃돌았다. 그러나 공장에서 여성을 흡수한 유인은 절대적으로 여성의 저임 때문이었다. 조선 남성의 반, 일본 남성의 1/4에 해당하는 임금이 지불되었고, 16세 미만 여공의 경우 일본 성인 남성의 1/5에 불과한 임금이 지불되었던 것이다(朝鮮總督府, 1933: 233-243). 여성의 대부분(97%)이 하급 직공이었으며(朝鮮總督府, 1934), 노동시간이 남성에 비해 더 길었다.[4] 뿐만 아니라 남성 감독관의 가부장적 통제와 성적 침해위험이 도사리고 있던 것이 이들의 상황이었다. 광산노동에도 여성이 차츰 흡수되었으나, 여기서도 낮은 임금과 위험한 노동조건에 시달렸다. 특히 1941년 식민 정부가 이전에 여성에게 금지되었던 갱내노동을 해제하여 여성의 광산노동조건은 더욱 열악해졌다(宮孝一, 1945: 43). 한편, 산업화와 함께 도시의 서비스 직종이 늘어났는데, 접객업, 가사사용인 등 대체로 여성에게 한정된 직종에 많은 여성이 흡수되었다(朝鮮總督府, 1930: 258-262). 상품의 유통과 인구이동 중에 번창한 숙박소, 음식점, 주점 등 접객업소는 성매매의 위험에 곧바로 직면한 곳이었으며(『동아일보』, 1925. 6. 29), 전통적 신분차별과 민족차별이 더해진 일본인 가정의 가사사용인의 상황은 비참하기 짝이 없었다. 이 밖에 점원, 행상 등의 직종에도 여성이 다수 흡수되었으나, 이들의 상황도 매한가지였다.

이러한 노동조건은 여성의 노동참여 확대를 단순히 근대적 변

---

4 1938년 『동아일보』는 1일 평균 작업시간이 성년 남공의 경우 9시간 30분, 유년 남공 10시간 30분, 성년 여공 10시간 40분, 유년 여공 10시간 18분이었다고 보고했다(『동아일보』, 1936. 8. 16).

화라고 말할 수 없게 하는 것이었으며, 여성의 주체형성은 매우 힘든 상황이었다. 그리고 바로 이러한 상황이 도시에서도 많은 여성이 일본군 위안부로 동원될 수 있는 조건을 만들었다. 실제로 피해자들의 증언은 농촌에서뿐 아니라 도시에서 직업소개소 등을 통해 팔려 갔거나 사기당했다는 사실을 말하고 있다.

또한 근대 일본의 공창 제도하에서 여성의 주체성은 억압될 수밖에 없다. 에도 시대부터 유곽을 허용했던 일본 정부는 메이지 유신 이후 유곽 제도를 재편하여 근대 공창제를 완성하였다. 업주와 창기의 계약 관계를 중시하고 이들의 세금 납부를 의무화했으며, 창기의 성병검진과 외출제한을 규정하였다. 이로써 인신구속을 받았던 에도 시대의 유녀(遊女)와 달리 근대 일본의 창기는 '본인의 의사에 따라' 성매매업에 관한 계약을 맺거나 해지할 수 있다고 주장하였다. 유곽은 근대공창제하에서 법적으로 대좌부(貸座敷)라 불렀는데, 창기에게 '방을 빌려주는 곳'이라는 뜻을 지닌 이 말도 성매매업이 창기 본인의 선택임을 강조하기 위해 일본 정부가 고안해 낸 신조어였다.

그러나 당시 가부장적인 이에 제도의 구조 속에서 여성은 법적인 계약주체가 되기 어려웠다는 점, 창기가 커다란 빚을 질 수밖에 없는 전차금(前借金) 조항을 허용했다는 점에서 근대 공창제는 창기의 인신구속을 법적으로 보장한 것이었다. 또한 창기소개업자의 영업을 허용하여 여성인신매매의 여지를 제공하고 있었다. 1931년 일본의 인신매매 상황을 조사했던 국제연맹에서 "일본에 와 보고 가장 놀란 것 중의 하나가 '예기창기소개업'이 공인되어 있는 일"이라고 지적할 정도였다(박정애, 2009: 119).

근대 일본의 공창제는 1873년부터 관련 법령이 만들어지기 시작하여 1900년에 전국적인 규정인 '창기취체규칙(娼妓取締規則)'으로 완성되었다. 그리고 일본의 제국주의 팽창 과정에서 일본인 조계지, 점령지, 식민지 등에 도입되기 시작하였다. 침략전쟁을 수행하는 일본 군대의 성병감염을 방지하고, 해외에 일본인의 이민을 촉진하여 식민사회를 개척할 목적이었다.

1876년에 강제 개항된 조선에서는 개항장의 일본인 거류지를 중심으로 공창제가 도입되기 시작하였다. 1906년 일본이 조선에 통감부를 설치하고 지배력을 확대한 뒤에는 서울을 중심으로 조선인 사회에 대해서도 공창제를 실시하였다. 조선총독부가 지배하는 시기인 1916년에는 '대좌부창기취체규칙(貸座敷娼妓取締規則)'을 공포하여 조선 전국에 공창제를 시행하였다. 조선에 대한 식민지화를 진행함에 따라 공창제를 구축해 간 셈이다.

조선의 공창제는 일본보다 창기에게 더욱 불리한 조항들을 담고 있었다. 일본에서는 17세 이상이었던 창기허가연령이 조선에서는 16세 이상이었으며, 성매매업을 그만둘 때 창기명부에서 이름을 즉각 삭제할 것을 규정했던 일본의 창기보호조항이 조선의 경우에는 아예 없었다. 소개업자에 대한 단속 법령도 형식적인 것에 불과해서, 조선에서는 법망의 틀 안에서 인신매매를 할 수 있는 여지가 훨씬 넓었다.

1931년부터 15년간에 걸쳐 침략전쟁을 일으킨 일본은 일본 군대의 성병을 방지한다는 명목으로 일본군 위안소 제도를 시행하였다. 소개업자를 활용한 일본군 위안부의 체계적인 동원과 일본 정부 및 군이 관리하는 위안소의 운영은 그동안 근대 일본이 시행해 온 공창제의 경험이 있었기에 가능한 것이었다.

중일전쟁 개전 이후 총동원체제가 구축되고 식민지에서 이른바 황국신민화라고 불리는 민족 말살 정책이 시행되면서 여성억압구조는 더욱 심화되었다. 전쟁을 위해 여성을 동원한 것은 일본 내에서도 마찬가지였다. 그러나 일본에서의 여성 동원은 한편으로 모성 동원이었고, 다른 한편은 노동을 위한 동원이었다. 모성의 동원이란 1930년대 이후 여성의 모성을 강조하여 자녀를 낳아 충실한 신민으로 기르는 역할을 일본의 여성들에게 강조했던 것을 말한다. 당시 일본에는 『일본의 母』, 『군국의 母』 등과 같은 제목의 책들이 다수 출판되어 모성에 호소했으며, 1940년의 대정익찬회의 부인단체들도 황민으로서의 자녀생산과 양육을 강조했다(鈴木裕子, 1989: 21-60). 다른 한편 노동력 부족을 메우기 위해 여성을 노동에 동원했는데, 이때에도 모성보호에 많은 신경을 기울였다. 1939년 노무 동원계획, 1941년 여자근로보국대, 1944년의 여자정신근로령 등 일련의 정책을 통해 여성을 노동에 동원했는데, 여성 동원 시 특히 주의해야 할 점으로 가족 제도의 미풍으로서 부녀자는 가내에서 자녀를 양육하며 가사를 돌보는 중대한 사명을 가졌으므로 이 사명과 상치하지 않도록 해야 함을 지속적으로 강조했다(여순주, 1994: 17-19). 모성을 말살하는 일본군 위안부 동원의 계획은 일본 여성에 대해서는 생각도 할 수 없는 일이었다. 식민지 여성은 일부 상층 여성을 제외하고는 모성 정책에서 배제되었고, 조직적·체계적으로 이루어진 일본군의 위안부 동원의 주요한 대상이 되었다.

### 2) 동원에 대한 왜곡된 대응

위안부 피해자의 인권침해 상황은 여성주체의 형성을 억압했다. 1930년대부터 1945년 전쟁이 끝나는 시기까지 조선에서 행해졌던 군위안부 동원을 피하기 위하여 식민지 조선의 전 여성들은 갖은 방법을 모색했으며, 그 과정에서 많은 문제가 일어났다. 위안부 피해자들의 다수는 적게는 11세, 많아도 20대 전반의 나이에 동원되었다(제3장 참조). 이와 같이 대체로 미혼 여성을 일본군 위안부로 동원했기 때문에, 당시 조선에서는 '정신대에 끌려가지 않기 위해'[5] 나이 어린 여성이 그렇지 않아도 징용·징병으로 끌려가 남성이 부족한 상황에서 아무라도 남성이라면 가리지 않고 결혼했다고 증언하는 사람을 어렵지 않게 만날 수 있다. 물리적 강제동원이 아니더라도, 군위안부 동원을 위한 취업사기나 인신매매가 성행하는 사회 분위기에서 딸을 나이가 차기 전이라도 빨리 결혼시키려는 것이 대부분의 부모들 심정이었다고 한다. 군위안부 동원으로 인해 조선에서 많은 여성들은 자신의 의사와는 관계없이, 사랑의 감정도 필요없이 결혼해 가정에 파묻혀 버리는 길을 선택하는 대응방식을 취하게 된 것이다.

한편 일본군 위안부 동원은 조선 여성 전체에 대하여 무차별적으로 행해졌지만(제3장 참조), 우선적으로는 빈곤한 농촌이나 도시

---

5 당시 조선에서는 정신대를 일본군 위안부와 동일한 것으로 인식하고 있었던 것으로 보인다. 그것은 단지 개념을 혼동했던 것이라고 볼 수 없다. 취업사기나 매매 외에 관리나 경찰, 군인에 의한 동원이 정신대라는 이름으로 행해졌던 것으로 보인다(제1장 참조).

의 하층 지역에서 이루어졌다. 일본군 위안부 문제의 중요한 성격으로 계급 문제를 주목하는 것도 이러한 이유이다. 여성들이 계급별로 이렇게 경험의 차이를 갖게 된 것은 여성의 주체의식 형성을 억압하는 중요한 계기를 이루는 것이었다고 볼 수 있다. 그러나 이에 더해 엘리트 여성들이 동원에 협력한 것은 여성의식에 큰 균열을 만든 일이었다. 박마리아, 모윤숙, 고황경, 노천명, 김활란, 허하백, 배상명 등의 엘리트 여성이 '천황'의 은혜에 보답하기 위해 조선의 아들딸들이 전장에 나가 목숨을 바쳐야 한다고 목청을 높였던 것이다(반민족연구소, 1994: 114-126).

일본에서 소위 여성계의 대표라는 사람들이 대정익찬회의 주요 멤버가 되어 전쟁에 협력했던 것이 여성 주체형성에 깊은 상처가 되고 있는 것과 유사하게(上野千鶴子, 1996), 한국의 경우 극심한 피해를 입은 층이 존재하는 가운데 이루어진 이러한 협력은 그 상처를 더욱 깊게 만들었다고 할 수 있다.

### 3) 여성의식에 대한 민족의식의 압도

일제강점기를 통하여 여성들은 여성으로서의 주체의식을 형성하지 못하고 민족의식에 압도되고 말았다. 물론 이것은 반드시 부정적으로만 인식될 필요는 없다. 오히려 많은 식민지 사회에서와 마찬가지로 민족주의 운동에 가담한 여성들이 사회의식과 정치적 능력을 키움으로써 여성의 주체형성에 중요한 단계를 이루었다고 볼 수 있다.[6] 그러나 일본군에 의한 가혹한 성적 착취와 일본 여성에 비해 차별적인 대우를 받았던 경험[7]은 여성의 주체형성에서 민족의식이 무엇보다 깊이 자리 잡게 함으로써 여성의식이 그 자체로서 인식되거나, 또는 적어도 민족의식만큼 중요한 주체형성의 계기를 이루지 못하게 하였다. 이로써 여성들은 자신의 대항의식을 쉽게 민족의식에만 의존해 온 측면이 있다는 점도 간과할 수는 없을 것이다. 이들은 자신들이 당한 피해의 핵심이 여성으로서의 인권말살, 모성의 말살이라는 것, 이후 그 상흔이 지금까지 지속되고 있다는 것을 인식하면서도, 가해자를 '일본 남성'으로 정확히 인식하기보다는 일본 그 자체로 인식하는 데 그치는 것을 쉽게 볼 수 있다(한국정신대문제대책협의회 편, 1993).

6 19세기 전후 시기 한국의 찬양회, 국채보상운동, 여자의병단 등 여성 독자적인 민족주의 운동은, 대부분의 식민지를 경험한 나라들에서와 같이 여성이 하나의 집단을 이루어 정치적인 활동을 벌인 최초의 장이 민족주의 운동이었음을 보여 준다. 일제강점기에 우리 사회의 주요 사회운동이었던 민족주의 운동과 사회주의 운동도 여성의 주체형성에 중요한 기여를 했다고 볼 수 있다(Jayawardena, 1986: 8, 258).

7 대부분의 일본 여성은 장교를 상대하는 위안소에 배치되었고, 제대로 시행되지는 않았지만 공식적인 요금기준은 일본 여성의 요금이 조선 여성에 비해 높았다(제4장 참조).

## 3. 일본군 성노예 문제에서의 민족주의와 페미니즘

가부장제 외에도 여성의 상황에 영향을 미치는 많은 사회적 변수들이 있다. 계급상황과 산업화의 수준, 노동시장, 문화 등이 그것이다. 민족의 여러 조건들, 타 민족과의 관계, 민족주의 담론 등도 여성의 상황을 결정하는 중요한 변수가 되고 있다. 다른 사회적 변수들에 관해서는 여성학에서 이미 많은 논의를 해 왔던 데 비해, 민족을 둘러싼 객관적 상황 및 담론에 관하여 서구 여성학이 주목하기 시작한 것은 1980년대에 이르러서이다. 서구의 유색 여성학자들로부터 시작된 민족, 민족주의 논의는 제3세계 식민 후기 여성학에서 더욱 중요한 주제로 부각되었다. 선-후진국의 민족 관계에서 이루어지는 여성 문제에 주목한 국제 페미니즘도 이론적 노력을 기울이기 시작하고 있다(최정무, 1999).

일제강점기를 경험한 한국 사회에서 민족 문제는 다른 어느 나라들보다 중요하다. 여성학 연구에서도 1990년대 들어 서구의 민족 논의를 소개하기 이전부터 여성사 연구를 비롯하여 민족관념이 자연스럽게 포함된 연구들이 이루어져 왔다. 1990년대 서구의 민족 논의를 받아들이면서 민족주의와 페미니즘 간의 관계에 관한 보다 이론적 연구도 축적되고 있다. 이 시기에 사회적으로 관심을 받기 시작한 일본군 위안부 문제에 관해서도 다각적으로 연구가 행해지고 있으며, 몇 가지 쟁점을 둘러싸고 민족 문제와 여성 문제의 관계에 관하여 다소의 논쟁이 이루어지고 있다.

### 1) 민족, 민족주의와 페미니즘

민족과 민족주의만큼 다양한 차원에서 복잡한 내용을 포괄하고 있는 개념도 드물 것이다. 계급과 계급의식, 또는 젠더와 페미니즘의 관계와 마찬가지로, 민족과 민족주의는 실제로는 서로 얽혀 있지만 분석적으로는 구분되어야만 하는 두 차원의 개념이다. 일본군 위안부 문제 논의에서 민족주의와 페미니즘 관련 쟁점을 정리할 때, 우선 전제되어야 하는 것이 바로 이 점이다. 민족 또는 민족 관계란 계급과 계급 관계, 젠더, 젠더 관계와 마찬가지로 사회현상을 설명하는 사회적 조건 또는 변수이며, 민족주의란 계급의식, 페미니즘(또는 가부장제)과 같이 사회적 의식을 일컫는 것이다.

매우 복잡하게 전개되는 민족과 민족주의 논의는 민족(nation)이 정의하기 어려운 데다가, 특히 1990년대 이후 동구권의 몰락으로 새롭게 대두된 민족주의와 민족국가의 독립 움직임에 대한 분석이 어렵기 때문인 것으로 보인다. 민족이 근대 이전부터 존재해 온 문화적 성격의 것이냐, 근대의 산물이냐, 또는 전근대와 근대의 연속선상에서 (재)구성된 것이냐에 대한 논쟁이 있지만(이나영, 2015), 나라마다 역사와 문화가 다르므로 모든 경우에 해당하는 민족의 정의를 내리기는 힘들다. 민족은 "언어, 영토, 경제생활 및 문화공동체 내에 구현된 심리구조 등을 지닌 역사적으로 진화한 안정된 공동체"(홉스봄, 강명세 역, 1994: 21), "신화, 기억, 문화, 영토, 경제단위 등을 공유한 사람들"(Smith, 1995: 56) 등으로 정의할 수 있지만, 여기에 맞는 민족은 사실상 찾기 힘들다. 그러나 민족은 특정한 종류의 영토국가, 즉 민족국가에 관련될 때 사회적 실체가 되는 것이며,

한 국가가 하나의 민족으로 구성될 때 가장 자연스러운 상태가 되는 것이다(홉스봄, 강명세 역, 1994: 25; Kedourie, 1994: 52). 그렇지 못한 국가에서 민족집단(ethnicity)의 문제가 생기는 것이다.

대부분의 국가가 여러 민족 집단으로 구성되어 있는 것이 사실이지만, 근대 이후 세계는 이 민족국가를 단위로 하여 변동해 왔으며, 이 민족국가 간의 불균등한 관계에서 많은 갈등이 발생해 왔다. 따라서 민족국가의 경계는 비교적 명확하다. 이러한 사실은 민족이 확실히 사회의 여러 면에 영향을 미치는 객관적 사회현상 또는 변수로 분석되어야 한다는 것을 말해 준다. 민족국가가 성립될 때까지 민족형성의 복잡한 과정을 겪어 온 서구와 비교하여, 긴 역사를 가진 대부분의 아시아 국가에서 민족과 민족국가가 일치하는 정도는 비교적 크다.

그런 정의와 실제 일치의 어려움 때문에, 서구의 학자들은 민족 정체성 또는 이데올로기로서의 민족주의의 개념이 민족보다 오히려 실체에 가깝다고 주장하기도 한다. 민족을 민족주의에 의한 이데올로기적인 구성물인 "상상의 공동체(imagined community)"로 보는 시각(Anderson, 1983)이 그 대표적인 것이다. 그러나 다른 한편, 민족은 "훨씬 덜 민족주의적인" 일반적인 측면에서 분석되어야 한다고 하는 주장이(홉스봄, 강명세 역, 1994: 26) 더욱 설득적이다. 더욱이 민족주의는 민족에 따라, 그리고 한 민족 내에서도 계급을 비롯한 성원의 층에 따라 그 성격이 다르므로, 민족을 정의하기 힘든 만큼 민족주의를 하나의 실체로 파악하는 것은 더욱 힘든 일이다.

무엇보다 강대국의 제국주의 및 식민주의와, 약소국 또는 식민지의 저항적 민족주의는 같은 민족주의의 이름으로 담아낼 수 없는 근본적인 차이점을 가지는 것이다. 핵심(core)민족들이 서로 각축하면서 주변(periphery)을 지배하며 세계경제의 구조를 형성한 것이 근대 민족국가 형성기이므로, 모든 근대의 민족은 식민지화의 산물이라고 할 수 있다(Balibar & Wallerstein, 1995: 89). 여기서 식민 지배를 당한 민족과 식민 지배를 행한 민족의 민족주의는 같을 수 없다. 한편, 외부에 대한 의식 및 행위로 나타나는 민족주의와 대내적으로 독재나 여성억압 등의 여러 효과를 드러내는 민족주의의 측면이 있다. 또한 국가 또는 지배적 세력이 형성하는 민족주의(official nationailism)와 민중민족주의(popular nationalism)가 공존한다(Moon, 1998). 이 여러 측면의 민족주의가 서로 결합해서 또 다른 여러 형태의 민족주의를 만들어 낸다. 예컨대 식민지 경험을 한 민족의 방어적 민족주의가 공식적 민족주의와 결합하는 경우와 민중민족주의와 결합하는 경우는 매우 다른 양상을 나타낼 것이다. 페미니즘과 민족주의의 관계도 이러한 복합적 구도 속에서 보아야 함은 물론이다.

이러한 논의들은 객관적 조건으로서의 민족상황과, 의식 또는 담론으로서의 민족주의가 분석적으로 구분되어야 한다는 점과, 여성의 상황은 객관적 민족의 조건에 영향을 받으며, 다른 한편 민족주의와 페미니즘은 단선적인 관계가 아니라는 점을 보여 준다.

소위 제2물결 페미니즘으로 불리는 마르크스주의 페미니즘과 급진주의 페미니즘에 대하여 미국 내의 소수민족 여성 및 제3세계 여성들이 그들 고유의 역사와 경험에서 비롯된 다양한 페미니즘'들'(feminisms)을 제기하면서(Gluck, et al., 1991), 페미니즘 내에 민족에 대한 고려가 시작되었다. 여성의 상황은 젠더(남녀 관계)뿐 아니라 그것이 민족이나 계급 등의 조건과 만나는 지점에서 결정된다는 것에 대한 자각이다. 페미니스트 연구들은 이들 소수민족 및 제3세계 여성들의 다른 경험을 논의하면서 자연스럽게 식민주의와 여성의 관계에 주목했다. 여성에 대한 억압이 제국주의의 민족억압으로 가중될 뿐 아니라 식민지 모국의 여성과 식민지 여성의 여성 간(間) 관계라는 새로운 논의차원도 열었다. 이 연구들은 식민지 여성에 가해지는 이중억압의 문제뿐 아니라 식민주의가 표상하는 여성, 젠더, 성(sexuality)을 논의한다. '처녀지'라는 표현에서 볼 수 있는 대로 식민지를 여성의 몸으로, 식민주의자를 남성 침략자로 표상하는 것 등이 그 예다(McClintock, 1995: 1-74).

사이드(F. Said) 등의 오리엔탈리즘 논의에 영향을 받은 페미니스트들은 이렇게 서구 제국주의자들이 동양의 이미지를 제멋대로 만들어 가는 중에, 식민지를 베일에 가려진(veiled) 여성으로서 신비화하고 겁탈하고 싶은 존재로 이미지화하며, 식민지와 여성을 동시에 수동적 존재로 만든다고 비판한다. 여기서 식민지 여성은 이중으로 치환되는(double displacement) 것이다(Yegenoglu, 1998: 39-67).

페미니즘은 또한 탈식민주의 논의를 흡수하면서, 민족주의에 대하여 극히 부정적인 시각을 발전시켜 왔다. 이들은 대체로 앞서 언급한 상상적 공동체로서의 민족이라는 관념을 받아들이면서, 제3세계 국가들이 식민지배에 저항하면서 민족을 만들어 가는 과정에서 여성을 수동적이고, 성스러우며, 종속적인 존재로 고착시켰다고 주장한다(Chatterjee, 1993). 이렇게 민족이란 역사적 산물이며, 그 과정은 '항상' 남녀 불평등 관계를 만들어 왔다(gendered)는 것이 대부분의 페미니스트들의 민족주의에 관한 생각이다. 다시 말해 서구에서 근대주의란 가부장제적 담론의 형태로 진전된 것의 등사물이라는 것이다(Yegenoglu, 1998: 5). '모든' 민족주의는 강력한 젠더의 구성에 의존하며, 민족주의 운동에 여성은 다만 남성의 주도와 초대에 의해서만 참가했을 뿐이라고 주장한다(McClintock, 1995: 352-388). 군사주의와 여성에 관한 연구자로 잘 알려진 엔롤(C. Enrole)도 민족주의란 남성화된 기억과 희망으로부터 주조된 것이라고 본다(Enrole, 1989: 44).

제3세계 페미니즘이 '하나의' 페미니즘을 거부하면서 태동했지만, 민족주의를 보는 지점으로 돌아와서는 다시금 하나의 민족주의만을 고집하면서, 결국 여성을 역사 과정에서 수동적 객체로 만들고 만 것은 아이러니가 아닐 수 없다. 그러나 이에 대한 비판이 한편에서 이루어지기 시작한 것에도 주목할 필요가 있다. 파농(F. Fanon)의 알제리 연구에 대한 페미니스트 비평들이 바로 그들이 비판하는 관점, 즉 여성을 역사적 주체로 보지 못하는 시각을 그대로 가지고 있다고 두비(M. Dubey)는 지적했다(1998: 1-29). 나아가 이들이 서구 전통/근대의 이분법에서 벗어나야 한다고 역설한다. 도한민족의 조건에 따라 민족주의와 페미니즘의 관계가 다양하게 나타날 수 있다는 점을 보여 주는 연구들이 이루어지고 있다. 이 연구들은 식민지에서 민족주의 운동에 여성이 참가하면서 여성의식이 싹트는 과정에 주목하고, 민족주의 운동과 여성운동이 서로 억압하는 것이 아니라 상호 협력하는 역사적 과정을 보이고 있다(Jayawardena, 1986; Mohanty, et al., 1991; West, 1997; 에반스, 정현백 외 역, 1997 등).

### 2) 일본군 위안부 문제에서 민족 · 민족주의와 페미니즘 관계를 둘러싼 쟁점

1990년대 초 일본군 위안부 문제가 제기되고 사실규명과 함께 피해자들의 의식에 대한 연구도 이루어졌는데, 피해자들이 가부장제와 민족차별에 대해 동시에 울분을 느끼고 있다는 사실이 발견되었다(이상화, 1993). 이 문제의 해결을 위한 사회운동을 분석하면서 민족주의(한국 사회 내)와 페미니즘(국제적 장에서의 여성연대)이 긴장과 결합을 이루는 과정을 비교적 중립적으로 설명하고 있는 연구도 있다(신혜수, 1994; 이효재, 1997). 이 연구들이 앞서의 사회사적 연구와 함께 거의 대부분 피해자와 친밀한 접촉을 가지며 운동에 직접적으로 참여한 연구자들에 의해 이루어진 것은 주목해야 할 점이다.

한편 이러한 역사적 사실에 대한 인식에서 성 변수의 우위성을 강조하고, 그러한 시각에서 위의 연구에 대하여 비판을 가하는 연구도 제시되었다. 일본군 위안부 문제를 '여성학적 관점'에서 파악한다는 한 논문(강선미·야마시타 영애, 1993)은 "이 문제가 민족모순과 계급모순이 함께 얽혀 나타난 성 모순에서 나온 문제"라고 하면서, 곧이어 "성폭력과 국가의 관계를 규명하기 위한 연구"라고 규정하고 있다. 이러한 스스로의 한계규정에도 불구하고 성폭력의 구조를 국가-군대-자본주의-가부장제의 변수 간의 관계로 보고, 일본군 위안부 정책을 "공창제의 연장선상에서" 파악한 것은 문제가 있다. 엄청난 규모의 군위안소 정책이 처음부터 모성을 강요받은 일본 여성이 아닌 식민지 여성을 대상으로 다분히 강제성을 동원하여 실시할 것으로 기획되었다는 것이 명백하다는 점에서 볼 때, 민족변수를 제외하는 것은 분석적으로 정확할 수 없기 때문이다.

한국정신대연구소에서 행한 증언조사가 여성학적 관점을 결여하고 있다는 비판(김성례, 1994)도 있었다. 이 문제를 발생시킨 민족변수의 객관적 사실보다 이 문제가 제기된 이후에 이루어진 민족담론에 주목하여, 민족담론의 핵심을 "조선 여성들이 일본군에 의해 강제징발되어 여성의 도덕성이 파괴되었다는 데 있다"고 보고, "성의 유린이라는 기표에 더 큰 상징적 의미를 부여함으로써 여성경험의 특수성을 부인하고 이를 민족 문제로 보편화시킨다"고 비판한 논문(김은실, 1994: 40-41)과, 이와 유사하게 이 문제가 한국에서 피해자 여성의 이야기가 아니라 정절규범으로 인해 한국 남성들의 자존심을 건드린 데서 확산된 민족주의 담론으로 해석되고 있다는 점을 지적한 연구(Yang, 1998)도 있다. 이들 연구에서 민족은 남성의 입장과 동일하며, 여성의 성은 남성적 민족의 자산으로 물화된다고 하는 시각이 앞의 논문들과 동일하게 사용되고 있다.

#### (1) 피해자 여성 간의 민족별 차이

일본군 위안부로 동원되었던 여성은 한국인 피해자, 일본인, 점령지 여성 및 점령지의 유럽 여성들로 구성된다. 이들 여성들의 국적에 따라 무엇보다도 규모에 있어서 큰 차이를 보였고, 동원의 양상, 계층별 구성, 대우, 전후처리 등의 면에서도 차이가 나타났다. 이 차이를 어떻게 인식할 것인가를 두고 운동참여자와 연구자그룹 내부에 입장의 차이가 보인다.

앞서 논의한 대로 이미 서구 여성학은 "여성으로서 나는 나라가 없다. 전 세계가 나의 조국이다"라고 한 버지니아 울프의 '하나의

여성의 목소리'라는 주장이 페미니스트 문화제국주의의 표현이 아닐까 하는 의심을 표명했다. 지역적·시간적 긴장의 복잡성이 충분히 검토되는 지점으로서의 위치(location), 그 역사적 투쟁의 과정에 따라 인지되는 차이, 그에 따른 고정되고 보편화된 성(gender)의 관념의 해체가 논의되어 왔다(Kaplan, 1994: 137-150). 흑인 및 소수민족 여성이 서구 중산층 중심의 페미니즘의 해체를 주장한 것과 유사하게, 일본의 한 여성학자는, 지배민족으로서의 자기 대상화가 결여되고 재일조선 여성에 대한 인식이 결여된 일본의 제국주의적 페미니즘을 비판하고 있다(藤目ゆき, 1998: 35). 이러한 시각에서 볼 때, 일본군 위안부 피해자 여성의 민족별 차이는 감추어져서는 안 되며, 또한 그 차이에 대한 인식은 자연스러운 것이기도 하다. 그 차이 위에 이루어진 여성 간의 연대는 더욱 긴밀할 수 있을 것이다.

일본군 위안부 문제에서 민족과 관련하여 가장 쟁점이 된 것은 피해자의 민족별 차이에 대한 것이다. 남성의 성욕구는 자연스러운 것이라고 하는 남성주의적 사고에서 형성된 일본군 위안부 문제는 무엇보다도 성 문제이다. 그러나 엄청난 수의 일본군 모두를 충족시키려는 목적으로 기획된 일본군 위안부 정책이 동원대상으로서 식민지 여성 없이 수립될 수 없었다는 점은 명백하다. 한편, 일본 여성에 대해서는 모성을 강조했다는 점을 상기할 수 있다. 따라서 이 문제는 성 문제이지만 동시에 민족 문제의 관점 없이는 규명될 수 없는 것이다. 전쟁터에서, 특히 전쟁이 장기화되면서 조선 여성으로 충당될 수 없는 부분이 점령지 여성으로 동원되었다. 식민지 및 점령지 여성과 점령지 유럽 여성의 전후처리에서 나타난 차이는[8] 인종주의의 문제를 제기하게 한다.

이러한 차이의 지적 자체가 민족주의의 경향으로 비판되기도 했다. 1993년 일본 정부의 제2차 보고서 중 "위안부 출신지로는 일본인을 제외하면 한반도 출신자가 많다"는 부분은 대부분을 조선에서 끌어갔다는 점과 위안부 동원 및 관리 차원에서 민족차별이 있었다는 중요한 차이를 호도하는 중대한 왜곡이라고 볼 수 있다.

위안부의 민족차이는 곧 국가에 의해 저질러진 이 성범죄가 강대국-약소국, 제국주의-식민지 간의 문제라는 중층적 억압구조를 포함하고 있다는 것을 지적하는 중요한 지점으로, 국제 페미니즘의 주요 관심사가 될 수 있다. 이것을 여성연대를 해치는 것으로 보고 덮어 두기보다 이론적으로 적절히 분석하는 것이 여성학의 과제라고 할 수 있다.

### (2) 공창제와 군위안소 정책

공창제는 군위안소 정책의 역사적 배경이다. 자본주의적 발달과 더불어 이루어진 성의 상품화와 남성의 일탈적 욕구를 국가가 공인하여 수립한 제도적 장치인 공창 제도에서 군위안소 정책의 기본발상과 여러 운영의 기법이 연유된 것이다. 그러나 공창제와 군위안소 정책은 엄격히 구분된다. 전쟁이라는 특정 기간 동안 국가가 총체적 기획에 의해, 대규모로, 식민지 및 점령지 여성을 강제동원하여 성노예로 사용한 정책이었던 것이다. 이것은 공창제의 강제성·노예성

---

8 1948년 인도네시아의 바타비아 법정에서 네덜란드 여성을 일본군 위안부로 강제동원한 일본 군인을 처벌한 것은, 훨씬 더 많은 수의 아시아 여성에 대한 범죄를 철저히 묵인한 것과 대조된다.

을 십분 인정한다 해도 결코 동일시될 수 없는 특징이고, 그중 민족 문제는 핵심이다. 한국에서의 일본군 위안부 문제 해결을 위한 운동과 대부분의 연구는 군위안소 정책에 대한 이러한 인식 위에서 출발한다.

그러나 이러한 분석이 공창제의 여성을 비하하는 시각에 기인한 것이라고 주장하면서, "피해자가 매춘부였다면 그 피해를 대수롭지 않게 보고, 처녀이면 범죄로 보는 피해자 차별"이라고 하는 비판은 잘못된 논리라고 보아야 할 것이다.

#### (3) 한국의 피해자 및 여성운동의 민족인식

한국의 피해자에 대한 연구는 피해자의 마음속에 일본에 대한 분노와 여성으로서 당한 피해의 한이 혼합되어 있다는 것을 보여준다(이상화, 1993). 한국정신대문제대책협의회(이하 '정대협'으로 약칭)를 중심으로 한 한국의 운동도 기본적으로 여성단체만으로 구성되어 있으며 페미니즘의 인식에 바탕하지만, 민족차별의 중요성도 인식하고 있다. 다시 말해서 이 문제는 여성의 문제이면서 동시에 우리 민족의 문제라는 것이 운동의 출발점이다. 일본군 위안부 문제 해결을 위한 운동은 교회 여성운동과 1990년대 들어 외연과 의식을 크게 확장한 여성단체연합을 비롯한 한국의 여러 여성운동단체, 그리고 이 문제에 지속적으로 관심을 가져 왔던 이화여자대학교의 한 교수와 여성학과 대학원생들의 만남으로 시작된 것이다. 이 운동은 여성운동으로서의 의식과 세력이 둔화될 것을 염려하여 남자들이 포함된 단체들은 협력단체에 머물게 하고 핵심 의사결정에서 배제시켰으며, 모금이나 특별한 국제활동을 위해서 국민 전체의 힘을 필요로 할 때는 새로운 임시단체를 구성하는 전략을 취했다.[9] 일본 민족 전체를 타자화하여 적대시하는 배타성에 빠지지 않으려는 노력과 방침도 이 운동에서 특기할 만한 점이다. 일본 '국가'의 폭력을 문제삼으면서 그 책임을 일본 시민들에게 무차별적으로 돌리지 않는 것은 운동 초기부터의 명확한 방침이었다. '국민기금'에 대한 엄격한 거절은 일본이 국가책임을 민간 전체로 위임한다는 점 때문이다. 그러나 다른 한편 이것이 민족 문제라는 데에는 별다른 이의가 없으며, 그 안에 민족주의와 페미니즘으로 인한 긴장이 그다지 크게 존재하는 것 같지 않다. 일본군 위안부 문제의 해결이라는 구체적인 운동의 목표를 가지고 결성된 정대협이 이 문제를 민족 문제로 인식하는 측면이 있다고 하는 일부의 비판은, 앞서 제5장에서 논의한 대로 이 운동이 피해자를 주체화하며 전 세계 전쟁 중 성폭력 피해자 지원으로 확산되면서, 사실이 아님이 드러났다. 2010년 이후 일본과의 화해를 위한다는 일종의 수정주의적 일본군 위안부 문제 해석이 제기되어 일본 사회로부터 전폭적인 지지를 받고, 한국에서도 일부 호소력을 얻고 있다.[10] 그러나 그것은 이 문제에 대한 엄밀한 역사적 사실에 근거하지 않은 채 피해자와 피해자 지원단체를 매도하는 것으로, 문제 해결에 혼란을 야기하고 있다. 민족차별이라는 객관적 사실에 대한 인식을 극복해야 할 민족주의로 오도한 것

9 예컨대 1993년과 1996-1997년, 전 국민을 대상으로 하는 모금을 위해 남성을 포함하여 국민운동본부와 시민연대라는 이름의 조직을 잠정적으로 결성했다가 해체했다. 2000년 법정을 위해서는 다수의 남성 역사학자 및 국제법학자들을 참여시켜 2000년 일본군 성노예 전범 여성국제법정 한국위원회를 만들었다.

10 예컨대 박유하, 2013 등.

도 그 혼란의 한 원인이 되고 있다.

#### (4) 한국의 가부장적 민족주의

1990년대 초에 일본군 위안부 문제가 사회적 이슈로 제기되었을 때, 한국 사회의 반응은 격렬했다. 이 문제의 해결에 적극적으로 나선 여성단체로부터 우리 민족의 수치를 왜 스스로 폭로하는가를 항의하는 보수적인 입장까지 그 반응은 다양했다. 그 다양한 반응의 기저에는 또 다양한 형태의 민족주의가 깔려 있다. 앞서 논의한 대로 피해자와 운동단체에도 나름의 민족주의는 존재한다. 민족주의는 단일한 목소리를 내는 단일한 형태가 아니다. 문제는 '가부장적' 민족주의 담론이 이 문제의 여성 문제적 성격을 약화, 나아가서는 비하시키는 데 있다. 주지하는 대로 일본군 위안부 문제 해결을 위한 운동이 한국 사회에서 남성을 포함하여 광범위한 지지를 얻어낸 것은 민족주의적 공감 때문이었다. 우리 민족의 문제이기 때문에 강력한 여론이 형성되었고 모금이 가능했던 것이다. 그러나 동시에 이 문제의 올바른 해결을 억압한 것은 가부장적 민족주의였다. 배상요구는 성폭력 피해를 성매매로 만들 위험이 있다는 주장이나, '민족 자존심의 상처'가 피해자 개인의 상처를 압도하는 분위기는 이 문제를 호도할 위험을 내포하는 것이었다. 민족담론에 대한 경계는 (김은실, 1994; Yang, 1998; 야마시타 영애, 1999) 바로 이 가부장적 민족주의에 대한 것이다. 그러나 이것은 우리 사회의 다양한 민족주의 입장의 한 부분이지 전부는 아니라는 점을 지적해야 할 것이다. 그리고 비판해야 할 부분은 가부장적 민족주의이지 민족주의 자체는 아니라는 점이다.

또 하나 지적할 점은 그러한 다양한 형태의 민족주의 입장이 정지해 있는 것이 아니라 끊임없이 변화해 왔다는 것이다. 일본군 위안부 문제가 제기되는 과정에서 초기의 극단적인 가부장적 민족주의는 상당 부분 변화되었다고 보인다. "창피하니 말하지 마라", "우리의 딸들을 우리가 보호하지 못했다"고 하는 인식이 변화되어, 최근에는 피해자의 상처 중 중요한 부분이 해방 후 우리 사회의 가부장적 분위기에서 생겼다는 데 대한 인식이 폭넓게 받아들여지고 있다. 이러한 발전이 운동의 전개 과정에서 발현된 페미니즘과 인권의식의 영향으로 이루어졌다고 평가하는 데 무리가 없을 것이다.

#### (5) 일본의 민족주의 확산 문제

일본군 위안부 문제 해결을 위한 운동에 참여하거나 반대하는 일본의 여러 단체들에서도 다양한 형태의 민족주의가 발견된다. 한국에서 시작된 이 운동이 가장 먼저 확산된 곳은 다른 아시아 피해국이 아니라 일본이었다. 재일한국인의 참여도 주요했다. 이 운동에 참여하는 일본인의 입장은 물론 페미니즘과 인권주의, 그리고 평화주의 등 다양하다. 운동의 여러 갈래들은 그러한 다양한 가치지향을 말해 준다(제5장 참조). 그러나 그들에게서는 "일본을 더 나은 사회로 만들기 위해서"라고 하는 기본 동기가 발견된다. 그리고 그들은 간혹 미국과 서구 국가들에 대해 강한 반감을 표현한다. 이러한 그들 나름의 민족주의는 운동 과정에서 적지 않게 갈등을 표출해 왔다. 사죄와 배상요구에 더해 책임자 처벌이 새롭게 제기되었을 때, 많은 일본 단체들이 운동에서 이탈했다. 당시 책임자의 대부분이 전후 다시 정부의 요직에서 활동하게 되었으므로 처벌은 일본 사회에 큰 충격을 가할 것임에 틀림없기 때문이다. 국민기금을 둘러싸고 더 많은 일본의 단체와 개인이 이 운동에 적이 되었다. 국민기금안이 일본 사회의 양심을 어느 정도 보이면서 적당한 해결책이 될 것으로 생각한 사람들이었다(제10장 참조).

더 심각한 문제는 이 운동을 계기로 일본에서 우파 민족주의가 빠르게 확산되고 있다는 것이다. 소위 건전한 민족주의를 표방하고 일본의 전쟁 문제를 재해석하자는 자유주의 사관운동과, 보수와 진보의 중립을 표방하면서 일본 중심적 전쟁 피해관을 설득하는 가토(加藤典洋)[11] 류의 지식인 움직임, 만화로 이를 확산시키는 움직임 등이 엄청난 대중 확산력을 발휘하고 있다. 페미니스트 논의 중에도 민족주의적 보수사관이 깔려 있는 연구가 있으며, 그것이 대중적 호소력을 획득하고 있다는 점에 주목할 필요가 있다.

## 4. 맺음말

일본군 위안부 문제는 전쟁 및 무력갈등하에서 일어나는 보편적인 여성인권침해의 문제이자 민족과 계급, 성차별에 기반한 일제의 식민지 지배가 초래했던 식민지 여성억압의 문제이기도 하다. 이 때문에 일본군 위안부 문제를 직시하는 젠더 관점에는 전쟁과 인권

11 가토는 전쟁책임론과 무책임론의 양극을 피하고 일본의 전쟁피해자의 입장에서 전쟁을 재해석해야 한다고 하는 '중립적' 입장을 역설했으나, 그것은 일본 전쟁책임론을 회피하는 또 다른 입지를 만들고 있다는 비판이 설득적이다(加藤典洋, 1997).

의 문제뿐만 아니라 필연적으로 민족 및 계급 차별의 문제까지 포함하지 않을 수 없다.

우리 역사에서 민족주의는 여성의 목소리를 억압하는 효과적 기제로 사용되어 온 것이 사실이다. 그러나 다른 한편에서 일본을 비롯한 강대국과의 민족 관계로부터 여성의 고통이 중첩되는 상황, 민족 문제의 표출인 제국주의와 식민주의가 여성의 삶에 미치는 절대적인 영향, 여성 자체가 민족인식을 통해 사회의식에 도달한 과정, 페미니즘으로 인해 가부장적 민족주의가 변화된 양상 등에서 볼 수 있는 대로, 민족주의 자체의 다양성이나 페미니즘과의 관계의 다양성은 일본군 위안부 문제에서 그렇게 간단히 처리될 수 없는 복합성을 가진다.

제12장

# 국제사회의 인식: 전시하 여성인권침해의 보편성과 역사적 특수성

## 1. 일본군 성노예 문제의 보편성과 특수성

일본군 위안부 문제는 한국과 일본에서 1990년대 초 사회적으로 이슈화된 후, 곧바로 국제사회에도 파장을 확산시키기 시작했다. 먼저 아시아 피해국의 시민단체가 빠르게 대응했으며, 곧 UN과 ILO 등의 국제인권기구 및 ICJ 등의 NGO가 관심을 표했다. 아시아의 피해국 단체들이 모여 '아시아연대회의'를 열기 시작하여 지금까지 계속하고 있고, 2000년 12월에는 이 단체들이 중심이 되어 민간법정인 '2000년 일본군 성노예 전범 여성국제법정'(이하 '2000년 법정'으로 약칭)을 개최했다.

이렇게 국제사회에서 일본군 위안부 문제가 호소력을 가지게 된 것은, 전쟁 시 가장 취약한 일차적 피해자는 여성이라는 점이 광범위한 공감대를 형성한 때문이다. 특히 1990년대 들어 동구 지역을 비롯한 세계의 각 지역에서 일어나고 있는 민족 간 분쟁에서 여성에 대한 폭력이 심각하게 자행되고 있으므로, 국제사회는 전시하 여성폭력의 문제를 가장 중요한 인권 문제의 하나로 인식하게 된 것이다. 이러한 가운데 일본군 위안부 문제는 현대의 전시하 성폭력 문제의 역사적 뿌리로서 국제사회의 인식 속에 자리 잡았다. 일본군 위안부 문제에 대한 이러한 문제제기와 활동은 가부장제(여성차별)의 문제와 전쟁이라는 서로 다른 사회적 조건이 만나는 지점에서 일어나는 여성인권침해의 문제를 짚어 냈다는 점에서 페미니즘의 이론적·실천적 지평을 넓힌 매우 중요한 움직임으로 평가할 수 있다. 일본군 위안부 문제 해결을 위한 운동은 이렇게 현재에도 세계의 곳곳에서 일어나고 있는 여러 전시하 성폭력 문제에 대한 운동들과 연대하는 한편, UN 등 여러 국제기구들의 심층조사보고서를 이끌어 냈고, 사회과학 및 여성학 분야에서 분석적 연구가 축적되는 데 기여했다.

그러나 다른 한편 이러한 운동방식은 전시하 여성폭력이라는 보편적 이론과 연대를 구축하는 사이에, 일본군 위안부 문제에서 크게는 구 유고 지역 문제 등과의 차이점, 보다 좁게는 일본군 위안부 피해국 간의 차이를 역사화(historicizing)하지 못했으며, 따라서 각국 피해자들의 특수한 위치를 정치시키는 데(localize) 실패하고 말았다. 동원과 착취의 역사적 배경에서 각기 특수성(particularity)을 지닌 여러 피해 집단들과 현재 전시하에 있는 피해여성들이 겪는 문제의 공통점을 강조함으로써 문제의 중요한 핵심을 흐려 버리고 만 것이다.

일본 및 세계 여성단체들과의 연대 과정에서 일본군 위안부 문제 해결을 위한 운동은 아시아 피해국 전체적으로는 인종주의 및 강대국/약소국 관계라는 매우 중요한 성격을, 한국의 피해자에게는 제국주의·식민주의 맥락을 결정적으로 논의구조에서 흘려보내고 말았다. 그것은 각 피해집단의 특수한 성격을 정확히 파악하지 못하게 했을 뿐만 아니라, 국제사회에서 강대국/약소국 관계 및 식민주의와 관련된 여성폭력 문제에 기반하여 만들어질 수 있는 중요한 연대의 가능성을 미리 차단하는 것이었다. 강대국/약소국 관계에서 일어나는 여성폭력은 국제사회에서 매우 일반적인 형태로 퍼져 있으며, 국가관료제를 통하여 조직적·체계적이고 대규모로 자행된 식민주의는 현대 곳곳에 그 유산을 남기고 있다. 이러한 형태의 여성폭력은 일상적 형태로 자리 잡고 있다는 면에서 전시하 여성폭력 문제보다 더욱 광범위하게 이루어지고 있다고 볼 수 있으며, 따라서 그에 기반한 연대의 가능성은 보다 넓다고 볼 수 있다.

필자는 일본군 위안부 문제 해결을 위한 운동의 보편성에 기초한 연대와 역사적 특수성의 문제를 고찰하면서, 이 운동의 성과이면서 또한 연대의 기초가 되었던 국제사회의 논의를 정리해 보았다. 그중에서도 1990년대 초부터 출판된 NGO와 국제기구들의 문서를 중심으로 검토해 보았다. 놀랍게도 이 국제사회의 문서들은 일본군 위안부 문제 해결을 위한 운동이 초기에는 아시아의 특수한 역사적 조건을 고려하였으나 차츰 전시하 여성인권침해라는 보편성에 기초하여 연대와 운동의 방향이 잡혀갔다는 것을 보여 주고 있다. 또한 이 보고서들은 무엇보다 먼저 이 문제를 전시하 여성인권침해의 큰 틀 속에 위치시키고, 보다 궁극적으로는 가부장제의 문제로 보고 있으나, 거기서 그치는 것이 아니라 이 문제가 발생한 각 피해 집단들의 특수한 역사적 조건을 면밀히 고찰하면서 인종주의, 제국주의, 식민주의 등이 가부장제와 만나는 지점을 밝히고 있다. 이 장에서는 이러한 국제사회의 논의들을 분석하고, 왜 여성운동의 과정에서는 이러한 역사인식이 사상되어 왔는가를 논의하고자 한다.

이 장에서 주로 이용한 국제사회의 문서들은 다음과 같다. 아시아 피해국 및 일본의 입장을 전달하는 문서로서, 1992년 한국에서 제1차로 개최되어 1998년 5차 회의에 이른 아시아연대회의의 자료이다. 이 회의는 피해국 단체 및 일본의 단체들이 연대하여 일본군 위안부 문제에 대처하기 위해 만든 모임으로서, 서울에서 열린 제5차 회의에서 2000년 법정을 만들자는 데 합의했다. 1993년 비엔나에서 열린 UN 세계인권대회의 자료도 중요하게 이용되었다. 이 회의에서 여성 NGO들은 여성인권 문제를 집중적으로 다루기 위해 전쟁범죄, 건강, 성, 출산 등 여성의 몸에 대한 침해, 여성의 사회·경제적 인권, 정치참여의 분과로 구성된 '여성인권국제법정'을 만들었는데, 이때 일본군 위안부 문제는 전쟁범죄 부분의 중요한 안건으로 제기되었다(신혜수, 1997: 382-383). 국제 NGO로서 큰 신망을 갖고 있는 ICJ의 보고서도 중요한 참고자료가 되었다. ICJ는 한국과 북한, 필리핀, 일본을 방문 조사한 후 1994년 「위안부(Comfort Women)」라는 보고서를 책 형태의 방대한 분량으로 출판했다. 이것은 일본군 위안부 문제에 대한 최초의 종합적인 보고서였으며, 이 책의 마지막 부분에 실린 국제법적 논의는 지금까지도 이 문제에 관한 국제법적 논의에 중요한 기초로 사용되고 있다. UN 인권위원회와 인권소위원회의 특별보고서는 가장 권위 있는 자료가 되고 있다. 1994년 UN 인권위원회에 여성폭력 특별보고관이라는 자리가 신설되고, 여기에 라디카 쿠마라스와미가 특별보고관으로 임명되었는데, 그는 1996년 보고서에서 「전쟁 중 군대성노예제 문제에 관한 조선민주주의인민공화국, 대한민국, 일본 보고서」라는 제목의 별도의 장을 만들어 일본군 위안부 문제에 관해 자세한 논의를 했다. 이후 몇 차례 더 보고서가 나왔으나, 1996년의 보고서가 가장 상세한 내용을 담고 있다. 한편, 1995년 UN 인권소위원회에서 '전시하 조직적 강간, 성노예제 및 그와 유사한 관행'에 관한 특별보고관이 임명되고, 게이 맥두걸 보고관이 1998년 보고서를 제출했는데, 여기서 일본군 위안부 문제가 중요하게 논의되었다. 인권소위원회에서는 맥두걸 보고관의 보고서가 완성된 1999년에[1] 인권고등판무관실(High Commissioner for Human Rights)에서 같은 제목(전시하 조직적 강간, 성노예제 및 그와 유사한 관행)으로 매년 인권소위원회에 보고서를 제출하도록 하는 결의안이 만들어졌으며, 이 결의안에 따라 2000년부터 인권고등판무관실에서 보고서가 나오기 시작했다. 이것은 현재 일어나고 있는 전시하 여성인권침해 문제를 주로 다루고 있으나, 일본군 위안부 문제에 대해 중요한 시사를 주고 있다(제6장 참조). 조금 다른 관점에서 이 문제에 대해 지속적이고도 중요한 보고서를 내고 있는 곳이 ILO 전문가위원회이다. 이 위원회는 일본군 위안부 문제를 ILO 제29호 조약인 강제노동조약 위반 문제로 판단하고 분석하고 있다(제7장 참조).

1 최종보고서는 1999년에 작성했으나 2000년에 배포했다. 따라서 실제 최종보고서는 2000년에 제출한 것으로 되어 있다.

## 2. 전시하 여성인권침해 문제로서의 일본군 성노예 문제

여성의 권리를 전반적인 인권의 관점에서 조명하고, 다른 한편 인권 논의에서 여성인권이 주류화되도록 하는[2] 1990년대 세계여성운동의 흐름 속에서, 일본군 위안부 문제는 기본적으로 여성비하의 사고와 사회구조에서 비롯된 여성폭력의 극단적 경우로 주목되었다. 구체적으로는 성노예제와 강제사역으로 개념화되었으며, 현재 일어나고 있는 여러 경우와 함께 전시하 여성인권침해 문제로서 범주화되었다.

### 1) 극단적 여성비하의 문제

일본군 위안부가 궁극적으로 여성비하의 사고와 사회구조에서 비롯된 문제라는 점에는 이 문제에 관여하는 모두가 동의할 것이다. 국제사회에서 이 문제를 이해하는 방식 역시 그러한 기초 위에 서다. UN 인권위원회와 인권소위원회는 이 문제를 여성에 대한 폭

---

2 '여성' 문제는 전반적인 인권 논의에서 주변화되어 왔다. 그것은 젠더의 배타적 중요성을 고집한 페미니즘의 전략착오의 결과였을 수도 있다. 여성이 겪는 중층적 형태의 인권침해를 밝혀내기 위해 젠더는 민족, 인종 및 계급 등의 요소들과의 관계 속에서 분석되어야만 하는 것이다. 대부분 여성의 인권침해경험은 '성별화(gendered)'된 것이고, 여러 형태의 차별과 인권침해는 피해자가 여성이기 때문에 일어나는 것이다. 여성의 권리와 인권 논의가 분리된 것은 여성의 권리를 부차적인 지위에 머물게 했다. 인권을 페미니스트 관점에서 재고하기 시작한 것은 1990년대 세계의 인권 논의와 여성운동에서 모두 매우 중요한 발전이라고 할 수 있다(Bunch, 1995: 11-17).

력의 극단적 형태로 파악하고 있다. 매년 인권소위원회에 제출되고 있는 인권고등판무관실의 정례보고서인 「전시하 조직적 강간, 성노예제 및 그와 유사한 관행」은 매우 직설적으로 "성폭력(gender-based violence)은 여성의 낮은 사회적 지위의 결과이다.… 무력갈등은 여성에 대한 차별과 폭력을 극대화한다.… 폭력의 사이클을 종식시키기 위해서 경제적·사회적·정치적 및 문화적 삶에서 여성의 동등한 권리가 증진되고 보호되어야만 한다"고 명확하게 지적하고 있다(High Commissioner for Human Rights, 2000: para.7, 8; 2001: para.6, 7). UN 인권위원회의 보고서는 이렇게 여성비하, 성폭력의 주요한 범죄인 일본군 위안부 제도가 적절히 단죄되지 못한 것은 오늘날 여성에 대해 가해지는 폭력을 처벌하지 않는(impunity) 전반적인 사회적 분위기를 강화하는 데 기여한다고 지적하고 있다(Coomaraswamy, 2001).

### 2) 성노예제로서의 일본군 위안부 제도

국제사회의 분석 대부분은 일본군 위안부 제도가 성노예제의 한 형태였다고 결론짓고 있다. 쿠마라스와미 인권위원회 특별보고관은 피해자들이 당한 강제매춘, 성적 압력, 학대, 일상적으로 반복되는 윤간, 심각한 육체의 학대 등을 고려할 때, 위안부보다는 '군성노예'라는 용어가 훨씬 더 정확하고 적절하다고 확신했다(쿠마라스와미, 1996: 12). 맥두걸 인권소위원회의 특별보고관은 군위안소를 '강간수용소'라고 명명하고, 여기서 여성들이 강제동원(의사에 반하여 붙잡혀 옴)되어 엄청난 규모로 강간, 강제매춘, 성폭력을 당한 노예였다는 것을 명백히 입증한다고 기술하고 있다(McDougall, 1998). 2000년 법정 판결도 여성들이 반복적 강간, 신체손상, 기타의 강간을 당하는 등 노예화되었다고 지적하고 있다(한국정신대문제대책협의회, 2001: 123). 이것은 일본군 위안부 문제를 가부장제 또는 여성비하의 폭넓은 범주 중에서도 가장 잔혹한 성폭력 피해 문제로 규정짓는 것이다.

### 3) 강제사역으로서의 '위안'

ILO의 기준적용전문가위원회는 매우 구체적이고 정교한 논리로 일본군 위안부 제도가 ILO 제29호 조약인 강제노동조약[3]의 위반임을 여러 차례 명기했다. 전체적으로 이 제도는 강제노동조약을 위반한 것으로서, 보다 구체적으로는 제1조 2항, 제14, 15조에 따라 배상이 이루어져야 하며, 제2조 2항의 a와 d에서 규정하고 있는 강제노동 금지의 예외상황이 일본군 위안부 문제의 경우에 해당되지 않음을 명확히 밝혔다. 또한 제25조에 근거하여 이 강제노동의 불

---

3 ILO의 기본조약 중에서도 노동 분야를 넘어 기본적인 인권보장에 광범위한 영향을 미쳐 온 가장 중요한 조약의 하나가 제29호 강제노동조약(Forced Labor Convention)이다. 노예제 폐지(노예조약은 1926년에 채택되었다)로부터 촉발된 강제노동 문제에 대한 국제적 논의에 영향을 받아 ILO는 1930년에 이 조약을 채택했으며(1932년부터 유효), 현재 156개의 나라가 이 조약을 비준하고 있다. 이 조약은 제1조와 11조에서 여성에 대한 강제노동을 금지하고 있으며, 제14조와 15조에서 강제노동에 대한 보상의무를 규정하고 있다. 제25조에서는 강제노동을 강행한 책임자를 형사처벌해야 한다는 내용을 명기하고 있다. 또한 제2조에서는 강제노동 금지의 예외가 인정되는 비상사태의 조건을 규정하고 있다(제7장 참조).

법적 시행은 형사범죄(penal offence)로 처벌되어야 하며, 일본의 형법(Penal Code, 1907. 4. 24, Act No. 45) 제176, 177조(section)로서도 처벌 가능함을 명기했다(ILO, 1997a).[4] 이러한 ILO의 법적 판단은 국제사회에서 매우 존중되어, 인권위원회 및 인권소위원회의 보고서에서도 중요하게 인용되었다(제7장 참조).

#### 4) 전시하 여성인권침해 문제로서의 인식

일본군 위안부 문제는 이러한 일반적인 여성비하의 인식 위에서, 더욱 구체적인 범주로서 전시하 여성인권침해 문제로 자리매김되고 있다. 그것은 1993년 UN에서 처음으로 이 문제에 관하여 특별보고관을 임명하도록 하는 결정을 인권소위원회에서 끌어냈을 때, 그 주제를 "전시하 조직적 강간, 성노예제 및 노예제와 유사한 관행"이라고 명명한 데서 이미 나타났다(신혜수, 1997: 375).

그 후 1996년에 인권위원회에서 발표된 여성폭력 특별보고관 쿠마라스와미의 보고서에서는 일본군 위안부 문제를 여성에게 가해진 폭력이라는 좀 더 넓은 틀 안에서 연구하겠다고 밝혔지만, 그가 이 문제를 정의하면서 위안부보다는 '군성노예제'가 적절하다고 지적한 위에 논의를 시작하고 있는 점에서 역시 전시하 또는 군

---

4 ILO에서는 매춘을 노동으로 간주하는 입장인데, 일본군 위안부 제도는 강제매춘이라는 점에서 강제노동조약 위반이라는 법적 판단이 내려진 것이다. 이러한 논리적 기초 위에서 ILO에서는 식민지 시기 강제노동의 문제가 동일한 맥락에서 제기되었다. 따라서 일본군 위안부 문제에 관하여 ILO에서는 한국의 여성단체가 한국의 노동조합 및 일본과 세계의 노조들과 연대하는 특이한 조건을 이루고 있다.

대의 성폭력 문제로 좁히고 있다고 볼 수 있다(Coomaraswamy, 1996). 이 보고관의 계속된 1998년의 보고서는 무력갈등하의 여성폭력 문제라는 소항목을 설정하고 그 안에서 보스니아 등지의 문제와 함께 일본군 위안부 문제를 다루고 있다(Coomaraswamy, 1998). 2001년의 보고서는 보고서 전체 주제를 '전시하 국가에 의해 자행되는 여성폭력(Violence against women perpetrated and/or condoned by the State during times of armed conflict)'으로 좁히고, 아프가니스탄, 동티모르, 미얀마 등 무력갈등 중인 곳에서 현재 일어나고 있는 여성폭력의 문제와 함께 일본군 위안부 문제를 다루고 있다(Coomaraswamy, 2001).

앞서 언급한 인권고등판무관실의 '전시하 조직적 강간, 성노예제 및 노예제와 유사한 관행'에 관한 정례보고서는 주로 현재 일어나고 있는 문제만을 다루고 있지만, 일본군 위안부 문제에 대한 단편적인 언급도 간혹 있다(제6장 참조). 이렇게 UN에서 일본군 위안부 문제가 전시하 여성인권침해 문제라는 범주에서 논의되면서, 이러한 시각이 국제사회의 일반적인 인식으로 자리 잡게 된 것으로 보인다. 이 보고서들은 전쟁 시 점령군의 여성폭력은 널리 인정된 관행이었으며, 남성성이 군대를 지배하여 여성에 대한 폭력이 난무해 왔다고 지적하고 있다(Coomaraswamy, 1998).

나아가 여성에 대한 폭력이 전쟁 과정에서 그 결과로서 일어날 뿐만 아니라 전쟁의 무기로서 사용된다는 것을 국제사회에서 주목하기 시작한 점은 특기할 만하다. 1999년 UN 인권고등판무관은 안전보장이사회에서 "민간인은 더 이상 전쟁의 피해자일뿐 아니다. 오늘날 그들은 전쟁의 도구로 여겨지고 있다"고 말한 바 있다(High

Commissioner for Human Rights, 2000: para.5). 2000년부터 인권소위원회에 제출된 인권고등판무관실의 전시하 여성폭력에 관한 보고서는 이러한 시각을 발전시켜 체계적 강간이 그 사회를 파괴하는 데 사용되고 있으며, 이 성폭력의 트라우마는 개인적 회복을 힘들게 할 뿐만 아니라 갈등 후 전체 사회의 재건을 위태롭게 한다고 지적했다.[5] UN 내에 설치되어 2001년 첫 판결을 내린 구 유고 전범법정은 "강간이 군인들에 의해 테러의 도구로 사용되었다"고 지적했다(The Hague, 2001).

그러나 이 보고서들에서 일본군 위안부 문제는 여러 전시하 성폭력의 경우들과 함께 전시하 성폭력이라는 범주로 설정될 뿐 그 차이에 대한 분석이 이루어지고 있지 않다. 즉 일본군 위안부가 최근의 많은 전시하 여성피해자들처럼 전쟁의 결과로서 발생한 일차적 피해나, 또는 전쟁의 도구로 사용된 경우는 아니라는 점에 주목한 분석은 찾을 수 없다. 일본군 위안부 문제에 관해 가장 체계적인 분석을 시도한 인권소위원회 보고서는 위안소 내 일본군 위안부의 상황을 지속적인 집단강간으로 규정했지만(McDougall, 1998), 그것이 전쟁의 결과나 침략의 도구로서 일어난 것이라기보다는 오히려 전쟁의 기획단계부터 전쟁의 한 부분으로서 이루어진 강제동원과 노예화 과정이라는 점에 대한 더욱 깊이 있는 분석으로 나아가지는 않았다.

---

5 "과거와 최근의 그리고 현재 일어나고 있는 갈등상황에서 성폭력은 전쟁의 무기, 즉 협박의 방법으로 사용되어 왔다.… 체계적 강간은 민간인과 군인을 모욕하고 사회를 파괴하는 데, 그래서 갈등의 평화적 종식의 가능성을 없애는 데 사용되고 있다.…"(High Commissioner for Human Rights, 2000: para.4; 2001: para.5).

## 3. 역사적 특수성의 문제

일본군 위안부 문제는 일본군이 아시아에서 전쟁을 일으키는 중에 자행한 성폭력이므로, 현재 세계에서 빈번하게 발생하고 있는 국가 간, 민족 간, 종족 간 무력갈등 시 이루어지고 있는 성폭력 문제의 범주에서 다루어지고 연대하는 데 충분한 논리를 찾을 수 있다. 그러나 일본의 전쟁과 일본군 위안부 강제동원은 최근 일어나고 있는 문제들과는 다른 특수한 성격을 지니고 있다. 전쟁은 압도적으로 힘이 우세한 일본이 미약한 아시아 나라들을 점령한 제국주의 전쟁이며, 성폭력은 국가에 의해 계획된 조직적·체계적인 동원이었다. 성폭력 피해국들 내부에도 차이가 존재한다. 대만과 한국은 기존의 식민지였으나, 중국은 반식민지상태에 있었으며, 지역에 따라 점령지의 성격이 더 큰 지역도 있다. 위안부의 동원과 상태는 이러한 지역적 특수성에 따라 각기 큰 차이를 드러냈다. 따라서 일본군 위안부 문제는 성-전쟁-국가-민족(종족)의 문제인식에 더해, 강대국/약소국의 문제와 식민주의의 관점이 역사적 맥락 속에서 결합되어 분석될 때 그 성격이 명확히 드러난다. 이러한 관점을 국제사회의 논의에서 발견할 수 있다.

### 1) 강대국/약소국 관계 및 인종차별의 문제의식

한국 여성운동이 처음 이 문제를 사회 이슈화하게 된 배경에는 교회여성연합회의 일본인 매춘관광 반대운동이 중요하게 자리 잡고 있다. 교회여성연합회는 현재의 일본인 매춘관광 문제의 역사적 뿌리로서 일본군 위안부 문제를 재발견했던 것이다. 그리고 이러한 인식은 교회여성연합회와 연대한 일본의 '매매춘 문제에 도전하는 회'도 공유했다. 흥미로운 사실은 한국과 일본 다음으로 이 문제에 몰입했던 필리핀의 경우에도 현재 해외에서 착취당하고 있는 아시아 근로여성의 문제 해결을 위해 활동하던 단체가 이 문제에 관심을 가지면서 운동이 시작되었다. 1992년 8월 서울에서 열린 제1차 아시아연대회의에서 필리핀 단체의 보고서는 "우리는 여러분에게 아시아 일본군 위안부와 쿠웨이트의 근로여성들 그리고 기타 여성 폭력사례들에 대해 정보를 수집하고 널리 알리며 더 나아가 활동에 분명히 나설 것…"(산초, 1992)이라고 선언하고 있다.

제1회 아시아연대회의에 참가한 태국 여성단체는, 일본 정부가 추진하여 1943년 10월에 완공한 타이의 칸차나부리(Kanchanaburi)와 당시 버마의 탄뷰자얏(Thanbyuzayat)을 잇는 415킬로미터의 철교(태면철도) 건설에 33만 명의 아시아 근로자들이 동원되었고, 그중 8만 명이 작업 도중 사망했는데, 그 철도를 따라 군위안소가 건설되었다고 고발했다. 한국과 일본, 필리핀과 마찬가지로 이 여성단체는 아시아 여성이 성매매를 위해 국내외로 매매되고, 일본인의 조직적 매춘관광이 여성의 인권을 유린하고 있는 것을 일본군 위안부 문제와 관련시키고 있다.[6]

이렇게 초기 아시아 여성단체들이 이 운동에 참가하게 된 것은 일본군 위안부 문제가 여성비하와 강대국/약소국의 문제의 접점에

---

6 1992년 당시 태국에서는 약 100만 명의 여성이 성매매를 하고 있으며, 그중 80만 명이 16세 이하인 것으로 추정되고 있다(Somkid, 1992: 71-73).

서 일어난 것이라는 의식에서 시작되었던 것이다. 특히 이들 아시아 여성단체는 현재 아시아에서 행해지고 있는 일본의 공격적 태도에 대해 심각한 우려를 가지고 있다.

대부분의 전시하 여성인권침해는 국가 간, 인종 간, 민족 간에 일어난다. 그런 점에서 볼 때 전시하 여성인권침해의 문제는 민족·인종갈등과 성차별이 중첩되어 일어나는 것이라고 볼 수 있으며, 전시하 여성인권침해 문제에서 이러한 민족·인종 문제는 당연한 사실로서 별다른 이론적·사회운동적 관심을 끌지 않는다. 그러나 일본군 위안부 문제의 경우에는 단지 민족·인종 간의 갈등이라고 말할 수 없는 민족·인종 간의 차별적 관념이 내재해 있다. 인권소위원회의 보고서에는 1998년 위안부 제도에 대한 일본 정부의 책임에 관해 내려진 야마구치 법원 시모노세키 지부의 판결을 인용하면서, "이 사건에서 드러난 사실을 검토해 보면 위안부 제도는 극히 여성차별적이고 인종주의(또는 민족차별)"적이라고 강조했다(McDougall, 1998), 이 점은 수많은 아시아 여성에 대한 범죄에 대하여는 단 한 건의 처벌도 없었던 데 비해, 1946년 인도네시아 바타비아 시(현재의 자카르타)의 임시군사법원(Temporary Court Martial Tribunal)에서 네덜란드 여성에 대한 위안부 강제징집죄로 9명의 일본 군인이 처벌되었던 사실(McDougall, 1998)에서도 입증된다.

### 2) 식민주의적 강제 성 동원에 대한 고찰

모든 보고서들은 일본군 위안부 동원의 식민주의적·역사적 조건을 자세하게 논의하고 있다. 가장 처음 나온 ICJ 보고서는 첫 장에서 일본군 위안부 동원의 역사적 배경을 나라별로 다루고 있다. 한국의 경우에 대해서는 1905년 조약의 위법성으로 비롯된 식민지적 착취의 총체적 불법성으로부터 강제노동 및 징병의 상황을 자세히 기술하고 여성의 노동력 동원까지 논의한 후에, "일본군 위안부 동원은 이러한 맥락에서 이해되어야 한다"고 강조하고 있다.[7] 필리핀의 경우에 대해서도 역시 원치 않게 끌려 들어간 전쟁에서 사기와 폭력에 의해 노동과 여성의 성이 강제동원된 역사적 맥락을 논의하고 있다(International Commission of Jurists, 1994: 25-27).

인권위원회의 쿠마라스와미도 일제강점기 국민총동원법이 강화되어 식민지 조선인들이 총체적으로 동원되는 과정에서 일본군 위안부 동원이 사기와 폭력에 의해 이루어졌음을 밝히고 있다. 특히 일본 군부와 관리가 개입한 강제적 위안부 징집과 수송에 관한 분석은 일본군 위안부 제도가 식민지배의 역사적 맥락에서 이루어진 것으로서, 일반적인 전시하 여성폭력과는 다른 별도의 범주를 형성하고 있다는 사실을 말하고 있다(Coomaraswamy, 1996).

흥미롭게도 일본 정부는 일본군 위안부 제도의 바로 이러한 식민주의적 성격을 인정하면서, "전쟁법은 교전국의 국민에 대하여 저지른 행동에만 적용되므로 조선인에 대해서는 해당되지 않는다"고 주장했다(McDougall, 1998). 이에 대해 남북한의 시민단체들은 조선의 식민지화 자체가 불법적인 강제점령이므로(Coomaraswamy, 1996), 오히려 전쟁법은 조선에서 적절히 적용될 수 있다는 입장을

7 "It is within this context that the taking of women for the comfort stations has to be understood." International Commission of Jurists, 1994: 21-24.

견지해 왔다.[8] 중국과 필리핀 등도 일본의 교전국이라기보다는 반식민지 상태에 있었던 점을 생각한다면, 일본군 위안부 제도는 전체적으로 전시하 식민주의적 강제 성 동원이라는 개념으로 이해할 필요가 있다.

## 4. 운동의 국제화 과정에서 역사적 특수성이 사상된 이유

이와 같이 국제사회에서 일본군 위안부 문제의 특수한 역사적 조건은 매우 구체적이고도 정밀하게 논의되었다. UN 등의 국제기구에서 처음 이 문제를 제기했을 때에도 일본의 전쟁범죄라는 보다 구체적인 역사적 맥락이 중요하게 인식되었다. 1992년 한국정신대문제대책협의회가 UN에 처음으로 이 문제를 가지고 갔을 때, 캐나다의 전쟁포로단체(POW)와 협력했던 것은 이러한 연유 때문이었다.

그러나 국제사회에서 이 문제를 위한 활동은 차츰 여성단체들 간 연대의 한계가 그어지면서, 전시하 여성인권침해 문제로 위치지어지게 되었다. 정대협은 1993년 비엔나 UN 세계인권대회의 여성인권국제법정에 참가하여 이 문제를 세계의 주요 여성인권 문제로 자리매김한 후, 구 유고 지역 등 최근 전시하 여성인권침해들과 연관된 세계여성들의 집회에 협력하면서, 국내에서도 4·3사건, 기지촌

8 2000년 법정에서 남북한 공동기소팀은 일제의 조선 여성 동원에 대해 전쟁법을 적용할 것을 주장했다(제8장 참조).

여성 및 광주항쟁 중의 여성 문제 등과 함께 전쟁과 여성이라는 문제에 인식을 집중시키기 시작했다.[9] UN의 인권위원회와 인권소위원회의 보고서는 전시하 여성인권침해 문제에 관한 논의로서만 부각되었으며, 2000년 법정의 마지막 날 열린 '최근 전쟁과 갈등하의 여성에 대한 범죄에 관한 공청회'는 최근 세계의 여러 문제들과 함께 일본군 위안부 문제를 전시하 여성인권침해 문제로 위치지었다.

이 모든 노력들이 국제사회에서 일본군 위안부 문제를 국제사회에 인식시키는 데 역할을 했지만, 또한 그것을 전시하 여성인권침해 문제로서 국한시키고, 식민주의라는 중요한 역사적 성격을 사상시키고 말았다. 그 원인을 다음의 몇 가지 측면에서 찾을 수 있다.

### 1) 연대의 문제

일본군 위안부 문제를 처음 제기한 한국의 여성운동은 이 문제가 기본적으로 여성비하의 문제이면서 동시에 한국인들을 총체적으로 착취하고 동원한 일본 제국주의의 식민지 지배 문제라는 데 인식을 같이했다. 국내에서는 실제로 민족 문제에 일차적 관심을 가지는 시민단체들과 부분적으로 연대했다. 국제적 장에서도 일본의 전쟁범죄와 관련된 다른 시민단체, 강제노동에 진지한 관심을 가지는 일본을 비롯한 세계의 노동조합들도 중요한 연대세력이 될

9 1998년 국회 일본군 위안부 문제 연구모임은 스리랑카, 태국 등지에서의 내전하 성폭력 문제와 함께 국내의 4·3사건, 기지촌 문제 등의 무력갈등 시 성폭력 문제를 논의하는 심포지엄을 개최했다.

수 있다. 그럼에도 불구하고 국제사회에서 그러한 연대는 사안별로 부분적으로 이루어지고 있을 뿐, 전체적으로는 전시하 여성인권침해 문제로 인식하는 여성단체들과의 연대에 집중하고 있다. 예컨대 ILO에서 노동조합과 연대하며, 일본 및 미국에서 벌이고 있는 법정투쟁에서 변호사, 지식인그룹과 연대하지만, 연대는 그 특정 사안에서 벗어나지 않는다.

이 문제를 전시하 여성인권침해 문제로 위치짓게 된 것은 여성단체들과의 연대가 더욱 범위가 넓고 지속적일 수 있기 때문이다. 특히 일본 여성단체들과의 연대는 일본군 위안부 문제 해결을 위한 운동을 위해 필수적인데, 한국의 식민지상황 논의는 연대를 위해 사상될 수밖에 없었던 것이다.[10] 식민지배의 문제를 위한 연대에 있어서 앞서 언급한 대로 지역적 특수성을 넘어서는 어려움이 큰 것도 연대를 여성에 제한한 이유가 된다. 이러한 가운데 아시아 피해국 단체들도 전쟁의 상대가 아니라 반식민지 상태의 점령지라는 자신들의 역사적 조건에 대해 깊이 탐구하기보다는, '전시하'라는 데서 피해상황의 인식을 정지시키게 되었던 것이다.

### 2) 현재 문제화의 중요성

일본군 위안부 문제를 전시하 여성인권침해 문제로 국한하게

10 예를 들면, 1992년 제1차 아시아연대회의에서 일본 측의 한 변호사는 한국 측에서 민족적인 문제를 거론한다면 우리는 더 이상 연대할 수 없다고 말한 바 있다. 이후에도 한국과 일본의 위안부 동원 및 기타 처우에서의 차별적 대우를 거론할 때마다 일본 측의 민감한 반응에 접하는 경우가 많았다.

된 무엇보다 중요한 원인 중의 하나는 50여 년이 지난 이 문제를 현재 문제화하기 위한 노력이었다. 우리는 이 문제가 왜 50년이 지나도록 묻혀 있었는가를 따져 보아야 하고, 그것이 일제강점기와 전쟁의 유산이라는 사회구조적 조건과 가부장제가 결합하여 낳은 은폐와 침묵이라는 점에 주목해야만 한다. 즉, 이 문제의 발생조건과 이후 은폐의 조건은 하나로 맞물려 있는 것이다. 그럼에도 불구하고, 이 문제를 현재에도 일어나고 있는 수많은 여성인권침해 문제의 하나로 위치짓기 위해 그러한 역사적 축은 희생되고 횡적인 축만이 강조되게 된 것이다. 그리고 특히 1990년대 이후 잦아진 민족 간, 종족 간 무력갈등 시의 여성인권침해 문제로 단순화시키게 된 것이다. 실제로 구 유고 전범법정의 판결을 보면 여성의 노예화(enslavement)의 유사한 형태를 확인할 수 있다.[11] 이렇게 이 문제를 현재 문제화하는 데 있어서 앞서 언급한 1993년 비엔나 인권대회, 베이징 대회, 2000년 법정 공청회 등 국제사회에서의 연대는 매우 중요했고, 그것은 '전시하 여성인권침해 문제'로서의 일본군 위안부 문제를 최근의 그러한 문제들의 역사적 뿌리로서 인식시킨 것이다.

### 3) 국제법의 문제

사실상 식민지 피해의 유산은 현재까지 매우 심각하게 도처에 존재하고 있다. 그러나 일본군 위안부 문제가 그것에 기초한 연대를

11 예컨대 "여성들은 신체적으로, 정신적으로 감금되어 있었다. 왜냐하면 도망을 가려 해도 나갈 곳이 없기 때문이었다"(The Hague, 2001).

끌어내지 못한 것은 아직 국제사회에서 식민지 피해 문제가 국제법적으로 논의되지 못하고 있는 상태에 있기 때문이기도 하다. 전쟁법이나 노예제, 강제매춘, 강제노동 등에 관해서는 국제법이나 조약이 만들어져서 그 실질적 집행이 어려움에도 불구하고 그에 반한 범죄가 적극적으로 논의되고 있는 데 비해, 아직까지 식민지 지배 및 피해 자체에 관한 법이 제정된 것은 없다. 그것은 서구사회 중심으로 이루어진 국제법이 대부분 서구사회의 일방적 범죄인 식민지배의 문제를 도외시한 때문이라고 볼 수 있다.

2000년 UN 인권소위원회에서 아프리카 지역 위원들이 중심이 되어 식민지 시기 피해 문제를 '인도에 반한 죄' 위반의 문제로 보고 이것이 오랫동안 단죄되지 못한 것에 대해 문제제기를 했으며, 이에 대해 UN 사무총장(Secretary-General)에게 조사해 줄 것을 요청했다(Sub-Commission, 2000). 이것은 결정(Decision)의 형태로 가결되어 2001년 사무총장의 노트로서 보고되었다.[12] 일본군 위안부 문제를 식민지배의 문제와 결부하여 새롭게 연대를 확산시킬 가능성이 모색될 수 있겠으나, 노예무역, 종족 간의 분리, 강제결합 등 아시아와 다른 아프리카의 역사적 맥락이 어떻게 소화될 수 있는가도 문제이다.[13]

12 이 보고서는 주로 인도에 반한 죄에 대해 포괄적으로 논의했으며, 식민지배에 관해 특별히 할애하고 있지는 않다. 그러나 식민지 시기에 이루어진 각종 범죄적 행위에 대해 문제제기할 여지를 만들고 있다는 점에서 획기적이라고 할 만하다(Secretary-General, 2001).

13 실제로 식민지 문제를 제기하는 데 주도적 역할을 했던 인권소위원회의 아프리카 위원은 연대의 의지를 표현하는 우리에게, 이제 처음 자신들의 식민지 시기 피해 문제가 세계의 관심을 받기 시작했는데 이것을 이용하려 하지 말라고 경계

## 5. 맺음말

세계의 여성운동은 이미 획일성을 거부하기 시작했다. 같은 서구사회 내에서도 중산층 여성의 페미니즘과 가난한 노동계급 여성의 페미니즘이 다르며, 남미계 여성집단과 아시아계 여성의 역사적 맥락과 요구가 다르다는 것을 자각하기 시작한 것이다. 더욱이 아시아와 아프리카, 남미의 여성운동은 다르며, 아시아 내에서도 아랍과 인도, 동아시아의 상황은 다를 수밖에 없다. 이러한 차이에 대한 인식과 연대를 위한 동질성의 회복, 그리고 그 이론적 딜레마의 해결 문제는 지금 세계의 여성운동과 여성학이 처한 가장 큰 어려움이라고 해도 과언이 아니다. 바로 그 어려움이 일본군 위안부 문제라는 구체적인 과제 앞에도 어김없이 놓여 있는 것이다. 구체적인 이슈를 중심으로 한 국제연대를 가장 효과적으로 이룬 시민운동 중 하나인 일본군 위안부 문제 해결을 위한 운동이 다시금 이 보편성과 역사적 특수성의 긴장을 유지하면서 새로운 연대를 이룰 수 있을지, 그에 대한 이론적 작업을 어떻게 진전시킬 것인지는 이 운동의 또 다른 과제로 남아 있다. 우리에게 이 문제는 보다 구체적으로 그동안 사상되어 온 식민주의의 역사적 맥락에 대한 면밀한 분석과, 식민주의와 여성폭력이 전시하에 어떻게 상호 규정되는가에 대한 이론적 작업 및 운동의 새로운 방향을 모색하는 문제이다.

---

심을 나타냈다(2001년 인권소위원회에서 필자의 경험).

# 보론

# 1
# 기업성노예제에 관한 연구

전시체제기에 일본의 군대뿐 아니라 기업도 생산성 향상이라는 논리로 위안부를 동원했다. 단편적이지만 '기업위안부 문제'가 밝혀진 것은 이미 오래전이며, 1990년대 초에 다시 한 번 크게 이 문제가 논의된 바 있으나, 사회적 관심이 일본군 위안부 문제에 압도적으로 기울어져 있었으므로, 연구가 활성화되지 못했다. 따라서 기업위안부 문제에 관한 기존의 연구는 거의 전무하며, 증언을 구하기도 매우 힘들다. 피해자가 고령인 데다가 정부의 지원을 포함한 사회적 관심이 희박하기 때문이다. 이 장은 이러한 상황에서 기업위안부 문제의 어렴풋한 실상을 잡아가는 작업이라고 할 수 있다.

기업위안부에 관한 연구는 피해자의 인권회복을 위한 정책적·실천적 함의를 매우 중요하게 포함하고 있으며, 무엇보다 묻힌 우리 역사를 밝혀내는 작업이다. 일본군 위안부 문제가 국가-계급-성-전쟁의 중층적·사회적 조건 속에서 형성된 문제로 논의되어 여성에 관한 중요한 이론적 기여를 하고 있는 데 비해, 기업위안부는 기업이라는 시민사회의 한 부분이 국가와 여성 피해자의 연결을 중간에 매개하면서 국가-기업의 협력에 의한 또 다른 착취 메커니즘의 형태를 보여 주고 있다.

기업위안부에 관한 연구는 해방 후 꾸준히 이어져 왔으며, 특히 1970년대 이후 본격화된 강제연행 노동자에 관한 연구의 극히 일부분으로서 맥을 이어 왔으나(朝鮮人强制連行眞相調査團, 1974) 사회적 관심을 받지 못했다. 일본군 위안부 연구가 본격화되기 시작한 1991-1992년경에 후쿠오카(福岡), 홋카이도(北海道) 등 조선인 강제노동자가 많았던 곳에서 연구자·활동가들에 의한 단편적인 연구결과가 일본에서 소개된 바 있으며(樋口雄一, 1992; 荻野富士夫, 1994; 西田秀子, 2003), 일본군 위안부 문제 연구에서 부분적으로 다루어지기도 했으나 본격적인 연구가 이루어지지는 못했다. 그러나 최근 일본 정부와 군대뿐 아니라 전쟁에 협력했던 민간기업에게도 강제연행 및 위안부 동원의 책임이 있다는 발견과 그에 대한 문제의식에서 한국과 일본의 학자들에 의해 연구가 재개되고 있다.

이 장의 연구는 묻힌 역사를 밝혀내는 데 일차적 목적이 있으므로, 무엇보다 자료 발굴에 중점을 두고 진행했다. 조선인 기업위안부 연행에 관한 직접적인 정부 문서는 아직 발견되지 않았으나, 중국인 기업위안부 관련 문서 및 탄광의 위안소에 관한 문서를 찾아냈다. 이것은 조선인 기업위안부의 상황을 추측할 수 있게 했다. 기업위안소를 설립한 기업에서 발행한 문서와 위안소를 경험한 사람들의 수기 또는 그에 관하여 관심을 가진 지역 연구자들이 정리한 자료들을 입수하였다. 하지만 역사적 사실의 구성에 가장 중요한 자료인 피해자의 증언을 얻는 데는 실패했다. 기업위안부 문제가 오랫동안 잊혀진 데다가 정책적 지원도 없는 상황에서 자신이 기업위안부 피해자임을 세상에 밝힌 사람이 아직까지 한 사람도 없는 것이다. 이 장의 연구에서는 기업위안소를 기억하는 강제연행 노동자와 위안소 지역에서 살았던 사람들을 면접조사하는 데 그칠 수밖에 없었다. 한편, 후쿠오카 및 홋카이도 지역에 대한 현지조사도 시행했다.

## 1. 기업위안부 명칭

본론에 들어가기 전에 '기업위안부' 명칭에 대해 논의해야 할 것이다. 기업, 탄광 등으로 강제연행된 노동자들의 노동의욕을 고취시키기 위해 그들 노동자에 대한 '위안'을 목적으로 연행되어 온 위안부의 존재가 연구자의 관심의 대상이 되면서 그들을 지칭하는 명칭이 다양하게 나타났다. 그것은 일본군 위안부의 경우와 마찬가지로 일본 정부의 정책문서와 회사자료 등에서 정해진 공식명칭이 사용되지 않고 있기 때문이다. 일본 정부의 자료에 사용된 이 여성들의 명칭은 '창부(娼婦)'(日本陸軍省整備局戰備課, 1940), '위안부(慰安婦)', '특수부녀(特殊婦女)'(日本大東亞省企劃院, 1942; 1943), '작부(酌婦)'(日本勞動科學研究所, 1943) 등 다양하다. 이렇게 공식명칭이 없는 가운데, 최근 연구자들이 사용하는 명칭도 다양하다. '산업위안부'(樋口雄一, 1992; 한정희, 1998), '사업장위안부'(吉見義明 外, 1995), '탄광위안부'(西野留美子, 1992), '노무위안부'(荻野富士夫, 1994; 西田秀子, 2003), '기업위안부'(정진성, 1994) 등이 왜 그러한 명칭을 사용하는가에 대한 별다른 설명 없이 쓰이고 있다.

이 장에서는 일본군을 위해 동원·착취되었던 '군'위안부에 대비하여, 기업의 생산성을 위해 동원·착취되었던 상황을 강조하여 '기업'위안부로 부르기로 한다. 기업위안소 설립 및 위안부 동원이 기본적으로 정부의 정책적 개입에 의해 가능했으므로 정부의 책임이 일차적으로 중요하지만, 기업이 그 모든 과정의 공식적·실제적 주체라는 점과 따라서 정부에 더하여 기업의 책임을 강조한다는 점에서도 '기업'위안부라는 명칭이 타당하다고 볼 수 있다. 그러나 머리말과 제1장에서 지적한 위안부 대신 '성노예' 명칭을 정착시키자는 문제제기와 같은 맥락에서 필자는 앞으로 '기업성노예제'로 이 문제를 지칭할 것을 제안하며, 이 글에서는 '기업성노예'와 '기업위안부'를 함께 사용할 것이다.

## 2. 기업위안소의 전사(前史): 자연발생적 조선요리옥

전시에 일본의 탄광 등으로 강제연행되어 온 조선인 노동자들의 노동효율성을 높이기 위해 설립된 기업위안소가 언제부터, 어떠한 정책에 기반하여 시작되었는가에 관해 명확한 공식문서를 찾기는 힘들다. 그러나 그간 이루어진 다소의 연구성과와 정부 및 시민단체의 기록 및 보고, 그리고 중국인 위안부 도입에 관한 정부 문서 등을 참고해 보면, 1920-1930년대 일본 내 조선인의 증가 및 일본 공창제의 민족차별 등의 사회적 조건 속에서 조선인 집주(集住) 지역을 중심으로 실제로 성매매 기능을 함께 수행하며 확대되었던 조선요리옥(料理屋)이 전시 기업위안소와 밀접하게 관련되어 있었다는 것을 알 수 있다. 경영자, 위안부 등의 인적 자원과 요리점을 겸한 위안소의 경영방식, 건물의 구조 등에서 기존의 조선요리옥이 기업위안소의 중요한 자원이 되었던 것이다. 일본의 공창제하에서 조선인 여성은 공창인 창기가 될 수 없었으며, 이들은 작부나 여급의 형태로 사창의 역할을 강요받고 있었다. 일본의 사창단속 방침은 사창을 금지한다기보다는 사창에 대한 성병검진을 엄격하게 하여 사창을 공창 수준으로 관리한다는 것이었다. 일본 안팎에서 공창제에 대한 비판을 강하게 받고 있는 상황에서 대외적으로는 공창을 축소하는 정책을 취했던 것이다(대일항쟁기강제동원피해조사및국외강제동원희생자등지원위원회, 2011: 29-33). 이에 따라 조선요리옥은 법 차원에서는 사창으로 취급되었으나 공공연한 성매매 장소로서 경찰의 관리를 받았다. 그리고 기업위안소가 본격적으로 세워지기 전인 1938년에, 일본 전역에 발동한 국민정신총동원계획의 일환으로 전개된 정부의 화류병(花柳病) 예방 강화 대책에 따라 정부의 관리를 받는 실질적인 공창의 범주에 포함되게 되었다.

그러나 조선요리옥과 기업위안소의 긴밀한 관련성에도 불구하고, 기업위안소가 국가와 기업의 협력에 바탕하여 국가 정책에 의해 이루어졌다는 점에서 이전 시기의 조선요리옥과는 근본적인 차이가 있다. 이러한 점에서 조선요리옥의 확대는 기업위안소 설립의 전사(前史)로 보아야 할 것이다.

### 1) 요리옥의 정의와 실제

#### (1) 요리옥의 정의

1938년에 발행된『홋카이도 경찰사(北海道警察史)』에 의하면, 정

〈표 보론 1-1〉 요리옥-음식점 구분

| 업종 | 구분 | 업태 | 허가/신고 |
|---|---|---|---|
| 요리옥 | 할팽(割烹) 요리옥 | 일본식의 객실을 설치하고, 예기(藝妓) 또는 작부를 객석에 대기시켜 손님에게 주식(酒食)과 유흥을 제공한다. | 허가영업 |
| | 요리옥업 | 일본식 객실을 설치하고, 작부만을 객석에 대기시켜 손님에게 주식을 제공하고 유흥을 제공한다. | |
| 음식점 | 카페업 | 양식의 객석을 설치하고 여급이 손님에게 음식물을 나른다. | 신고영업 |
| | 음식점업 | 일본식 또는 양식의 객실(객석)을 설치하고 여급 또는 그런 종류의 급사부(給仕婦)를 사용하지 않고 손님에게 음식물을 제공한다. | |
| | 다방업 | 양식의 객석을 설치하고 여급 또는 그런 종류의 급사부를 사용하지 않고 음식물을 제공하되, 주류는 판매하지 않는다. | |

자료: 北海道警察史編輯委員會, 1968: 309.

부는 요리옥(料理屋)과 음식점(飮食店)을 〈표 보론 1-1〉과 같이 명확히 구분하고 있었다.

이러한 요리옥이 실제로 밀매음이 행해지는 사창의 역할을 했다는 것은 여러 자료가 증명하고 있다. 1938년 초 삿포로(札幌) 경찰서는, 삿포로 시내에 조선인 작부가 일하고 있는 50여 개의 조선바(요리옥)는 이름만 바일 뿐 성매매를 업으로 하는 곳이라고 지적했다(『北海タイムス』, 1938. 3. 7). 조선인 강제연행을 수십 년간 조사하고 있는 조선인강제연행진상조사단도 홋카이도 지역의 조선바는 단적으로 말해서 사창굴이었다고 지적했다(조선인강제연행진상조사단, 1974: 438).

### (2) 경찰에 의한 설립 및 영업허가

요리옥 개설에 경찰의 허가가 필요했던 것을 보면, 요리점 간판을 걸고 그 안에서 매춘이 이루어진 것이 묵인되었음을 알 수 있다. 따라서 이러한 업자들과 경찰 간의 긴밀한 연계 때문에, 대부분 사기로 끌려온 여성들이 경찰에 신고를 해도 아무런 소용이 없었다.

同郷女性の慰めを
各地に朝鮮料理屋新設

홋카이도의 지역신문인 『오타루 신문』에 기업위안부 도입 계획에 대한 기사가 실려 있다(1939. 10. 13).

### (3) 조선요리옥의 실태

1938년 3월 『홋카이도타임스(北海タイムス)』는 삿포로 시내의 시로이시(白石), 도요히라(豊平) 등지에 분산되어 있는 약 50개의 조선바(요리옥)에는 150여 명의 조선인 작부가 일하고 있다고 보고했으나(1938. 3. 7), 『오타루 신문(小樽新聞)』은 삿포로 시에 조선요리옥이 52개, 조선인 작부는 80인이라고 보고했다(1938. 3. 19). 〈표 보론 1-2〉, 〈표 보론 1-3〉에서 보듯 1928년 7월에 홋카이도 도청이 발표한 『재주조선인 남녀별 직업표(在住朝鮮人男女別職業表)』에 따르면, 요리옥 고용인은 80명(그중 남자는 11명), 작부는 88명, 예기가 2명이었으므로(北海道廳, 1928), 1920-1930년대에 조선인 작부의 수가 크게 증가한 것은 아닌 듯하다.

〈표 보론 1-2〉 홋카이도 지역 조선 요리옥의 고용인 수(1928년)

(단위: 명)

| 구분 | 남성 | | 여성 | | |
|---|---|---|---|---|---|
| 전체 고용인 | 요리옥 고용인 | 전체 | 요리옥 고용인 | 작부 | 예기 |
| 6,765 | 11 | 213 | 69 | 88 | 2 |

자료: 北海道廳, 1928.

〈표 보론 1-3〉 후쿠오카 지역(간몬關門 지구)의 조선인 작부 수(1929년)

(단위: 명)

| 구분 | 재주조선인 남성 수 | 재주조선인 여성 수 | 예기 · 작부 수 |
|---|---|---|---|
| 시모노세키 | 2,191 | 763 | 21 |
| 모지 | 115 | 380 | 12 |
| 와카마츠 | 889 | 335 | 27 |
| 야와타 | 1,961 | 645 | 18 |

자료: 福岡地方職業紹介事務局, 『管内在住朝鮮人勞動事情』, 1929. 樋口雄一, 1992: 16에서 재인용.

## 2) 조선요리옥 형성의 사회적 조건

에도 시기부터 존재해 온 유녀(遊女) 제도가 국제사회에서 노예 제도라고 비판받는 가운데, 병사의 성병예방을 위한다는 명분으로 성매매 관리를 포기할 수 없었던 메이지 일본은 1873년부터 근대 공창제를 재편하기 시작했다. 조선요리옥 형성의 일차적인 사회구조적 조건은 일본 공창의 발달이다. 그러나 일본의 공창은 1920년대 늘어나기 시작한 조선인에게는 접근하기 힘든 곳이었다. 따라서 조선요리옥이 형성된 사회구조적 조건은 조선인의 증가와 함께 일본의 공창 제도 및 민족차별인 것이었다.

조선요리점은 1923년 관동대지진 후 조선인 집단거주 지역이 형성되면서 그 지역을 중심으로 확산되었는데, 가나가와(神奈川) 현과 오사카(大阪)가 그 대표적 지역이었다. 조선요리점은 조선인 집주 지역 외에 일본 유곽 지역에도 다수 설립되어 일본인을 상대로 영업했다. 조선정(朝鮮亭), 조선옥(朝鮮屋), 평양옥(平壤屋), 부산옥(釜山屋) 등의 간판을 건 이들 조선요리점은 대개 2층으로 되어 있고, 각 층은 여러 개의 작은 방으로 나뉘어 있었다(樋口雄一, 1992: 18). 삿포로의 경우, 조선인 요리점은 1920년대 초 일본 유곽 주변에 여러 개가 생기기 시작하여 전 시로 확산되었다.

경험자들의 증언에 의하면, 이러한 조선요리옥이 본격적으로 눈에 띄기 시작한 것은 1931년 만주사변 이후로서, 이때 조선으로부터 많은 수의 노동자들이 삿포로 부근의 여러 광산으로 와서 도요히라(豊平), 미나미이치조(南一條), 스스키노(薄野) 등지에 요리옥 약 20개가 세워졌다는 것이다. 이곳은 '요리옥'이라는 간판을 걸었지만, 실제로 강제매춘이 행해진 곳이었다고 경험자들은 증언했다(朝鮮人强制連行眞相調査團, 1974: 441). 1935년경에는 100개 이상이 되었으며, 일본인들도 출입하게 되었다. 이에 경찰은 통제를 쉽게 하기 위해 조선요리점이 영업할 수 있는 지역을 지정했는데, 이곳은 조선장(朝鮮場)이라고 불렸다. 하코다테(函館)나 오타루(小樽)의 조선요리점은 이와 다르게 일본인을 대상으로 했다고 한다. 후에 전시하 전폐업 정책에 따라 이들 요리점에서 떠나게 된 작부와 경영자가 탄광이나 기업의 위안소로 이동하기도 했다(樋口雄一, 1992: 24; 自治硏札幌, 1987: 38).

### 3) 작부의 동원 과정과 요리옥에서의 상황

히구치 유이치(樋口雄一, 1992: 16)는 조선요리점의 여성들 중에는 좋은 직장을 소개받는다는 사기에 넘어가서 온 사람도 있었다고 다소 약한 어조로 말하고 있으나, 삿포로의 조선요리점 여성들에 대해 정밀한 현지조사를 행했던 윤정옥 교수(1992: 21-23)는 더욱 자세하게 이들의 강제동원 과정을 묘사하고 있다. 그에 의하면, 한국 여성들은 당시 조선에서의 생활이 어려워 배불리 먹고 돈 벌 수 있다는 일본인 슈셍야(노동중개인)에게 속아 그곳까지 오게 되었는데, 슈셍야는 여성들을 자기 집에 두고 일자리를 찾지 못하게 외부와 차단시키고는 잘 먹이고 시내를 구경시킨 후 돈을 듬뿍 받고 팔아 버렸다고 한다. 이들의 나이는 대개 15-20세였으며, 매춘을 강요당하자 혼자 또는 집단적으로 자살한 여성들이 수없이 많았다고 한다. 이들에 관한 기사가 신문에 자주 보도되었기 때문에, 1943년에는 일본정부에서 한국 여성의 자살을 기사화하지 말라는 금지령을 내렸다.[1]

『홋카이도 경찰사』에 의하면, 1939년에 도(道) 경찰부는 '요리옥·음식점취체요강(料理屋·飮食店取締要綱)'을 정했는데, 그 안에는 "소개자와 결탁하여 예기, 작부, 여급 등의 인신매매적 행위를 하지 말 것"이라는 항목이 있었다. 이것은 당시 이들의 인신매매가 얼마나 일반적이었는가를 말해 주고 있다(『朝日』 道內13版, 1992. 3. 17).

1 윤정옥 교수가 삿포로에서 면담한 지역 시민연구자 이케다에 의하면, '다치마츠미사키'라고 하는 절벽에서 이 여성들이 자살한 경우가 많았는데, 마을사람들에게는 이 절벽에 부서지는 파도소리가 '어머니, 어머니' 하고 울부짖는 소리로 들린다고 한다(윤정옥, 1992: 21-22).

당시 홋카이도에 있던 사람들의 증언에 의하면 요리옥 업자가 조선의 농촌으로 가서, 홋카이도에 가면 좋은 직장을 구해 줄 것이라고 약속하고 부모들에게 약 10엔의 빚을 주며 딸들을 데리고 갔다고 한다. 그들이 요리옥에서 몸을 파는 고통은 매우 심했다고 한다. 한밤에 추운 바깥에 서서 손님을 끌어와야 했고, 처음 10엔 정도였던 빚이 점점 늘어났으며, 성병에 걸린 경우가 대부분이었고, 수은제(水銀劑) 주사를 맞으며 일하다 2-3년이 지나면 폐인이 되고 말았다는 것이다. 도망을 갈 방법도 없었다. 경찰에 도망해 들어가도 업자들에게 매수되었던 경찰은 잠시 설교를 하고 요리옥으로 돌려보냈다는 것이다. 조선요리옥이라고 하는 곳의 여성들이 일본의 공창보다 더욱 비참했다는 사실은 여러 증언에서 드러나고 있다. 조선인강제연행진상조사단은 조선인 여성의 이러한 상황을 "지옥에서까지 차별 정책이 관철하고 있었다"고 묘사하고 있다(朝鮮人强制連行眞相調査團, 1974: 441-442).

## 3. 국가총동원계획과 조선요리옥의 국가통제(공창제화): 1938년

이렇게 여러 사회적 조건 속에서 실제로 위안소의 기능을 하며 확산되어 가던 조선요리옥은 1938년 국가총동원계획의 큰 틀 안에 포함되어 국가의 통제대상이 되었다. 이것은 곧이어 1939년경부터 기업과 정부의 협력으로 기업위안소 설립을 준비한 과도기와 같은 시기로서, 기업위안소에의 정부개입의 발판이 된 것이다. 국가총동원계획에 조선요리옥의 통제가 포함된 것은 어떻게 성(性)의 동원이 총동원 맥락에서 이루어졌는가를 보여 주는 것이기도 하다.

### 1) 국가총동원계획의 일환으로서의 화류병 대책

1937년 중국 침략으로 전면적인 전쟁상태로 들어간 일본은 국가총동원계획을 수립하여 정치와 군사는 물론 경제도 총체적으로 정부의 통제체제로 재편하기 시작했다. 다른 한편, 1937년 10월부터 국민정신총동원운동을 시작하여 국민의 일상생활과 정신에까지 정부가 깊숙이 침투하기 시작했다. '풍속에 관한 영업'과 '화류병에 대한 대책'은 그와 같은 맥락에서 이루어졌으며, 조선요리옥은 그 두 가지의 대책에 모두 해당하는 것으로서 정부의 직접적인 통제를 받기 시작한 것이다.

특히 이 화류병 대책은 출정병사의 성병 만연 방지를 위한 것이라는 보다 직접적인 목적을 갖는 것이었다. 뒤에 논의할 것이지만, 화류병 진료의 대상은 주로 요리옥·음식점의 여성들이었으나, 정책의 이름이 화류병'예방'법인 점에 주목할 필요가 있다. 법의 중점 고려대상은 남성인 것이다. 후생성은 "전쟁에 따른 중공업의 발전은 군수경기를 일으켰고, 그 결과 청소년 가운데 유곽에 드나드는 자가 많아져서 성병환자가 증대하는 경향이 높아지고 있으므로, 그 예방대책의 필요가 절실해졌다"는 것을 화류병예방법 개정의 목적으로 기술하고 있다(厚生省50年史編輯委員會, 1988: 456).

이렇게 음식점·요리옥 영업허가를 받도록 하고, 영업자와 작부 등의 여자들에 대해서도 허가제를 실시해 온 데다가, 이제 여성에 대한 성병검사 및 진료까지 시행하게 된 것이다. 화류병 대책을 통하여, 이제까지 정부가 통제해 왔던 기존의 공창 제도 외에 반(半) 공인된 성매매 장소였던 음식점·요리옥을 또 하나의 새로운 성매매 제도로서 정부차원에서 공식화한 셈이다. 이 점은 이 정책의 가장 중요한 핵심이라고 볼 수 있다.

#### (1) 풍속에 관한 영업의 취체요강

홋카이도 경찰부는 "국민정신총동원운동에 호응하여 사회 풍교(風教)의 쇄신숙정을 강화할 필요"에 따라, 1938년 7월 '풍속에 관한 영업의 취체요강'을 정했다. 요리옥에 관한 주요 내용은 원칙적으로 신규영업 및 이전과 증축·개축을 허가하지 않는다는 것과, 영업시간을 오후 12시까지로 줄이며, 농산어촌(農山漁村)의 요리옥은 전업·폐업을 하도록 지도한다는 것이다. 신규영업 및 이전은 인구가 급격히 증가한 곳 등을 포함한다는 다소의 예외조항을 두었는데(北海道警察史編輯委員會, 1968: 303-305), 이것은 후에 강제연행 노동자를 대상으로 한 기업위안소 설립의 법적 기반이 되었다고 볼 수 있다(西田秀子, 2003: 23).

#### (2) 화류병예방법

후생성은 1927년의 공포에서 "화류병예방법이 재정상의 이유로 그 일부만이 시행되었을 뿐 그 중심이라고 할 수 있는 진단소의 설치가 이루어지지 않았으나, 화류병 문제가 국가총동원계획의 중요한 부문으로서 그 예방대책이 강하게 요청되었으므로, 1938년 제73회 의회에서 진료소의 설치에 필요한 예산이 승인되어 1938년 4

월 20일 칙령으로 화류병예방법이 전면 실시되었다"고 명기하고 있다(厚生省50年史編輯委員會, 1988: 456-457). 예산 부족이라는 명분으로 성병 치료 부분을 배제하고 감염자 처벌위주로 시행했던 화류병예방령을 1938년 4월 20일부터 치료 부분까지 포함하여 전면시행했던 것이다(박정애, 2016: 314-315). 이에 따라 일본 정부는 진료소를 설립했을 뿐 아니라 진료비도 보조했으며, 진료소에서는 상담도 실시했다.

삿포로 시는 1938년 6월 7일 후생대신으로부터 화류병예방법에 의한 진료소 설치의 영(命)을 받고, 동시에 홋카이도 도청 경찰부장으로부터 위치 및 설계에 관한 인가신청을 받아 국고보조금 6,000엔을 포함하여 12,000엔을 들여 시립진료원을 12월 19일에 준공했다.[2]

#### (3) 조합의 설립

이러한 상황에서 삿포로 경찰서는 화류병 대책을 위해 통제를 더욱 철저히 하고자 삿포로 시 전체의 요리옥·음식점 조합을 업태별로 다시 조직하여 요리점, 카페, 다방(純喫茶), 소바옥, 조선바 및 나카노시마(中の島) 요리점의 6개 조합으로 재편하는 한편, 아직 조

---

2 삿포로 시 미나미 6조(南6條) 니시 5초메(西五丁目)에 소재한 일본청주주식회사(日本清酒株式會社) 소유의 토지로서, 본래 '카페 삼월 살롱(三月サ-ロン)'이 있던 곳을 8,000엔에 매입했다(札幌市役所, 1938: 102; 『北海タイムス』, 1938. 9. 1). 그러나 이 진료소는 화류병에만 국한하지 않고 여러 가지 병을 전부 치료하는 병원으로 기능했으며, 1939년 통계에 의하면 화류병으로는 입원 5명, 외래환자 118명을 진료한 것으로 나타났다. 이는 입원 및 외래환자 전체 42,619명의 극히 일부분에 해당하는 수였다(札幌市役所, 1939: 46-47).

합을 결성하지 않은 550여 개의 군소 점포를 음식점조합(오뎅옥, 스시옥 등 음식을 주로 파는 곳을 대상)과 요리옥음식점조합(작부 등을 두고 유흥을 주로 하는 집을 대상)의 두 개의 조합으로 전면 통합·조합화하는 방침을 세웠다(『北海タイムス』, 1938. 4. 10; 4. 14). 특히 진료원 설립을 앞둔 시점에서 시 전체의 작부 330명, 예기 230명, 여급 762명 및 기타 요리옥·음식점의 고용녀(雇女) 1,420명에 대하여 일제히 성병 검진을 강행할 방침을 세웠다(『北海タイムス』, 1938. 6. 12; 6. 15).

### 2) 조선요리옥에 대한 통제와 조선요리옥조합 결성

홋카이도의 이러한 화류병 대책의 주요 대상 중의 하나가 조선요리옥이었다. 1938년 3월에 이미 삿포로 경찰은 조선요리옥이 화류병의 소굴로서 풍기위생이 한심한 상태임을 파악하고, 이에 대처하기 위해 이들 요리옥을 일정 지역에 모아 일괄하여 감시하는 노력을 시도하고 있으나 제대로 실현되지 못하고 있으며, 조선인 영업자들을 모아 작부들의 건강상담 및 진료를 하도록 권장하고 있다고 보고했다. 다른 음식점과 마찬가지로 조선요리옥도 신규개업 및 이전을 금지했다(『北海タイムス』, 1938. 3. 7; 『小樽新聞』, 1938. 3. 19).

여기서 앞서 재편된 6개 조합 중 조선인요리점자치조합이 별도로 하나의 조합으로 결성된 점에 주목할 필요가 있다. 당시 신문(『小樽新聞』, 1938. 4. 1)은, "삿포로 시내의 조선요리옥·음식점업자 49명이 삿포로 경찰서의 요구에 의해 통제조합을 만들 필요성에 따라, 조선인만의 결속기관인 삿포로 자치조합을 결성하고 1938년 3월 30일에 조합장, 역원 및 규약을 결정하여 31일 삿포로 경찰서에 보고했다. 조합결성에 의해 조선 여자들은 보건위생지식을 각 방면의 권위자에게 듣고… 조합의 사업으로서 월 2회 건강검진을 받으며, 계약 해제 시에는 귀국여비를 알선받는다.…"고 보도하고 있다.

조선요리옥이 특히 심각하게 화류병 문제를 가지고 있었던 것은 아니나, 통제를 용이하게 하기 위하여 독립조합을 형성했던 것으로 보이며, 이는 또한 조선요리옥이 거의 조선인만을 대상으로 하고 조선 여자들이 고용되어 있던, 전체 일본 사회와는 떨어져 있던 존재였다는 점을 보이는 것이기도 하다. 이러한 조선인에 대한 별도의 통제는 다음 시기의 조선인 기업위안소 설립의 중요한 조건이 되었던 것으로 보인다.

## 4. 기업위안소의 설립: 1939-1945년

### 1) 기업위안소의 설립 목적 및 민족별 분리 정책

1939년 7월 4일 일본 정부는 각의결정으로 조선으로부터 노동자 강제동원을 결정했다.[3] 기업위안소 설립은 이 노동자 강제동원과 정확히 그 시기가 일치한다. 홋카이도 석탄광업회가 홋카이도 도청에 18개의 탄광에 26개의 조선요리옥 신설허가라는 대규모 요청

3 처음에는 '자유모집'이라는 명칭으로 실질적인 강제동원이 이루어졌으며, 1942년 '관 알선', 1944년 '징용'으로 정책상의 명칭을 바꾸면서 점점 더 강제의 정도를 높여 갔다.

을 한 것이 1939년 10월인 것이다. 당시의 신문보도에 따르면, 탄광업회는 "연내에 8,000명의 반도인이… 오지만, 그들 반도 노무자들의 위문방법이 문제시되어… 결국 반도 여성군(群)의 구원이 요망화되어 왔기 때문에…" 도청 보안과에 조선요리옥 개설을 요청한 것이다(『小樽新聞』, 1939. 10. 13). 즉 기업위안소의 설립은 노동자 강제연행의 한 부분이었던 것이다.

군위안소의 설립 목적 중 하나가 군인들의 전투의욕을 증진시킨다는 점이었던 것과 마찬가지로, 기업위안소도 기본적으로 노동자들의 노동의욕을 고취시키려는 목적으로 설립했다. 1942년 기획원(日本大東亞省企劃院, 1942a)은 홋카이도 탄광시찰에 관한 보고에서 1942년 7월 현재 60,262명의 전체 광부 중 27%에 해당하는 16,460명이 조선인이라고 밝히고, 생산성 향상과 도주방지의 문제를 중요하게 지적했다. 조선인의 수는 점점 늘어나서, 1945년 홋카이도노동과학연구소(北海道勞動科學研究所)의 보고에 의하면 홋카이도 전 지역의 탄광노동자의 37.5%가 조선인으로, 그 수는 38,364명이었다. 중국인 노동자는 4,058명으로 전체의 4%를 점했다(北海道勞動科學研究所, 1945). 조선과 중국에서 강제연행된 노동자들의 노동조건은 매우 열악했으며 노동재해도 극심해서, 부상과 사망사고가 잇달았다. 이런 상황에서 노동자들의 노동효율이 올라갈 리가 없었다(白戶仁康, 1992). 일본 정부와 기업은 노동조건을 개선하지 않은 채 노동자들의 성적 욕구를 조금이라도 채워 준다면 노동효율이 올라갈 것이라고 판단했다. 기업위안소의 궁극적 목적은 노동효율의 상승으로서(『朝日』 道內13版, 1992. 3. 13), 위안소는 노무관리의 도구로 사용되었던 것이다(『朝日』 道內13版, 1992. 3. 17). 위안소가 노무과 소관업무였다는 것이 이를 말해 준다. 그와 관련하여 강제연행 노동자의 관리에서 일본 기업과 당국이 가장 골머리를 앓았던 것은 노동자의 도주였다.[4] 이에 대해 일본 정부는 노동자의 가족소환 정책과 함께 위안부 도입 정책을 노동자의 도망방지의 정책으로 입안한 것이다.

다른 한편, 탄광의 여러 기업들은 노동자가 성병에 걸려서 출가율(出稼率)이 떨어지는 것을 두려워했다. 기업위안소 설립에는 그러한 이유도 크게 작용한 듯하다. 대부분의 기업위안소에서는 탄광병원이나 경찰의(警察醫)가 위안부를 위생검사하고, 예방구(콘돔)를 회사에서 무료로 제공하는 등 노동자의 성병 문제에 신경을 썼다(『朝日』 道內13版, 1992. 3. 16). 도입 노동자에 관한 보고에서도 질병 부분에서 임질과 매독은 주요 범주였으며(日鐵鑛業株式會社二瀨鑛業所, 1946: 96), 위안소가 세워진 후 위안소에서의 가장 중요한 업무 중 하나가 위안부에 대한 위생검진이었던 것을 보면, 성병방지는 위안소의 매우 중요한 목적이었던 것을 알 수 있다.

이와 같은 기업위안소의 설립 목적에 비추어 볼 때, 민족별로, 심지어는 출신 지방별로 분리되어 연행되고 사역되었던 강제연행 노동자들을 대상으로 위안소들이 민족별로 분리하여 설립되었던 것은 당연한 결과인 것으로 보인다.[5] 조선인 노동자에게는 조선인

4 노동과학연구소 등의 통계에서 해고(解雇)라고 하는 범주는 대부분 도주를 의미하는 것이었다(白戶仁康, 1992: 37).

5 강제연행 노동자가 민족별로 분리 수용되어 노동을 착취당했다는 것은 잘 알려진 사실이다. 새롭게 중국인 노동자를 도입하면서 만들어진 여러 정책기획안에 일본인, 조선인과 섞이지 않게 한다(日本大東亞省企劃院, 1942 등)는 내용이 삽입되어 있다. 또한 같은 조선인 노동자들도 가능한 한 출신 지역별로 분리하는 정책을 시행했다. 그것은 생산성 향상을 목적으로 함과 동시에 통제를 용이하게

위안부, 중국인에게는 중국인을 배치하여 '위안'의 효과를 최대한으로 높이고, 통제를 보다 용이하게 했던 것이다.

### 2) 기업위안소의 설립 과정

#### (1) 기업의 위안소 설립허가 요청과 홋카이도 도청의 허가

1939년 10월 여러 기업들의 연합조직인 홋카이도 석탄광업회가 홋카이도 도청 보안과에 조선요리점 설립허가를 요청했다. 설립요청의 이유는 강제연행 노동자에 대한 '위문'이었다(『小樽新聞』, 1939. 10. 13). 보다 자세한 내용을 보면, 탄광기선(炭鑛汽船) 유바리(夕張) 5개소, 미츠비시 비바이(三菱美唄), 유우베츠(雄別) 각 3개소, 스미토모 우타시나이(住友歌志內), 도혼베츠(同奔別) 각 2개소, 시게지리(茂屆), 헤이와(平和), 신야치(眞谷地), 노보리가와(登川), 호로나이(幌內), 미츠비시 오유바리(三菱大夕張), 미츠이 비바이(三井美唄), 쇼와(昭和), 아시노우류(淺野雨龍), 신호로나이(新幌內), 히가시호로나이(東幌內) 각 1개소이다. 당시 보도에 따르면, 홋카이도 도청 보안과는 삿포로 광산감독국과 협의하여 어느 정도 이 요청을 허가할 방침을 세웠고, 1940년 1월 7일에는 유바리에 위안소가 개점했다(『小樽新聞』, 1939. 10. 13; 1940. 1. 7; 『北海タイムス』, 1939. 10. 14; 1940. 4. 3). 『오타루 신문』 1940년 1월 21일 자에는 "도청 보안과에서는 조선인 요리점의 개업을 허가하여, 노무자 500명당 한 개의 비율로 요리점을 개설하도록 허가했으며, 여급은 한 요리점에 3명으로 제한한다"는 매우 구체

---

하기 위한 것이었다.

적인 내용의 기사가 실렸다(『朝日』 道內13版, 1992. 3. 17).

한편 석탄광업회를 통하지 않고, 개별 기업이 허가를 받고 위안소를 설립한 경우도 볼 수 있다. 예컨대 1940년 4월, 탄광기선 아이치(空知) 광업소는 그보다 먼저 설립된 탄광기선 유바리의 위안소와 같은 모양으로 '이코이노이에(憩の家)'라고 하는 위안소를 세웠다고 한다(『北海タイムス』, 1940. 4. 3). 마찬가지로 1940년 9월 24일, 미츠비시 오유바리 광업소의 사카에마치(榮町) 반도 노무자 기숙사 츄세이료(忠生寮) 부근에 이코이노이에를 신설하고 20명의 여성이 서비스하도록 했다고 한다(『夕張タイムス』, 1940. 9. 29).

#### (2) 경찰의 개입

경찰은 설립된 위안소를 통제했을 뿐만 아니라, 설립 과정에서도 중요한 역할을 했던 것으로 보인다. 1943년 홋카이도 데시오 군(天塩郡) 토요토미쵸(曹富村)에 있는 닛소 광업소(日曹監鑛業所)는 데시오 경찰서 서장에게 보낸 편지에서, "반도인 요리점 개설에 특별한 배려를 해 주어 고맙다"는 말과 함께 "일반요리점과 다르니, 계속 충분한 지도를 바란다"는 내용을 전하고 있다.

## 5. 기업위안부의 강제동원

노동자 도입과 동시에 중국으로부터 여자들도 함께 도입한다는 중국 위안소의 경우와는 달리, 조선인 노동자 강제연행 정책문서에 위안부 여성의 동원에 관한 기록은 찾을 수 없다. 그러나 지금까지 발견된 신문, 연구자료 등에 의하면 다음의 세 가지의 동원방식을 확인할 수 있다. 그것은 기존 요리옥으로부터의 동원·배치, 취업사기, 인신매매, 그리고 물리적 강제연행인데, 그 모든 것이 관 및 기업에 의한 강제동원이었다고 말할 수 있다.

### 1) 기존 조선요리옥으로부터의 동원 · 배치

1939년 처음 기업위안소가 설립되기 시작했을 때에는 기존의 조선요리옥으로부터 위안소 경영자와 위안부가 동원된 경우가 많았던 듯하다. 1939년 홋카이도 지역의 한 신문에 따르면, "조선인 노무자를 위한 위안소에서 일할 여성을 조선으로부터 데려오기가 힘들 것이므로, 홋카이도 6개 시 및 다른 마을(町村)에 산재해 있는 약 130개의 기존 요리점에서 일하고 있는 300명의 여성들을 신설 요리점으로 이동시킬 계획이 세워져서, 그것이 실현되면 도시에서 조선요리옥은 자취를 감출 것"이라고 기술하고 있다(『旭川新聞』, 1939. 10. 14).

한편, 1940년 3월 탄광기선은 유바리 후쿠주미(福住)의 고타이(高台)에 그곳에서 일하는 1천 수백 명의 조선인 노동자를 대상으로 하여 3개의 '이코이노이에'라는 위안소를 설치했는데, 이곳에서 일할 10명의 여자가 제1진으로 배속되어 왔으며, 앞으로 5명이 더 올 것이라고 보도했다(『夕張タイムス』, 1940. 3. 17; 3. 24). 한편 탄광기선 아이치 광업소도 그곳에 이코이노이에를 설치했는데, 이것은 당시 삿포로에서 영업했던 요리옥을 이전시킨 것으로서, 그곳에서 일했던 6명의 여성이 서비스를 하게 될 것이라고 보도했다(『北海タイム

ス』, 1940. 4. 3).

이러한 보도들은 기업위안소의 여성들이 관과 기업에 의해 기존의 조선요리옥으로부터 동원·배치되었다는 것을 보여 주는 것이다.

### 2) 취업사기와 인신매매

조선인강제연행진상조사단이 행한 증언조사에서, 1940년에 탄광기선 유바리에 강제연행되어 왔던 강명태(姜明泰) 씨는 다음과 같이 말했다. “월 1회 놀러 나가는 것이 허락되었는데… 조선요리옥이라고 불리는 곳이 있었지만, 정직하게 말해서 나는 놀러갈 마음이 생기지 않았다. 왜냐하면… 탄광에서 일하던 질이 나쁜 사람이 조선에 가 방적공장 같은 곳에 취직시켜 준다고 하면서 17, 18세의 여자를 끌고 와서, 도착한 그날 밤부터 손님을 받도록 했기 때문이다”(朝鮮人強制連行眞相調査團, 1974: 435-436).

### 3) 관에 의한 강제연행

앞서 논의한 대로, 조선인 노동자 도입과 관련하여 이루어진 위안소에 기존의 조선요리옥을 이용한 경우가 많았다는 것을 감안한다 해도, 1939년 이후 매년 급격히 늘어나는 노동자를 위해 이미 일본에 거주해 있던 조선요리옥의 여성들만으로 그 수요를 충당하기는 힘들었을 것임을 짐작할 수 있다. 따라서 노동자 도입과 함께, 여성에 대한 강제연행도 함께 이루어졌을 가능성을 충분히 짐작할 수 있다. 홋카이도 지역의 강제연행에 관하여 면밀한 조사를 행하고

1974년에 그 보고서를 출판한 조선인강제연행진상조사단은, 1939년부터 시행되기 시작한 노동자 노무자 강제연행과 함께 기업위안소의 여성에 대한 강제연행계획도 실제로 행해졌던 것으로 보인다고 지적하고 있다(朝鮮人强制連行眞相調査團, 1974: 435).

관에 의한, 또는 관의 도움을 받은 기업의 강제연행에 관한 명료한 문서자료는 일본군 위안부의 경우와 마찬가지로 찾기 힘들다. 1940년 1월 7일 자 『오타루 신문』에는 유바리에 "조선인 노무자가 수용되어 있는 이주협화료(移住協和寮) 부근에 장옥(長屋) 3호를 개설해서 요리점 경영자에게 대여할 것을 결정했으며, 여기에 45명의 조선 여성을 알선할 것"이라고 소개했다(『朝日』 道內13版, 1992. 3. 13). 여기서 알선이라는 것이 무엇인지 자세히 밝혀져 있지는 않으나, 노동자 연행이나 여자근로정신대의 경우 관 알선이란 곧 강제연행을 뜻한 것이었음을 생각할 때(정진성, 1997 참조), 이것은 여성들에 대한 강제연행이 이루어졌음을 말하고 있다고 볼 수 있다. 이 신문기사는 또한 기업이 위안소를 세운 후 경영자를 고용하고, 위안부 여성을 경영자에 의존하지 않고 기업이 연행했다는 사실을 보여 준다. 위안소 설립을 관의 허가를 받아 시행한 것으로 미루어 볼 때 여성의 알선도 관의 도움을 받았다는 것을 추측할 수 있다.

이 문제를 선구적으로 연구한 히구치는 기업위안소의 여자들은 조선에서 새로 연행되어 온 사람이 많았다고 단정적으로 말하고 있다(樋口雄一, 1992: 28). 이 경우 대부분 정부가 개입한 강제연행이었다고 볼 수 있다. 이 문제에 관해 가장 깊은 연구를 한 사람 중 하나인 후쿠오카(福岡) 다가와(田川)의 시민연구자 시바(芝竹夫) 씨는 노동자 도입 시 함께 연행했을 가능성이 높다고 단정하고 있다(『西日

本』夕刊, 1992. 2. 21). 또 다른 시민연구자의 증언에 의하면, 기업이 소재하고 있는 현에 청원을 하면 현에서 군과 경찰에게 동원을 요청하여 위안부를 받아 기업에 넘겨준 경우가 대부분이었다고 한다.

관과 기업에 의한 위안부의 강제연행에 대해서는 또한 노동자 도입과 함께 위안부 도입을 명했던 중국인 노동자 강제연행에 관한 일본 정부 문서에서도 강력한 시사를 얻을 수 있다. 중국인 노동자 연행은 조선인으로 모자라는 노동수요를 메우기 위해 조선인 노동자 연행보다 늦게, 조선인 연행의 경우를 모델로 하여 이루어졌다. 일본 육군성 정비국 전비과에서 1940년에 수립한 정책안인 '중국인 노동자(쿠리) 내지 이입에 관한 방침. 중국인 노동자 모집요강. 중국인 노동자 이입 취급요령은 별도의 규정의 것으로 한다(苦力內地移入ニ關スル方針苦力募集要綱. 苦力移入取扱要領ハ別途規定セラルモノトス)'에는, "임금 및 그 지급항목과 노동조건항목에서는 각기, 임금액은 이입 조선인 노무자에 준한다, 노동조건은 조선인 노무자에 준한다"고 되어 있다. 따라서 위안부 연행도 조선인의 경우를 모델로 했을 것이라는 주장이 충분히 설득력을 가질 수 있다. 다음에서 중국인 위안부에 관한 정부 논의를 간단히 보기로 한다.

### 4) 일본 정부 문서에 나타난 중국인 위안부 연행 정책

중국인 노동자 도입은 1940년 3월 상공성(商工省) 연료국(燃料局)에서 관민 합동으로 협의되었으며, 육군성 전비과(戰備課)가 적극적으로 알선에 나서기까지도 했으나 노동관리, 치안 등의 문제로 시행되지 못했다. 그 후 광산노동자의 심각한 부족에 직면하여 기획원 등에서 다각적인 검토를 하여 1942년 노무 동원계획을 책정했다. 그러나 그것 또한 언어, 습관의 차이 및 정치공작 등을 이유로 시행이 미루어지다가 결국 육·해군, 기획원의 의견일치를 보게 되었고, 흥아원(興亞院)과 민간에 있어서도 이입방법, 사용처, 사용조건 등의 구체적인 문제를 논의하여 1942년 11월 29일의 각의결정에 의해 중국인 노동자 이입이 실현되기에 이르렀다(北海道炭鑛汽船株式會社七十年史編輯室, 1958: 399-400).

이 과정에서 일본 정부의 여러 부처가 중국인 노동자 도입안을 만들었다. 1940년의 육군성 전비과는 중국인 노동자 도입을 제안하며, 후생시설항목에 "성적 욕망 고려. 조선인, 중국인 창부의 유치"라고 명기했다(日本陸軍省整備局戰備課, 1940). 대동아성기획원은 '화인(華人)노동사정시찰단'을 중국에 파견하여 식량·임금 문제 등과 함께 '위안부 수반(隨伴)의 가부(可否)' 문제도 베이징 대사관, 화베이 노공협회(華北勞工協會) 등 현지 당사국과 협의했다(荻野富士夫, 1994: 64). 이때 "위안시설을 적당하게 설치한다"(日本大東亞省企劃院, 1942b), "노동자 1,000명당 40-50명의 위안부인을 이입시키는데, 중국인에게 청부를 맡기고 왕복 여비를 지급한다"(日本大東亞省企劃院, 1942c), "위안소 및 오락시설에 관한 시책을 논의한다", "위안소의 설치에 관해서는 별도 관계청에서 협의할 것이지만 그에 드는 경비는 사용자 부담으로 한다"(日本大東亞省企劃院, 1942d), "노무자 212명당 9명의 위안부를 함께 이입시킨다", "위안소 문제는 추후 결정한다"(日本大東亞省企劃院, 1943) 등 위안부에 관한 항목을 노동자 도입안에 빠짐없이 포함시켰다.

또한 내무성 경보국 보안과 외사계에서 1943-1944년에 발행한

『외사월보(外事月報)』는 중국인 노동자 도입에 관하여 보고하고 있는데, 그중 위안부에 관한 내용을 보면 다음과 같다. 탄광 관계의 이입에 관해서 관계 각 성(省)이 모여 협의한 실시세목에는 "위안소는 별도로 설치방법을 정한다"고 되어 있다. 또한 위안소가 실제로 설치된 도야마(富山) 현 후시키(伏木) 항의 하역작업의 경우, 화베이 운수회(華北運輸會)와 후시키 항만운송회사 사이에 체결된 계약서에는 "위안부의 모집법, 경비 및 수송방법: 협회에서 연구 중이며 가능한 한 합법적으로 동행시키도록 한다(6명이 필요하다고 예상함)", "위안소 경영방법: 연구 중"으로 되어 있다(『外事月報』, 1943. 3). 새로 중국인 노동자 이입을 실시했던 고베(神戶)의 항만 하역에서는, 위안시설의 일부로서 세탁부 명의를 사용하여 부녀를 이입할 계획이었다(『外事月報』, 1943. 9). 1944년 2월 28일, 차관회의에서 '화인노무자 내지 이입에 관한 방침(華人勞務者內地移入ニ關スル方針)'을 결정하고 즉시 본격적인 이입을 실시했는데, 그 방침에서는 사용조건의 하나로서 위안소 및 오락시설에 대해서 공장, 사업장에서 적당한 시책을 강구할 것을 명하고 있다(『外事月報』, 1944. 3). 이 밖에 후시키 항만운수회사에서 실제로 위안부를 도입한 경우도 논의하고 있는데, 위안부 도입에 따른 경비와 위안부 성병치료비를 둘러싸고 정부와 기업이 갈등을 빚었다는 내용을 포함하고 있다.[6]

---

6 후시키에서는 1943년 4월 18일부터 224명의 노동자가 일하기 시작했는데, 5월 11일 주 베이징 대사관원, 화베이 공업협회 보도과장, 화베이 운수회사 노무과장, 후시키 항만운수회사 상무 간에 노동계약이 체결되었다. 그와 함께 위안부 입주에 따른 비용에 관한 절충도 이루어졌다. 그 시점에서는 이미 위안부 도입이 결정된 상태였으므로, 구체적인 입주조건 등이 결정되어야 했기 때문이다. 여기서 의견충돌이 있었는데, 대사관 측에서는 위안부를 8명으로 하고 경비 1만 엔을

당시 석탄협회는 '중국인 노무자 내지 이입 요령(中國人勞務者內地移入要領)'을 만들었는데, 그것은 위의 여러 정부기관의 방침을 종합한 것이라고 볼 수 있다. 앞서 언급한 여러 안에서와 마찬가지로 조선인과 작업장 및 주택을 엄격히 분리할 것을 지시하고 있으며, "위안소 및 오락시설에 적당한 시책을 강구할 것, 위안소의 설치에 관해서는 별도 관계청에서 협의하고, 경비는 사용자 부담으로 할 것, 위안부(특수부녀)는 노동자 1,000명당 40-50명을 중국인에게 청부할 것" 등이 명기되어 있다(北海道炭鑛汽船株式會社七十年史編輯室, 1958: 400-407).

이러한 중국인 위안부에 관한 문서자료들은 일본 정부와 기업이 중국으로부터 위안부를 연행하는 데 깊이 개입했다는 것을 보여주고 있다.

## 6. 위안소 실태

### 1) 위안부의 수 및 실태

1940년 일본 정부 조사에 의하면, 홋카이도 지역의 요리옥, 음식점업에 종사한 조선인 영업자 수는 32명(남 25, 여 7), 예기·창

---

지출할 것을 요구했고, 후시키 항만운수회사 측에서는 이에 대해 일본의 사정을 무시한다고 불만을 토로했다. 대사관 측의 요구를 보다 상세히 기술하면, 위안부 1명당 전도금 700엔, 여비·기타 잡비 300엔, 합계 1천 엔을 입주조건으로 했다(『外事月報』, 1943. 5·8).

〈표 보론 1-4〉 1940년 홋카이도 지역 조선인 예기, 창기, 작부의 연령분포

| 연령 | 14 | 15 | 16 | 17 | 18 | 19 | 20 | 21 | 22 | 23 |
|---|---|---|---|---|---|---|---|---|---|---|
| 사람 수 | 6 | 13 | 27 | 40 | 30 | 34 | 36 | 22 | 21 | 20 |
| 연령 | 24 | 25 | 26 | 27 | 28 | 29 | 30 | 31 | 32 | 총계 |
| 사람 수 | 21 | 27 | 21 | 6 | 5 | 2 | 0 | 2 | 0 | 333 |

자료: 內閣統計局, 『昭和15年國勢調査統計 原表』, 第21表, 産業(小分類), 職業(小分類), 年齡ニ依リ分ケル內地在住ノ朝鮮人에서 작성.

기·작부 수는 333명이었다(內閣統計局, 1940: 60). 이 수치가 어느 정도 정확한지, 이 중 1939년 이후 설립된 기업위안소의 위안부가 어느 정도 비중을 점했는지는 알 수 없다. 그러나 이 같은 통계에서 보여 주는 연령분포는 당시 기업위안소에서 얼마나 어린 나이의 여성들을 동원해 갔는지를 여실히 보여 주고 있다(표 보론 1-4 참조).

이러한 여성들의 상황이 매우 비참했다는 것은 쉽게 짐작할 수 있다. 하코다테(函館)의 벤텐초(弁天町)라고 하는 거리는 전시 중 조선인 여성이 성매매를 강요당한 위안소가 줄을 지어 있는데, 그곳에서 도망 나온 여성들이 하코다테 산 주변에서 바다로 투신자살을 하는 것을 다수 목격했다고 현지 사람들은 말하고 있다(朝鮮人强制連行眞相調查團, 1974: 436). 이러한 조선 여성의 투신자살 사실이 신문에 자주 보도되었으므로, 1943년에는 조선인 여성 자살기사 금지령이 내려졌다는 증언도 있다(朝鮮人强制連行實態調查報告書編輯委員會, 1999: 227). 간혹 중노동에 시달린 노동자들이 위안소에서 난폭한 행동을 하기도 했던 것으로 보인다. 1941년 이 탄광에서 일하던 노동자 두 명이 위안소의 기물을 부수고 난폭한 행동을 한 후, 그 벌로 작성한 시말서가 있다(申岩又·具斗潤, 1941).

일본 정부의 조사에 의하면, 조선인 위안부는 노동자 651명당

미츠비시 비바이 탄광 조감 사진. 동서로 가로지른 길을 중심으로 탄광과 마을로 구분되어 있다(1935).

16명(1943년 미츠이 스나가와 탄광), 947명당 7명(미츠비시 비바이 탄광), 300명당 6명(북해도 E. 광업소) 등의 비율로 배치되었다. 당시 홋카이도 탄광기선주식회사의 유바리 후쿠주미(夕張 福住) 지역의 광업소에서 조선인 통역을 담당했던 창씨개명 조선인 나가야마 에이타이(永山榮泰)에 의하면, 이 지역 조선인 위안소 5곳에 각 5명씩의 여성이 있어서 모두 25명의 여성이 8,000-10,000명의 노동자를 상대했다고 한다. 일본 정부가 중국인 노동자와 위안부 도입 정책을 세웠을 때, 위안부는 노동자 1,000명당 20-30명(日本大東亞省企劃院, 1942b), 노동자 1,000명당 40-50명(日本大東亞省企劃院, 1942c), 224명당 8명(日本內務省警報局, 1943. 5)의 비율이었다. 이러한 기록들과 당시 노동자 수를 고려해 볼 때, 위안부의 수는 10,000-30,000명으로 추산할 수 있을 것이다.

### 2) 위안부 검진

기업위안소는 노동자들의 생산성을 높이기 위해 설립되었으므로 위안부들에 대한 정기적인 성병검사는 위안소의 의무사항이었다. 누가 위안부 검진을 담당했는가는 기업에 따라 달랐는데, 경찰의, 지정병원, 시내의원, 탄광의국 등으로 다양했다. 어느 경우에도 위안부 검진은 위안소의 의무사항이었다고 볼 수 있다.

### 3) 티켓 제도

앞에서 언급한 많은 보고서들은 위안소에서 기업이 발행한 티켓(金券)[7]을 사용했다고 보고하고 있다. 그 티켓은 해당 기업에서 전체적으로 사용했던 금권이었다고 보여지나, 경우에 따라서는 위안소 출입을 위해 특별히 티켓이 만들어지기도 했던 것 같다. 예컨대 이나쿠라이시(稲倉石) 광산에서는 회사가 티켓을 만들어 위안소 사용자에게 팔았다고 한다. 전쟁 후에 이 회사의 직원들이 회고한 바에 따르면, 조선인 위안소에 조선인 노동자가 출입할 경우 2엔 50전, 일본인 노동자일 경우는 5엔 50전이었다고 한다(木谷孝, 1969: 12). 후시키 항만운수주식회사 중국인 위안소의 경우 요금은 차의

---

7 티켓(金券)은 탄권(炭券) 또는 표(切符)라고도 불렀다. 현금을 사용하지 않고 금권을 사용한 것은 탄광개발 초기부터 시작된 것인데, 자금부족과 금융기관의 불비(不備) 등으로 인해 탄광노동자에게 임금을 현금으로 지불하지 못하고, 사제지폐(切符)를 발행해서 교환일을 정해 현금으로 교환하도록 했던 것이다. 금권에 영수증이라고 표기된 것은 그러한 이유 때문인 것이다.

접대만 받을 때 1엔, 위안행위를 할 때 2엔으로 하고, 그것을 전부 티켓제로 한다고 되어 있었다(『外事月報』, 1943. 5). 그러나 이러한 규정들이 제대로 지켜졌는지 알 수 없다. 가토 히로시(加藤博史)에 따르면, 당시 유바리 탄광에서 조선어 통역을 하던 나가야마 에이타이는 당시 위안소에서 경영자들이 노동자로부터 현금을 받았다고 증언했다 한다. 건물유지비 및 식사재료비를 회사에 지불한 나머지 돈으로 이들 영업자들은 해방 후 부자가 되기도 했다는 것이다.

## 7. 위안소 형태

기업위안소의 형태는 대체로 기존의 요리옥을 그대로 살려서 기업위안소로 전환하는 방식, 기업이 건물을 짓고 기존의 요리옥의 경영자와 여자를 모두 그대로 데려와 영업하도록 한 방식, 그리고 완전히 새롭게 위안소 건물과 경영자를 모집한 경우가 있다. 지금까지 발견된 자료에 기초하여 그 형태를 정리하면 다음과 같다.

### 1) 기존 조선요리옥의 지정

이것은 요리옥이 이미 노동자들이 다수 살고 있는 곳에 설립되어 있던 요리옥일 경우에만 해당한다. 노동과학연구소의 1943년 보고서는 미츠이 광산주식회사 스나가와(砂川) 탄광이 시내에 있는 반도요리점 세 곳을 회사가 지정하여 경영하고, 반도인 작부 16명을 두었으며, 미츠비시(三菱) 광업주식회사 비바이(美唄) 탄광도 시가지에 반도인 메이슈야(銘酒屋)[8] 1호를 개업하도록 허가하고 반도인 작부 7명을 두었다고 지적하고 있다. 또한 스미토모(住友) 본사 유우베츠(奔別) 광업소도 시가지에 반도 메이슈야 1호(조선인 작부 2-3명)를 경영하도록 했다.

### 2) 기존 조선요리옥으로부터의 이전

기업위안소가 설립되기 시작한 초기인 1940년 4월, 탄광기선 아이치 광업소가 설립한 위안소인 '이코이노이에'는 당시 삿포로에서 영업했던 요리옥을 이전시킨 것이었다(『北海タイムス』, 1940. 4. 3). 여기서는 경영자를 기업에서 관의 도움을 받아 징용했다는 증언도 있다(自治研 札幌, 1987: 38).

### 3) 신규 설립

앞서 인용한 1940년 1월 7일 자 『오타루 신문』은 유바리에 "조선인 노무자가 수용되어 있는 이주협화료 부근에 장옥 3호를 개설해서 요리점 경영자에게 대여할 것을 결정했다"고 보도했다(『朝日』 道內13版, 1992. 3. 13). 노동과학연구소의 1943년 조사에도 쇼와 전공(昭和電工) 주식회사의 도요사토(豊里) 광업소가 '태양관(太陽館)'이라는 위안소를 지어 상인을 지정·운영하도록 했다고 한다. 앞서 언급

8 메이지 시대에 술집으로 위장하고서 접객여성을 두고 매춘을 시키던 집을 '메이슈야'라고 했다.

한 조선인강제연행진상조사단의 조사에 실린 "요리옥이라는 이름으로 위안소를 짓고, 강제연행되어 온 사람들을 놀도록 한 것이었으므로, 동네에 있지 않고 사택이 줄지어 있는 곳의 한가운데 있었다" 같은 증언 중에 이 요리옥의 여성은 취업사기로 조선에서 끌려온 사람들이라는 내용으로 미루어, 위안소를 새로 설립하고 여자들도 새롭게 끌고온 것이라고 이해할 수 있다(朝鮮人强制連行眞相調査團, 1974: 436).

## 8. 위안소 경영자

기업위안소의 경영자는 대부분 회사가 지정하여 위탁을 하는 방식으로 결정되었다.

### 1) 경영자의 성격

1939년 10월에 홋카이도 경찰부가 만든 '요리옥·음식점 취체요강'에 의하면, 신규영업은 전쟁에 참가했던 육해군인 및 군속으로서, 소집해제 또는 부상으로 귀향하여 다른 적당한 직업이 없는 사람에게만 허가한다고 명기하고 있다(北海道警察史編輯委員會, 1968: 305). 이 요강이 실제로 지켜졌다면, 신설 기업위안소의 대부분은 위의 군인·군속 출신을 영업자로 했다고 볼 수 있다. 제대로 지켜지지 않았다고 해도, 이 요강은 상당수 일본인 영업자의 존재를 뒷받침하고 있다고 볼 수 있다.

〈표 보론 1-5〉 1940년 홋카이도 지역 조선인 영업자 연령분포

(단위: 명)

| 구분 | 25–29세 | 30–34세 | 35–39세 | 40–44세 | 45–49세 | 50–54세 | 55–59세 | 60세 이상 | 총계 |
|---|---|---|---|---|---|---|---|---|---|
| 남 | 1 | 4 | 5 | 7 | 4 | 2 | 0 | 2 | 25 |
| 여 | 4 | 1 | 2 | 0 | 0 | 0 | 0 | 0 | 7 |

자료: 内閣統計局, 『昭和15年國勢調査統計原表』, 第21表, 産業(小分類), 職業(小分類), 年齢二依リ分ケル内地在住ノ朝鮮人에서 작성.

그럼에도 불구하고, 조선요리옥의 영업자는 대체로 조선인이었던 것으로 보인다. 기업위안소가 위의 요리옥·음식점 취체요강과 관련 없이 정부의 특별한 보호 아래 무제한으로 설립되었으며, 조선인 노동자를 대상으로 하는 조선인 위안부만의 위안소였으므로 조선인을 영업자로 한 경우가 많았던 것이다. 앞서 본 대로, 영업자가 위안부와 마찬가지로 징용된 경우까지 있었다(自治硏 札幌, 1987: 38).[9]

앞서 여성들의 나이에서 논의한 대로, 조선인 영업자의 경우도 그 수의 정확성에 대해 의문이 있으나, 연령과 성의 분포에 관한 통

---

9 당시 홋카이도 탄광기선주식회사의 유바리 후쿠주미 지역 광업소에서 조선인 통역을 담당했던 창씨개명 조선인 나가야마 에이타이(永山榮泰)에 의하면, 이 지역 조선인 위안소 5곳의 경영자가 모두 조선 사람으로서 각기 박, 송, 이, 가나모리(金森), 남씨였다고 한다. 나가야마 씨의 증언에 의하면 회사에서 건물을 제공했다고 한다. 이렇게 위안소의 경영자 중 조선인이 많았다는 사실로 인해 일본의 언론은 "가해자도 조선 민족"이라고 말하며, 바로 그 이유로 한국에서 연구가 부진한 채로 있다고 보도한 바 있다(『北海道新聞』, 2003. 9. 2). 그러나 그러한 해설은 조선인 위안소 설립의 목적, 정부 및 기업의 100% 개입에 의한 설립 과정, 경찰의 개입 등의 전반적인 위안소 상황을 감안할 때 적절한 해석이 아니다. 더욱이 다음에 언급할 경영자들의 독립운동 참가 등의 사실은 그러한 일본인의 해석이 편파적인 시각임을 말해 주는 것이다.

계는 눈여겨볼 만하다. 영업자의 대부분은 30-40대의 남성이었던 것을 알 수 있다(표 보론 1-5 참조).

### 2) 경영방식

위안소는 회사의 노무과에서 담당하는 것으로 되어 있었으며, 노무과 내에 조선인 담당부서가 별도로 있었다. 홋카이도 탄광기선주식회사의 경우 근로부 → 노무과 → 조선인계의 계열구조로 되어 있었고, 조선인 담당은 다시 기숙사장(寮長) → 조수 → 마카나이부(밥짓는 사람)으로 구성되었는데, 이들은 모두 일본인이었으며, 여기에 통역을 위해 근무한 조선인이 있었다고 한다(北海道炭鑛汽船株式會社七十年史編輯室, 1958). 중국인 노동자의 경우를 보면, 노무과와 동시에 화베이 노공협회 및 관헌으로부터도 직접적인 통제와 감시를 받았던 것으로 나타나고 있다(日鐵鑛業株式會社二瀨鑛業所, 1946: 20).

대부분의 조사보고나 증언에 따르면, 기업이 건물을 사거나 대여하여 경영자에게 제공했으며, 식량 및 의료품 등도 회사가 제공하는 것을 원칙으로 했다. 홋카이도 탄광기선주식회사 유바리 탄광은 건물을 회사가 무상 대여하고, 노무과에서 물자를 배급·감독했다(勞動科學硏究所, 1943). 가토 씨의 증언에 의하면, 대부분 탄광 내에 위치한 위안소의 경영자들은 밖으로 나가는 것이 힘들었으므로, 회사가 조선요리점으로부터 부탁받은 식량, 술 등을 사다 준 뒤 나중에 돈을 받았다고 한다.

### 3) 노동자 감시자로서의 경영자

앞서 기업위안소는 노동자 도망방지의 한 방도로서도 설립되었다는 점을 논의한 바 있다. 1941년에 홋카이도 지역의 기업위안소를 조사한 노동과학연구소는 대부분의 탄광에서 연행되어 온 지 3개월의 훈련기간이 끝난 후 가족을 소환할 수 있도록 홋카이도 도청이 허락했다고 보고하고 있는데, 이것은 성 문제를 해결하고 도주를 방지하기 위한 방책이었다. 또한 기숙사의 요장을 군대 출신으로 한 경우가 많았는데, 이것도 노동자를 효과적으로 감시하기 위해서였다고 볼 수 있다(勞動科學硏究所, 1943). 그와 함께, 경찰과 빈번하게 연락을 취하며 엄격한 경계책을 취하고 있었다. 홋카이도 탄광기선주식회사 유바리 탄광에서는 일본인 경비원 14-15명을 주야 구분 없이 순회시켰고, 열차 안에는 경계원을 배치시켰다. 평상의 외출범위를 유바리로 한정시키고, 외출 시에는 요장이나 노무과장이 발행한 여행증명서를 휴대하도록 하는 등 철저한 감시를 했다(勞動科學硏究所, 1943). 위안소는 조선인 노동자의 동향을 감시하기 위한 기관으로서도 기능했던 것이다(西田秀子, 2003: 30). 도야마 현 후시키 항만운수회사의 중국인 위안소의 경우도 후시키 수상(水上)경찰서가 상시 시찰, 단속했으며, 회사는 그 보고를 받고 있었다고 한다(『外事月報』, 1943. 8).

### 4) 독립운동가로서의 경영자

위안소 경영자 중에는 위안소를 독립운동의 아지트와 자금원으로 이용한 사람도 있었다. 홋카이도 탄광기선주식회사 유바리 광업소의 노무부에서 1945년에 발행한 「쟁의 관계」라는 문서는 1944년 4월 5일에 유바리 광업소 노무과장이 본점 근로부 노무과장 앞으로 보낸 보고서를 싣고 있는데, 그 내용은 다음과 같다. "이입 반도 노무자 사상 문제에 관한 건: 전회에 보고 올린 우리 광업소 위안소(조선요리옥)의 히라누마 시게오(平沼繁男) 검거 후의 취조경과 개요를 다음과 같이 보고함. 본 위안소 음식점은 손방주(孫邦柱)가 히라누마와 함께 1940년 3월에 개업했다. 손방주는 자산 30여 만 원을 가지고 경성, 오사카, 삿포로 등에도 조선요리옥을 영업 중. 손의 장남은 일본 내지에서 모 사립대학을 나온 후 아버지로부터 히라누마로 조직적 루트를 가지고 여러 명의 기숙사(寮)통역(박형인: 16협(協) 통역, 김정남: 4협 통역, 안재헌: 전(前) 17협 통역, 양하룡: 12협 통역 등)을 히라누마의 지휘하에 두고, 경성과 만주에 독립운동 본부를 가지고 조국의 독립운동을 했다."

이러한 사실은 1981년 김흥곤의 회고록에 다시 나타나고 있다. 위안소와 정미소까지 경영하고 있던 경제력이 대단한 손방주가 독립운동을 도와주었다는 내용이다(金興坤, 1981: 183-216). 당시 홋카이도 탄광기선주식회사 유바리 광업소 근로부 노무계의 조선인 담당을 했던 나카가와 시게이치(中川繁市)가 1945년 9월부터 1946년 1월 5일까지 기록한 『조선인동향일지』의 1945년 10월 21일분에는, "조선독립사상 문제로 위안소에서 체포되었던 안재헌, 박형인, 양하룡, 히라누마 등의 사람들이 삿포로 형무소에서 석방되어 귀산(歸山)했다"고 기록되어 있다(中川繁市, 1945-1946: 25).

## 9. 해방 후 상황

위안소는 대부분 종전 후에도 영업을 계속했던 것으로 보인다(中川繁市, 1945). 그러나 조선인 강제연행 노동자들의 조선으로의 귀국이 진행됨에 따라, 위안소는 다양한 문제에 부딪혔다. 그중 한 예로 조선인 노동자들이 노동조합을 결성하여 위안소의 해방을 요구하기도 했다. 홋카이도 탄광기선주식회사 유바리 광업소에서는 1945년 12월에 위안소 경영자가 작부의 해방요구로 인해 폐업하게 되었고 전차금(前借金)의 회수도 불가능해진 데 따른 손실금을 회사에 요구하여, 회사가 위로금을 지급했다고 한다(北海道炭鑛汽船株式會社, 1945). 한편, 당시 유바리 후쿠주미 지역의 탄광에서 조선어 통역을 한 나가야마 씨를 조사한 가토 씨에 의하면, 영업자들은 전쟁이 끝난 후 탄광으로부터 위안소 건물을 받아 부자가 되었다고 한다(가토 씨 면담자료).

종전 시 징용노동자들이 일본 내에서 억눌렸던 감정을 폭발시켜 여러 폭력적인 사건들이 있었다는 것은 잘 알려진 사실이다. 이러한 상황에서 징용노동자와 기업위안부를 같은 장소에 수용하고 위안부의 '성적 위안'을 강요함으로써, 억눌렸던 대일 감정이 폭발할 수 있는 노동자들의 집단폭동을 방지하는 방책을 썼다고 하는 시민연구자의 증언이 있다. 후쿠오카 광산 지역의 미쓰이 다가와 탄광의 경우, 위안소가 모여 있던 사카에마치(榮町) 지역으로부터 여자들을 끌어다가 풍천각(豊泉閣)이라고 하는 곳에 모아 놓고, 징용노동자들을 데려와 성적 만족을 갖게 함으로써 폭동을 막았다는 것이다.

## 10. 맺음말

이 밖에 문서자료에서 볼 수 없는 여러 형태의 기업위안부 관행이 사실상 널리 퍼져 있었다. 공장으로 끌려갔던 여자들이 간부들에게 주로 밤 시간에 상습적인 성폭행을 당한 경우가 증언을 통해 다수 드러나고 있다. 탄광 및 공장 외의 군수시설, 건설 현장에도 노동자를 상대하는 위안부가 동원되었다. 나가노(長野) 현 마츠시로(松代) 대본영 공사장, 치바(千葉) 현 가시와(柏) 비행장, 나라(奈良) 현 야나기모토(柳本) 비행장, 가가와(香川) 현 간논지(觀音寺) 해군비행장 등이 그것이다(樋口雄一, 1992: 28). 또한 일본 외의 전쟁터에도 노동자를 상대로 하는 위안소가 확산되었던 것으로 보인다. 그곳에는 조선인 외에 점령지 여성들도 동원되었다. 중국 하이난 섬(海南島)에서는 일본질소가 철광석의 개발을 위해 대량의 노동자를 도입했는데, 거기에도 위안소가 설치되어 홍콩 여성들이 속아서 위안부로 끌려왔다고 한다(高木健一 外, 1993: 55-57; 吉見義明 外, 1995: 145). 어선원을 상대로 다수의 위안부가 조선에서 연행되어 일본으로 왔다는 기록도 있다(『北海道新聞』, 1991. 12. 6).

이러한 피해 사실이 계속 밝혀지는 만큼, 기업위안소가 다수 존재했다고 보이는 일본의 여러 지역에 대하여 지속적으로 연구를 수행하여, 기업위안부에 대한 전체의 실상을 구축해야만 할 필요성이 절실하다. 특히 생존하고 있을 소수의 위안부 피해자 및 위안소 경험자를 찾아내어 증언을 채록하는 것은 하루도 미룰 수 없는 시급한 과제이다.

기업위안부 피해는 일차적으로 일본 정부에 의해 이루어진 것이다. 중앙 정부, 지방 정부 및 경찰의 모든 부처가 깊숙이 개입되어 있는 것이다. 그러나 위안소를 설립하고 위안부 착취를 시행한 것은 어디까지나 기업이다. 기업위안부 문제는 국가-시민사회의 단순한 도식만으로는 설명될 수 없는 보다 복잡한 문제로서, 여성 착취에 있어서 성-국가-기업-민족의 역학이라는 새로운 이론적 시각을 요구하고 있다. 또한 국가총동원계획의 일환으로서 수립된 화류병 대책, 그 결과로서의 기업위안소라는 경로는 정치와 성의 긴밀한 관계에 관하여 매우 선명한 이론적 함의를 보여 주고 있다.

마지막으로 피해자가 세상에 자신을 드러낼 수 있도록 하는 정책적인 고려가 필요하다는 점을 강조하고자 한다. 우리 정부가 지금까지 시행해 오고 있는 일본군 위안부 피해자에 대한 신고접수와 생활지원을 기업위안부에게까지 확대할 것이 요청되는 것이다. 그것은 이 피해자들의 인권회복과 경제적·정신적 후원을 위해서 일차적으로 시급히 이루어져야 할 일이지만, 연구를 위해서, 즉 은폐되고 왜곡된 우리 역사를 바로잡기 위해서도 반드시 필요한 일이다. 또한 일본 정부뿐 아니라 기업의 책임을 추궁하기 위하여 다각적으로 이루어지고 있는 시민단체들의 법정 활동에 기업위안부 피해자의 파악은 매우 중요한 도움이 될 것이다.

# 2
# 여자근로정신대의 실상

일제강점기를 통해 일제가 한국에서 행한 수탈은 여러 방면에서 다양하게 이루어졌다. 그중 여성에 대한 것은 노동력 수탈과 성의 수탈로 요약되며, 양자 모두 일제 말 한국인에 대한 수탈이라는 전체적인 틀 안에서 이루어진 것이었다.

여성의 노동력 수탈은 일제가 만주를 점령하면서부터 시작되어 1937년 중일전쟁으로 전시체제에 돌입하면서 강화되었다. 대체로 근로보국대, 여자추진대 등의 명칭으로 광범위하게 동원된 것은 1938년 국가총동원법이 공포된 후이며, 1940년대 들어 여자근로정신대가 본격적으로 등장했다. 그러나 이러한 명시적 동원 외에 기존 근로여성의 노동강화의 형태로도 노동력 수탈은 광범위하게 이루어졌다. 이 장에서는 여자근로정신대를 중점적으로 고찰할 것이지만, 그 밖에 1930년대 이후에 이루어진 다양한 형태의 노동력 수탈도 살펴볼 것이다.

다른 모든 피해 문제의 경우와 마찬가지로 여성 노동력 수탈에 관한 자료도 찾기가 매우 힘들다. 남아 있는 자료도 친일적인 신문·잡지가 대부분이어서 객관적인 모습을 파악하기가 쉽지 않다.

이 장의 내용은 이러한 자료들의 단편과 1990-1991년의 기간에 한국정신대문제대책협의회에 신고한 근로정신대 피해자들의 증언을 참고로 하여 정리했다.

## 1. 준전시체제의 여성 노동력 동원

1931년 만주사변을 계기로 일본은 준전시체제로 돌입하면서 식민지 조선에서 노동력 동원을 시작했다. 여성 노동력 수탈의 경우, 기존 여성 노동의 강화와 국내 동원 및 국외로의 동원으로 나눌 수 있다.

### 1) 농촌 여성 노동력의 강화

1930년대에 조선에서 농공병진 정책이 추진되면서 노동력이 필요해지자, 일제는 여성의 노동력을 최대한으로 끌어내고자 했다. 그것은 특히 농촌 지역에서 두드러졌다. 농촌에서 여성을 야외노동이나 부업 등에 적극적으로 동원하려는 정책은 일제강점기 초기부터 이루어져 왔으나 1930년대에 농촌진흥운동을 진행시키면서 더욱 강화되었던 것이다. "여성의 야외노동을 천시하는 누습 타파"와 같은 주장이 일제강점기 초부터 나왔으며, 1930년대 농촌 노동생산성 증진을 위해 적극적으로 여성을 야외노동에 끌어냈고, 이를 위해 탁아소를 설치하기도 했다(정진성, 1988: 86).

### 2) 국내 동원

1930년대 공업화 과정에서 노동력 수요는 특히 북부 지역에서 많았다. 조선총독부는 이미 1920년대 후반부터 북선(北鮮) 지방의 공사 지역에 남부 지방의 인구를 이주시키고자 했는데, 그것은 1934년 '남선(南鮮) 노동자단체 이민안'을 수립하면서 본격화되었다. 그것은 20명을 단위로 하나의 단체를 만들어 집단 이주시키려는 정책이었다(허수열, 1983: 80-84).

노동력 수요 지역이 공사장이나 광산이었으므로 남성이 주 대상이었을 것을 짐작할 수 있다. 여성의 경우에 어느 정도 이러한 국내 동원이 이루어졌는지에 대해서는 알려져 있지 않다.

### 3) 해외 동원

만주사변을 일으켜 만주에서 통치권을 장악한 일본은 이 지역의 개척을 위해 노동력이 필요했다. 조선인의 이주를 도모하는 적극적인 이주 정책을 실시했으며, 1936년부터는 조선 남부 지역에서 대대적으로 농민을 이주시키는 작업을 진행했다. 만선(滿鮮)척식주식회사를 서울과 만주에 각각 설립하고 체계적인 계획을 세웠다. 이 계획은 매년 수천 호의 자영농과 소작농을 이주시키는 것이었다.[1]

1 매년 첫 해에 2천 호의 자영농을, 다음 해에 3천 호, 셋째 해에는 4천 호, 그 뒤 2년간 매년 7천 호, 다음 8년간 매년 9천 호, 다음 2년간은 1만 호를 이주시키고, 소작농은 처음 3년간은 매년 1천 호, 다음 3년간은 매년 2천 호, 다음 6년간은 매년 3천 호를 이주시키는 것이다(『朝鮮經濟年譜』, 1939: 369-376).

이 계획은 완전히 실현되지는 못했지만, 이로 인해 조선 남부 지역의 많은 농민들이 이주를 강요받았다는 사실을 알 수 있다(정진성·조성윤, 1994: 256-258).

만주이주 정책은 가족 전체의 이주를 기반으로 하여 농업노동력을 이용하려는 정책이었으므로, 이를 통해 여성이 남성과 함께 동원되었다.

## 2. 전시체제의 여성 노동력 동원

### 1) 국가총동원체제

주지하는 대로 1937년 중일전쟁 이후 일본은 전시체제로 돌입했고, 일본과 식민지 전체를 동원체제로 정비해 갔다. 조선에서는 1938년 5월에 국가총동원법이 발포되는 것을 기점으로 본격적인 동원체제로 들어갔다. 국가총동원법에 근거하여 국민직업능력신고령(1939), 직업소개소령(1940) 등의 법령이 발포되었다.[2]

---

2 국가총동원법은 1938년 4월에 일본에서 먼저 시행되었다가 조선에 적용된 것으로서, 이에 근거하여 국민직업능력신고령(국가총동원법 제21조), 임금임시조치령(제6조), 임금통제령(제6조), 학교졸업자사용제한령(제6조), 직업소개소령(1940), 국민징용령(제4조) 등의 노동력 동원 관계 법령이 공포되었다(小林英夫, 1975/1991: 277).

### (1) 조직

이러한 동원을 보다 효율적으로 수행하기 위해 1938년 7월에 국민정신총동원조선연맹이라는 조직을 만들었다.[3] 이것은 실제로 조선총독부가 주관한 것이지만 학교, 회사, 은행, 공장 등의 민간단체까지 포함시켜 보다 광범위하고 효과적인 별도의 조직형태를 갖춘 것이다. 종(從)적으로는 중앙조직 밑에 도연맹, 부군도(府郡島)연맹, 읍연맹, 정·동·리·부락(町洞里部落)연맹의 망을 구축했으며, 최말단의 기저적 실천기구로서 10호를 포괄하는 애국반을 구성했다. 1939년 6월 현재 전국의 애국반 수가 347,728개에 달했다는 것은 조선 인구 대부분이 이 조직의 통제하에 놓여 있었다는 사실을 보여 주는 것이다. 이 외에도 학교, 회사 등의 단체에 연맹을 조직케 하여 소재 부읍면(府邑面)연맹에 가맹하도록 했다(朝鮮總督府, 1940a: 29-31).

1939년 제2차 세계대전의 발발과 함께 동원은 더욱 절실해졌고, 군관민(軍官民)을 포괄하는 국민조직의 개편을 단행하여, 국민정신총동원조선연맹은 1940년 10월 국민총력조선연맹으로 재편성되었다. 총독을 비롯한 관리들과, 군과 민의 유력자를 포함시킨 중앙조직 밑에 정·동·리·부락에 이르는 지방조직과 애국반도 앞서의 조직과 마찬가지였다. 애국반의 수는 1940년 12월에 38만 개로 늘어났다(朝鮮總督府, 1941: 7-8).

이 밖에 1940년 조선직업소개소령으로 소개소를 정부가 관장하

---

3 이것은 1937년에 총독부 내에 설치한 조선중앙정보위원회가 모체가 되어 민(民)을 결합해 탄생시킨 것이다(朝鮮總督府, 1940a: 25).

면서 이 조직은 노동력 동원의 일익을 담당하게 되었다. 1940년에는 조선총독부 사회과에서 노무사무를 분리하여 노무과를 신설했으며, 이것은 1944년에 폐지되어 근로조정과, 근로동원과, 근로지도과로 분리되었다. 1941년에는 노무행정 보좌기관으로 조선노무협회가 만들어져, 경찰이 실제 동원을 할 수 있도록 했다(여순주, 1994: 30-31, 43).

#### (2) 정신 동원

동원은 크게 정신 동원과 물자 및 인력의 동원으로 나누어 볼 수 있다. 정신 동원이란 소위 황민화 정책으로 전개된 것으로서, 노동력 동원의 기초가 된 것으로 볼 수 있다. 1938년의 국민정신총동원조선연맹은 급속한 황국신민화와 내선일체를 구현하려는 목표를 가지고 창립되었으며, 매일 아침 궁성요배(宮城遙拜), 신사참배 독려, 기회 있을 때마다 황국신민의 서사 낭송, 국기(일장기)의 존중·게양의 독려, 국어(일본어) 사용 및 소비절약과 근로를 독려하는 여러 사항을 실천요목으로 제정하고 실행했다(朝鮮總督府, 1940a: 35-36). 1939년 11월에는 조선민사령을 개정하여 창씨개명을 단행했다. 1940년의 국민총력조선연맹도 내선일체의 철저화와 황국신민화를 최대 선결과제로 하고, 정신의 보급을 철저히 하는 실천방안을 수립했다(朝鮮總督府, 1941: 6-11).

#### (3) 노동력 동원

물자 및 인력의 동원이 이와 함께 광범위하게 이루어졌다. 인력의 동원은 병력 동원, 노동력 동원 및 성 동원의 형태로 이루어졌으나, 여기서는 노동력 동원에 국한하여 간단히 살펴보기로 한다. 일제는 여러 법령과 조직을 통해 근로보국의 정신을 주입하고 노동을 강화하도록 했다. 일본은 노동력의 효율적인 동원을 위해서 먼저 노동력의 양과 질, 소재에 대한 실태 파악에 들어갔다. 1938년 4월 일본에서 제정·공포하고, 조선에서는 5월부터 시행한 국가총동원법 제21조를 근거로 각종 직업능력 조사 제도를 실시했으며, 일본에서 1939년 1월에 공포한 국민직업능력신고령을 조선에서 6월부터 시행하였다. 이 법령은 여러 차례 개정을 통해 내용이 강화되어 1941년 10월 청장년국민등록제와 1944년 국민등록제로 나아갔다. 이러한 법령들은 국가 동원체제가 특별히 필요로 하는 기능을 가진 자의 전반적 파악을 목적으로 한 것이었다.

일제강점기의 노동력 동원은 법령에 근거하지 않은 채 실제로 상당 기간 시행되다가, 이미 시행되어 온 동원의 법적 근거를 마련하는 것으로서 그에 관한 법령이 공포되는 형태로 이루어진 것이 대부분이었다. 그와 같은 맥락에서 국민근로보국협력령은 1941년에,[4] 학도근로령은 1944년 10월에 공포되었다.

일본의 노동력 동원 형식은 모집(1939. 9-1942. 1), 관 알선(1942.

---

4 1941년 10월에 국민총력조선연맹은 각 도 연맹에 근로보국대 준칙을 통첩했고, 11월에 국민근로보국협력령을 공포했다. 국민근로보국협력령에 의하면, 만 14세 이상 40세 미만의 남성과 만 14세 이상 25세 미만의 미혼 여성은 근로보국대에 참여하여 1년에 30일 이상 협력을 해야 했다. 이 법령은 1943년에 개정되어 남성의 연령을 50세 미만으로 올리고 기간도 60일로 늘렸으며, 여성의 동원기간은 50일로 늘렸다(여순주, 1994: 33). 또한 1944년 11월에 다시 개정되어 남성은 만 14세에서 60세까지로, 여성은 만 14세에서 40세까지로 확대하였다(『매일신보』, 1944. 11. 25).

2-1944. 8), 징용(1944. 9-1945. 8)의 단계를 거치면서 점차 법적인 강제력을 강화해 갔다. 내용면에서 세 단계 모두가 강제력을 발동하여 동원하고 노동력을 수탈했다는 점에서는 큰 차이가 없었다(정혜경, 2003: 19). 그러나 형식상의 이러한 법령과 관계없이, 동원은 모집 단계부터 관의 강한 강제하에 이루어졌다는 것을 여러 자료들이 말해주고 있다. 관 알선은 일본으로의 동원을 위해 이동 및 직업선택의 일체의 자유를 허용하지 않고 직업소개소, 면 사회과 등이 알선한 것으로, 조선인에게 사실상 국민징용령을 적용한 것이라고 볼 수 있다(小林英夫, 1975/1991: 281). 총독부 관계자도 관 알선은 실질적으로 징용의 경우와 같다고 설명했다(國民總力朝鮮聯盟, 1944: 49). 모집 역시 처음부터 일본 정부와 조선총독부의 통제하에 경찰과 면사무소 직원이 직접 모집에 참가하는 것이었다(市原博, 1992: 83-86). 이 밖에 1939년부터 징용에 의한 군속의 동원이 이루어져 만주, 중국, 남방에 이르는 지역으로 보내졌다. 강제동원 노동자들은 매우 열악한 노동조건에서 탈출과 저항을 수없이 시도했다.

아직도 동원노동자의 규모는 정확하게 밝혀지지 않고 있지만, 공식 발표에 의하면 1934년부터 1945년의 기간에 약 4,870,000명이 조선 내에서 동원되었고(大藏省管理局, 1947: 71), 약 1,519,000명이 일본으로 동원되었다(朝鮮人强制連行眞相調查團, 1974: 88). 또한 154,907명의 군속이 동원되었다(日本公安調查廳, 1953). 실제 수치가 이보다 컸으리라는 것은 쉽게 짐작할 수 있다.

### 2) 여성 노동력의 동원

앞서 전반적인 노동력 동원 상황에서 언급한 대로 전국이 치밀한 동원체제하에 놓여 있었고, 이러한 상황에서 여성도 그 통제를 벗어나기 힘들었을 것을 짐작할 수 있다.

#### (1) 여성 노동의 강화

여성을 노동현장에 끌어내려는 시도는 전시체제에 더욱 강화되었다. 여성의 노동을 멸시하고 규방에서 나오지 않으려는 경향이나 조혼의 구습을 타파해야 한다는 논지의 논문, 연구, 조사가 다수 나왔으며(宮孝一, 1940: 712-719), 여성을 적극적으로 끌어 내기 위한 여성의 근로강화책을 강구해야 한다는 조선총독부 노무조정과의 방침도 발표되었다.[5]

기존의 여성 노동에서도 노동의 형태가 강화되어, 1941년 4월 19일부터 여자광부의 갱내 취업허가 제도를 실시하여 이전에는 금지되었던 여성의 갱내 작업을 만 16세 이상 여자에 한하여 허가하였다(『매일신보』, 1941. 4. 19). 농촌에서도 여성을 최대한 활용하기 위해 여러 방책이 강구되었다. 1941년 총독부는 '농촌 노동력 조정' 방침을 결정하고 그 요강을 각 도지사에게 시달했다. 이 정책에는 부인작업반을 편성할 것 등의 내용이 포함되어 있었다. 이 기본방침에 기초하여 조선총독부는 매년 농촌 노동력 조정대책을 발표하고

---

5 일본 본토에서도 여성 근로에 관한 논의가 광범위하게 진행되었다(厚生研究會, 1941 등).

노동력 동원을 강제했다. 이에 따라 농업공동작업반이 편성되었는데, 여기에 여자가 34%를 점했다(1944년). 부인노동을 강제하기 위해 공동탁아소를 설치했는데, 1942년 한 해에 설치된 탁아소 수가 34,711개에 이르렀다. 공동탁아에 더해 공동취사를 장려하고 이를 진척시키기 위해 부인지도원을 훈련하기도 했다(『朝鮮農會報』 15卷 5號, 1941: 66; 『朝鮮農會報』 15卷 6號, 1941: 77; 『植銀調査月報』 76號, 1944: 58; 康成銀, 1979: 650-653). 국민총력조선연맹 등의 단체가 탁아소 설치를 위해 활발히 활동했다(『朝鮮農會報』 15卷 11號, 1941: 66; 『朝鮮總督府調査月報』 13卷 4號, 1942: 11. 강정숙, 1993: 12-13에서 재인용).

### (2) 근로보국대, 학도 동원, 여자추진대 등

근로보국대에도 여성이 포함되었다. 일제는 먼저 학생들을 동원하면서 여학생을 포함시켰다. 1938년 6월 '학생생도의 애국노동봉사작업 실시'에 관한 정무총감 통첩으로 각 도지사와 직할학교장에게 학생들의 집단 노동력 동원을 하달하고, 이를 '학교근로보국대요항'에 의해 규정했다. 이에 따라 남학생은 토목공사에, 여학생은 신사청소와 군용품 봉제작업에 동원하였다.[6] 일제가 학생 동원을 먼저 실시한 이유는, 학생들은 즉시 동원이 가능하고 동원을 교육 과정으로 의무화하여 내면화하기가 쉬웠을 뿐만 아니라 강제성을 은폐할 수 있기 때문이었다(전성현, 2015: 260-261).

6 1938년 경기도에서만 32개교에서 약 6천 명의 학생이 동원되어 하루 6시간씩 10일간 작업했다. 1940년 7월 경기도의 여자학교 19개교 4천여 명이 근로보국대를 조직했다(『동아일보』, 1938. 6. 23; 『매일신보』, 1941. 4. 17).

노동 동원 대상은 학생으로 시작되어 일반인으로 확장되었으며, 1941년 11월 '국민근로보국협력령'이 제정되면서 법적 강제력을 갖췄다. 근로보국대를 통하지 않고 직접 학생을 다양한 방식으로 동원하는 정책도 시행되었다. 학교 내의 공장화와 외부 공장 근무가 그 한 형태였다. 여학생 동원의 경우에는 가급적 학교시설을 공장화했고, 외부 공장에 나갈 경우 가급적 통근하도록 하거나 공장에 머물러야 할 경우에는 교원이 숙박근무를 하도록 했다. 또한 여학생에게는 심야작업을 시키지 않는다는 규정이 있어, 여학생의 노동 동원에서 보호의 시각이 보이지만(市村秀志, 1944: 117-118, 130, 138), 얼마나 규정대로 실행되었는지는 알 수 없다. 여학생들은 그 밖에 위문문 쓰기, 위문대 만들기, 군복 빨기 등의 일에도 착취당했다.[7]

근로보국대와 학도 동원이 법령에 의해 뒷받침되었던 데 비해, 여자추진대는 관청에서 알선·장려하는 형태로 이루어졌다(『매일신보』, 1944. 8. 26). 주로 국민총력조선연맹의 지방연맹에서 20-30세의 국민학교 졸업 이상의 학력을 가진 여성을 뽑아 읍·면 단위로 여자추진대를 편성한 것이다. 이들은 여성의 노동을 장려하는 운동이나 황민화 정책을 시행하는 데 이용되었던 것으로 보인다.[8]

1944년 4월에는 전 조선 여성을 대상으로 한 여자특별연성소가 조선 전토에 세워져, 경기도에만 250여 개소가 열렸다. 연성소에서

---

7 1944년 5월에 인천고녀, 소화고녀 학생들이 인천육군조병창에 입창했고, 경기도 내 19개 공사립여자중등학교에 매일 한 시간씩 운모가공작업을 하도록 명령이 내려졌다는 기록이 있다(『매일신보』, 1944. 5. 9; 5. 13).

8 1942년에는 국민총력경기도연맹에서, 1944년에는 개성에서 여자추진대가 조직되었다는 기록이 있다(『매일신보』, 1942. 8. 2; 1944. 3. 9).

는 조선 내에 있는 일본인 유력자 여성이나 교원이 지휘를 맡아 정신훈련을 시키고 노동방식을 가르침으로써 16세 미만의 미혼 조선 여성들을 전쟁에 동원할 수 있도록 만드는 데 그 목적이 있는 것이었다(『매일신보』, 1944. 4. 19; 樋口雄一, 1990: 3).

전시하에 일본적십자사 조선본부는 종군간호부를 모집해서 전장으로 보내는 일을 했는데, 그 수가 모자라 1943년에는 임시구호간호부라는 이름으로 모집하기도 했다(樋口雄一, 1990: 4).

### (3) 여성 노동 동원의 특징

이상의 논의에서 여성 동원의 다음과 같은 특징을 정리할 수 있다. 여성 동원도 전체적인 동원체제의 틀 속에서 이루어졌다. 여성의 모성보호라는 배려가 규정상 다소 보이지만, 기존의 보호적인 여성 노동관행으로부터 적극적인 노동양태로의 동원이라는 대폭적인 수정이 이 시기를 통해 이루어졌다는 점에 더욱 주목해야 할 것으로 보인다.

여성의 노동 동원은 기존의 여성 노동을 강화하는 한편, 새롭게 노동력을 동원하는 방식으로 나타났다. 새로운 노동 동원은 학교를 통하거나 관의 강제력을 이용하여 이루어졌으며, 될 수 있는 한 학력이 있는 여성을 동원하고자 했던 것을 볼 수 있다. 이 점은 일본군 위안부로의 여성 동원의 경우와 대조적이다.

근로정신대는 이러한 새로운 노동 동원의 맥락에서 발전되어, 더욱 자발성을 강조하는 외양을 띠면서 학력 있는 여성을 노동에 동원하고자 한 제도였다고 볼 수 있다.

# 3. 여자근로정신대

## 1) 여자근로정신대의 개념

정신대는 남녀를 모두 포괄하고, 보도·의료·근로 등 여러 분야에 걸쳐 있었다. 여자정신대와 여자정신근로대의 용어는 혼용되었던 것으로 보이며,[9] 1944년 여자정신근로령 발포 이전부터 사용되어 온 것으로 보인다. 그러나 여자정신대와 여자근로정신대가 일치하는 것인지에 대해서는 확실치 않다. 즉 여자정신대가 보다 포괄적인 용어로서, 그 안에 여자근로정신대와 함께 다른 범주도 포함하는 것이었을 가능성을 배제할 수 없다. 다른 범주 중 특히 예민하게 문제시되고 있는 것은 일본군 위안부의 범주이다. 일본군 위안부는 여자근로정신대처럼 법적인 근거를 가지고 있지 않은 임의적 개념이기 때문에 더욱 그 의혹이 커진다.[10]

## 2) 여자근로정신대 제도의 수립

### (1) 여자정신근로령

1944년 8월에 여자근로정신령이 일본에서 공포되었고, 조선에서도 이 법령이 실시될 것이라는 발표가 있었다(『매일신보』, 1944. 8. 26). 그러나 실제로 조선에서 여자근로정신대의 동원은 이 법령과

---

9 여자정신근로령의 제1조에서는 "이하 '여자정신대'로 칭함"이라고 명기하고 있다.
10 근로정신대와 일본군 위안부 개념에 관해서는 이 책 제1장 참조.

무관하게 그 이전부터 이루어지고 있었다.

일본에서는 1943년 1월 20일에 각의(閣議)결정, '생산력증강긴급대책요강'에서 여성노동력 동원의 강화를 시작하여, 1943년 9월 13일 차관회의 결정 '여자근로동원의 촉진에 관한 건', 1944년 3월 18일 각의결정 '여자정신대제도강화방책요강', 1944년 6월 21일 '여자정신대수입측(受入側)조치요강'을 통해 마침내 여자정신근로령 발포에 이르게 되었다(山田昭次 外, 2005 참조).

조선에서는 앞서 보았던 다른 노동력 동원의 경우에서와 마찬가지로, 이 법령은 실제로 상당 기간 이루어져 왔던 동원관행에 뒤늦게 법적 근거를 부여하는 방식으로 공포되었다. 또한 이 법령에 따르면 여자정신근로대는 국민등록의 요(要)신고자를 대상으로 하는데, 조선에서는 그 대상이 되는 여성의 수가 극히 적었다. 여성으로 국민등록을 한 사람은 "12세 이상 40세 미만의 기능자로서, 중등학교 정도의 광공계 학교 졸업자 또는 실력과 경험에 의한 광산기술자, 전기기술자, 전기통신기술자, 기계기술자, 항공기술자, 조선기술자, 화학기술자, 요업기술자, 목공기술자, 토목기술자, 건축기술자, 기상기술자 등으로서 현직에 취업하고 있는 자, 또는 일찍이 일한 적이 있던 자만"이다(國民總力朝鮮聯盟, 1944: 66; 『매일신보』, 1944. 8. 26). 따라서 1944년 8월이라는 시기와 이 법령 자체는 사실상 조선에서 광범위하게 이루어졌던 여자근로정신대 동원의 정확한 시기와 근거를 의미하는 것은 아니었다.

### (2) 동원시기

여자정신대의 동원이 1944년 여자정신근로령 공포 이전부터 이루어져 왔다는 것은 확실하다. 조선총독부 노무과 사무관 다하라 미노루(田原實)는 1944년, "지금까지 조선의 여자정신대는 모두 관의 지도알선에 의한 것으로서, 일본에서 가장 노무관리가 훌륭하고 시설이 잘 정비된 비행기공장으로 나갔다"(國民總力朝鮮聯盟, 1944: 66) 고 말하고 있으며, 같은 해 총독부 광공국장(鑛工局長)은 "관의 알선에 의한 여자정신대의 기간은 대개 2년인데, 본령(여자정신근로령)에 의한 기간은 1년이다"(『매일신보』, 1944. 8. 26)라고 말했다.

그러나 실제로 언제부터 여자정신대라는 이름의 동원이 이루어졌는지는 확실치 않다. 여자근로정신대에 관하여 거의 유일하게 참고할 수 있는 『매일신보』[11]를 보면 다음과 같다. 1943년 9월 21일에, 조선총독부는 일본에서 결정된 여자근로동원 촉진방침 속에 포함된 "새로이 여자근로정신대 제도를 자주적으로 결성시켜… 단체적으로 장기간 출근시키는 제도"를 소개하고, 이 여자근로동원 촉진방침은 조선 실정을 충분히 참작하여 시행하겠다고 발표했다(『매일신보』, 1943. 9. 23). 10월 7일에는 총독부 사정국(司政局) 노무과장이 중류계급의 유휴노동력을 전면적으로 동원할 예정이라고 밝히고(『매일신보』, 1943. 10. 7), 다음 날에는 '생산증강노무강화대책요강'을 결정했는데, 이것은 남녀를 불문하고 문자 그대로 2,500만 동포에 대한 동원령이라고 발표했다. 이 중에는 종래 원칙적으로 통제 밖에 두어 왔던 여성의 노동에 대해서도 적극적 통제의 방도를 강

11 주지하는 대로 이 시기에 『동아일보』, 『조선일보』 등의 신문은 모두 폐간되었고, 조선총독부의 기관지인 『매일신보』, 『경성일보』만 남아 있었으므로, 신문들의 내용을 어느 정도 신뢰할 수 있는가는 중요한 문제이다.

구할 것이며, 여성 노동으로 지장이 없는 직종에 대해서는 남자의 노동을 재한한다는 방침이 포함되어 있었다. 특히 신규 학교 졸업자 및 연령 14세 이상의 미혼자들을 전면적으로 활용하는 체제를 확립할 것임을 표시했다(『매일신보』, 1944. 10. 8). 이후 1943년 후반으로부터 1944년 전반에 이르기까지 일본의 여자근로정신대에 대한 내용이 자주 보도되었다(『매일신보』, 1943. 10. 14; 11. 25; 1944. 2. 3; 3. 4; 3. 19 등).

1943년 11월 『조광』이라는 잡지에는 "여자근로정신대는 학교의 신규 졸업자, 동창회원 등이 자주적으로 결성하고, 학교장과 학교 선배가 지도한다. 이 정신대는 학교 졸업 후 시집가기까지의 동안을 국가를 위해 바치겠다는 것이니…"라는 설명이 나와 있다. 또 1944년 조선총독부 예산에 관한 기록에서 여자정신대에 대한 지출에 관련한 질의가 있었다는 것(유광렬, 1943. 11. 29; 近藤一, 1961: 47. 여순주, 1994: 54에서 재인용)은 이미 조선에서도 여자근로정신대라는 이름으로 행한 동원이 시행되고 있었다는 사실을 말해 주고 있다.

그러나 1944년 4월 19일 『매일신보』는 "지난 3월 20일에 제1대, 4월 4일에 제2대가 평양 지역의 ○○창(廠)으로 출동한 평양여자정신대가 여성근로의 집단 동원으로는 처음이다"는 기사를 싣고 있으며, 5월 9일 포항과 대구에서 일본의 후지코시 공장으로 여자근로정신대가 갔고(『매일신보』, 1944. 10. 28), 5월에 미츠비시 중공업 나고야 항공기제작소 미치도쿠(道德) 공장으로 전남 여수, 목포 등으로부터 약 300명의 조선인 소녀들이 연행되었다는 보고가 있다.

1944년 6월부터는 더욱 적극적으로 여자근로정신대 동원을 선전하는 기사가 등장한다. 6월 3일에는 「나가자, 여자정신대」라는 제

해방 후 후지코지 공장에서 한국으로 귀환하기 전의 여자근로정신대원들
(미군 촬영, 1945. 10. 19)

목의 기사에서, 경기도에서는 처음으로 경성과 인천에서 여자근로정신대를 조직해서 일본의 주요 공장에 보내게 되었다고 보도했고(『매일신보』, 1944. 6. 3), 이어 "국민학교 졸업 이상자로 만 17세 이상 20세 이하 미혼 여성은 자원하라"는 경성 부윤의 선전(『매일신보』, 1944. 6. 7), 자원자가 연일 쇄도하고 있다는 보도(『매일신보』, 1944. 6. 12; 6. 20; 6. 23; 6. 26; 6. 28), 경성부 내 각 국민학교를 통한 응모자가 많다는 보도, 후지코시 공장에 대한 선전과 부모들의 이해를 구하는 기사와 사설이 실리고(『매일신보』, 1944. 6. 13; 6. 15; 6. 23; 7. 5), 마침내 7월 2일에 여자근로정신대가 일본 후지코시 공장으로 출발, 7월 6일에 입사했다는 보도가 보인다(『매일신보』, 1944. 7. 4). "여자정신대를 조직하여 요구가 있으면 내지로도 보낸다"고 하는 다나카 다케오(田中武雄) 총감의 담화가 6월 10일에 있었고, 6월에 충남과 전남에서 일본 나고야 공장으로(『매일신보』, 1944. 8. 15), 6월 8일에 진주에서 후지코시 공장으로(『매일신보』, 1944. 10. 28) 보냈다.

이렇게 여자근로정신대의 동원이 이미 이루어진 후인 1944년 8월 23일에 여자정신근로령이 공포되었던 것이다. 이후 이어 일본 오사카에서도 조선 여성을 근로정신대로 동원했다는 기사가 있으며(『매일신보』, 1944. 8. 28), 경성과 인천에서 제2차 정신대원의 모집(1945. 1. 24), 개성에서 출동(2. 22), 개성에서 제2차 여자정신대 모집(2. 24), 경성여자정신대 출발(2. 25), 전남 제2차 여자정신대 출발(2. 27), 경기도 제3차 대원 출동(3월) 등의 기록이 보인다(『매일신보』, 1944. 8. 28; 1945. 2. 26; 2. 27; 4. 5).

이러한 논의에서, 조선에서 여자근로정신대는 1943년 9월 일본에서 여자근로정신대 제도 실시의 방침이 발표되었을 때부터 함께 시행되었다고 보이지만 그 이전일 가능성도 충분히 있다.

### (3) 동원대상

동원대상의 조건은 문서에 따라 다소 다르게 나타나고 있다. 기록상 가장 먼저 보이는 평양여자정신대는 "국민학교 졸업의 만 16세부터 22세까지의 미혼 여성으로 조직되었다"(『매일신보』, 1944. 4. 19)고 보도되었다. 경성과 인천에서는 "국민학교 졸업 정도의 학력을 가진 17세부터 20세까지의 미혼 여성을 신청자격요건으로 했다"(『매일신보』, 1944. 6. 3)고 했으나, 며칠 후에는 "만 16세부터 20세까지"라는 기사가 실렸다(『매일신보』, 1944. 6. 13). 『매일신보』 1944년 6월 29일 자 2면과 30일 자 3면에 실린 경성부의 '여자근로정신대원 모집' 광고에는 자격을 "국민학교 초등과 수료 정도(14세 이상 21세까지의 미혼자)"로 제한하고 있다. 그러나 『매일신보』 1945년 1월 24일 자 1면과 1월 26일 자 2면에 경성부가 게재한 광고에는 "여자정신대를 모음"이라는 제목으로 자격을 "국민학교 수료 정도, 연령 13세 이상 21세까지의 여자"라고 규정하고 있다.

이러한 기록은 근로정신대 희생자들의 증언에서 볼 수 있는 실제 상황과 대체로 일치하나, 물론 다른 점도 많다. 이 기록과 경험자들의 증언을 종합해 보면, 다음의 몇 가지로 동원대상의 특징을 정리할 수 있다. 첫째, 농촌 여성과 공장 노동자 및 기타 현재 노동을 하고 있는 여성을 제외하고 대체로 도시의 유한 여성을 대상으로 했다. 둘째, 나이 어린 미혼 여성으로 나이는 대략 13세부터 22세 정도까지로 볼 수 있으나 점차 나이 폭이 커졌고, 실제로 나이에 상관없이 동원이 이루어졌다는 것을 알 수 있다. 셋째, 국민학교 고학년 이상의 학력 소유자를 선호했다. 이것은 일단 그 이하의 학력 소유자들이 대체로 이미 노동을 하고 있다는 이유에서이기도 하지만, 다른 한편 일본의 공장에서 일하는 데 지장이 없는 일본어 능력을 필요로 한 것과, 후에 볼 수 있는 대로 황민화 교육이 더욱 쉬운 계층을 찾았다는 점을 말하기도 한다. 그러나 이러한 동원목적에도 불구하고 다른 가정에서 심부름을 하다가 정신대에 지원한 경우에 대한 보도나(『매일신보』, 1944. 10. 6), 식모인 친구와 같이 지원해 갔다고 한 피해자 증언에서(여순주, 1944: 67) 학력에 상관없이 동원이 이루어진 것을 볼 수 있다. 넷째, 중류계급 이상을 동원하고자 했으나(『매일신보』, 1943. 10. 7), 실제로는 국민학교 재학생 또는 졸업생 중 가난하거나 독립운동 등으로 약점을 가진 가정의 여성이 동원되었다.

### 3) 여자근로정신대의 동원

형식적으로 근로정신대의 동원은 관 알선, 모집, 학교를 통한 동원 및 강제의 범주로 나눌 수 있다. 뒤의 자세한 논의에서 볼 수 있는 대로, 이러한 동원방식들은 앞서 본 전체적인 노동력 동원의 경우와 마찬가지로 강제의 형태가 다소 다를 뿐, 전반적으로 관에 의한 강제동원이었다. 그러나 전체적인 노동력 동원에서처럼 모집에서 관 알선, 징용의 순서로 시기에 따라 강제력이 점차 강해지는 방향으로 이루어진 것이 아니라, 전쟁 말기의 완전한 강제동원 전에는 대체로 여러 방식이 서로 분간하기 힘들게 섞여 강제력을 가지고 동시에 이루어지는 양상을 보였다.

#### (1) 관 알선

가장 먼저 이루어지기 시작한 동원방식은 관 알선 동원이었다. 관 알선이란 "행정조치에 의해 노무에 적합하다고 인정되는 사람에게 지도를 행해 노무에 출동할 것을 권장하는 것"이다(國民總力朝鮮聯盟, 1944: 12). 앞서도 인용한 대로, 총독부 관계자는 조선에서는 여자정신근로령이 공포되기 전부터 여자정신대를 전부 관의 지도알선에 의해 동원했으며, 앞으로도 관의 지도알선에 의해 동원할 예정이라고 밝혔다(國民總力朝鮮聯盟, 1944: 66). 근로정신대 피해자들의 많은 수가 동네 구장, 반장, 면서기들이 집집을 돌며 정신대에 나가야 한다고 하여 가게 되었다고 증언했다. 어떤 경우에는 정신대에 나가지 않으면 가족 전체에 위험이 있을 것이라는 등의 협박이 수반되기도 했다(여순주, 1944: 67). 관 알선방식은 일제강점기 말까지 계속된 것으로, 여자근로정신대 동원에서 가장 널리 사용된 방식으로 보인다.

### (2) 모집/지원

여자근로정신대원을 모집한다는 광고가 신문의 광고나 기사를 통해서 이루어졌는데, 그 모집의 주체는 경성부, 인천부, 경기도 노무과 등의 총독부 부서였다. 여자정신근로령이 공포된 후에는 모집기관이 구청(區役所), 경찰서 등으로 확대되었다(여순주, 1944: 71-72). 모집주체가 조선총독부라는 점은 앞서 논의한 전체적인 노동력 동원에서의 모집방식과는 근본적으로 다르다는 것을 보여준다. 이들 부서에서는 모집대상의 조건과 모집마감일을 밝히고, 근로정신대의 내용과 일할 공장에 관한 선전을 하고 지원자를 받았다. "근로정신대는 일반이 오해하고 있는 여자들의 징용과는 전혀 그 성질을 달리하는 것으로, 본인은 물론 부형들의 타오르는 황국적 성의 발로로서 자진하여 여성으로서도 자기 힘을 국가의 중요한 업무에 바친다는 것으로…"(『매일신보』, 1944. 6. 3) 일할 공장은 매우 훌륭하여 "회사에 첫발을 들여놓을 때 그 회사의 굉장함과 공장시설의 규모가 큰 것, 또… 공장과 회사 구내가 깨끗하고 정결하여… 모든 것이 규율있다…"(『매일신보』, 1944. 10. 28)고 선전하여, 지원자가 많이 몰렸다고 한다(『매일신보』, 1944. 6. 12).

### (3) 학교 · 단체를 통한 동원

1943년 10월 총독부 사정국 노무과장은 여자근로정신대의 동원을 위해 출신학교 교장에게 적극 알선을 도모하도록 위탁할 것이며,

애국반, 부인단체, 기타 국민총력조선연맹과 관계가 깊은 단체를 활용할 것이라고 발표했다(『매일신보』, 1943. 10. 7). 『매일신보』에 최초의 여자정신대라고 소개된 평양여자정신대의 경우 평양의 각 지역별로 있는 여자청년대를 단위로 조직되었다고 했으며(『매일신보』, 1944. 4. 19), 정신대 피해자의 많은 수가 학교의 담임선생이나 교장의 권유를 받고 정신대에 가게 되었다고 보고했다. 보고에 의하면, 대체로 담임선생이 경제적 또는 정치적으로 취약한 가정의 학생을 반에서 한두 명씩 불러 정신대에 나갈 것을 종용했다. 이 시기 학교 교사의 권위와 학교가 국민총력조선연맹 등의 동원단체에 포괄되어 있던 상황을 생각하면, 이것은 강제와 다름없었다는 것을 알 수 있다. 학교를 통한 동원의 경우 해당 학교의 학적부에 근로정신대로 나갔다는 기록이 있어 확인이 용이하다.

#### (4) 강제연행

위의 동원방식이 실질적으로는 강제의 성격을 띠나, 형식적으로는 설득이나 지원, 부형의 승락 등의 절차를 가졌던 것에 비해, 일제 말기에 가서는 완전한 강제동원이 행해졌던 것으로 보인다. 기록에서는 발견되지 않으나 피해자들의 증언에 의하면, 1945년 8월에 이르면 도시나 농촌의 곳곳에서 아무런 절차 없이 관리나 경찰에 의해 동원이 이루어졌던 것으로 보인다.

### 4) 여자근로정신대의 동원지역

여자근로정신대가 동원되어 간 곳은 대체로 공장으로서 조선

내, 일본 및 만주 등의 지역으로 보인다. 지금까지 가장 많이 밝혀진 곳은 일본의 군수공장이다. 도야마 현 후지코시 공장의 경우, 1945년 5월 말 현재 1,089명의 조선인 여자근로정신대원이 있었다고 기록되어 있으며(不二越鋼材工業株式會社, 1953: 35), 미츠비시 나고야 항공기제작소에도 종전 시 272명의 조선인 여자근로정신대원이 있었다고 한다(『美國戰略爆擊調查團報告書』第16卷, 「三菱重工業會社」; 여순주, 1994: 78). 이 밖에 일본의 다른 지역과 만주 지역 및 국내 여러 지역으로도 여자근로정신대가 동원되어 갔다. 앞서 논의한 대로 평양의 여자정신대는 평양 지역의 ○○창으로 동원되었으며, 피해자 중 광주의 종연(鍾淵)방직공장으로 동원되었다고 증언한 사람이 있다. 국내 여자근로정신대가 어느 정도 어떤 공장으로 동원되었는지에 대해서는 정확한 정보를 찾기 힘들다.

한국정신대문제대책협의회에 신고한 일본군 위안부 피해자 중 근로정신대로 동원되었다가 남양군도의 일본군 위안소로 연행되었다고 증언한 사람이 있으며, 마찬가지로 근로정신대로 동원되었다가 일본의 군위안소로 연행되어 갔다고 증언한 사람이 있다. 이 부분에 관해서는 보다 면밀한 조사가 이루어져야 할 것이다.

### 5) 여자근로정신대의 이동 · 훈련 · 생활 · 노동의 실상

근로정신대 피해자들은 강제로 동원된 후, 더욱 철저한 감시와 통제하에 놓였다.

### (1) 이동

동원된 소녀들은 대체로 학교에서 해 주는 송별회나 부나 도에서 마련하는 장행회(壯行會)(『매일신보』, 1944. 6. 14; 7. 4) 등의 절차를 거쳤다. 일본으로 동원된 사람들의 경우 해당 면, 군, 도 등의 지방 관리, 학교 교사나 교장, 일본의 회사 측 사람 등의 인솔로 부산이나 여수까지 와서 회사 측에 인계되었다. 거기서 연락선이나 군함을 타고 시모노세키에 도착하여 다시 기차를 타고 목적지 공장에 도착했다. 이 과정에서 개인의 자유는 허용되지 않았으며, 도망이나 이탈은 불가능했다.

### (2) 정신훈련

이들은 공장에 도착하여 집단훈련을 받았다. 훈련은 정신훈련과 작업훈련으로 나뉜다. 정신훈련은 황민화 교육과 군대식 명령에 익숙해지도록 하는 훈련을 포함한다. 훈련의 내용과 기간은 공장과 시기에 따라 다르다. 도야마 후지코시 공장의 경우 집단훈련의 기간이 6개월이나 되었는데, 처음 2개월은 황민화 교육과 단체행동의 훈련이었고, 다음 4개월은 취업보도훈련이었다. 처음 정신훈련기간은 주로 강의를 듣는 것으로 진행되었는데, 그 내용은 '왜 우리는 여기까지 와서 일하나, 왜 대동아전쟁을 계속하나, 왜 우리는 이기지 않으면 안 되나' 등에 관한 것이었다(『매일신보』, 1944. 10. 31).

노동을 하면서도 아침 일찍 아침배례와 황국신민서사를 외우는 것으로 하루 일과를 시작했고, 자기 전 다시 신(神明)을 배례했다(『매일신보』, 1944. 10. 30).

나고야 미츠비시 비행기 군수공장으로 떠나는 조선인 여자근로정신대원들 (1944. 6)

### (3) 기숙사생활

일본으로 동원된 여성들은 출신 지역별로 기숙사에 합숙하게 되었는데, 후지코시 공장에서는 한 방에 10-11명씩 들어갔고(『매일신보』, 1944. 10. 13), 남자들의 기숙사와는 떨어져 있었다고 한다(『매일신보』, 1944. 9. 5). 기숙사에는 동원된 여성들 외에 요장, 교도, 중대장, 요모(僚母)가 있는데, 이들 중 요장과 중대장은 남자였다고 한다(『매일신보』, 1944. 10. 30). 이들은 기숙사생활을 통제·감독하는 한편, 기숙사생들 중 분대장과 소대장을 뽑아 동료들을 감시하도록 했다(佐佐木正制, 1942. 여순주, 1994: 82에서 재인용). 기숙사에서 몰래 나가거나 엄격하게 짜여진 하루 일정[12]에 따른 생활에서 벗어나면 혹독

12 아침 5시 기상, 청소, 옷갈아입기, 세수; 5시 40분 점호, 체조; 6시 30분 배례, 황국신민서사 외우기, 식사; 6시 50분 공장 출동; 7시-오후 5시 노동, 기계도구 정리; 5시 20분 기숙사로 돌아옴, 목욕, 식사; 7시 40분 청소, 점호, 배례, 취침(『매일신보』, 1944. 10. 29).

한 벌이 가해졌다.

식사는 훌륭했다고 선전되었으나, 실제로 피해자들은 모두 한결같이 몹시 배가 고팠다고 증언했다.[13]

### (4) 노동

하루 노동시간은 10시간에서 12시간이었고, 작업복을 입고 했다. 휴식시간이 거의 없고 아파도 쉬지 못했다고 한다. 출근율이 96-100%였다는 기록(『매일신보』, 1944. 10. 30)은 통제가 얼마나 심했는가를 말해 준다. 피해자 증언에 따르면, 반장이라고 불리는 일본 남자가 감독을 하며, 성적이 나쁘면 혼이 나고 좋으면 표창장을 주기도 했으며, 열심히 일하면 여학교 졸업장을 받는다고 유인하기도 했다(여순주, 1994: 93-95). 강도 높은 노동 때문에 부상과 사망이 적지 않았다(『매일신보』, 1944. 12. 7; 12. 20; 1945. 6. 7 등). 이러한 상황 속에서 임금은 거의 지불되지 않았으며, 강제저금 등의 명목으로 지불되지 않은 임금의 반환요구가 지금까지 이어지고 있다.

공장노동 외에 공장을 돌면서 무용이나 노래를 했다는 증언도 있으며, 낮에는 노동하고 밤에는 군위안부 일을 했다는 피해자도 있다. 엄격한 통제하에서도 성적 피해를 당한 사람이 대다수이며, 공장을 견학한 후 군위안소로 간 경우도 있고, 공장이 폭격으로 파괴된 후 군위안소로 실려 갔다고 한 증언도 있다. 증언의 신빙성은 면

---

13 전 위안부 피해자 김덕경은 근로정신대로 도야마 현 후지코시 공장에서 일하던 중 배가 고파 도망치다가 잡혀서 군위안소로 끌려가게 되었다고 증언했다(김미현, 2008: 127-129).

밀히 검토해야 하지만, 근로정신대의 노동과 일본군 위안부로서의 성의 착취 사이에 어느 정도 중첩된 부분이 있었던 것은 사실이다.

## 4. 맺음말

일제 시기 여성 노동력의 수탈에 관해서는 아직 알려지지 않은 부분이 많다. 특히 당시 사람들에게 성과 노동의 착취에 사용된 제도의 대명사로서 각인되어 있는 여자정신대에 관해서는 더욱 희미하기만 하다.

법령이나 제 방침에서 볼 수 있는 것은, 여성 노동력을 가급적 중산층 이상의 학력 있는 여성층에서 동원하고자 한 점이다. 이것은 마치 황민화의 정도를 높일 목적으로 중산층 이상에서 남성을 병력으로 동원하려던 것과 유사하다. 그러나 실제로 이 계급적 측면은 별로 의미가 없다. 중산층 이하의 여성은 대부분 농촌 여성과 도시의 노동 여성으로 구성되어 있어 이미 노동력으로 동원된 상태였고, 이들에 대해서도 노동의 강화라는 형태로 수탈이 이루어지고 있었던 것이다. 또한 병력 동원이 사실상 계층구분 없이 확대되었던 것과 마찬가지로, 여성의 노동력 동원도 계층구분 없이 확대되었기 때문이다.

여성의 동원이 전체 민족 동원의 맥락에서 이루어진 것은 사실이나, 남성 노동력 동원과 다른 특성을 나타내기도 했다. 일본의 경우에는 전시 여성 동원과 모성보호를 둘러싼 논쟁을 볼 수 있다. 조선에서도 여성 동원 노동의 특성을 규정한다든지, 모성보호의 시각을 보이는 점도 있었지만, 특별히 그 점을 배려했다는 증거를 찾기는 힘들다. 오히려 여성 노동력 수탈 과정에서 종종 성적 피해가 수반되었다는 점에 주목할 필요가 있다. 그것은 여성 노동력 수탈의 성격을 규정하는 데 매우 중요하다.

# 참고문헌


강만길, 1993, 「일본군 성노예문제의 역사학적 접근」, 1993년 12월 제2차 日本の戰爭責任資料センター·한국정신대문제대책협의회 공동 심포지엄 발표논문.

강만길, 1997, 「일본군위안부의 개념과 호칭문제」, 한국정신대문제대책협의회 편, 『일본군 '위안부' 문제의 진상』, 역사비평사.

강선미·야마시타 영애, 1993, 「천황제 국가와 성폭력」, 한국여성학회 편, 『한국여성학』 제9집.

강성현, 2016, 「일본군 '위안부' 미국 자료 발굴현황과 과제」, 『일본군 '위안부' 연구성과와 과제』, 동북아역사재단 국제학술회의 자료집.

강정숙, 1993, 「일제말(1937-1945) 조선여성정책」, 한림대학교 아시아문화연구소, 『아시아문화』 제9호.

강정숙, 1997, 「일본군위안소의 지역적 분포와 그 특징」, 한국정신대문제대책협의회 편, 『일본군 '위안부' 문제의 진상』, 역사비평사.

강정숙, 2010, 「일본군 '위안부'제의 식민성 연구: 조선인 '위안부'를 중심으로」, 성균관대학교 사학과 박사학위논문.

국회 일본군 위안부 문제 연구모임, 1998, 『아시아의 여성인권: 무력갈등과 성폭력』, 심포지엄 자료집.

김대상, 1978, 「일제하 여자정신대의 비극」, 『신동아』 4월호.

김미현, 2008, 「'조선여자근로정신대' 방식에 의한 노무 동원에 관한 조사」, 일제강점하 강제동원피해진상규명위원회.

김민영, 1995, 『일제의 조선인 노동력 수탈 연구』, 한울아카데미.

김성례, 1994, 「구술사: 여성지 방법론」, 한국여성학회 워크숍 자료.

김윤미, 2008, 「총동원체제와 근로보국대를 통한 국민개로: 조선에서 시행된 근로보국대의 초기 운용을 중심으로(1938-1941)」, 한일민족문제학회, 『한일민족문제연구』 14.

김은실, 1994, 「민족담론과 여성」, 한국여성학회 편, 『한국여성학』 제10집.

김창록, 2015, 「식민지 지배의 책임: 한국으로부터의 발신」, 한국여성인권진흥원 주최 광복 70주년 기념 국제학술심포지엄 〈전쟁과 폭력의 시대, 다시 여성을 생각한다〉

발표논문.
남상구, 2014, 「일본 정부의 고노담화 검증 결과 보고에 대한 비판적 검토」, 동북아역사재단 〈고노담화 검증 관련 긴급토론회〉 발표논문.
다카기 겐이치, 1992, 「일본의 '전후보상'에 대해서」, 기독교여성평화연구원 편, 『평화를 만드는 여성』 제12호.
다카기 겐이치, 최용기 역, 1995, 『전후보상의 논리』, 한울.
다카하시 기쿠에, 1992, 「일본에서의 활동」, 한국정신대문제대책협의회, 『정신대문제 아시아연대회의 보고서』.
대일항쟁기강제동원피해조사및국외강제동원희생자등지원위원회, 2011, 「전시하 일본지역의 '기업위안소'와 조선인 '기업위안부'에 대한 진상조사」.
도널리, 잭, 1996, 「인권개념의 보편성과 아시아적 가치」, 『사상: 동아시아의 성장과 인권』 겨울호, 사회과학원.
도츠카 에츠로, 2015, 「일본군위안부문제의 해결을 위한 역사와 법의 과제」, 동북아역사재단 주최 광복 70주년 기념 한중일 국제학술대회 〈일본군위안부문제의 해결을 위한 역사적 과제와 전망〉 발표논문.
동북아역사재단, 2014, 『고노 담화 검증 관련 긴급토론회 자료집』.
藤原彰, 엄수현 역, 1994, 『일본군사사』, 시사일본어사.
마루야마 마사오·H. D. 하루투니언, 1996, 「서문」, H. D. 하루투니언·마사오 미요시 편, 곽동훈 외 역, 『포스트모더니즘과 일본』, 시각과 언어.
마츠이 야요리, 김선미 역, 2014, 『사랑하라 분노하라 용기 있게 싸워라』, 한국문학.
Mahissaya, Somkid, 1992, 「타이-버마 철로의 노역 근로대와 위안부」, 한국정신대문제대책협의회, 『정신대문제 아시아연대회의 보고서』.
McCormack, Gavan, 1997, 「일본 '자유주의사관'의 정체」, 『창작과비평』 98, 창작과비평사.
McDougall, Gay J., 조시현 역, 1998a, 「맥두갈 보고서: 무력충돌 중의 체계적 강간, 성노예제와 노예제와 다름없는 관행(1)」, 민변, 『민주화를 위한 변론』 10월호, 제24호.
McDougall, Gay J., 조시현 역, 1998b, 「맥두갈 보고서: 무력충돌 중의 체계적 강간, 성노예제와 노예제와 다름없는 관행(2)」, 민변, 『민주화를 위한 변론』 11/12월호, 제24호.
朴慶植, 1981, 『朝鮮問題資料叢書』 第2卷.
박경식, 1986, 『일본제국주의의 조선지배』, 청아.
박두석, 1977, 「포로 없는 전쟁」, 『실록 민족의 저항 3』, 한샘출판사.
박명옥, 1998. 8. 20, 「한국정신대문제대책협의회 공동대표 리효재, 윤정옥 선생 앞」,

종군위안부 및 태평양전쟁 피해자보상대책위원회 부위원장 박명옥.

박용옥, 1984, 『한국근대여성운동사연구』, 한국정신문화연구원.

박원순, 1993, 「정신대문제의 본질과 해결방안」, 미발표논문.

박원순, 1995. 2, 「종군위안부문제와 강제노동조약」, 한국노총세미나 발표논문.

박원순, 1997, 「일본군위안부문제 해결의 전망」, 한국정신대문제대책협의회 편, 『일본군 '위안부' 문제의 진상』, 역사비평사.

박정애, 2009, 「일제의 공창제 시행과 사창 관리 연구」, 숙명여자대학교 사학과 박사학위논문.

박정애, 2010, 「일제시기 인신매매의 구조와 성격」, 한일관계사연구논집 편찬위원회 편, 『한일관계사연구논집 19: 한일 역사교과서 서술의 이념』, 경인문화사.

박정애, 2015, 「피해실태를 통해 본 일본군'위안부'의 개념과 범주 시론」, 『사학연구』 120.

박정애, 2016, 「조선총독부의 성병예방정책과 〈화류병예방령〉」, 『사림』 55.

박현옥, 1994, 「여성, 민족, 계급」, 한국여성학회 편, 『한국여성학』 제10집.

박홍규, 1991, 『한국과 ILO』, 형성사.

반민족연구소, 1994, 『청산하지 못한 역사 2』, 청년사.

반 보벤, 테오, 1986, 「인권의 분류기준」, 카렐 바삭 편, 박홍규 역, 『인권론』, 실천문학사.

방선주, 1992, 「미국자료에 나타난 한인 '종군위안부'의 고찰」, 국사편찬위원회, 『국사관논총』 제37집.

방선주, 1997, 「일본군위안부의 귀환: 중간보고」, 한국정신대문제대책협의회 편, 『일본군 '위안부' 문제의 진상』, 역사비평사.

백재예, 2016, 「아시아태평양 전쟁기 연합국의 일본군위안부 인식에 관한 연구: ATIS, NEFIS 심문보고서를 중심으로」, 서울대학교 사회학과 석사학위논문.

白戶仁康, 1992, 「제2차세계대전기 美唄탄광: 조선인문제를 중심으로」, 일제36년사연구소 편, 『조선인 강제연행에 관한 국제심포지엄: 北海道 지역을 중심으로』.

산초, 넬리아, 1992, 「아시아연대회의에 부치는 서신」, 한국정신대문제대책협의회, 『정신대문제 아시아연대회의 보고서』.

杉原泰雄, 석인선 역, 1995, 『인권의 역사』, 한울.

서울대학교 여성연구소·캘리포니아 리버사이드 대학교 공동 연구, 2002, 『강제동원기 기업위안부에 관한 연구』, 여성부.

서울대학교 인권센터 일본군위안부 미국자료 조사 해제팀, 2016, 『강제동원과 인권: 일본군위안부관계 미국자료 조사 및 해제』.

서현주, 2015, 「일본군위안부 동원의 식민지적 특성: 소개영업취체규칙을 중심으로」, 동북아역사재단 주최 광복 70주년 기념 한중일 국제학술대회 〈일본군위안부 문제의 해결을 위한 역사적 과제와 전망〉 발표논문.
센다 가코오, 이송희 역, 1991, 『종군위안부』, 柏書房.
송연옥, 1998, 「일제 식민지화와 공창제 도입」, 서울대학교 국사학과 석사학위논문.
市原博, 1992, 「전시하 조선인 탄광노동의 실태: 보론」, 일제36년사연구소 〈조선인 강제연행에 관한 국제심포지엄〉 발표논문.
신경아, 1985, 「한국의 수출지향적 공업화와 여성노동」, 서울대학교 사회학과 석사학위논문.
신영숙, 1989, 「일제하 한국여성사회사연구」, 이화여자대학교 사학과 박사학위논문.
신영숙·조혜란, 1996, 「일제시기 조선인 군위안부의 실태 및 특성에 관한 연구」, 한국정신대연구회 편, 『한일간의 미청산 과제』, 아세아문화사.
신혜수, 1994, 「민족주의와 페미니즘: 일본군위안부 문제를 통해 본 그 결합과 긴장」, 한국여성학회 추계학술대회 발표논문.
신혜수, 1997, 「일본군 위안부 문제 해결을 위한 국제활동의 성과와 과제」, 한국정신대문제대책협의회 편, 『일본군 '위안부' 문제의 진상』, 역사비평사.
심영희, 2001a, 「2000년법정은 아직 끝나지 않았다」, 『여성과 사회』 제12호.
심영희, 2001b, 「최종판결 및 국제회의 보고」, 한국정신대문제대책협의회 편, 『2000년 일본군성노예전범 여성국제법정 보고서』.
아시아태평양전쟁희생자유족회, 1999. 5. 1, 「업무연락사항」.
안병직 번역·해제, 2013, 『일본군위안소 관리인의 일기』, 이숲.
야마시타 영애, 1992, 「한국 근대공창제 실시에 관한 연구」, 이화여자대학교 여성학과 석사학위논문.
야마시타 영애, 1997, 「일본군 위안부 문제 관련 활동 연표」, 한국정신대문제대책협의회 편, 『일본군 '위안부' 문제의 진상』, 역사비평사.
야마시타 영애, 1999, 「한국의 위안부 문제와 민족주의」, 강덕상·정진성 외, 『근·현대 한일관계와 재일동포』, 서울대학교출판부.
엄광섭, 1946. 2, 「귀환일기」, 『우리문학』 창간호.
에반스, 리차드, 정현백 외 역, 1997, 『페미니스트』, 창작과비평사.
여성평우회 편, 1985, 『제3세계 여성노동』, 창작과비평사.
여순주, 1994, 「일제말기 조선인 여자근로정신대에 관한 실태연구」, 이화여자대학교 여성학과 석사학위논문.
여순주, 1997, 「군위안부 생활에 관한 연구」, 한국정신대문제대책협의회 편, 『일본군

'위안부' 문제의 진상』, 역사비평사.
요시다 세이지, 현대사연구실 역, 1989, 『나는 조선 사람을 이렇게 잡아갔다』, 청계연구소.
요시미 요시아키, 1993. 12, 「종군위안부 문제의 역사학적 구명」, 일본전쟁자료센터·한국정신대문제대책협의회 공동심포지엄 발표논문.
요시미 요시아키, 이규태 역, 1998, 『일본군 군대위안부』, 소화.
요시미 요시아키, 남상구 역, 2013, 『일본군'위안부', 그 역사의 진실』, 역사공간.
요코다 유이치, 2001, 「민사재판에서 본 2000년 일본군성노예 전범 여성국제법정」, 한국정신대문제대책협의회 2000년일본군성노예전범여성국제법정법률위원회 편, 『일본군위안부문제에 대한 법적 해결의 전망』, 풀빛.
유광렬, 1943. 11, 「決戰國內態勢의 강화」, 『조광』.
유타카 슈이치, 2015, 「위안부 문제와 일본의 미디어 상황을 생각하다: 신문기자의 관점에서」, 서울대학교 아시아연구소 〈위안부문제와 전후 일본〉 발표논문.
윤명숙·최민순 역, 2015, 『조선인 군위안부와 일본군위안소제도』, 이학사.
윤영모, 1999, 「민주노총, ILO총회 참가보고서」.
윤정옥, 1991, 「정신대, 무엇이 문제인가」, 한국정신대문제대책협의회 편, 『정신대문제 자료집 I』.
윤정옥, 1992, 「정신대 원혼서린 발자취 취재기」, 한국정신대문제대책협의회 편, 『정신대문제자료집 I』.
윤정옥, 1997, 「조선식민정책의 일환으로서 일본군 위안부」, 한국정신대문제대책협의회 편, 『일본군 '위안부' 문제의 진상』, 역사비평사.
윤택림, 1994, 「민족주의담론과 여성」, 『한국여성학』 제10집.
이나영, 2015, 「민족주의와 젠더: 도전과 변형을 위한 이론적 지형도 그리기」, 『한국여성학』 31(2).
이만열, 1997, 「일본군 위안부 정책형성의 조선측 역사적 배경」, 한국정신대문제대책협의회 편, 『일본군 '위안부' 문제의 진상』, 역사비평사.
이상화, 1993, 「군위안부 경험에 관한 연구」, 이화여자대학교 여성학과 석사학위논문.
이승희, 1990, 「인간해방·여성해방을 향한 80년대 여성운동」, 조희연 편, 『한국사회운동사』, 죽산.
李如星·金世鎔, 1931, 『數字朝鮮硏究 第1輯』, 世光出版.
李如星·金世鎔, 1933, 『數字朝鮮硏究 第4輯』, 世光出版.
이정선, 2015, 「일제의 內鮮結婚 정책」, 서울대학교 국사학과 박사학위논문.
이정옥, 1990, 「일제하 공업노동에서의 민족과 성」, 서울대학교 사회학과 박사학위논문.

이효재, 1976,「일제하의 한국여성노동문제」,『한국학보』4.

이효재, 1989,『한국의 여성운동』, 정우사.

이효재, 1997,「일본군 위안부 문제 해결을 위한 운동의 전개과정」, 한국정신대문제대책협의회 편,『일본군 '위안부' 문제의 진상』, 역사비평사.

임종국 편역, 1981,『정신대』, 일월서각.

장완익, 2001,「2000년 일본군 성노예 전범 여성국제법정에서 남북공동기소장이 갖는 의의」, 한국정신대문제대책협의회 2000년일본군성노예전범여성국제법정법률위원회 편,『일본군위안부문제에 대한 법적 해결의 전망』, 풀빛.

장태한, 2003,「필리핀에서의 일본군위안소 운영과 조선인 성노예: 미연방정부기록보존소 자료에 근거하여」,『일본군위안부문제에 관한 국외자료조사 연구(II)』, 여성부.

전성현, 2015,「전시체제기 학교 隊조직의 변화와 집단 노동력 동원: 조선총독부의 학생 동원정책을 중심으로」,『石堂論叢』62, 동아대학교 석당학술원.

정재철, 1985,『일제의 대한국식민지교육정책사』, 일지사.

정진성, 1987,「계급으로서의 민족공동체: 일제시기의 재일조선인 사회를 중심으로」,『현대자본주의와 공동체이론』(최홍기 교수 회갑논문집), 한길사.

정진성, 1988,「식민지 자본주의화 과정에서의 여성노동의 변모」, 한국여성학회 편,『한국여성학』제4집.

정진성, 1994,「일본군위안부정책의 본질」, 한국사회사연구회 편,『한말 일제하의 사회사상과 사회운동』한국사회사연구회논문집 제42집, 문학과 지성사.

정진성, 1995,「청산되지 못한 식민지 시기의 부채, 정신대: 일본정부와 여론의 대응을 중심으로」, 사회과학연구소 편,『일본평론』제10집, 을지서적.

정진성, 1996a,「여성억압기제의 전통과 근대」,『창작과비평』94.

정진성, 1996b,「일본의 외국인운동」,『사회과학연구』제3권, 덕성여자대학교 사회과학연구소.

정진성, 1997a,「일본군 위안소 정책의 수립과 전개」, 한국정신대문제대책협의회 편,『일본군 '위안부' 문제의 진상』, 역사비평사.

정진성, 1997b,「일본여성운동의 사회통합적 성격」, 한국사회사학회 편,『사회와 역사』제51집.

정진성, 1997c,「일제시기 여자근로정신대의 실상」, 한국정신대연구회 편,『한일간의 미청산 과제』, 아세아문화사.

정진성, 1998a,「일본의 평화운동: 군위안부문제의 해결을 위한 운동을 중심으로」, 서울대학교 국제지역원,『국제지역연구』제7권, 제1호.

정진성, 1998b, 「일본의 신민족주의 운동: 자유주의사관운동을 중심으로」, 서울대학교 국제지역원, 『국제지역연구』 제7권, 제3호.

정진성, 1998c, 「군위안부 강제연행에 관한 연구」, 한국정신문화연구원 편, 『정신문화연구』 제21권, 제4호(통권 73호).

정진성, 1999, 「한국 가부장제의 변화와 여성의 주체 형성」, 김일철 외, 『한국사회의 구조론적 이해』, 마르케.

정진성, 2000, 「인권의 보편성과 특수성」, 한국인권재단, 『21세기의 인권』, 한길사.

정진성, 2001a, 「2000년 일본군 성노예 전범 여성국제법정의 배경과 의의」, 『여성과 사회』, 창작과비평사.

정진성, 2001b, 「국제노동기구(ILO)에의 문제제기의 구조: 강제노동조약(ILO Convention 29)/전문가위원회를 통한 군위안부문제 제기」, 서울대학교 국제지역원, 『국제지역연구』 제10권, 제1호(봄호).

정진성, 2001c, 『현대일본의 사회운동론』, 나남.

정진성, 2003, 「인권규범의 국제화: UN인권소위원회에서의 일본군위안부문제」, 화양 신용하 교수 정년기념논총간행위원회 편, 『한국사회발전연구』, 나남.

정진성, 2015, 「일본군위안부제도의 식민지성」, 여성가족부, 한국여성인권진흥원 주최, 광복 70주년 기념 국제학술심포지엄 〈전쟁과 폭력의 시대, 다시 여성을 생각하다〉 발표논문.

정진성·조성윤, 1994, 「조선족의 중국 유이민사: 일제시기 만주 이민을 중심으로」, 한국정치외교사학회 편, 『동남아질서의 형성과 변동』, 과학정보사.

정현백, 1998, 「지구화, 민족주의 그리고 한국의 페미니즘」, 한국여성연구소 심포지엄 〈위기 시대의 여성의 삶과 한국의 페미니즘〉 발표논문.

정혜경, 2003, 『일제말기 조선인 강제연행의 역사: 사료연구』, 경인문화사.

조세영, 2014, 『한일관계50년 갈등과 협력의 발자취』, 대한민국역사박물관.

조세영, 2015, 「일본군위안부문제의 외교적 대응 경위와 향후 대처방향」, 동북아역사재단, 『무라야마 전 총리와 함께 일본군위안부문제를 생각한다』.

조윤수, 2014, 「일본군 '위안부' 문제와 한일관계: 1990년대 한국과 일본의 대응을 중심으로」, 『한국정치외교사논총』 제36집, 제1호.

조은·윤택림, 1995, 「일제하 신여성과 가부장제」, 『광복50주년 기념 논문집』, 학술진흥재단.

조주현, 1996, 「여성 정체성의 정치학: 1980-1990년대 한국 여성운동을 중심으로」, 『한국여성학』 제12집, 제2호.

조효제, 2000, 『NGO의 시대』, 창작과비평사.

주성수·서영진, 2000, 『UN, NGO, 글로벌시민사회』, 한양대학교출판부.
최정무, 1999, 「유색여성주의와 식민후기 문제」, 서울대학교 여성학협동과정 창립기념 심포지엄 〈역사 속의 페미니즘, 우리 곁의 페미니즘〉 발표논문.
최종길, 2015, 「행정문서 재구성을 통해본 일본군 위안부제도의 성립과 운용」, 한일관계사학회, 『한일관계사연구』 51.
Chinkin, C. M., 장복희 역, 2001, 「2000년 일본군 성노예 전범 여성국제법정의 법률적 고찰」, 한국정신대문제대책협의회 2000년일본군성노예전범여성국제법정법률위원회 편, 『일본군위안부문제에 대한 법적 해결의 전망』, 풀빛.
쿠마라스와미, 라디카, 1996, 『전시 군성노예제 문제에 관한 UN 인권위원회 특별보고서』(『이미경 의원 의정자료집 1』, 1997).
한국노총, 1995a, 「ILO 사무총장 서한: 1995년 8월 11일」.
한국노총, 1995b, 「ILO 소위원회 한국노총의 위안부 진정 논의: 1995년 11월 11일」.
한국노총, 1996, 「제83차 ILO총회 보고서」.
한국 외무부 정신대문제실무대책반, 1992, 「일제하 군대위안부 실태조사 중간보고서」.
한국정신대문제대책협의회 편, 1991-1997, 『정신대문제자료집 I-V』.
한국정신대문제대책협의회, 2001, 「2000년 일본군 성노예 전범 여성국제법정: 약식판결문」, 『2000년 일본군 성노예 전범 여성국제법정 보고서』.
한국정신대문제대책협의회 20년사 편찬위원회, 2014, 『한국정신대문제대책협의회 20년사』, 한울.
한국정신대문제대책협의회·정신대연구회 편, 1993, 『강제로 끌려간 조선인 군위안부들 1』, 한울.
한국정신대문제대책협의회·정신대연구회 편, 1995, 『중국으로 끌려간 조선인 군위안부들: 50년 후의 증언』, 한울.
한국정신대문제대책협의회·정신대연구회 편, 1997, 『강제로 끌려간 조선인 군위안부들 2』, 한울.
한국정신대문제대책협의회·PCA한일변호인단, 1995, 「국제중재재판소(PCA) 제소를 위한 한일 변호인단 토론회 보고서: 일본군위안부 문제의 국제법적 해결을 위하여」.
한우성, 2000, 「미국에서 진행중인 일본군위안부 및 징용소송에 대한 보고서」, 『당대비평』 겨울, 제13호.
한정희, 1998, 「북해도 탄광에 끌려간 조선인 처녀들」, 『사회평론 길』 8월호.
한혜인, 2013, 「총동원체제하 직업소개령과 일본군위안부 동원: 제국 일본과 식민지 조선의 차별적 제도 운영을 중심으로」, 『사림』 제46호.

한혜인, 2015, 「일본의 남양군도 지배정책과 일본군위안부」, 2015년도 한국사학회 학술대회 발표문.

허수열, 1983, 「일제하 한국에 있어서 식민지적 공업의 성격에 관한 연구」, 서울대학교 경제학과 박사학위논문.

홉스, 제임스, 유병용 역, 1995, 『증언사 입문』, 한울아카데미.

홉스봄, E. J., 강명세 역, 1994, 『1780년 이후의 민족과 민족주의』, 창작과비평사.

후쿠시마 미즈호, 1992, 「재판투쟁에 관한 보고」, 한국정신대문제대책협의회, 『정신대문제 아시아연대회의 보고서』.

히가시자와 야스시, 2001, 「2000년 일본군 성노예 전범 여성국제법정의 국제형사재판소에 대한 기여」, 한국정신대문제대책협의회 2000년일본군성노예전범여성국제법정법률위원회 편, 『일본군위안부문제에 대한 법적 해결의 전망』, 풀빛.

『동아일보』, 『매일신보』, 『미주한국일보』, 『서울신문』, 『조선일보』, 『한겨레신문』, 『한국일보』.

KBS 다큐멘터리, 〈끌려간 소녀들 버마전선에서 사라지다〉, 2015. 8. 9.

MBC 뉴스데스크, 〈1944년 일본군이 한국 위안부를 집단 총살한 장면 사진과 기록〉, 1997. 8. 15.

광주지방법원, 광주지방법원 장흥지청, 대구복심법원, 대구지방법원, 대전지방법원 강경지청, 부산지방법원 밀양지청, 정주지방법원 등 판결문, 1938-1944.

加藤典洋, 1997, 『敗戰後論』, 講談社.

加瀨英明, 1997, 「21世紀のアジアと日本」, 『自由』 1月.

角田由紀子, 1989, 「性暴力と天皇制」, 鈴木裕子·近藤和子 編, 『女, 天皇制, 戰爭』, オリジンセンタ-.

江藤淳, 1998, 「日本第二の敗戰」, 『文藝春秋』 1月.

岡部直三郞, 1982, 『岡部直三郞 大將の日記』, 芙蓉書店.

康成銀, 1979, 「日帝下日本帝國主義下の朝鮮農村勞動力收奪政策」, 『歷史評論』 11月.

高橋喜久江, 1992, 「今日の賣買春問題」, 立川·女の暮らし聞き書きの會, 『つむぐ』 8號.

高木健一, 1992, 『從軍慰安婦と戰後補償』, 三一書房.

高木健一·小林英夫 外 編, 1993, 『香港と戰後補償』, 明石書店.

鑛山協會, 1940,『半島勞務者ニ關スル調査報告』.
教育總監部 編修, 1938,「戰時服務要綱」.
國民總力朝鮮聯盟, 1944,『國民徵用の解說』.
宮田節子, 1990,『朝鮮軍概要史』, 不二出版.
宮地正人, 1988,「政治史における天皇の機能」, 歷史學硏究會 編,『天皇と天皇制を考える』, 青木書店.
宮孝一, 1940,『朝鮮の勞動者』, 東都書籍.
近藤金刀一 編, 1961a,『太平洋戰下末期朝鮮政治』, 友邦協會(國學資料院 影印本, 1984).
近藤金刀一 編, 1961b,『太平洋戰爭下の朝鮮(5)』, 友邦協會(國學資料院 影印本, 1984).
琴秉洞, 1992,『戰場日誌にみる從軍慰安婦極秘資料集』, 綠陰書房.
今野取介, 1998,「慰安婦損害賠償判決を批判する」,『自由』7月.
吉見義明, 1992a,『從軍慰安婦問題』, 明石書店.
吉見義明, 1992b,『從軍慰安婦資料集』, 大月書店.
吉見義明, 1994a,「日本占領下和蘭領東インドにおけるオランダ人女性に對する强制賣春に關するオランダ政府調査報告」, 日本の戰爭責任資料センター,『季刊 戰爭責任硏究』第4號, 夏季號.
吉見義明, 1994b,「從軍慰安婦の送出と朝鮮總督府」, 日本の戰爭責任資料センター,『季刊 戰爭責任硏究』第5號, 秋季號.
吉見義明, 1995,『從軍慰安婦』, 岩波新書.
吉見義明, 2007,「日本軍慰安婦問題における强制性 再論」, 한국정신대연구소 주최 심포지엄 〈강제성이란 무엇인가〉(2007. 5. 4) 발표논문.
吉見義明·林博史 編著, 1995,『共同硏究: 日本軍慰安婦』, 大月書店.
吉田裕, 1996,「戰爭認識をめぐる國會論議, 4」,『季刊 戰爭責任硏究』第14號, 冬季號.
吉田淸治, 1977,『朝鮮人慰安婦と日本人』, 新人物往來社.
金富子, 1994,「從軍慰安婦問題-運動とその意味」, 原ひろ子 外 編,『ジェンダ』No. 2.
金靜美, 1980,「朝鮮農村女性に對する日帝の政策」,『朝鮮史叢』第3號.
金興坤, 1981,「怒りの海峽」,『季刊 人間雜誌』第7號.
南京戰史編輯委員會 編, 1989,『南京戰史資料集』, 皆行社.
南西太平洋地域聯合軍飜譯通譯課, 1943,「南西太平洋地域ATIS審問報告」通號 第40號.
內閣統計局, 1940,『國勢調査統計』.

大江志乃夫 編, 1988,『兵士からの日露戰爭-500通の軍事郵便から』朝日新書 349, 朝日新聞社.
道南女性史研究會, 1991,『道南女性史研究』第8號.
稻葉正夫 編, 1970,『岡村寧次大將資料』上卷 戰地回想篇, 原書房.
東洋經濟新報社, 1980,『昭和國勢總攬』, 東洋經濟新報社.
藤目ゆき, 1998,『性の歷史學』, 不二出版.
麻生徹男, 1939,「花柳病ノ積極的豫防法」.
賣買春問題ととりくむ會, 1996,「日本における賣買春·性的搾取反對活動」(ミニコミ).
木谷孝, 1969,『稻倉石鑛山人民の歷史』.
武田龍夫, 2001,「NHKの歷史認識を糾す」,『諸君』4月.
民族差別と鬪う連絡協議會, 1989,『在日韓國·朝鮮人の報償·人權法』, 新幹社.
朴慶植, 1975,「序文」, 朴慶植 編,『在日朝鮮人關係資料集成 1』, 三一書房.
兵庫朝鮮關係研究會, 1990,『地下工場と朝鮮人强制連行』, 明石書店.
北海道警察史編輯委員會, 1968,『北海道警察史』(二) 昭和編, 北海道警察本部.
北海道立勞動科學研究所, 1945,『北海道炭鑛統計資料集成 II. 勞動篇』.
北海道廳, 1903,『明治三十六年北海道廳現行布令便覽』.
北海道廳, 1928,『朝鮮人統計表』.
北海道炭鑛汽船株式會社, 1945,『昭和二十年度本店往復』.
北海道炭鑛汽船株式會社夕張鑛業所勞務部, 1945,『爭議關係』.
北海道炭鑛汽船株式會社七十年史編輯室, 1958,『北海道炭鑛汽船株式會社七十年史. 勤勞編: 自昭和十三年 至同二十年』.
不二越鋼材工業株式會社, 1953,『不二越25年』.
浜村幾三郎, 1987,『北斗七星から南十字星まで』, 讃文社.
山田昭次·古庄正·樋口雄一, 2005,『朝鮮人戰時勞動動員』, 岩波書店.
三菱高島鑛業所, 1953,『華人勞務者に關する調』.
三菱美唄炭鑛勞動組合文學部, 1954a,『炭鑛の生活史』.
三菱美唄炭鑛勞動組合文學部, 1954b,『炭鑛の生活史: 改訂版』.
上杉千年, 1992a,「警察OB大いに怒る」,『諸君』8月.
上杉千年, 1992b,「千田夏光著"從軍慰安婦"を斬る」,『月曜評論』9月.
上杉千年, 1992c,「總括·從軍慰安婦の狩りの作り話」,『自由』9月.
上杉千年, 1994,「國連·特別報告者への意見書」,『自由』5月.
上野千鶴子, 1996,「國民國家とジェンアー」,『現代思想』10月.
上野千鶴子, 1998,『ナシヨナリズムとジェンダ-』, 青士社.

上坂冬子, 1992,「新聞の‘従軍慰安婦’報道っておかしくありません」,『週刊ポスト』2月.

西岡力, 1992,「‘慰安婦問題’とは何だったのか」,『文藝春秋』4月.

西尾幹二, 2001a,「歪められた歴史教科書論爭」,『文藝春秋』5月.

西尾幹二, 2001b,「平和のなかのファシズム」,『諸君』11月.

西野留美子, 1992,「筑豊からの提言, 炭鑛慰安婦」, *MILE: Korean Information Magazine* Vol. 33.

西野留美子, 1995,『日本軍慰安婦に追いて』, マスコミ情報センタ－.

西田秀子, 2003,「戰時下北海道における朝鮮人勞務慰安婦の成立と實態: 强制連行との關係性 において」, 札幌女性史研究會,『女性史研究ほっかいどう』創刊號.

石原崩記, 1998,「戰後中國の對日論調の變遷」,『自由』8-12月.

小林英夫, 1975/1991,『大東亞共榮圈の形成と崩壞』, 御茶の水書房.

小俣行男, 1967,『戰場の記者』, 冬樹社.

市川靖人, 1989,『ああ海軍まか物語』, 万有社.

市村秀志, 1944,『工場讀本』, 京城書房.

植産銀行, 1944, 1947,『植銀調査月報』.

新美隆, 1994,「オランダ女性慰安婦强制事件に關するバタビア臨時軍法會議判決」, 日本の戰爭責任資料センタ-,『季刊 戰爭責任研究』第3號, 春季號.

申岩又·具斗潤, 1941,『始末書』, 三菱美唄鑛業所.

新井佐和子, 1992,「從軍慰安婦問題に思う」,『現代コリア』1月.

新井佐和子, 1992,「だれも書かなかった‘從軍慰安婦’問題の核心部分」,『週刊時事』2月.

深江誠子, 1989,「賣春制度と天皇制」, 鈴木裕子·近藤和子 編,『女, 天皇制, 戰爭』, オリジンセンタ-.

アジア太平洋戰爭韓國人犧牲者補償請求事件, 1992,『訴狀』第2版.

與黨戰後50年問題プロジェクト從軍慰安婦問題等小委員會, 1994,「いわゆる從軍慰安婦 問題 についての中間報告」(12. 7).

女性史總合研究會 編, 1982,『日本女性史』第 3, 4, 5卷, 東京大學出版會.

呂集團特務部, 1940,「呂集團特務月報」.

鈴木裕子, 1988,『フェミニズムと戰爭』, マルジュ社.

鈴木裕子, 1989a,「ヒロヒト氏と昭和史と女」, 鈴木裕子·近藤和子 編,『女, 天皇制, 戰爭』, オリジンセンタ-.

鈴木裕子, 1989b,『女性史を拓く 2』, 未來.

鈴木裕子, 1991a,「從軍慰安婦問題と日本女性」, 朝鮮人從軍慰安婦問題を考える會, 『挺身隊問題資料集 I』.
鈴木裕子, 1991b,『朝鮮人從軍慰安婦』, 岩波ブックレット, No. 229.
鈴木裕子, 1992,『從軍慰安婦·內鮮結婚』, 未來社.
永井和, 2005,「陸軍慰安所の創設と慰安婦募集に關する一考察」.
永井和, 2005,「日本軍の慰安所政策について」, 永井和 homepage (http://nagaikazu.la.coocan.jp/works/guniansyo.html).
伊藤隆 外, 2001,「日本獨立國家の氣槪を問う」,『諸君』11月.
日本公安調査廳, 1953,『在日朝鮮人の槪況』.
日本鑛山協會, 1940,『半島勞務者ニ關スル調査報告』.
日本內閣官房內閣外政審議室, 1992,『朝鮮半島出身のいわゆる從軍慰安婦問題のついて』(第1次報告書).
日本內閣官房內閣外政審議室, 1993,『いわゆる從軍慰安婦問題について』(第2次報告書).
日本內務省, 1940,「渡支那邦人暫定處理の件打合事項」.
日本內務省警報局, 1926-1942,『社會運動の狀況』.
日本內務省警報局, 1943-1944,『外事月報』.
日本內務省警報局, 1944,『特高月報』.
日本勞動科學研究所, 1943,『半島勞務者勤勞狀況ニ關スル調査報告』.
日本の戰爭責任資料センター, 1993,『季刊 戰爭責任研究』創刊號.
日本の戰爭責任資料センター-研究事務局, 2007,「資料紹介: 東京裁判で裁かれた日本軍慰安婦制度」,『季刊 戰爭責任研究』第56號, 夏季號.
日本大東亞省企劃院, 1942a,「昭和十七年八月北海道炭鑛視察報告·勞務狀況ト所見」企劃院 三部.
日本大東亞省企劃院, 1942b,「苦力ノ件」.
日本大東亞省企劃院, 1942c,『苦力使用ノ要領』.
日本大東亞省企劃院, 1942d,『華人勞務者內地移入ニ關スル件第三措置ニ基ク華北勞務者內地移入實施要領』.
日本大東亞省企劃院, 1943,『華人勞務者第一次對日供出(移入)實施稅目』.
日本大藏省管理局, 1947,『日本人の海外活動に關する歷史的調査』通卷 第10冊朝鮮篇 9分冊.
日本辯護士聯合會, 1993,『第36會 人權擁護大會シンポジウム第1分科會實行委員會基調報告 書: 日本の戰後報償』.

「日本を覆う怪しい諜群22」, 2002,『諸君』(特輯) 2月.
日本陸軍省, 1943,「昭和17年陸支密大日記第39號」, タクロバン憲兵分隊長東平健,『軍慰安所竝娯樂狀況調査ノ件回答』(昭和18年8月14日).
日本陸軍省整備局戰備課, 1940,『苦力內地移入ニ關スル方針苦力募集要綱苦力移入取扱要領ハ 別途規定セラルルモノトス』.
日曹天監鑛業所, 1943, 1944,『移入半島勞務者取扱要綱』.
日鐵鑛業株式會社二瀨鑛業所, 1946,『華人勞務者就勞顚末報告書』.
林博史, 1993,「マレ-半島における日本軍慰安所について」, 關東學院大學經濟學部一般敎育論 集,『自然·人間·社會』第15號.
林博史, 1994,「シンガポ-ルの日本軍慰安所」, 日本の戰爭責任資料センタ-,『戰爭責任研究』第4號, 夏季號.
林博史, 2005,『BC級戰犯裁判』, 岩波新書.
林博史, 2014a,「慰安婦など性的强制事件と軍による隱蔽工作」, 日本の戰爭責任資料センタ-,『戰爭責任研究』第82號, 夏季號.
林博史, 2014b,「資料紹介ジヤワ島における日本軍慰安婦等强制事件-ジヨンベル憲兵隊ケ-ス」, 日本の戰爭責任資料センタ-,『戰爭責任研究』第83, 冬季號.
自治硏 札幌, 1987,『札幌市政と韓國·朝鮮人』, 札幌市役所職員組合.
庄司潤一郞, 2000,「平和博物館から見た歷史認識」,『諸君』10月.
在上海總領事館, 1932,「昭和7年12月末調邦人の諸營業」.
荻野富士夫, 1994,「富山縣における勞務慰安婦について」, 日本の戰爭責任資料センタ-,『季刊 戰爭責任研究』冬季號.
田久保忠衛, 2000,「美帝國主義の第一步」,『自由』9月.
全國經濟調査機關聯合會朝鮮支部 編, 1939,『朝鮮經濟年譜』.
田中明·佐藤勝已, 1992,「謝罪するほど惡なる日韓關係」,『文藝春秋』3月.
戰後報償問題研究會, 1990,『戰後報償問題資料集, 第1集』(ミニコミ).
井下田純, 1992,「朝鮮人從軍慰安婦をめぐる諸問題」, Florence Nightingale 著作集,『上尾 市醫師會報』第60號.
齊藤泰明, 1964,「兵力·勞動力の動員とその配置」, 大元社會問題研究所 編,『太平洋戰爭下の 勞動者狀態』, 東洋經濟新報社.
朝鮮農村社會衛生調査會, 1949,『朝鮮の農村衛生』, 岩波書店.
朝鮮農會, 1941,『朝鮮農會報』.
朝鮮人强制連行實態調査報告書編輯委員會, 1999,『北海道と朝鮮人勞動者』.
朝鮮人强制連行眞相調査團, 1974,『朝鮮人强制連行·强制勞動の記錄: 北海道, 千島,樺太』, 現代史出版會.
朝鮮總督府, 1930,『朝鮮國勢調査報告: 全鮮篇』.
朝鮮總督府, 1933,『工場及鑛山の勞動者狀況調査』.
朝鮮總督府, 1934,『朝鮮總督府 統計年報』.
朝鮮總督府, 1938,『朝鮮總督府時局對策調査會諮問答申書』(민속원 복간, 1998).
朝鮮總督府, 1940a,『朝鮮に於ける國民精神總動員』.
朝鮮總督府, 1940b,『朝鮮昭和15年國勢調査結果要約』.
朝鮮總督府, 1941,『半島ノ國民總力運動』.
朝鮮總督府, 1942,『朝鮮總督府調査月報』.
從軍慰安婦110番編輯委員會 編, 1992,『從軍慰安婦110番』, 明石書店.
佐藤和秀, 1993,「慰安婦と世界史」,『正論』10月.
佐佐本正制, 1942,『工場寄宿舍管理』.
中根千枝, 1983,「家の構造」, 東京大學公開講座,『家』, 東京大學出版會.
中西輝政, 2000,「歷史とどう向き合うか」,『諸君』2月.
中西輝政, 2001,「喪われた國益」,『諸君』10月.
中曽根康弘, 1978,「二十三歲で三千人の總指揮官」, 松浦敬紀 編著,『終りなき海軍』, 文化放送出版部.
中川繁市, 1945. 9. 25-1946. 1. 5,『終戰後に於ける朝鮮人動向日誌』.
池田憲彦, 1997,「個人と歷史の關わり記憶と癒し」,『自由』7月.
秦郁彦, 1992,「昭和史の謎を追う」,『正論』6月.
秦郁彦, 1997,「慰安婦と731部隊合體の仕掛人」,『諸君』3月.
秦郁彦, 2000,「歷史と歷史認識」,『諸君』2月.
秦郁彦, 2001a,「女性國際戰犯法廷見聞記」,『諸君』3月.
秦郁彦, 2001b,「日韓教科書戰爭を避ける法」,『文藝春秋』7月.
眞鍋元之, 1981,『ある日, 赤紙が來て』, 光人社.
札幌市役所, 1938,『昭和13年札幌市事務報告 上』.
札幌市役所, 1939,『昭和14年札幌市事務報告 上』.
倉橋正直, 1994,『從軍慰安婦問題の歷史的硏究』, 共榮書房.
倉澤進·秋元律郎, 1991,『町內會と地域集團』, ミネルバ.
川島武宣, 1950,『日本社會の家族的構成』, 日本評論社.
川上高司, 1999,「人權の國際文化論」,『自由』10月.
千田夏光, 1978,『從軍慰安婦, 正篇』, 三一書房.
カ_ルヨネだ゜, 1989,『アメリカ-情報兵ノ日記』, PMC出版.

樋口雄一, 1990,「朝鮮人少女の日本への强制連行について」, 在日朝鮮人運動史研究會,『在日朝鮮人史研究』.
樋口雄一, 1992,「朝鮮料理店女性と産業慰安婦」, 朝鮮問題研究會,『海峽』16.
波田永實, 1996,「戰爭責任不正派の動向と論理」, 日本の戰爭責任資料センタ-,『季刊戰爭責任硏究』第11號, 春季號.
坂本多加雄 外, 2000,「歷史と歷史認識」,『諸君』2月.
板倉由明, 1992,「檢證.‘慰安婦狩り’懺悔者の眞相」,『諸君』7月.
砲銃隊本部, 1940,「支那事變の經驗より觀たる軍氣振作對策」.
河本弘, 1997,「國家觀缺如の日本」,『自由』7月.
戶塚悅朗, 1995,「漫筆-日本社會による民族差別と國際社會」,『勞動判例』9月10日號.
戶塚悅朗, 1997,「日本が知らない戰爭責任」,『法學セミナ-』, No. 509, 512, 5月號, 8月號.
戶塚悅朗, 1999,『日本が知らない戰爭責任: 國聯の人權活動と日本軍慰安婦問題』, 現代人文社.
混成第14旅團司令部, 1933,「衛生業務旬報」.
洪玧伸, 2016,『沖縄戰場の記憶と慰安所』, インパクト出版社
丸山眞男, 1964,『現代政治の思想と行動』, 未來社.
丸山眞男, 1976,「近代的思惟」,『戰中と戰後の間』, みすず書房.
荒井新一 外 編, 1997,『從軍慰安婦と歷史認識』, 新興出版社.
橫川煇雄, 1990,「筑豊の炭鑛と從軍慰安婦」.
厚生省50年史編輯委員會, 1988,『厚生省50年史』, 財團法人厚生問題研究會.
厚生研究會 編, 1941,『國民皆勞-戰時下の勞務動員』, 新紀元社.
黑田勝弘, 1993,「日韓合作慰安婦‘政治結着’の內幕」,『諸君』10月.

『讀賣新聞』,『每日新聞』,『北海道新聞』,『北海タイムス』,『産經新聞』,『西日本』,『夕張タイムス』,『小樽新聞』,『旭川新聞』,『朝鮮新報』,『朝日新聞』.

Anderson, Benedict, 1983, *Imagined Community: Reflections on the Origin and Spread of Nationalism*, London: Verso.
Apodaca, Clair, Michael Stohl, and George Lopez, 1998, “Moving Norms to Political Reality: Institutionalizing Human Rights Standards through the UN System”, in Chadwick F. Alger, ed., *The Future of the United Nations System: Potential for the Twenty-first Century*, New York: United Nations University

Press.

Balibar, Etienne and Immanuel Wallerstein, 1995, *Race, Nation, Class: Ambiguous Identities*, London, New York: Verso.

Brown, Chris, 2001, *Understanding International Relations*, New York: Palgrave.

Bunch, Charlotte, 1995, "Transforming Human Rights from a Feminist Perspective", Julie Peters and Andrea Wolper, eds., *Women's Rights, Human Rights*, New York: Routledge.

Chan, Wan-Roy, 1986, *Burma: The Untold Story*, Novato: Presidio Press.

Chang, Yunshik, 1967, "Population in Early Modernization: Korea", Ph.D. Dissertation, Princeton University.

Chattergee, Partha, 1989, "Colonialism, Nationalism, and Colonized Women: The Contest in India", *American Ethnologist* 16(4).

Chattergee, Partha, 1993, *The Nation and Its Fragments*, Princeton: Princeton University Press.

Chen, I-te, 1968, "Japanese Colonialism in Korea and Formosa: A Comparison of Its Effects upon the Development of Nationalism", Ph.D. Dissertation, University of Pennsylvania.

Chinkin, Christine M., April 2001, "Women's International Tribunal on Japanese Military Sexual Slavery", *American Journal of International Law* Vol. 95.

Choi, Chungmoo, 1998, "Nationalism and Construction of Gender in Korea", Elain H. Kim and Chungmoo Choi, eds., *Dangerous Women*, New York: Routledge.

Chung, Chin Sung, 1984, "Colonial Migration from Korea to Japan", Ph.D. Dissertation, University of Chicago.

Cohen, Jerome B., 1949, *Japan's Economy in War and Reconstruction*, Minneapolis: University of Minnesota Press.

Congressional Research Service Memorandum, 2007, "Japanese Military 'Comfort Women' System" (2007. 4. 3).

Conroy, Hilary, 1960, *The Japanese Seizure of Korea: 1868-1910*, Philadelphia: University of Pennsylvania Press.

Coomaraswamy, Radhika, 1996, 1998, 2001, "Report of the Special Rapporteur on Violence against Women, Its Causes and Consequences" (E/CN.4/1996/53/Add.1), (E/CN.4/1998/54), (E/CN.4/2001/73).

Crowley, James B., 1966, *Japan's Quest for Autonomy*, Princeton: Princeton University

Press.

Donnelly, Jack, 1989, *Universal Human Rights in Theory and Practice*, Ithaca: Cornell University Press.

Donnelly, Jack, 1990, "Traditional Values and Universal Human Rights: Case in India", in Claude E. Welch, Jr. and Virginia A. Leary, eds., *Asian Perspectives on Human Rights*, Boulder: Westview Press.

Donnelly, Jack, 1993, *International Human Rights*, Boulder: Westview Press.

Dubey, Mahju, 1998, "The True Lie of the Nation: Fanon and Feminism", *Differences* 10, 2.

Enrole, Cynthia, 1989, *Bananas, Beaches and Bases*, Berkeley: University of California Press.

Eriksen, Thomas Hylland, 1993, *Ethnicity and Nationalism*, London: Pluto Press.

Federation of Korean Trade Unions, 1995, "Letter to Director-General, ILO: 20 March 1995", Federation of Korean Trade Unions & Korean Confederation of Trade Unions, 2000, *Observation Submitted to The ILO Committee of Experts on the Application of Conventions and Recommendations*.

Gluck, Sherna, et al., 1991, "Whose Feminism, and Whose History?" in Sherna Gluck, et al., eds., *Women's Words: The Feminist Practice of Oral History*, New York: Routledge.

Gold, T. B., 1981, "Dependent Development in Taiwan", Ph.D. Dissertation, Harvard University.

Halliday, Jon, 1975, *A Political History of Japanese Capitalism*, New York: Pantheon Books.

Hannum, Hurst, 1965, *Guide to International Human Rights Practice*, Philadelphia: University of Pennsylvania Press.

Harada, Shuichi, 1969, *Labor Conditions in Japan*, New York: Columbia University Press.

Hayashi, Kaori, 2015, "Never Having to Say I Am Sorry? Asahi's Comfort Women Reporting Scandal and the Abe Administration", Seoul National University Asia Center.

International Commission of Jurists (ICJ), 1994, *Comfort Women: The Unfinished Ordeal*.

International Labor Organization (ILO), 1995, *Handbook of Procedures Relating to*

*International Labor Conventions and Recommendations*.

International Labor Organization (ILO), 1996a, 1997a, 1999a, 2001a, 2002a, 2003a, *Report of the Committee of Experts on the Application of Conventions and Recommendations*.

International Labor Organization (ILO), 1996b, 1997b, 1999b, 2001b, 2002b, 2003b, *Report of the Committee on the Application of Standards*.

Japan, 2002, "Comments by States Parties on Concluding Observations: Japan"(11. 29).

Jayawardena, Kumari, 1986, *Feminism and Nationalism in the Third World*, London: Zed Books.

Johnston, Bruce F., 1953, *Japanese Food Management in World War II*, Stanford: Stanford University Press.

Kaplan, Caren, 1994, "The Politics of Location as Transnational Feminist Critical Practice", in Inderpal Grewal and Caren Kaplan, eds., *Scattered Hegemonies*, Minneapolis: University of Minnesota Press.

Kedourie, Elie, 1994, *Nationalism*, Oxford and Cambridge: Blackwell.

Kiernan, V. G., 1975, *Marxism and Imperialism*, New York: Saint Martin's Press.

Kim, Elaine H. and Chungmoo Choi, 1998, "Introduction", Elain H. Kim and Chungmoo Choi, eds., *Dangerous Women*, New York: Routledge.

Korean Confederation of Trade Unions, 1998, *Observation Submitted to The ILO Committee of Experts on the Application of Conventions and Recommendations*.

Korean Confederation of Trade Unions and Federation of Korean Trade Unions, 1999, 2000, *Observation Submitted to The ILO Committee of Experts on the Application of Conventions and Recommendations*.

Kunming-REG-OP-3, 1945, NARA Document Number: Records of the Office of Strategic Services, Record Group 226, Entry 154, Box 185, dated April 28, 1945.

Lee, Hoon K., 1936, *Land Utilization and Rural Economy*, Chicago: University of Chicago Press.

McClintock, Anne, 1995, *Imperial Leather*, New York: Routledge.

McDougall, Gay J., 1998, "Systematic Rape, Sexual Slavery and Slavery-like Practices during Armed Conflict" (E/CN.4/Sub.2/1998/13).

Minbyun and Jungdaehyup, 1993, *Human Rights and Japanese War Responsibility:*

*Counter Report to the Human Rights Committee on the Japanese Government?* Third Periodic Report Submitted under Article 40 of the International Covenant on Civil and Political Rights.

Mohanty, Chandra Talpade, et al., eds., 1991, *Third World Women*, Indiana: Indiana University Press.

Moon, Seungsook, 1998, "Begetting the Nation: The Androcentric Discourse of National History and Tradition in South Korea", Elain H. Kim and Chungmoo Choi, eds., *Dangerous Women*, New York: Routledge.

Morris-Suzuki, Tessa, 2015, "You Don't Want to Know about the Girls? The 'Comfort Women', the Japanese Military and Allied Forces in the Asia-Pacific War", *The Asia-Pacific Journal* Vol. 13, Issue. 31, No. 2, August 3, 2015.

Nelson, Frederick M., 1945, *Korea and Old Orders in Eastern Asia*, Barton Rouge: Louisiana State University.

Norman, Herbert, 1940, *Japan's Emergence as a Modern State*, New York: Institute of Pacific Relations.

Permanent Mission of Japan, 1996, "Japan's Policy on the Issues of Violence against Women and Comfort Women" (UN Doc.E/CN.4/1996/137).

Secretary-General, 2001, "Mass and Flagrant Violations of Human Rights which Constitute Crimes against Humanity and which Took Place during the Colonial Period, Wars of Conquest and Slavery" (E/CN.4/Sub.2/2001/8).

Smith, Anthony D., 1995, *Nations and Nationalism in a Global Era*, Cambridge: Polity Press.

Son, Hijoo, 1997, "Report at the 1997 ILO".

The Executive Committee of International Public Hearing, 1993, *War Victimization and Japan*, Tokyo: Toho Shuppan Inc.

The Hague, February 2001, "Press Release: Judgement of Trial Chamber II in the Kunarc, Kovac and Vukovic Case 22".

The ILO's Database on International Labor Standards, 1997, CEACR: Individual Observation Concerning Convention No. 29, Forced Labour, 1930 Japan (ratification: 1932).

The ILO's Database on International Labor Standards, 1999, CEACR: Individual Observation Concerning Convention No. 29, Forced Labour, 1930 Japan (ratification: 1932).

United States Office of War Information, Psychological Warfare Team, 1944, Attached to U.S. Army Forces India-Burma Theater, APO 689, "Japanese Prisoner of War Interrogation Report No. 49", Aug. 20-Sept. 10, 1944 (Date of Interrogation), October 1, 1944 (Date of Report).

UN High Commissioner for Human Rights, 2000-2003, "Report: Systematic Rape, Sexual Slavery and Slavery-like Practices during Armed Conflicts" (E/CN.4/Sub.2/2000/20), (E/CN.4/Sub.2/2001/29), (E/CN.4/Sub.2/2002/28), (E.CN.4/Sub.2/2003/27).

UN Sub-Commission on Human Rights, 1999-2003, Resolution, "Systematic Rape, Sexual Slavery and Slavery-like Practices" (E/CN.4/Sub.2/1999/16), (E/CN.4/Sub.2/2000/13), (E/CN.4/Sub.2/2001/20), (E/CN.4/Sub.2/2002/29), (E/CN.4/Sub.2/2003/26).

UN Sub-Commission on Human Rights, 2000, Decision, "Mass and Flagrant Violations of Human Rights which Constitute Crimes against Humanity and which Took Place during the Colonial Period, Wars of Conquest and Slavery" (E/CN.4/Sub.2/2000/114).

West, Lois A., ed., 1997, *Feminist Nationalism*, New York: Routledge.

Yang, Hyunah, 1998, "Remembering the Korean Military Comfort Women", Elain H. Kim and Chungmoo Choi, eds., *Dangerous Women*, New York: Routledge.

Yegenoglu, Meyda, 1998, *Colonial Fantasies: Towards a Feminist Reading of Orientalism*, Cambridge: Cambridge University Press.

"Affidavit: Nguyen-thi-Thong", 1946. 9. 6.

"Affidavit of Interrogation: Summary of Examination of J. Beelman-v. Ballegooyen", 1946. 5. 16.

"Interrogation Report No. 37 Kumagae, S.", 1943. 2. 23.

"Korean and Japanese Prisoners of War in Kunming", 1945. 4. 28.

"Report", Netherlands Forces Intelligence Service, 1946. 3. 13.

"Report of a Study of Dutch Governments on the Forced Prostitution of Dutch Women in the Dutch East Indies during the Japanese Occupation", 1994. 1. 24.

"Report on Enforced Prostitution in Western Borneo, N. E. I. during Japanese Naval Occupation", Netherlands Forces Intelligence Service, J. N. Heijbrok,

Capt., Batavia, 1946. 7. 5 (Inv. number: AS5309).
"Samuel T. Shinohara: Trial by Military Commission at Agana, Guam", 1945. 7. 28.
"Statement by Lt. Ohara Seidai", Netherlands Forces Intelligence Service", 1946. 1. 13.
"Summary of Examination of Lois Antonio Numes Rodrigues", 1946. 6. 26.

# 찾아보기

**정진성**

서울대학교 사회학과를 졸업하고 미국 시카고 대학에서 박사학위를 받았다. UN 인권소위원회 위원, UN 인권이사회자문위원회 위원, 한일역사공동연구위원회 위원, 한국정신대문제대책협의회 공동대표, 한국유엔인권정책센터 소장, 서울대학교 사회발전연구소 소장, 서울대학교 인권센터 소장을 역임하였으며, 현재 서울대학교 사회학과 교수로 재직 중이다. 『현대일본의 사회운동론』, 『인권으로 읽는 동아시아』(공저), 『한국현대여성사』(편저), 『여성의 눈으로 본 한일근현대사』(편저) 등을 비롯하여, 여성인권 문제, 한일관계에 관련된 다수의 책과 논문을 발표했다.